稲盛アカデミー叢書
1

日本航空の破綻と再生

髙　巖
藤原達也/藤野真也/大塚祐一
著

ミネルヴァ書房

はじめに

日本航空株式会社の破綻と再生に関する研究は、二〇一〇年春に始まった。後に「JAL研究プロジェクト」の責任者となる髙巖は、当時、京都大学経営管理大学院に設置された「京セラ経営哲学寄附講座」で客員教授を務めていた。その関係から、稲盛和夫氏（元日本航空株式会社会長、現京セラ株式会社名誉会長）が取り組んでいた「JALの立て直し」に強い関心を持つこととなった。もっとも、この時点における関心は、研究構想の域を出るものではなかった。それが、二〇一二年九月の「JAL再上場」で、一気に具体的な研究対象となった。この時、改めて「JALの破綻と再生」が、経営学という学問分野にとって百年に一度と言われるような極めて貴重な研究になると確信した。

日本航空という組織の破綻と再生をどう説明するか。しかも、その説明は「単なる組織事象の羅列」にとどまってはならない。そこにおいて、モノ、カネ、ヒト、情報という経営資源はどのように扱われてきたか、どのように変化してきたか。それらを明らかにするための組織論的分析は、正確かつ詳細なものでなければならない。その上で「破綻と再生」に関わる様々な要因の複雑な因果連関を、可能な限り明瞭かつ説得的な形で整理する必要がある。とりわけ、その因果連関の中で、経営哲学がどのような意味を持つのかを、論理的かつ中立的に記述する必要がある。髙は、このような問題意識を持って、本研究をスタートさせた。

その後、二〇一三年には、若手研究者の育成という狙いもあり、それまでの個人研究をプロジェクト形式に切り替え、総勢八名の体制で臨むこととした。大学関係者は、髙を含む寺本佳苗（麗澤大学経済学部准教授）、田中敬幸（高崎商科大学商学部准教授）、藤原達也（麗澤大学企業倫理研究センター研究員）、藤野真也（麗澤大学経済学部助教）、大塚祐一（就実大学経営学部講師）の六名とし、京セラ株式会社に対しても、木谷重幸氏、岩崎友彦氏（後に宮田昇氏に引き継ぎ）、二名の協力を要請した。

最終的に、このプロジェクトは、寺本グループと髙グループの二つに分けられ、それぞれが独立した形で成果物を出すこととした。その間、相互に意見交換を繰り返したことは言うまでもない。なお、寺本グループの成果物（寺本、木谷、宮田、田中による著作）については、そのままでは公表できない内容が含まれていたため、一旦、ワーキングペーパー（非公開資料）として整理することとした。ただ、その中で、特に重要で公表可能な箇所については、本書で積極的に取り上げることとした。その意味で、本書は、九名による共同研究の成果と言ってもよかろう。

本書の構成

髙グループの成果物である本書は、三つの柱より成っている。最初の柱は序章～第二章。ここでは、主要概念の定義、本書全体の要約、先行研究の体系的な整理を行ない、その上で、本書で用いる「包括的・論理的な説明の枠組み」の構築を試みる。学術研究や方法論に強い関心を持つ読者は、序章～第二章の展開に目を通し、組織事象と経営哲学との動態的関係を捉えるためのアプローチについて理解を深めてもらいたい。

第二の柱は第三章～第五章。ここでは、準備した「説明の枠組み」を用いて、一九八〇年代中盤以降の日本航空の経営状況を、モノの動き（特に、機材と路線）、カネの動き（特に、有利子負債とキャッシュフロー）、ヒトの動き（特に、人件費と退職給付費用）という視点より詳細に分析する。精緻な組織論的分析に関心を持つ読者は、第三章～第五章の各章で展開される内容を熟読されたい。なお、第三章～第五章では、同じ組織事象を、モノ、カネ、ヒトという視点で、つまり、それぞれ別の観点で説明することになる。読み進む中で、読者は、繰り返し的な説明と感じるかもしれないが、いずれも異なる視点で異なる位相を見ていることに留意されたい。

最後の柱は第六章～結びにかえて。以上の分析を踏まえ、第六章において結論を示す。時間的に余裕のない読者は、最初に第六章を読むことを勧める。第六章において難解な用語が出てきたとしても、その意味は巻末の索引で難なく確認できるはずである。なお、「結びにかえて」においては、「経営者のあるべき姿」に関する本プロジェクトの理解を整理する。「経営者にはどのような品格が求められるのか」。その答えを探る実業家や読者には「結びにかえて」より、本書を読み進めることを推奨する。

謝辞

本書の執筆にあたっては、多くの関係者に支援と協力を戴いた。まず、髙個人として、二〇一四年三月まで「京セラ経営哲学寄附講座」という研究の場を戴いたことに、京都大学経営管理大学院と京セラ株式会社に対し、心より御礼を申し上げたい。特に、そうした場を用意して戴いた日置弘一郎京都大学名誉教授（就実大学経営学部教授）には、言葉では尽くせぬほどの配慮を戴いた。髙は、現在、日置教授、三矢裕神戸大学大学院経営学研究科教授、青山敦立命館大学MOT大学院教授とともに、鹿児島大学稲盛アカデミー客員教授として稲盛哲学に関する研究と教育を行なっているが、これも日置教授の推薦によるものである。

二〇一三年に、「JALの破綻と再生」に関する個人研究をプロジェクト形式に変更したと述べたが、これは麗澤大学企業倫理研究センターによる助成（二〇一三年四月〜二〇一五年三月）があって初めて可能となるものであった。

これ以降、機材、路線、財務、リース、人事政策、組合情報などの様々な事項を、原資料と照らし合わせながら、正確に確認する必要から、二〇一三年九月、日本航空に対し正式に研究への協力を要請した。快諾戴いた同社に対し改めて謝意を申し上げたい。中でも、同社広報部の北原宗明氏（広報部長）、永山亮一氏、金子泰夫氏には、内部資料へのアクセスで多くの協力を戴いた。広報部の助けがなければ、西松遙氏（元日本航空代表取締役社長）、野村直史氏（同社意識改革部部長）、木村卓爾氏（同社調達本部調達第二部航空機グループ長）、今泉厳氏（同社財務・経理本部財務部財務企画・IRグループ アシスタントマネジャー）などに対するインタビューも叶わなかったはずである。なお、京セラ側の関係者インタビューについては、大田嘉仁氏（稲盛財団監事）、米山誠氏（株式会社レッグス専務取締役）などに協力を戴いた。忙しい時間を割いての説明と質疑応答に感謝するばかりである。

麗澤大学企業倫理研究センターの助成が終わる二〇一五年三月以降は、科研基盤研究(C)「経営理念と組織のダイナミズム―日本航空の破綻と再生を巡って」（二〇一五年四月～二〇一八年三月）を活用する研究体制に移行した。この三年間は、本書を執筆する上で最も重要かつ生産的な時期となった。とりわけ、当時、高研究室博士課程の大学院生であった藤原、藤野、大塚の三氏は、この三年間で分析力を飛躍的に伸ばしていった。これが本研究に一層の広がりと深みを与えることとなった。その意味で、彼らの貢献なくして、本書の上梓はなかったと言わなければならない。またそれゆえ、本書は、責任者である高と若手三氏による共同著作として出版することとした。もっとも、本書では、論理と表現の一貫性を重視し、分担執筆という形はとらなかった。三氏と議論を繰り返し、また三氏の分析と整理を活かしながら、最終的に高が全章の執筆にあたった。

最後になるが、本書の出版においては、鹿児島大学稲盛アカデミーに格段の配慮を戴いた。特に、アカデミー長であり、かつ鹿児島大学副学長でもある武隈晃教育学部教授には、早い時期より本研究に対する期待・評価を戴き、それが今回の「稲盛アカデミー叢書」での出版に繋がった。加えて、出版に関しては、ミネルヴァ書房の杉田啓三氏と堀川健太郎氏より、建設的な提案と助言を多数戴いた。稲盛アカデミー、武隈教授、杉田氏、堀川氏による理解と協力なくして、今回の出版は叶わなかったものと感じている。記してここに衷心より謝意を表したい。

二〇一九年三月一〇日

高　巖

日本航空の破綻と再生

目次

序　章　日本航空研究の意義と概要

日本航空株式会社（ＪＡＬ）の破綻と再生に関しては、既に多くの研究が為され、その議論と説明はおおよそ尽きた感がある。ただしかし、関心の高さから無数の研究と論説が氾濫し、しかもそれぞれが異なる点に着目し、破綻と再生の因果連関を説明してきたため、結果として「ＪＡＬ破綻と再生に関しては『諸論・諸説あり』」という状況になっている。(1) 果たして、このまま「諸論・諸説あり」という解釈にとどめておいてよいものであろうか。

少なくとも、学術研究という立場からすれば、これは解決されなければならず、仮に解決が困難だとしても、諸論・諸説のそれぞれが矛盾することなく処を得るような「包括的・論理的な説明の枠組み」（説明枠）を構築し、その枠組みの下で「破綻と再生の因果連関」を説明し直す必要がある。これが本書の問題意識であり、「ＪＡＬ研究プロジェクト」（以下、「本プロジェクト」と略す）を立ち上げた理由である。(2)

第一節　研究の意義と主要概念の整理

さて、本書の冒頭において、経営学を志す研究者として「ＪＡＬ破綻と再生」が百年に一度と言われるような貴重な社会事象であったことを強調しておきたい。自然科学においては、自然現象を実験室の中で再現することは、操作可能な要素が限定されるため、比較的容易である。しかし、社会科学にあっては、社会現象を実験室の中で再現することは極めて難しい。操作可能な要素が膨大であり、かつ実験そのものが生きた人間の営みに影響を及ぼすためである。とりわけ、大規模組織を破綻させ、これを再生させる実験など、人道的にも経済的にも社会的にも許されない。逆を言えば、再現不能であるだけに「JAL破綻と再生」という事象は、研究者にとっても社会にとっても極めて貴重な機会（社会実験の機会）であったと言わなければならない。

またまさに、これが「貴重な社会事象」であっただけに、破綻と再生を目の当たりにした同時代の研究者は、記録と記憶が新しくかつ正確・詳細であるうちに、「包括的・論理的な説明の枠組み」を構築し、その枠組みに沿って「JAL破綻と再生の因果連関」を一貫した形で説明する責任を負うのである。

（二）本書の目的

本プロジェクトは、研究者としてのこの責任を強く意識し、二つの研究目的を設定することとした。第一は「包括的・論理的な説明の枠組み」（説明枠）を構築することである。ここで「説明枠」を「包括的」と修飾するのは、多くの研究者や論者がこれまで指摘してきたJAL破綻の原因群（問題事象）あるいはJAL再生の要因群を可能な限り包摂するという意図からである。また「論理的」と修飾するのは、様々な原因群・要因群を可能な限り矛盾することなく、一貫した形で合理的に説明するという意図からである。

例えば、再生の理由として「プレパッケージ型の法的整理が行われたこと」[3]「人員整理が進むと同時に、給与水準が引き下げられたこと」[4]「稲盛和夫氏が会長として再生に取り組んだこと」「経営陣の意識が変わったこと」[5]「部門別採算制度が導入されたこと」[6]などがあげられるが、それらの指摘を包摂し、かつそれらが他の説明と矛盾することなく処を得るような「説明枠」を用意するということである。

なお、本プロジェクトが提示するこの枠組みをあえて「説明枠」と呼ぶのは、これを「厳格な意味での検証可能なモデル」として提示することは困難と判断したからである。[7]「厳格な意味での検証可能なモデル」として示すには、様々な事実関係や要素を捨象し（前提条件を明確化し）、モデルを操作可能なレベルにまで単純化しなければならない。これを強行すれば、それは「包括的な説明枠」から程遠いものとなってしまう。言わば「包括性」を追求するがゆえに、本プロジェクトは、これを「説明枠」にとどめるのである。もっとも、本書にあっても、事実関係・原因群・要因群はある程度まで単純化される。ただ、それは「検証可能なモデル」における単純さの比ではない。

第二の研究目的は、この「包括的・論理的な説明枠」に従って、「ＪＡＬ破綻と再生に関する因果関係」を整理し、「経営哲学の意義」を明らかにすることである。この第二の目的を順序だてて達成するため、本プロジェクトは、その下に、次の四つの課題を掲げることとした。

第一は「ＪＡＬ破綻の真因を特定すること」、第二は「旧ＪＡＬ最後の社長である西松遙氏の再生に向けての試みを再評価すること」、第三は「ＪＡＬ再生の理由を明確にすること」、そして第四は「ＪＡＬ破綻と再生における経営哲学（刷新）の意義を再検討すること」である。第四課題は「稲盛和夫氏らによる再生に向けての試み（刷新に向けての取り組み）を再評価すること」と言い換えてもよかろう。

（二）主要概念の整理

本書において特に重要となる概念をここで確認しておきたい。

①日本航空（ＪＡＬ）とは

まず、研究対象となる「日本航空」（ＪＡＬ）については、「ＪＡＬ連結」「ＪＡＬグループ」などという表現を用いない限り、本書では、基本的に「ＪＡＬ単体」を意味するものとする。これは、財務データなどの連続性を確保するための措置である。ただし、一九九九年度より、ＪＡＬ有価証券報告書が「連結」に移行するため、いくつかのデータは、ＪＡＬ単体での数字が得られなくなる。このため、誤解を避ける目的で、各章の説明や図表では、必要に応じて「単体」「連結」などの情報を追記することとする。

なお、二〇〇一年一一月、ＪＡＬは「日本エアシステム」（ＪＡＳ）との経営統合を発表し、二〇〇二年一〇月、持株会社「日本航空システム」（ＪＡＬＳ）を設立し、その下にＪＡＬとＪＡＳを置いた。統合という組織現象は「ＪＡＬ＝

ＪＡＳ統合（ＪＪ統合）」と表記し、統合以降の両社（連結）を「ＪＪグループ」あるいは「ＪＡＬＳ連結」と総称することにする（図表Ⅰ）。

その後の二〇〇四年四月、ＪＡＬは「日本航空インターナショナル」（ＪＡＬＩ）と、またＪＡＳは「日本航空ジャパン」（ＪＡＬＪ）とそれぞれ商号変更している。ＪＡＬ＝ＪＡＳ統合により、ＪＡＬ（ＪＡＬＩ）は、一時期、ＪＡＬＪに国内線の多くを移管し、自身の国内線運航業務を縮小するが、二〇〇六年一〇月、再び、ＪＡＬＪを吸収し、国際線・国内線の双方を手がける航空会社となる。このため、「ＪＡＬ＝ＪＡＳ統合前と統合後」（二〇〇二年一〇月）、国内線移管の前後（二〇〇四年四月）、および「ＪＡＬＪ吸収前と吸収後」（二〇〇六年一〇月）の三時点で、ＪＡＬ単体財務データは大きく変化することを予め指摘しておきたい。

加えて、ＪＡＬの社名が「ＪＡＬＩ」に変更された期間（二〇〇四年四月～二〇一一年三月）については、分脈より誤解が生じない場合、そのまま「ＪＡＬ」と表記する。同様に、ＪＡＳの社名が「ＪＡＬＪ」に変更された期間（二〇〇四年四月～二〇〇六年九月）についても、分脈より誤解が生じない場合には、そのまま「ＪＡＳ」と表記する。また、持株会社（ＪＡＬＳ）については、後に会社として「ＪＡＬ」という略称を使うことになるが、本書では、混同を避けるため、持株会社については、統一して「ＪＡＬＳ」という表記を使用することにする。

最後に、「ＪＡＬ連結」と表記する場合には、持株会社の連結ではなく、ＪＡＬ（ＪＡＬＩ）を中心に据えた連結を意味する。また、二〇〇二年一〇月以前におけるＪＡＬグループと表現した場合、それはＪＡＬおよびその連結子会社・持分法適用関連会社を含む企業グループとする。これに対し、二〇〇二年一〇月以降、ＪＪグループと表記した場合、それは、ＪＡＬＳ、ＪＡＬ、ＪＡＳ及びそれぞれの連結子会社・持分法適用関連会社を含むグループ全体を指す。既述の通り、これは「ＪＡＬＳ連結」と同じ意味となる。以上を一覧にまとめたものが、図表Ⅰである。

②ＪＡＬ破綻とは

次に「ＪＡＬ破綻」と表現した場合、それは、ＪＡＬが東京地裁に会社更生法の適用を申請した二〇一〇年一月一九日とする(8)。したがって「破綻の真因」は、それ以前の段階でＪＡＬが抱えて

図表Ⅰ　JALに関する表記上の確認

表　記	意　味	備　考
JAL	JAL単体（＝JALI単体)。	数値に言及する際は、「JAL単体」の表記を使用する。文脈上、「JALI」「JALI単体」と表記する場合もある（2004年度以降)。
JALグループ	JAL連結（＝JALI連結)。つまり、JAL（JALI）及びその連結子会社・持分法適用関連会社を含む企業グループ。	数値に言及する場合は、「JAL連結」の表記を使用する（2004年度以降は、「JALI連結」とする場合もある)。グループ全体を示す場合、2002年10月の「JAL＝JAS統合」までは「JALグループ」を使用。その後は、「JJグループ」を使用。
JAS	JAS単体（＝JALJ単体)。	数値に言及する際は、「JAS単体」の表記を使用する。文脈上、「JALJ」「JALJ単体」と表記する場合もある（2004年度以降)。
JASグループ	JAS連結（＝JALJ連結)。つまり、JAS（JALJ）及びその連結子会社・持分法適用関連会社を含む企業グループ。	数値に言及する場合は、「JAS連結」の表記を使用する（2004年度以降は、「JALJ連結」とする場合もある)。
JAL＝JAS	JAL連結（＝JALI連結）＋JAS連結（＝JALJ連結)。つまり、JALグループ＋JASグループ。	「JAL＝JAS」は、「JAL単体＋JAS単体」を意味しない。「JAL単体＋JAS単体」を示す場合には、「JALとJAS」または「JAL＋JAS」の表記となる。
JJグループ	JALS連結。つまり、JALS、JAL（JALI)、JAS（JALJ）及びそれぞれの連結子会社・持分法適用関連会社を含む企業グループ。よって、JAL連結（＝JALI連結）＋JAS連結（＝JALJ連結）が含まれる。	数値に言及する場合は、「JALS連結」の表記を使用する。グループ全体を示すため、2002年10月の「JAL＝JAS統合」から使用。混乱を避けるため、2010年1月の破綻まで、「JALグループ」ではなく、この表記を使用する。
JAL＝JAS統合	JALグループとJASグループの統合という一連の事象。	「JAL＝JAS統合」という表記を繰り返す場合には、「JJ統合」と表記する。

いたものとなる。ちなみに、本書において取り上げるほとんどの先行研究が破綻の原因を一九八〇年代中盤以降の問題事象に求めているため、本書も基本的に、破綻の真因は八〇年代中盤から二〇〇九年までにあったものとして議論を整理する。ただし、組織文化的な要因が関連すると思われる場合には、必要に応じてそれ以前の経営状況についても言及することとする。

また、これと関連し、「破綻前ＪＡＬ」という言葉を用いた場合、それは、二〇一〇年一月一九日以前のＪＡＬを指す。

③ＪＡＬ再生とは

「ＪＡＬ再生」については、これを「広義の再生」と「狭義の再生」に分ける。「広義の再生」については、二〇一二年九月の「再上場」以降の状況を指す。それは、ＪＡＬが「持続的成長軌道を描き始めた段階」（持続的成長期）と表現することもできよう。もっとも、それを「再上場以降」ではなく、二〇一三年三月の「稲盛氏取締役退任以降」とすることも可能である。再上場後も、後述する「フィロソフィー教育・意識改革」「部門別採算制度の構築」などの活動が活発に行なわれていたからである。ただ、その活動が集中的に行われたのは、やはり、「破綻～再上場」までの期間であったため、本書では「広義の再生」を二〇一二年九月の「再上場」以降とする。断りなく「再生」という表現を使った場合、それは広義の意味で用いることにする（図表Ⅱ）。

これに対し、「狭義の再生」は二〇一二年九月の「再上場」そのものとする。それは「持続的成長期」などの一定期間ではなく、ある一時点の組織事象とする。したがって、広狭いずれの場合も、「再生中ＪＡＬ」という言葉を用いた場合、それは、二〇一二年九月の再上場に至るまでのＪＡＬを指す。

なお、本書においては「再生に向けての取り組み期間」（再生期）は、二〇〇九年夏より始まると捉えている。その理由は、破綻直前のこの期間（二〇〇九年夏～二〇一〇年一月）においても、「再生に向けての重要な試み」が展開されていたからである。破綻前のこの取り組みは、正確には「二〇〇六年六月以降」とすべきかもしれないが、「ＪＡＬ再建の道」が一気に開けるのは二〇〇九年夏以降であるため、二〇〇九年夏以降の半年間を「再生期」に含めることとする。

図表Ⅱ　破綻前JAL、再生期、JAL再生の位置づけ

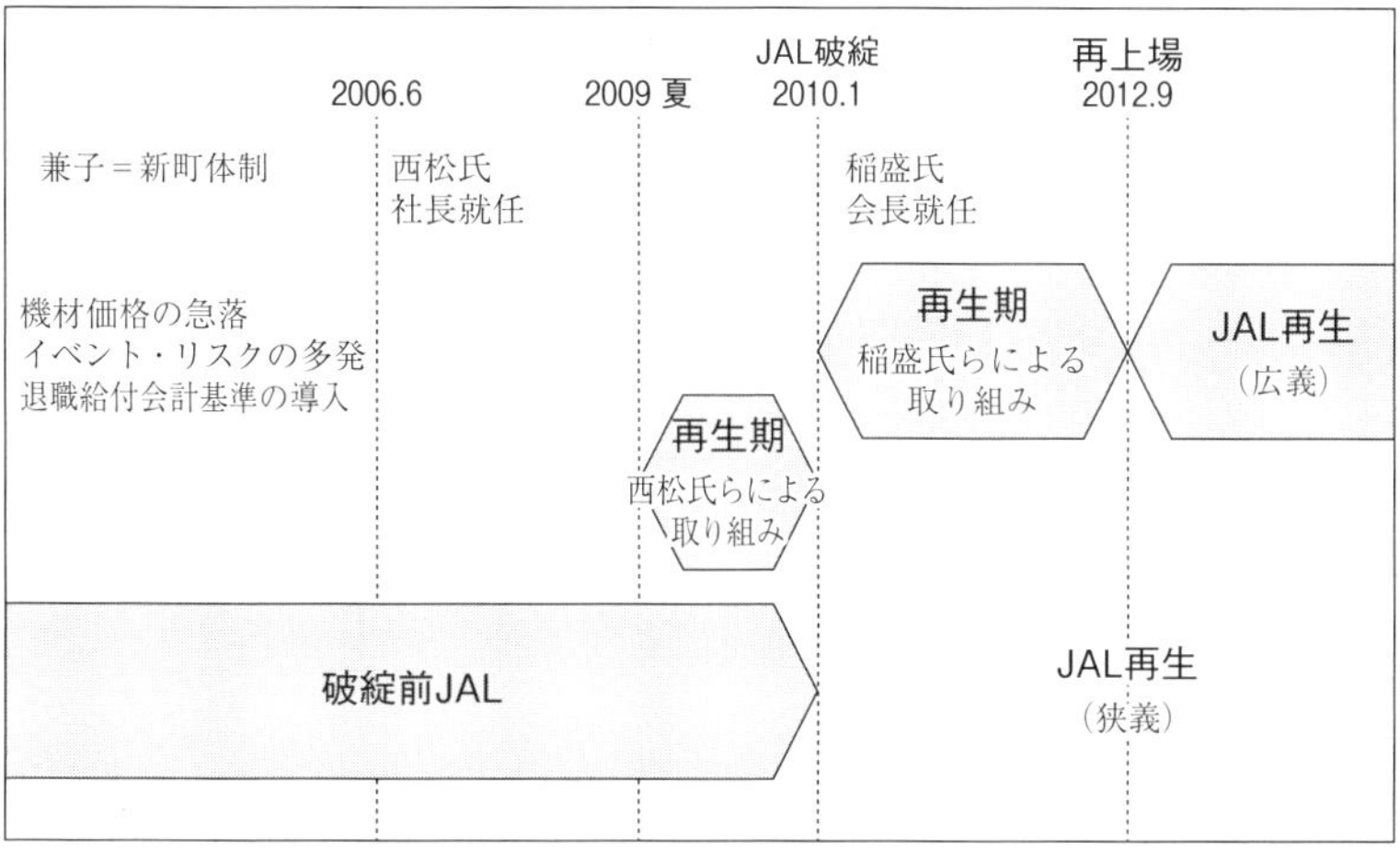

（注）「破綻前JAL」と表現した場合、それは2010年1月19日以前のJALを指す。「JAL再生」と表現した場合、広義には、それは、2012年9月の再上場以降（持続的成長期）の状態を指す。狭義には、2012年9月の一時点（再上場）を「JAL再生」と表現する。なお、再生に向けての取り組みは、2009年夏より始まる。このため、「再生に向けての取り組み期間」を意味する「再生期」は、2009年夏〜2010年1月までの期間と2010年1月〜2012年9月までの期間の2つがあることを確認されたい。

「経営哲学」と言った場合、

④組織の経営哲学とは

　通常、その言葉は二つの意味で使われる。第一は「経営者個人としての経営哲学」であり、第二は個人の経営哲学が組織において定着・制度化された「組織哲学」である。第一の場合、たとえ最高経営者個人の哲学が特筆すべきものであろうと、他の代表取締役らがそれを拒み続ければ、「組織」そのものの行動や意思決定には、ほとんど大きな変化は生じない。互いの考え方が打ち消されるため、平凡なものに落ち着いてしまうからである。この意味で、本プロジェクトは、「個人の経営哲学」よりも、むしろ、定着・制度化された「組織の経営哲学」の方に強い関心を持っている。

　もっとも、「組織における経営哲学の定着・制度化」についても、深度や広がりに違いが出てくるため、本書では、これをさらに二つのレベルに分けて扱うことにする。第一は最高経営者の個人的な哲学を他の主な幹部ら（代表権を持った取締役らを想定）と共有する場合の制度化、第二はそれが組織（主に管理職以上を想定）の「伝統・慣習・慣例・暗黙の了解」として定着

する場合の制度化である。本書では、第一のレベルで制度化されたものを「経営層の基本姿勢」、第二のレベルで制度化されたものを「組織体質」とそれぞれ呼ぶことにする。

⑤経営哲学とは

右記の前提を踏まえ、「経営哲学」を、組織としての「最上位の価値前提」（経営層によりその妥当性を改めて問われることのない最上位の価値）と規定したい。ここに言う「最上位の価値前提」とは、経営層や組織成員の意思決定に直接的・間接的に影響を及ぼし、経営資源のあり方にある一定のパターンを与える「制御情報」にあたる。哲学的に言えば、それは、組織の「現実態」（エネルゲイア）を創り出す「可能態」（デュナミス）となる。

既述の通り、この最上位の価値前提は二つの出所を持つ（図表Ⅲ）。第一のそれは「経営層の基本姿勢」である。これを出所と見なす理由は、自らの「価値前提」に従って経営層が決断を下すからであり、また自らが信ずる「価値前提」を経営層が直属の部下などに向かって発出するからである(9)。本書では、価値前提の出所であるこの「経営層の基本姿勢」を「狭義の経営哲学」と呼ぶ。

第二の出所は「組織体質」である。例えば、経営層がある重要事項について決定を下す場合、組織における「暗黙の了解など」が彼らの意思決定に影響を及ぼす。それは経営層のみならず、他の組織成員にも影響を及ぼしてくる。通常、「経営層の基本姿勢」から出てくる価値前提と「組織体質」から出てくる「価値前提」は類似する傾向にある。例えば、かつてのＪＡＬには「自民党との関係を良好に保つべし」という価値前提があった。これは「経営層の基本姿勢」から出てくるものであったと同時に、「組織体質」から出てくるものでもあったはずだ。それゆえ、本書で「経営哲学」と言った場合、それは「経営層の基本姿勢」と「組織体質」の両方を含む。

もっとも、組織が危機的状況に陥ると、「経営層の基本姿勢」と「組織体質」は乖離する可能性が高まる。経営層を構成する幹部らが過去の伝統や暗黙の了解に疑問や限界を感ずると、それまでの考え方などを改めるための行動を起こそうとするからである。

図表Ⅲ　経営哲学とは

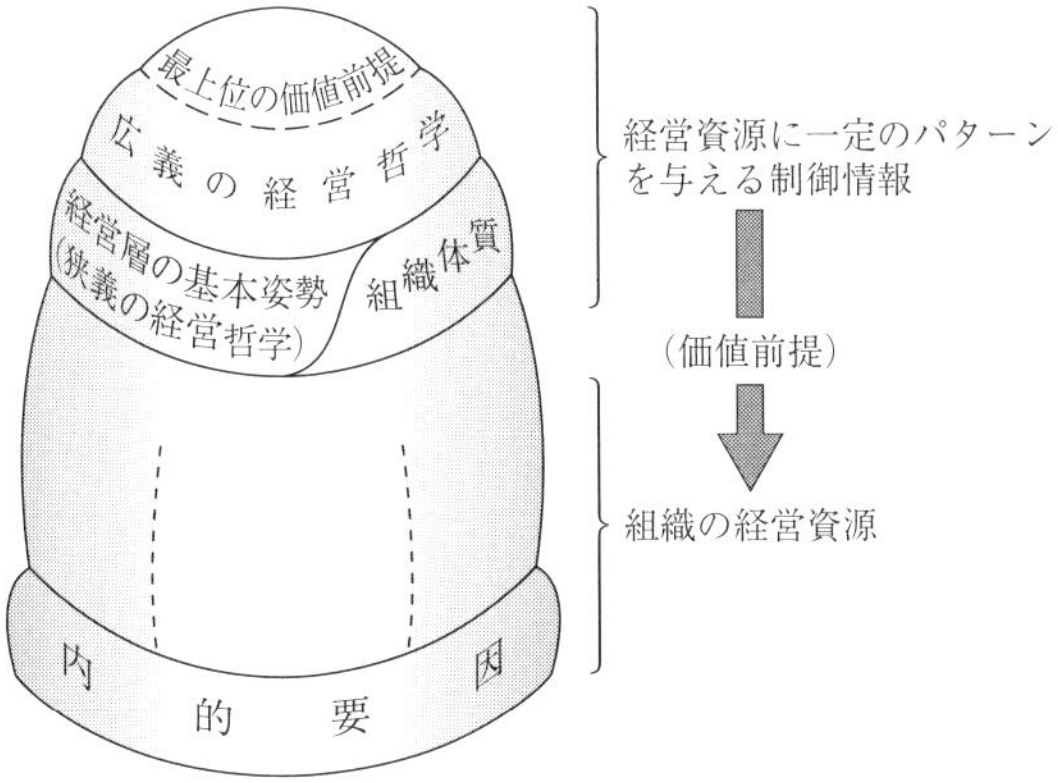

（注）「経営哲学」（広義）とは、組織論的に表現すれば、組織の経営資源に一定のパターンを与える制御情報を意味する。組織における活動を意思決定の連鎖として捉えれば、経営哲学は組織メンバーが意思決定に際し依拠する「最上位の価値前提」と見なされる。なお、経営哲学は、価値前提の源泉に着目した場合、さらに「狭義の経営哲学」と「組織体質」に分けられる。狭義の経営哲学とは、「経営層の基本姿勢」を指す。

詳しい説明は、後の議論に譲るが、ＪＡＬの場合、二〇〇六年六月に社長就任した西松遙氏は、それまでの経営者とは一線を画する「基本姿勢」をもってＪＡＬ再建に臨んでいる。そしてそれを他の代表取締役らと共有しようとした[10]。同様に、二〇一〇年二月に会長就任した稲盛和夫氏も、かつてのＪＡＬ経営陣とは全く異なる「基本姿勢」をもって再生に臨んだ。稲盛氏の取り組みに、西松氏のそれと異なる点があるとすれば、それは、稲盛氏がＪＡＬ出身の幹部たちの「基本姿勢」のみならず、ＪＡＬ全体の「組織体質」まで改めたところにあると言ってよかろう。

今一度、「経営哲学」概念を整理しておこう。「経営哲学」とは狭義には「経営層の基本姿勢」を指す。長いタイムスパンで見れば、「経営層の基本姿勢」と「組織体質」の間にはそれほど大きな乖離はない。そのため、「経営哲学」と表現した場合、それには「経営層の基本姿勢」と「組織体質」の二つが含まれる。特に「狭義の経営哲学」と限定しない限り、本書では、この広義の意味で「経営哲学」という言葉を使うことにする。

⑥経営哲学の特性とは

「経営哲学」という言葉は価値中立的な概念であるが、その前に「良き内容の……」や「悪しき内容の……」などの修飾語を付ければ、価値を含んだ概念となる。例えば、ある時期における経営哲学の「内容」の方が他の時期における経営哲学の「内容」よりも優れている、といった表現を用いた場合、前者が「良き経営哲学」ということになる。こうした相対評価を行う上で問題となるのは、経営哲学の「内容」をどう記述するかということである。率直に言って、JALの「経営哲学」(基本姿勢や組織体質)の内容を正確かつ詳細に記述することは不可能である。どのような記述であっても、結局、部分的・限定的なものとなってしまうからである。

それゆえ、本書では、後述する九つの「一般的指摘」をもって、つまり、「内容」そのものではなく、「特性」をもって経営哲学の内容を描き出すことにする。もっとも、九つの「一般的指摘」以外にも様々な指摘が出てくる可能性があるため、九つの指摘をそのまま使わず、一旦、昇華・抽象化し、そこから導出される三つの「傾向性」を用いて、経営哲学の内容の説明に替えたい。こうした措置を講じておけば、たとえ九つの指摘とは異なる「新たな一般的指摘」が出てきたとしても、三つの「抽象化された傾向性」の中に包摂できると考えるからである。

本書では、この抽象化された傾向性を「経営哲学の特性」と呼ぶことにする。誤解を避ける目的で再確認しておくと、「経営哲学」(基本姿勢や組織体質)はあくまでも価値中立的な概念であるが、「経営哲学の特性」には「良し悪し」という価値判断が含まれる。右の表現で言えば、「中長期志向」の方が「短期志向」より望ましい、といった意味が込められるのである。

⑦経営哲学の刷新とは

最後に「経営哲学の刷新」という表現を用いた場合、それは「経営層の基本姿勢を改めるための活動」を指す。ただ、経営層の基本姿勢を変える活動は、通常、「組織体質を変える活動」とも連動する。それゆえ、狭義には「経営哲学の刷新」を「経営層の基本姿勢」を改めるための活動とするが、広義には「経営層の基本姿勢」と「組織体質」の双方を改める活動と規定する(図表Ⅳ)。

また「経営哲学の意義」という言葉を用いた場合、それは「経営哲学を刷新することの意義」という意味で使うことにする。既に「経営哲学」そのものは価値中立的な概念であると説明したため、その混同を避ける必要がある場合には

図表Ⅳ　経営哲学（基本姿勢と組織体質）の刷新

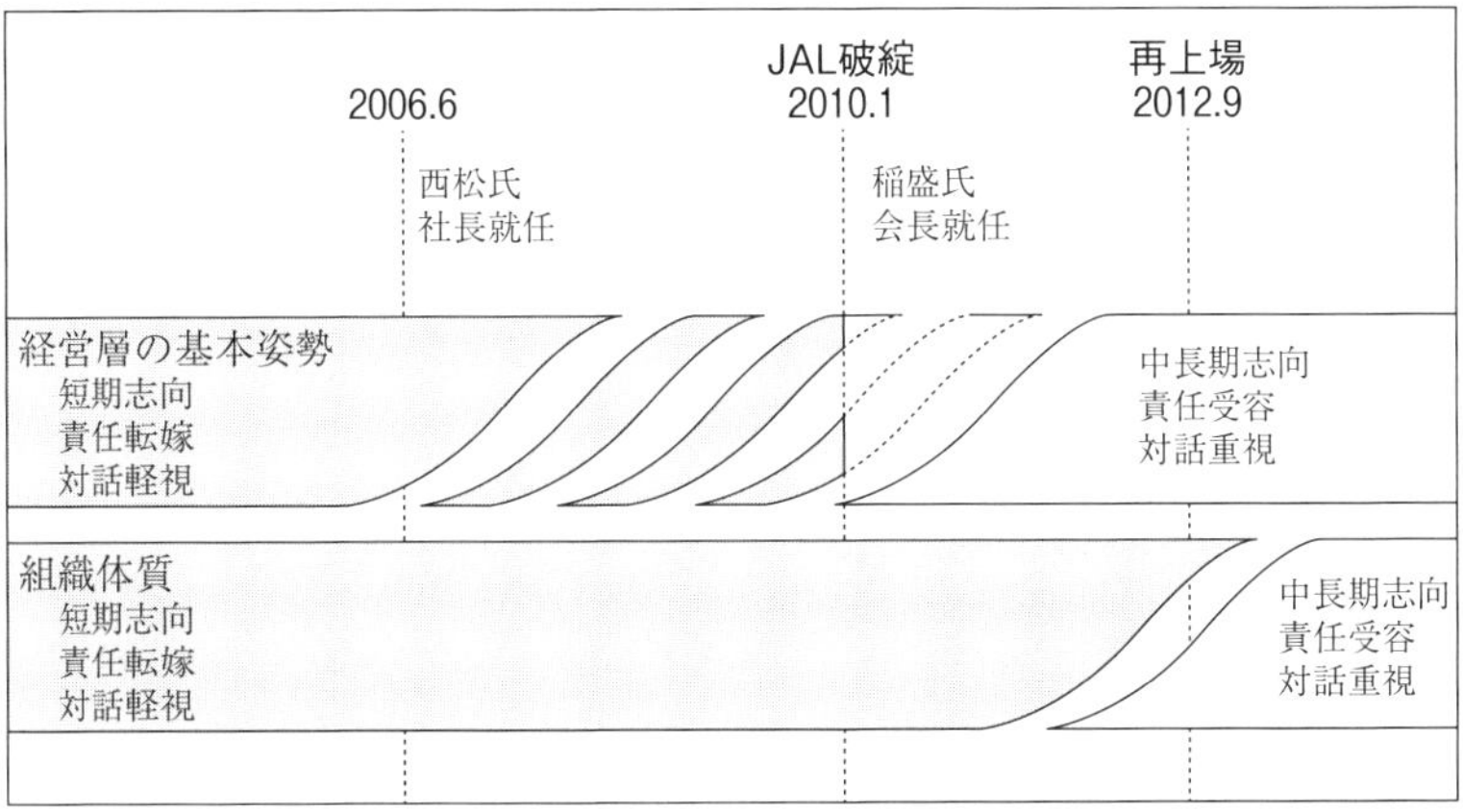

（注）「経営哲学の刷新」とは、経営層の基本姿勢と組織体質が改善されることを指す。「経営層の基本姿勢」については、2006年４月前後より変化が始まっている。このため、図表では、2006年４月～2010年１月までの基本姿勢を波線で表記した。破綻後、JALは再びそして本格的に「基本姿勢の刷新」を進めている。なお、破綻前JALにおいては、組織体質はほとんど刷新されることはなかった。組織体質が実質的に変化するのは、2010年１月～2012年９月頃となる。

「経営哲学（刷新）の意義」という表記を用いることにしたい。

さて、では、ＪＡＬにおいては、この刷新はいつ行なわれたのか。結論から言えば、それは、二〇一〇年一月～二〇一二年九月の再生期に、稲盛氏らの手によって集中的に行なわれている。これにより、ＪＡＬ経営陣の「基本姿勢」が変わり、「組織体質」も大幅に改善されている。

ただ、本プロジェクトは、京セラチームの取り組みと併せ、「もう一つの試み」があったことにも注目している。それは、二〇〇六年六月より始まった試みである。「経営哲学（刷新）の意義」を考える上で、また稲盛氏らによる貢献をより深く理解する上で、そのもう一つの試みは多くの気づきを与えてくれる。もっとも、「ＪＡＬ再建の道」が一気に開けるのは、既述の通り、二〇〇九年夏以降である。それゆえ、本書では、二〇〇六年度以降の取り組みに特別の注意を払うことにするが、二〇〇九年夏以前の取り組みについては、とりあえず、「再生に向けての取り組み期間」（再生期）には含めないこととする。

⑧京セラチームとは

稲盛和夫氏は、ＪＡＬ再生にあたり、京セラ株式会社の大田嘉仁氏と、KCCSマネジメントコンサルティング株式会社の森田直行氏に協力を要請した[11]。稲盛氏のリーダーシップの下、大田氏は経営哲学の確立と意識改革を担当し、森田氏は部門別採算制度の導入に力を入れた。三人が初めてJALに出社したのは二〇一〇年二月一日という[12]。その後すぐに、部門別採算制度の導入を支援するため、京セラコミュニケーションシステム株式会社（KCCS）の米山誠氏もチームに合流している[13]。この四人でJAL再生の任務にあたったわけだ。本書において「京セラチーム」という表現を用いた場合、それは基本的に彼ら四人を指す。

第二節　先行研究・研究資料と「包括的・論理的な説明の枠組み」

本書では、「JAL破綻と再生」に関し、これまでどのような研究が為され、どのような指摘が行なわれてきたかを詳細に整理していく。その際、いわゆる研究論文だけでなく、啓蒙書、新聞・雑誌記事（ネット上の記事も含めて）、会社側・組合側の公式発表資料などの内容も取り上げる。便宜上、啓蒙書・記事・会社側・組合側発表資料などは「研究資料」と総称することにする[14]。

（一）本書における研究論文・研究資料の位置づけ

研究論文に加え、これらの「研究資料」を使う場合、特に啓蒙書・雑誌記事・組合側発表資料などを扱う場合、そこに見られる指摘の客観性・中立性などが問題となる。こうした方法論上の問題を回避するため、本プロジェクトは、①根拠が曖昧・不明瞭な場合、また②内容が著しく偏向している場合、これらの指摘を整理・参照の対象から外すことにする。

①曖昧・不明瞭に関する判断基準は、基本的に「同様の指摘が他の研究・資料などにほとんど見られないこと」とし、②偏向性に関する判断基準は「他の複数の研究論文や啓蒙書が真逆の指摘を行なっていること」とする。以上の前提を

置いた上で、研究論文だけでなく「研究資料」についても、可能な限り多くの指摘を扱うこととする。

（二）材料・素材としての研究論文・研究資料

言うまでもなく、このような作業を行なったとしても、「ＪＡＬ破綻と再生に関する因果連関」が自ずと浮かび上がってくるわけではない。例えば、「ＪＡＬ破綻」に関する研究論文・研究資料は多数あり、しかもそれぞれが様々な経緯を取り上げるため、論文や材料だけに語らせれば、「破綻の原因は多々あり」という結論に戻ってしまう。具体例で言えば、二〇一〇年三月にＪＡＬが設置したコンプライアンス調査委員会は、破綻の要因として「外部環境の変化や航空行政のあり方、航空機材や運航路線、資金調達や販売戦略といった外的・組織的な要因」を強調するが[15]、啓蒙書などは「ＪＡＬ経営陣の基本姿勢や従業員のメンタリティなどの精神的要因」に光をあてる傾向にある。

「ＪＡＬ再生」に関しても、多数の研究論文・研究資料があり、説明は千差万別である。中でも、啓蒙書は、ＪＡＬ再生における「稲盛和夫氏らの貢献」「リーダーの意識改革」「部門別採算制度の導入」に着目し[16]、また再生に関わった当事者らも「意識改革」「部門別採算制度」の意義を強調する[17]。これは既に通説的な説明となっている。しかし、厳密に考えれば、これだけで「ＪＡＬ再生」を語ることはできない。「プレパッケージ型の法的整理」の推進、再生支援委員会委員長の瀬戸英雄氏による貢献、旧式大型航空機材の退役など、多数の要因があると言わなければならない。

つまり、どんなに詳細に、研究論文・研究資料を整理・参照したとしても、そこから論理必然的に「ＪＡＬ破綻と再生に関する因果連関」が浮かび上がってくるわけではない。どこまで整理しても、「諸説・諸論あり」といった状況が続くことになる。これに終止符を打ち、因果連関を明確にするには、どうしても本プロジェクトが依って立つ「説明枠」を明確にしておかなければならない。しかもその説明枠は、既存の研究論文・研究資料との関連において、可能な限り合理的・説得的なものでなければならない。

このような理解に立ち、本プロジェクトは、既存の研究論文・研究資料を、事実関係を確認するための材料としてだけでなく、「包括的・論理的な説明の枠組み」を構築するための素材としても活用することにする。

第三節　本書の概要と結論

以上の問題意識、主要概念、研究資料の扱いに関する前提を踏まえ、本プロジェクトは、①最初に「包括的・論理的な説明の枠組み」を構築し、②次にその構築された「枠組み」を用いて、一九八〇年代中盤以降のＪＡＬの経営状況を分析し、③最後に、その分析結果の上に、「ＪＡＬ破綻と再生に関する因果連関」を提示することにする。以上の三つの主題に分け、本書の流れを概観しておこう。

(一)「包括的・論理的な説明の枠組み」の構築

第一主題（第一章、第二章）に関しては、右述の「包括的・論理的な説明枠」の構築を進める。手順として、まず「ＪＡＬ破綻と再生」に関するこれまでの研究や論説などの指摘を整理する。指摘の整理にあたっては、「経営による介入」の存否を基準に、指摘内容を「外的要因」と「内的要因」とに分ける。つまり、経営側によるコントロールが及ばない要因は「外的要因」に、逆に経営側が合理的に判断・行動していれば、コントロール可能であった要因は「内的要因」にそれぞれ分類する。

次に、後者の「内的要因」に焦点を絞り、そこにおける指摘を再整理する。既存の研究論文・研究資料は多種多様な事項を「内的要因」として取り上げているが、本プロジェクトは、一旦、これを横断的に捉え直す。その作業を通じて、内的要因に関する指摘が「詳細な問題事象に関する具体的指摘」（具体的指摘）と「経営全般に関する一般的指摘」（一般的指摘）とに分けられることを確認する。例えば、「減価償却期間の変更」や「企業年金の積立不足」など、時期などを特定できる詳細な指摘があれば、これは「問題事象に関する具体的指摘」と捉え、「経営層の短期的発想」や「親方日の丸的発想」などの風土的な指摘があれば、これは「経営全般に関する一般的指摘」と分類し直す。

以上の作業を行なった上で、第三に「内的要因」に関する合理的な「分類概念」（説明軸）を抽出する。その際、まず「具体的指摘」を概観し、それらの指摘を括り直す上で、どのような「分類概念」が合理的であるかを検討する。結果、本プロジェクトは、組織内の経営資源である「モノ」「カネ」「ヒト」を分類概念として用いるのが最も合理的であるとの結論に至る。

そして最後に「一般的指摘」を整理し直す。結果として、この「一般的指摘」については、あるいは一般的指摘を抽象化した「傾向性」については、それ自体が、モノ・カネ・ヒトに一定のパターンを与える「制御情報」（経営哲学）に該当するとの理解に到達する。

この理解に対しては、当然のことながら、逆の流れという解釈、つまり、組織内の経営資源が「経営哲学のあり方」に影響を及ぼすという解釈もあり得よう。さらには、モノ・カネ・ヒトの間で相互に影響を及ぼし合うこともある、といった解釈も出てこよう。ただ、既存の研究論文・研究資料を見る限り、大枠は、やはり「経営哲学」が経営資源に影響を及ぼすとの解釈になっている。本プロジェクトも、この解釈でおおむね誤りはないと捉えている。

以上の検討を踏まえ、本プロジェクトは、第二章において「包括的・論理的な説明の枠組み」を提示することにする。

(二) モノ・カネ・ヒトの効率的活用

第二主題（第三章、第四章、第五章）に関しては、以上の手続きを経て準備された「包括的・論理的な説明の枠組み」を用いて、具体的に、「モノ」「カネ」「ヒト」がＪＡＬにおいて効率的に活用されてきたかを確認していく。その際、効率的活用の動きを通時的・概略的に捉える必要があるため、それぞれ次の論拠に立って、三つの「指標」を設定することとする。

第一に、航空会社における「モノの効率的活用」とは、基本的に需要に合致した航空機材を入手・調達し、それを運航路線に合理的な形で割り当てることを指す。この解釈を所与として、本プロジェクトは「モノの効率的活用」の状況を把握する指標として「旅客ロードファクター」(有償座席利用率)を採用する。[18]

第二に、航空会社における「カネの効率的活用」とは、より安いコストで資金を調達し、これを合理的な形で運用し、全体としてのリターンをあげることを指す。この解釈を所与として、本プロジェクトは「カネの効率的活用」の状況を把握する指標として「有利子負債残高」を用いることにする。

第三に、航空会社における「ヒトの効率的活用」とは、一方で労働対価を抑え、他方で従業員のモラール(士気)を高め、売上高を全体として伸ばしていくことを指す。[19] ここで注意しなければならないのは、労働対価を低く抑えれば、従業員のモラールは低下し、結果的に売上高が減少する、という「二律背反的な関係」があることである。この背反的関係を踏まえた上で、本プロジェクトは「ヒトの効率的活用」の状況を把握する指標として「売上高労働対価倍率」という指標を使用することにする。[20]

第三章、第四章、第五章における「モノ」「カネ」「ヒト」の効率的活用の検討は、破綻前JALにおける動きが中心となるが、三つの指標に関しては、再生後JALの状況についても言及する。ある意味、再生後の三つの指標が、破綻前JALを見る際のベンチマークにもなり得るからである。

いずれにせよ、本書では、これらの指標を用いて、JALにおけるモノ、カネ、ヒトが、全体として有効に活用されてきたかを、特に一九八〇年代中盤以降、経営層がそれを実践するために、どのような措置を講じてきたかを俯瞰する。それらを見た上で、経営層が講じた措置の多くが、言わば「問題を先送りするもの」「責任の所在を曖昧にするもの」「不徹底な措置で済ませるもの」となっていたこと、その結果、個別課題に対しては「対症療法的な解決」しか図られなかったことを確認する。その上で、二〇〇〇年~二〇〇二年頃の環境変化をきっかけに、「対症療法的な解決にとどめていた課題群」が、一気に「経営の裁量を大幅に拘束する重要課題」に変質していったことを明らかにする。[21]

モノ、カネ、ヒトに係る「重要課題」が明確になった時、JALが最優先で着手すべきアクションは三つに集約された。すなわち、モノについては、旧機材の退役を含んだ意味での「機材の抜本的な更新」、カネについては、キャッシュフローの正常化を含んだ意味での「市場からの自立的な資金調達」、ヒトについては、年金給付額の引き下げを含んだ意味での「労働対価のさらなる圧縮」となった[22]。逆を言えば、これらのアクションを起こさなければ、破綻は避けられない状況に追い込まれたのである。後述する通り、これら三つのアクションは、その意味で、ＪＡＬの生死を決める「構造的問題」となったわけである。ただしかし、「構造的問題」が明々白々となった後も、二〇〇五年度までのＪＡＬは、本格的かつ具体的な施策を打つことができなかった。

第二主題では、最後に「対症療法的な解決」、そして「構造的問題への未着手」が、破綻前ＪＡＬの経営哲学と深く関わっていたことに言及する。詳細は後の議論に譲るが、一九八〇年代中盤〜二〇〇五年度までの経営層の基本姿勢は、全体として見た場合、「短期志向」「責任転嫁」「対話軽視」という三つの傾向を持っていた。本プロジェクトは、経営哲学のこの特性が、経営層をして問題解決への着手を遅らせたと見ているのである[23]。

（三）　四つの課題に答えること

第三主題（第六章）に関しては、「ＪＡＬ破綻の真因を特定すること」「旧ＪＡＬ最後の社長西松遙氏による再生に向けての試みを再評価すること」「ＪＡＬ再生（狭義）の理由を明らかにすること」「ＪＡＬ破綻と再生における経営哲学（刷新）の意義を再検討すること」という四つの研究課題それぞれについて、本プロジェクトの結論を出す。ここでは、結論部分だけを簡潔に紹介しておきたい。

第一課題――ＪＡＬ破綻の真因を特定すること

この研究課題に関する本プロジェクトの結論は、次の通りである。

ＪＡＬ破綻の真因は、モノ、カネ、ヒトの分野において、「機材の抜本的な更新」「市場からの自立的な資金調達」「労働対価のさらなる圧縮」という三つの構造的問題が互いに他の問題の解決を阻む「鼎立状態」に陥ってしまったことにある。

「鼎立状態」とは、複数の構造的問題が堂々巡りの状態に陥ることをいう。①「機材の抜本的な更新」には「市場からの自立的な資金調達」が前提となる、②「市場からの自立的な資金調達」には「労働対価のさらなる圧縮」が前提となる、③「労働対価のさらなる圧縮」には「社員のモラール維持」が前提となる。

仮に、モラールが顕著に低下すれば、「機材更新」をもってしても、売上は思うように伸びていかない。運航トラブルや整備トラブルが多発し、客離れを引き起こすからである。このため、人件費の圧縮は慎重に行う必要がある。ただしかし、慎重になり過ぎ、経費削減の努力を緩めれば、今度は、銀行団などからの資金調達は困難となり、振り出しに戻り、「機材の抜本的な更新」が不調となる。破綻前ＪＡＬは、このような「鼎立状態」に陥っていた。時期的には、早くて、運航トラブルや整備トラブルが続発した二〇〇四年初頭に、また遅くとも、ＪＪグループの四役員が経営トップに退陣要求を突きつけた二〇〇六年二月に、ＪＡＬはこの「堂々巡りの状態」に陥っていた。

一度、鼎立状態に入ると、経営層は、さらに問題の解決を先送りすることになる。いずれかの問題を取り上げ、他の問題との関係を考えずに、つまり、独立した形で各問題の解決を図ることが著しく困難となるからである。その意味で、本プロジェクトは「鼎立状態に陥ったことが、ＪＡＬ破綻の真因」であると結論づける。

第二課題——西松遙氏による再生に向けての試みを再評価すること

本プロジェクトは「西松氏による試み」を次のように評価する。

西松遙氏による再生に向けての試みは、構造的問題の解決を明確に意識したものであり、それまでの経営者とは全く異なるスタンスで臨むものであった。その意味で、氏の基本姿勢は評価されなければならない。確かに、二〇〇六年度～二〇〇九年後半までのほとんどの試みは失敗に終わっているが、最後に着手した「年金給付額の引き下げ」については、現役社員とOB退職者の理解・合意を引き出し、大きな成功を収めている。「年金給付額の引き下げ」がJAL再生（狭義）の大きなきっかけとなった事実を踏まえれば、西松氏こそ、JAL再生の鍵を握る重要な功労者であったと言うべきであろう。

「鼎立状態」に陥った構造的問題を解決するのは難しいと述べたが、逆を言えば、これは、そのうちの一つを確実に解決できれば（「労働対価のさらなる圧縮」に成功すれば）、残りすべての問題がドミノ倒しのように次々と解決されることを意味していた。事実、氏が「年金給付額の引き下げ」につき、現役社員とOB退職者の合意を引き出したことで、会社更生法の適用が受理され、企業再生支援機構による公的資金の注入（三五〇〇億円）、日本政策投資銀行（政投銀）などによる融資枠の設定（六〇〇〇億円）、金融機関による債権放棄（五二一五億円）が決まり、機材の退役と更新が一気に進んでいった。まさに「年金給付額の引き下げ」により、すべての歯車が回り始め、JALは見事に「再上場」（狭義の再生）を果たしたのである。

JAL従業員を含む多くの関係者、そして一般国民は、西松氏がJALを破綻させた張本人と見ているかもしれないが、それは完全な誤解である。構造的問題が鼎立状態に陥った時点で、JAL再生の見込みはほとんどなくなっていた。それでも、氏は、沈みゆく「JAL丸」の船長を引き受け、浮上のためのあらゆる手を打ってきた。結局、ほとんどすべて失敗に終わったが、西松氏は、最後の最後まで船を見捨てず、平身低頭で現役社員とOB退職者に理解・同意を求めてまわった。そしてこれを完遂し、二〇一〇年一月、会社を去っていった。[24]この事実を踏まえ、本プロジェクトは「西松氏こそ、JAL再生の鍵を握る重要な功労者であった」と評するのである。

第三課題――ＪＡＬ再生（狭義）の理由を明らかにすること

狭義の再生（再上場）の理由について、本プロジェクトは次の結論を出す。

「ＪＡＬ再生（狭義）」の理由は、①「年金給付額の引き下げ、莫大な資金の調達、機材の抜本的な更新の三つの構造的問題が連続的に解決されたこと」、また②「それに伴って、モノ、カネ、ヒトの効率的活用が一気に進み、全体としての相乗効果が生まれたこと」に求められる。これは、効率的活用の状況を示す三つの指標が二〇一〇年を境に完全にリセットされ、過去に拘束されない新軌道を描き始めたことに現れている。

もっとも、この結論は「狭義の再生」（再上場）における「経営哲学の意義」を否定するものではない。京セラチームによる経営哲学刷新の試みが、モノ、カネ、ヒトの活用にかなりの影響を与えたことは確かである。しかし、その他の要因、例えば、「プレパッケージ型の法的整理」「法人税の免税措置」「燃油費の下落」「円高」などの影響を捨象し、京セラチームによる貢献だけを取り出し、「その貢献が極めて大きかった」と結論することは困難と言わざるを得ない。

また、破綻前ＪＡＬにあっても「経営哲学を刷新する類似の試み」が為されていたことには着目する必要がある。後述する通り、稲盛氏らによる改革は、最終的には、経営層の基本姿勢を「より長期的な視点で経営を考えること」「責任をより積極的に引き受けること」「現場との対話を一層重視すること」へとシフトさせた点に求められるが、破綻前、西松氏も、これと類似した取り組みを展開していた。このため、本プロジェクトは、右記①②の整理にとどめ、「狭義の再生」（再上場）における「経営哲学の意義」については、明言を避けるのが合理的であると判断する。

第四課題――ＪＡＬ破綻と再生における経営哲学の意義を再検討すること

最後の研究課題に関して、本プロジェクトは次の結論を出す。

「ＪＡＬ再生」（広義）における経営哲学の意義は極めて大きかった。特に、稲盛氏らによる刷新への取り組みは「ＪＡＬの持続的成長」に大きく貢献したと言わなければならない。

既に、ＪＡＬ破綻の真因として「モノ、カネ、ヒトにおける構造的問題が鼎立状態に陥ったこと」をあげたが、「対症療法的な解決」や「構造的問題への未着手」を許してきたのは他ならぬ、歪んだ「経営層の基本姿勢」であり、「組織体質」であった。もしこうした姿勢や体質が、その後も残り続けるとすれば、たとえ「狭義の再生（再上場）」を果たしたとしても、つまり、モノ、カネ、ヒトの指標がリセットされたとしても、将来のどこかでＪＡＬは再び同じ過ちを繰り返すことになる。

稲盛氏らによる刷新への取り組みが高く評価されるのは、「経営層の基本姿勢」に、そして「組織体質」に深い影響を及ぼし、「短期志向」「責任転嫁」「対話軽視」を抜本的に改めたところにある。

第三課題に関する結論は、関係者たちがその重要性について触れてきた「経営哲学の意義」を、すなわち、ＪＡＬの場合には「意識改革」と「部門別採算制度の導入」の重要性を過小評価する可能性を持っている。ただ、「経営哲学（刷新）の意義」は、再上場までの「狭義の再生」においてよりも、むしろ「広義の再生」において、つまり、再上場以降の「持続的成長の段階」において、よりはっきりと現れてくる。

後述する通り、破綻前ＪＡＬの経営哲学は「短期志向」「責任転嫁」「対話軽視」という三つの特性を持っていたが、またその特性ゆえに、ＪＡＬは、モノ、カネ、ヒトに係る「構造的問題」の存在を自覚しながらも、行動を起こさず、これを放置し、「構造的問題の鼎立化」を招いてしまった。これに対し、稲盛氏らは、過去のこうした経営哲学を大転換し、将来（再上場以降）、ＪＡＬが再び「鼎立状態」に陥る可能性を極小化したのである。ここに経営哲学（刷新）の最も大きな意義があるというのが、本書全体を通じての結論である。

「結びにかえて」では、約八年の研究を通じて、本プロジェクトの責任者が感じた「経営者のあるべき姿」について考えをまとめることとする。JALを破綻に導いた過去の経営幹部、破綻の淵より会社を救おうと努力した西松遙氏、会社更生法の適用後に一大奮起しJAL再建を果たした稲盛和夫氏。彼らの判断や行動を通じて浮かび上がる「経営者の品格」について感ずるところを整理したい。

注

(1) 例えば、熊谷は、経営破綻の原因に関しては「おかれている立場から様々な見解に分かれている」と指摘している。熊谷重勝「日本航空の経営破綻と清算貸借対照表」『立教經濟學研究』第六四巻第二号、二〇一〇年、三二頁。

(2) JAL破綻と再生に関する研究は、二〇一三年四月～二〇一五年三月の期間、高が研究責任者として麗澤大学企業倫理研究センターより助成を受けて実施した「新たな挑戦と企業の社会的責任」研究プロジェクトの一研究テーマであった。この助成を使い、二年間、JALに関する予備的研究を進め、二〇一五年四月～二〇一八年三月、再度、高が研究代表者として科研「基盤研究(C)」に申請し助成を受けた。申請時の研究課題名は「経営理念と組織のダイナミズム—日本航空の破綻と再生を巡って」（課題番号15K03616）であった。本書はその基盤研究(C)による成果をまとめたものである。なお、JAL研究プロジェクトは、本書の出版と併せ、非公開扱いの「ワーキングペーパー」も作成している。寺本佳苗編著／木谷重幸・宮田昇・田中敬幸著『JAL破綻から再上場までのプロセス—稲盛氏の動静とJAL社員の意識の変化』麗澤大学企業倫理研究センターWorking Paper、第一九号、二〇一八年一一月。

(3) 瀬戸は「透明性が高く公平で公正な手続き」「偶発債務の遮断」「株主責任」「機動的な組織統合」「既得権益の排除」「社員の意識改革」などの理由から、私的整理ではなく、プレパッケージ型の法的整理を選択したと説明している。瀬戸英雄「日本航空の再建—企業再生機構による再生支援と会社更生手続き」『田原睦夫先生古希・最高裁判事退官記念論文集　現代民事法の実務と理論』きんざい、二〇一三年、八七四～八八〇頁。瀬戸自身は「JAL再生のスタート台を整備した」に過ぎないとしているが、その主張は、間接的ではあるが、仮に私的整理であれば、再生は軌道に乗らなかったことを示唆している。

(4) 戸崎肇「再上場JAL、破綻から再生に至る道のり」NIPPON.COM 経済・ビジネス、二〇一二年九月一九日。

(5) 引頭は「説明のつかない四〇〇億円」をJALにおける意識改革に求めている。引頭麻美『JAL再生—高収益企業への転換』日本経済新聞社、二〇一三年、三九頁。これに対し、大鹿は、二〇一〇年四月三〇日時点で、「稲盛をしても、JALの再生は並大抵ではないだろう」と、悲観的な見方を示していた。常識的に考え、ＪＡＬの再生は、ほぼ困難と思われていた。大鹿靖明『堕ちた翼―ドキュメントＪＡＬ倒産』朝日新聞出版、二〇一〇年、二五頁。

（6）原英次郎「破綻前と破綻後何が違うのか―ＪＡＬ・大車輪改革の一部始終(1)」President Online、PRESIDENT 二〇一二年一月二日号。

（7）本研究の当初の目的は「ＪＡＬの破綻前と再生後」を比較検討し、経営幹部・従業員の意識変化（統計的に有意な相違があるか）を検証するところにあった。実質的な変化があったことを確認した上で、何がそれを可能にしたかを検討しようと計画していた。仮説は、破綻後に行なわれた「一連の研修」が、中でも稲盛氏自らが関与した二カ月間の「経営哲学に関するリーダー研修」が、その変化をもたらしたというものであった。しかし、本研究を本格化させていく中で、当初の目的と方法は大幅に修正された。次の二つがその理由である。第一は関係者に対するインビューを進めていく中で、経営哲学の意義を「より包括的な枠組み」の中で捉え直す必要があると実感したためである。第二は、意識調査データそのものが当初予定していた形で利用できないことが判明したためである。当初、本プロジェクトは、ＪＡＬ側より、破綻前に行なっていた役員・従業員の意識調査データが利用可能との説明を受けていたが、実際に使えたのは生データではなく、過去の調査の集計結果（平均と標準偏差とその解説）であった。

（8）二〇一〇年一月一九日、日本航空、日本航空インターナショナル、ＪＡＬキャピタルの三社は、東京地方裁判所に会社更生法の適用を申請し、同日、受理された。負債総額二兆三二二一億円で、事業会社としては戦後最大規模の破綻となった。

（9）ここで、「幹部・経営層」とするのは、組織の意思を確認する上で、社長を含む代表取締役ら（二名～四名程度）の経営姿勢全般を見るのが合理的と考えるからである。

（10）もっとも、彼が起こした取り組みは、ＪＡＬ全体の「組織体質」を改めるところにまでは及ばなかった。

（11）その後、二〇一六年三月一日、京セラコミュニケーションシステム株式会社（ＫＣＣＳ）は、ＫＣＣＳマネジメントコンサルティング株式会社（ＫＣＭＣ）を合併する旨発表し、代表取締役会長として大田嘉仁氏を迎え入れている。

（12）森田直行『全員で稼ぐ組織―ＪＡＬを再生させた「アメーバ経営」の教科書』日経ＢＰ社、二〇一四年、七九～八一頁；「ＪＡＬ倒産から一年(5)～稲盛アメーバの伝播力」Net IB News、二〇一一年一月三一日。

（13）大西康之『稲盛和夫最後の闘い―ＪＡＬ再生にかけた経営者人生』日本経済新聞出版社、二〇一三年、一七一頁。

（14）この他、本プロジェクトは、文献調査と併せ、大田嘉仁氏、米山誠氏、旧ＪＡＬに関しては、西松遙氏と旅客システム担当者、現JALに関しては、広報担当者、財務担当者、調達担当者、意識改革担当者、客室乗務員、運航乗務員、空港旅客社員、整備社員、グランド・ハンドリング社員などに対するヒアリングも実施した。公表しないことを前提にこれらのヒアリングを実施したため、本書ではヒアリング内容の開示は控えることにする。ヒアリングの成果は既存の研究論文・研究資料を解釈する中で活かされている。

(15) コンプライアンス調査委員会「調査報告書」による指摘も、外生的・組織的要因が中心となっている。同委員会は、更生会社(JAL)の管財人らが「第三者の視点から更生会社が経営破綻に至った要因、過去の重大なコンプライアンス上の問題及びその他の経営上の問題を調査するため」に、また「更生会社の事業の更生の観点から重要と認められるものについて、その事実関係を調査し、法的責任の有無を検討」するために、二〇一〇年三月二日に設置したものである。コンプライアンス調査委員会「調査報告書(要旨)」二〇一〇年八月二六日。

(16) 「JAL再生」の理由に関し、これまで精神的・哲学的な要因に着目する研究がなかったわけではない。例えば、青山、三浦、堀、水野、今井などの研究がある。ただそうした研究の多くは「経営哲学が他の要因とどのような関係の中で重要となるのか」「とりわけ、外生的・組織的要因とどのような関係において重要となるのか」などについて十分な検討や説明を与えてこなかった。多くは「再生にあたり、何をやってきたか」の説明に終始し、「JAL再生の端緒が何であったのか」、またいかなる意味で「経営哲学はJAL再生に貢献したのか」について論理的・体系的な説明を与えていないと言わなければならない。それゆえ、精神的・哲学的な要因を重視する研究は「経営哲学の意義」を説明するにあたり、これらの外生的・組織的要因との関係に言及しながら、因果連関を説明し直す必要がある。それらとの関係において、経営哲学の意義が確認できれば、経営哲学に対する理解はさらに一段と深まるはずである。青山敦『京セラ稲盛和夫 心の経営システム』日刊工業新聞社、二〇一一年:三浦后美「日本航空(JAL)の経営危機とその再建」『年報財務管理研究』第二二号、二〇一一年、三九~四七頁:堀雅通「株式会社日本航空の経営破綻と再建に関する一考察」『観光学研究』第一四号、二〇一五年、二五~三八頁:水野一郎「京セラアメーバ経営の展開—JALの再生を中心として」『關西大學商學論集』第五七巻第三号、二〇一二年、一二九~一四六頁:今井祐「日本航空(JAL)の再建に見る『経営者 稲盛和夫の経営哲学』」『日本経営倫理学会誌』第二二号、二〇一五年、二六三~二七二頁。

(17) 例えば、吉田健一「稲盛アカデミー公開シンポジウム『経営哲学の浸透—JAL再生を題材として』」『鹿児島大学稲盛アカデミー研究紀要』第六号、二〇一五年、一四三~二三八頁:大田嘉仁「日本航空の再生プロセスと経営哲学の浸透」『日本航空の再生プロセスと経営哲学の浸透』京セラ経営哲学寄附講座成果報告、京都大学経営管理大学院（二〇一四年三月一〇日開催）などがある。

(18) リージョナル・ジェット、貨物用航空機なども固定資産として重要ではあるが、会社全体に与えるインパクトは相対的に小さいと判断されたため、本書では「旅客用の大型機と中小型機の更新状況」を中心に見ていくことにする。

(19) 呉は、ＪＡＬ破綻の遠因が高水準の人件費と高利回り保証付き年金制度、それに複雑な社内組合にあったと指摘している。呉淑儀サリー「日本航空の経営破綻と日本の航空ビジネスの課題」『ホスピタリティ・マネジメント』第二巻第一号、二〇一一年、三〇～三二頁。

(20) 柴田は、一九七〇年代末～九〇年代における米国の航空会社の人件費比率を比較検討し、各社ともに一九七〇年代半ばには四割台であったこと、それが七〇年代末～八三年にかけて急落したこと、九〇年代には三割台に収束したことを確認し、「人件費比率の押さえ込みが大きな経営課題だったのは一九八〇年代前半に限られた」と指摘している。ただし、人件費比率が低かった航空会社がメガキャリア形成期に相次いで姿を消しており、人件費比率が低ければ、航空会社の業績が良くなるという単純な図式は妥当しない、としている。柴田匡平「航空業界の損益計算における国際標準化（その一）―アメリカン・スタンダードの形成過程」『信州大学経済学論集』第一七号、二〇〇二年、一八頁。

(21) モノ、カネ、ヒトなどのすべての分野で、重要な「問題が先送り」されていたことを第三章、第四章、第五章で確認していく。「問題の先送り体質」が破綻の原因であったとする論稿は多い。これを詳細に検討するのが第三章、第四章、第五章の目的となる。コンプライアンス調査委員会「調査報告書」二一頁、二三頁、二五頁：森田『全員で稼ぐ組織』八一頁。

(22) 二〇〇九年の段階でＪＡＬの確定給付型企業年金基金（年利四・五％での運用）の支払予定額に対する積立不足は約三三〇〇億円となっていた。

(23) このように解釈する理由は、以下の通りである。まず経営層が「短期志向」で物事を考えるとすれば、対応に歳月を要する「構造的問題」の解決など、最初から試みないことになる。「責任転嫁」を図る経営層であれば、問題解決よりも、解決が困難であることの口実探しに走ってしまう。「対話軽視」の経営層であれば、現場にある問題の存在に気づかない、問題の深さと広がりに気づかない、あるいは気づいたとしても、現場の理解と協力が得られないため、最初から問題解決には動かないことになる。その意味で、経営哲学の三つの「特性」が、経営層をして、モノ、カネ、ヒトのそれぞれにおける課題の解決を先送りさせたと言える。

(24) 二〇〇七年二月六日、西松氏は再生中期プランを発表する。自ら率先垂範する姿勢を示すため、電車通勤、年俸カット、個室廃止などを行なった。町田は、焼け石に水に過ぎないという意味で「見当違いの方策」と評している。町田徹『JAL再建の真実』講談社、二〇一二年、七八~七九頁。しかし、西松氏が多くの社員の心を動かしたことは間違いない。西松社長退任の折、社員より数え切れないほどのメールが寄せられている。いずれも氏に対する敬意と謝意を表すものばかりであった。大鹿も、「JALの歴代社長の中で、現場に足を運ぶことをいとわなかった西松が、社員に慕われたのは事実である」と述べている。大鹿『堕ちた翼』一七頁。

第一章　日本航空の破綻と再生に関する先行研究

これまで多くの研究者がＪＡＬの破綻と再生について様々な説明を行なってきた。これと併せ、啓蒙書、雑誌記事、会社関係者、労働組合、国土交通省なども、それぞれの視点から、ＪＡＬの問題を取り上げ、破綻と再生を論じてきた。それゆえ、本章では、研究論文における指摘のみならず、その他の研究資料（啓蒙書、雑誌記事、会社側・組合側・国側の発表資料など）に見られる指摘も取り上げ、ＪＡＬ破綻と再生に関する全体像を示しておきたい。

ただし、後者の研究資料については、指摘の根拠が曖昧な場合や指摘内容が著しく偏っている場合がある。それゆえ、前章において説明した通り、曖昧な指摘や偏向した指摘については、整理の対象から外すこととする。

ここで問題となるのは、整理の対象から外す作業が恣意的となってしまう可能性があることである。本プロジェクトは、これを回避するため、曖昧・不明瞭であるかの判断基準を「同様の指摘が他の研究・資料などにほとんど見られないこと」に、著しい偏りがあるかの判断基準を「他の複数の研究論文や啓蒙書が真逆の指摘を行なっていること」にそれぞれ置くこととする。これにより、整理における恣意性はおおよそ排除できると考えるからである。

以上の前提を置いた上で、本章では、既存の研究論文・研究資料に見られる指摘を整理していきたい。整理にあたっては、大分類として、経営側によるコントロールが及ばない要因と、経営側によるコントロールが及ぶ要因とに分け、それぞれを「外的要因」「内的要因」と呼ぶことにする。(1) 外的要因の内容から見ていこう。

第一節　「外的要因」に関する指摘

外的要因については、次の八つが主なものとなる。

(一)　イベント・リスク

第一は「感染症の世界的大流行（パンデミック）や湾岸戦争などのイベント・リスク」である（図表1-1）。こうしたイベント・リスクが発生すると、国際線の利用者は激減し、その影響が長引く場合には、体力のない航空会社より破綻していくことになる。例えば、二〇〇一年の同時多発テロで、サベナ・ベルギー航空とスイス航空が運航停止に追い込まれている。[2] その後も、SARS、イラク戦争、リーマン・ショック、金融危機、新型インフルエンザなどが続き、国際線を運航する多くの航空会社が経営破綻している。[3]

JALについては、コンプライアンス調査委員会が「リーマン・ショックによる国際線の大幅な減収」がJALの資金繰りを急速に悪化させたと報告しており、[4] 瀬戸、熊谷、引頭らも同様の指摘を行なっている。[5]

(二)　政権交代

第二は「二〇〇九年九月の政権交代」である。[6] これは、JAL側から見れば、イベント・リスクの一つとして捉えられよう。もし自民党政権が続いていたとすれば、二〇〇九年八月に設置された「日本航空の経営改善のための有識者会議」がJAL側の再建計画を認め、融資を継続していたかもしれないからである。[7] 第一回の有識者会議では、JAL再建計画に対し厳しい批判が出されたものの、自民党政権と国土交通省は基本的にJALを支援する方向で動いていた。[8]
しかし、二〇〇九年九月、政権交代で、とりわけ前原誠司氏の国交大臣就任で、自民党・国交省主導による支援という

図表１-１　JALに大きなインパクトを与えた主な社会事象

年月日	主な社会事象
1990年８月	イラクによるクウェート侵攻
1991年１月	多国籍軍による空爆開始（湾岸戦争勃発）
2001年９月11日	米国同時多発テロ
2002年11月～2003年７月	SARSの世界的流行
2003年３月～５月	イラク戦争
2008年９月15日	リーマン・ブラザーズの破綻、世界金融危機
2009年５月	新型インフルエンザの世界的流行
2009年９月16日	民主党政権の組閣
2009年９月25日	JAL再生タスクフォースの立ち上げ
2009年10月	タスクフォースの解散
	企業再生支援機構がJALの法的処理を模索
2010年12月	機構がJALに3500億円を出資（つなぎ融資返済へ）

シナリオは完全に打ち消されてしまった(9)。

その後、ＪＡＬは民主党政権下で再上場を果たしたため、また民主党政権がＪＡＬ寄りのスタンスを取っていたため、自民党はＪＡＬに批判的、全日本空輸（ＡＮＡ）に同情的なスタンスをとるようになっていった。そして、二〇一二年一二月、自民党が公明党とともに政権を奪取すると、今度は、自民党政府がＪＡＬに厳しいスタンスを取るようになっていった。公平かつ合理的に航空行政が行なわれていると政府側は主張するかもしれないが、航空会社側はそのようには感じていないはずである。

（三）為替の変動

第三は「為替の変動」である（図表１-２）。一九七一年のニクソン・ショックによるブレトンウッズ体制の崩壊、そして変動相場制への完全移行により、ドル＝円は日々変動を繰り返すようになった。長期的に見れば、為替は円安から円高に向かっていった。通常、円高に向かえば、日本から海外への旅行者・利用者は増え、燃油価格も下がるため、日本の航空会社はメリットを享受することになる。

ただし、為替は日々動いている。それゆえ、「為替の変動」は時として大きなリスクとなる。特にドル先物予約を入れながらビジネスを行なう会社にあっては、予約の規模やタイミングに細心の注意を払う必要がある。円安局面に入る前に予約を入れれば、割安でドルを調達することになり、逆に円高

図表1-2　ドル＝円の為替推移（1972年以降）

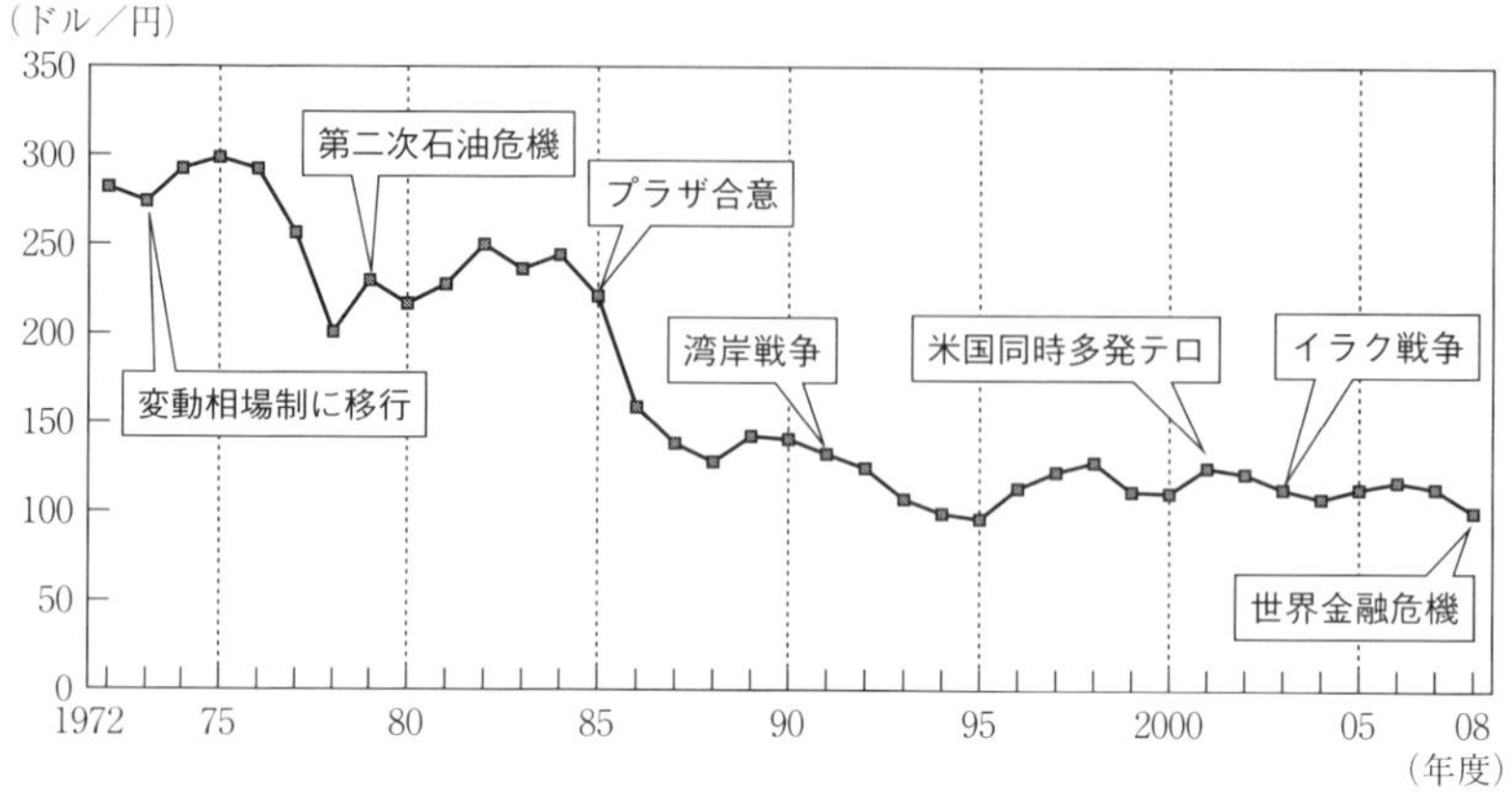

（注）　日本銀行ホームページ「時系列統計データ」（為替）より作成。

局面に向かう前に予約を入れれば、割高でドルを調達することになる。JALについて言えば、円高局面に入る直前の一九八〇年代中盤に、三六億五七〇〇万ドルもの長期先物予約を入れ、莫大な損失を出している[10]。

（四）燃油価格の乱高下

第四は「燃油価格の乱高下」である（図表1-3）。一九三〇年代〜五〇年代まで原油価格は安価な状態にあった。それが一九六〇年のOPEC結成で、また一九七〇年代の二度の石油ショックで、一気に高騰した。価格上昇の流れが変わるのは一九八〇年代である。一九七〇年代の原油価格の高騰を受け、非OPEC諸国が油田開発・生産を拡大したため[11]、一九八〇年代〜九〇年代、原油価格は下落していった[12]。

この時期、原油の需給緩和が進む中で、一九八二年にはロンドン市場で、そして一九八四年にはニューヨーク市場で、それぞれ原油の先物取引が始まった。これにより、生産国による価格コントロールは小さくなり、価格は市場で決まるようになっていった[13]。

一九八〇年代後半から九〇年代にかけ、原油価格は比較的安価であったが、二〇〇〇年代に入り、原油価格は高騰に転じた。通常、価格高騰が続けば、航空会社は経営危機に陥る。栗田によれば、この局面に入り、無数の米国航空会社（二〇〇二年八月、USエアウェイズ、二〇

図表1-3　NY原油先物市場の推移（WTI原油価格）

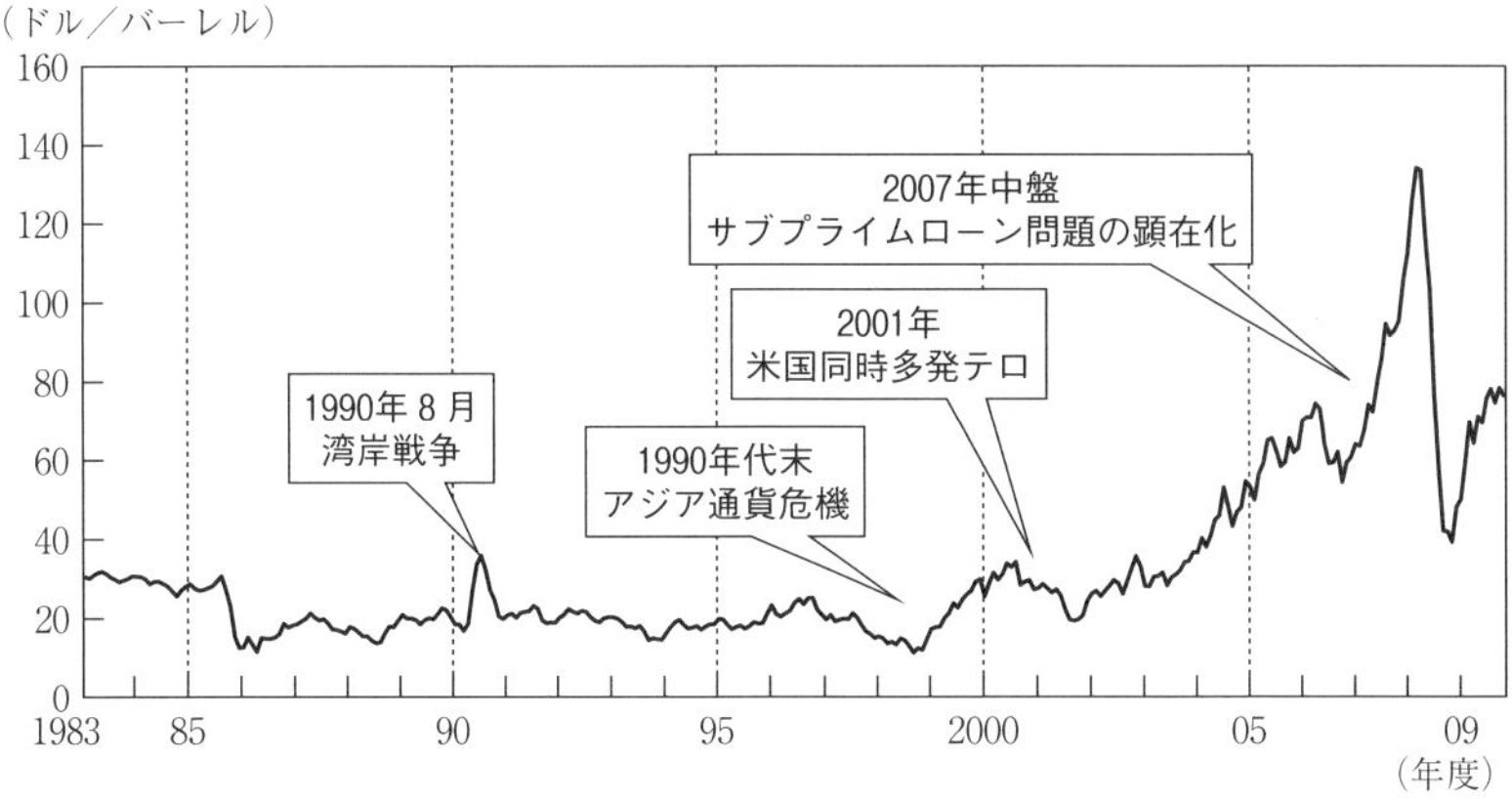

（注）米国エネルギー情報局（U.S. Energy Information Administration）の統計データ“Cushing, OK Crude Oil Future Contract 1”より作成（月次平均）。

〇二年一二月、ユナイティッド航空、二〇〇五年九月、デルタ航空、二〇〇五年九月、ノースウエスト航空、二〇一一年一一月、アメリカン航空）が破綻したという。JALについては、一九八八年度時点で事業費の一五・一%にとどまっていた燃油費（二〇〇〇年度～二〇〇三年度においても、一五%前後）が二〇〇八年度には三〇・二%にまで増大した。[14]

「燃油価格の乱高下」で特に強調したいのは、為替の場合と同様、先物予約を入れる時期や予約量を誤れば、割高での燃油調達になってしまう、という点である。[15]例えば、JALでは、二〇〇八年度前半、燃油価格が上昇を続けると判断し、大規模な燃油先物ヘッジを行なっている。しかし、リーマン・ショックとその後の金融危機で、燃油価格は急落し、二〇〇九年三月末、JALは繰延ヘッジ損失二〇一八億円を計上している。

（五）機材の市場価格

第五は「機材の市場価格」である。[16]一九八四年、ボーイング社は、「747クラシック」と呼ばれるB747（B747-100、B747-200、B747-300）に、当時の先端技術を投入する新機材（B747-400）の開発計画を発表した。コックピットを大幅に電子化したことで、この「ハイテクジャンボ」は、大量輸送機でありながら、機長と副操縦士の二名だけで運航可能な機材となった。同時に、従来機が二基のエンジンしか装着していなかったのに対し、B747－400は四基のエンジンを装着する「安全性」の高い機材として登場した。このため、世界中の航空会社が競うようにB747－400の購入に動いた。まずローンチカスタマーのノースウエスト航空が、一九八七年二月、同機の運航を開始し、JALも一九八七年末の五機購入契約を皮切りに、ほぼ毎年、保有台数を増やしていった（通算で四七機を取得）。B747－400は一九九〇年代から二〇〇〇年代初頭にかけ、世界中で販売台数を伸ばし、長距離国際線の主役となった。

しかし、各社が競うように同機材を投入したため、世界全体の旅客座席供給量は急増し、一九九〇年代中盤には、B747－400は空席の目立つ機材となっていった。こうして、かつては換金性の高い機材であったB747－400も値を下げ始め、二〇〇〇年代に入ると、同時多発テロなどの影響を受け、市場価格は一気に下がっていった。[17]

（六）政府・政党の経営への関与

第六は「政府・政党（特に自民党）の経営への関与」である。[18] JALは、一九五三年八月に公布・施行された特別法「日本航空株式会社法」に基づいて設立された国策会社であった。このため、政府は、民営化（一九八七年一一月）されるまでの期間、一方で「政府出資、社債発行限度の特例、補助金、政府所有株式の後配制など」の助成措置を講じ、他方で「役員定数を法定し、事業計画、資金計画、収支予算をすべて運輸大臣の認可事項」として経営に関与してきた。[19]

JAL設立以降、日本政府は、航空産業の保護・育成を目的として業界のあり方を議論し、一九七〇年（昭和四五年）一一月、航空各社の事業分野を定める閣議決定を行ない、七二年（昭和四七年）七月にこれを正式発動した。ここに、JALは国内幹線・国際線・国際航空貨物輸送を、全日本空輸（ANA）は国内幹線・ローカル線・近距離国際チャーターを、そして東亜国内航空（後のJAS）は国内ローカル線・国内幹線を、という「棲み分け体制」が敷かれた。これが後に「四五・四七体制」と呼ばれるようになる航空産業保護政策である。この体制は、全体としてJALに有利に働いた。収益性の低い国内ローカル線などは他社に委ね、収益性の高い国内幹線・国際線に事業を集中することができたからである。

ただ、その後、国内では地方空港の建設が続き、それに伴う形でローカル線のネットワークが形成されていった。こうした変化があったにもかかわらず、ＪＡＬは国内幹線に事業を限定されていたため、国内線数を増やしながらも、国内線シェアを落としていった（一九七〇年の三一％は一九八五年には一八％）[20]。

これと併せ、四五・四七体制は、ＪＡＬの経営体質を歪めたとも指摘されている。先述の「調査報告書」によれば、競争制限的な体制により、「経営陣の経営上の裁量権限」は大幅に狭められ、ＪＡＬの「官僚に依存する体質」が醸成されたとも言われている。さらに、一九八七年の民営化後（日本航空株式会社法の廃止）も、運輸省による監督・行政指導が続いたため、ＪＡＬの依存体質はそのまま残ることになったと指摘されている[21]。

政府・政党による経営への関与は二〇〇〇年代に入っても続いたとされる。中条によれば、二〇〇〇年の航空法改正により、需給調整規制と運賃規制は廃止されたが、その自由化は不完全なものにとどまったという。例えば、路線からの撤退は「届出制」になったにもかかわらず、「航空局長の権限で、届出を受理しない」こと、地元が「政治的圧力をかけて届出自体をあきらめさせる」ことなどがあったと指摘している[22]。例えば、杉浦は、二〇〇七年にＪＡＬが松本＝札幌線の廃止を発表した後、自治大臣経験者の知事が「ありとあらゆる手を講じて、日航に強く再考を促す」と公言し、その僅か一カ月後に、廃止は撤回され、減便のみになったと説明している[23]。二〇〇七年という危機的な状況にありながらも、ＪＡＬは政治の力に翻弄され続けていたことになる。

（七）民営化と規制緩和

第七は「民営化と規制緩和」である[24]。既述の通り、一九七〇年代に入り、日本の航空業界では、国際線、国内幹線、国内ローカル線に関する「棲み分け」ができあがった。この体制は一九八〇年代後半より壊れ始め、国内線については、一路線に複数の航空会社が参入できるようになり、運賃もより柔軟に設定できるようになっていった[25]。

図表1－4　政治・行政による規制と経営への介入

年月日	政治・行政による規制と介入
1951年8月	日本航空株式会社、民間航空会社として設立
1952年7月	航空法の公布・施行
1953年8月	日本航空株式会社法の公布・施行
1953年10月	旧日航の権利及び義務を承継し、日本航空株式会社（JAL）を設立
1970年・72年	「45・47体制」による航空会社間の棲み分け
	1970年（昭和45年）の閣議で了解
	1972年（昭和47年）の運輸大臣通達
1981年4月	改正日本航空株式会社法の公布・施行
1985年8月12日	123便御巣鷹山墜落事故
1987年11月	日本航空株式会社法を廃止する等の法律の施行
	JAL 完全民営化
1997年～1998年	参入規制の撤廃（大手3社の寡占状態の終わり）
2000年2月	改正航空法の施行（需給調整規制の撤廃、料金事前届出制への移行）
2001年11月	日本エアシステム（JAS）との経営統合を発表
2002年10月	JAL=JAS の経営統合
	持株会社「日本航空システム」（JALS）を設立
2004年4月	JAS を「日本航空ジャパン」（JALJ）に商号変更
	JAL を「日本航空インターナショナル」（JALI）に商号変更
	JAL と「日本航空ジャパン」は、日本航空システム（JALS）の完全子会社へ
2004年6月	持株会社「日本航空システム」（JALS）を「日本航空」に商号変更
2006年10月	JALI、日本航空ジャパン（JALJ）を吸収合併
2009年8月	第1回有識者会議の開催
2010年1月19日	JAL、会社更生法の適用申請
2010年2月	大西賢氏が JAL 代表取締役社長兼グループ COO に就任
	京セラ株式会社名誉会長稲盛和夫氏が
	JAL 代表取締役会長兼グループ CEO に就任
2010年8月末	更生計画案を東京地裁に提出
2010年11月末	更生計画案を東京地裁が認可
2010年12月	企業再生支援機構が3500億円を出資
	金融機関が債権5215億円を放棄
2011年3月	127億円（1株あたり2000円）の第三者割当増資
2011年3月28日	会社更生終了
2011年4月1日	日本航空株式会社に商号変更
2012年8月10日	文書「日本航空の企業再生への対応について」のリリース
2012年9月19日	JAL 再上場

ただ、この規制緩和は、羽田・伊丹空港などの主要空港における発着容量が限られていたため、JALにとっては、それほど有利には働かなかった。通常、国内線旅客は主要空港を中心として放射状に描かれる路線に集中する。[26] 一般に、こうした路線は「ビーム路線」と呼ばれ、具体的には首都圏（羽田・成田）・関西圏（伊丹・関西）から地方へ延びる路線を指していた。

一九八九年度を例にあげれば、羽田・伊丹空港を利用した国内線旅客は、全体の七九％に達している。このため、各航空会社は羽田・伊丹発着路線の増便や新路線の開設を目指したが、両空港の発着容量そのものが限られていたため、新路線の開設は、各社が望むようには進まなかった。とりわけ、両空港に対するJALの発着枠は、競合他社と比べ小さく設定されていたため、民営化後もJALは国内線シェアを伸ばすことができなかった。[27]

また、民営化と規制緩和は、JALの国際線における競争優位性を壊していった。それまでJALのみが就航していた東京＝ロサンゼルス、東京＝香港、東京＝ソウル、東京＝シンガポールなどの主要路線に、ANAや日本エアシステム（JAS）も参入可能となったからである。[28] 加えて、米国航空会社の太平洋路線への参入も許す形となり、JALは、結果的に国際線ビジネスを国内・国外企業と争うことになったのである。[29]

規制緩和の総仕上げは、二〇〇〇年の改正航空法施行にあったと言われる。これにより、それまでの事業免許制は許可制に変更され、「定期航空運送業の許可を得ている者は原則として自らの判断に基づいて路線と便数を自由に決定できる」こととなった。併せて、羽田、成田、伊丹、関西の四つの混雑空港では、航空会社間の競争を促すため、既得権益化された発着枠が五年毎の許可制へと改められた。[30] 以上の規制緩和により、航空各社は非常に厳しい競争に晒されるようになったと言われている。

（八）公租公課

第八は「公租公課」である。[31] それは、空港使用料（着陸料、停留料、保安料など）、航行援助施設利用料、航空機燃料税などの形で、国が航空会社より徴収する費用などを指す[32]。徴収された資金は国の特別会計にプールされ、空港や航空管制の整備や維持に充てられてきた。これが民間航空会社にとってかなりの負担となっていたため、民主党政権も一時期その抜本的な見直しを検討したが、基本の仕組みは今もそのまま残っている[33]。町田によれば、当時、空港使用料は、日本を一〇〇とした場合、米国は三〇、英仏独は四〇にとどまっていたという。航空機燃料税にあっては、欧州やアジア諸国が無税、米国が二％であったのに対し、日本は二五％という異常な状況にあったと指摘している[34]。もしこれが他国並みに引き下げられていたならば、ＪＡＬの破綻はなかったかもしれないのである。

また公租公課問題と併せて指摘されるのが、この特別会計を使って建設された地方空港に、民間航空会社がしばしば採算無視で航空機を飛ばさざるを得なくなっていたという問題である。杉浦は、戦後の空港整備は、一九八〇年代後半でその数を充足したという。このため、それ以降の建設については、国内航空会社からも地方空港の新設は不要との声が上がっていたが、一九九〇年代も空港建設は止まらなかったという。空港建設にあたっては、需要予測が重要となるが、国交省の外郭団体は発注者（国）の意図を慮り、現実離れした楽観的な予測を出し続けていたと指摘する。つまり、「需要の少ない路線を運航するために赤字がかさみ、不要な空港を造り続けるために特別会計に納める公租公課が高くなる」という悪循環の中に、国内航空会社は取り込まれていたわけである[35]。

以上の「外的要因」を整理すると、第一の「イベント・リスク」と第二の「政権交代」は「偶発的要因」として捉えることができよう。これに対し、第三の「為替の変動」、第四の「燃油価格の乱高下」、第五の「機材の市場価格」は「経済的要因」として、そして第六の「政府・政党の関与」、第七の「民営化や規制緩和」、第八の「公租公課」は「政治的要因」として、それぞれまとめることができよう（図表1－5）。

もちろん、外的要因は、既述の八つに限定されるわけではない。問題の括り方、整理の仕方が異なれば、当然、「別の外的要因」も出てくるはずである。例えば、米国における航空規制緩和[36]、その規制緩和の契機となった「日米貿易摩擦[37]」、不動産価格の下落を招いた「バブルの終焉[38]」、パンデミック・リスクの増大をもたらした「海外渡航の拡大[39]」、石

図表1-5　外的要因と内的要因

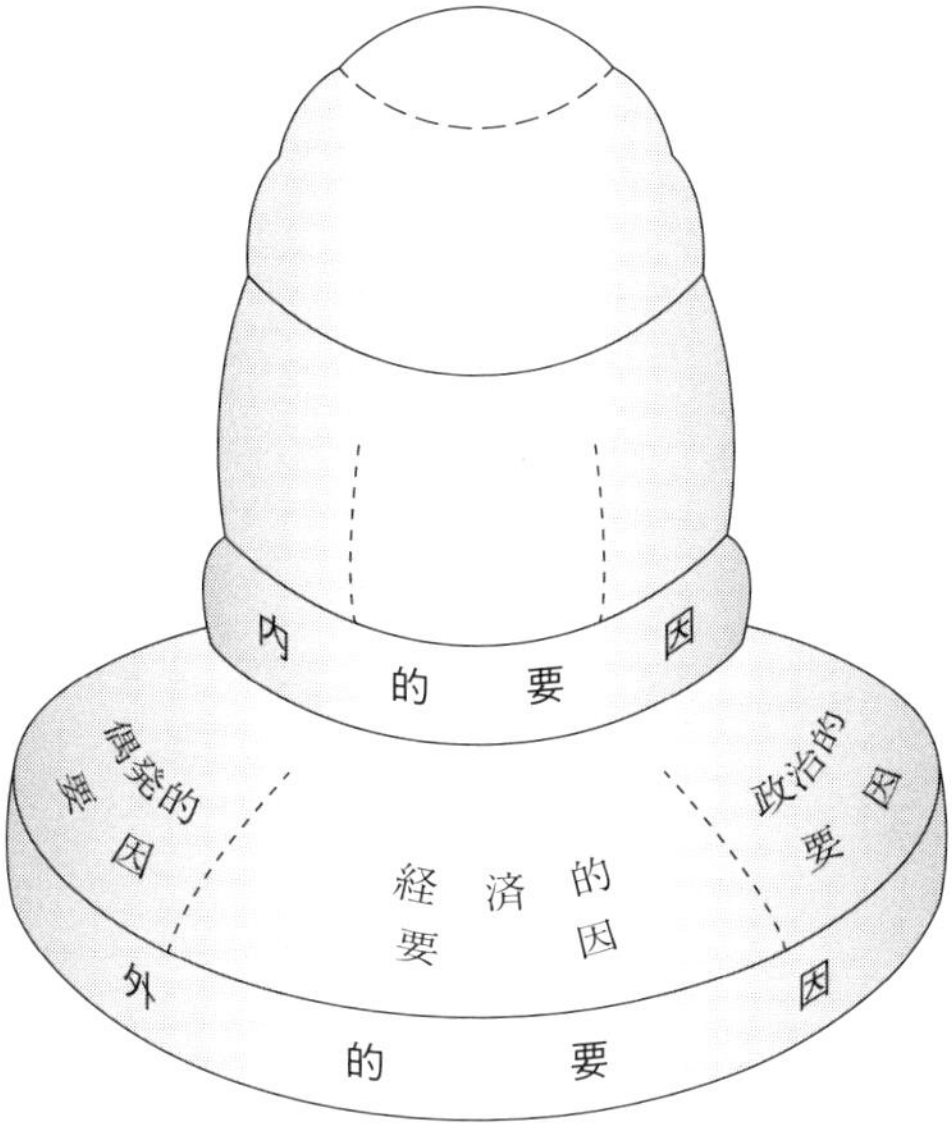

(注)「外的要因」の下位概念(分類概念)は3つに分類される。それらは相互に影響を与え合うものであるが、本書では、概念上、偶発的要因、経済的要因、政治的要因として整理する。これが企業経営の根幹部分に来ると捉え、図表の土台として図示する。その上に来るのが組織における「内的要因」となる。

油価格の高騰をもたらした「新興国の台頭」[40]、パイロットや整備士などの「労働市場の変化」、といった指摘があってもおかしくはない。

また、こうした外的要因が「互いに影響を与え合うこと」(相互作用)もあるはずである。例えば、対米貿易黒字(経済的要因)が日本における航空規制緩和をもたらしたという因果連関(政治的要因への影響)やリーマン・ショック(偶発的事象)が景気を悪化させ、燃油価格を下落させたという因果連関(経済的要因への影響)なども指摘されよう。

ただ、これらの指摘も、既述の「偶発的要因」「経済的要因」「政治的要因」という分類を設けておけば、ほとんどの場合、これら要因の中に収まるはずである。本プロジェクトは、このように解し、「JAL側のコントロールが及ばない外的要因」を「偶発的要因」「経済的要因」「政治的要因」として捉え、「包括的・論理的な説明枠」を構成する重要な「説明概念」として採用することにしたい。

さて、以上のような「外的要因」がＪＡＬの経営に大きな影響を及ぼしたことは誰もが認めるところであろう。しかし、これだけで、ＪＡＬの破綻と再生を説明することはできない。外的要因のうち、イベント・リスクや経済的要因は、世界中の航空会社に影響し、また日本国内の規制緩和や公租公課などの政治的要因は、ＪＡＬだけでなく、ＡＮＡなどにも大きなインパクトを与えているからである。つまり、同じような環境下にありながら、生き残る会社と破綻する会社があったわけだから、また破綻する場合でも、各社の破綻時期が大きく異なっていたわけだから、外的要因だけでＪＡＬの盛衰を説明することはできないはずである。

国内航空会社に限って言えば、同時多発テロの後、二〇〇一年度〜二〇〇四年度にわたり、ＪＡＬは、四度、日本政策投資銀行（政投銀）より総額二六四〇億円の緊急融資を受けている。金額は異なるが、同時期、ＡＮＡも緊急融資を受けている。同時多発テロという偶発的要因は、ＪＡＬにもＡＮＡにも等しく影響を及ぼし、また政治的要因である「緊急支援」も、ＪＡＬとＡＮＡに等しく提供されている。外的要因はほぼ同じでありながら、リーマン・ショック後の二〇〇九年度、ＪＡＬは再度緊急融資を要請したが、ＡＮＡは要請しなかった。そして、ＪＡＬは破綻し、ＡＮＡは生き残った。この両社の違いを外的要因だけに求めることはできないのである(41)。

そもそも、航空各社にあっては、外的要因の影響を受けながらも、その下で、独自の経営を行なうわけだから、その独自性こそ検討されなければならない。その点を見ることなしに、「企業経営はどうあるべきか」など論じられないからである(42)。

第二節　「内的要因」に関する指摘

経営側のコントロールが及ばない「外的要因」を整理してきたが、ここから先は、経営側が合理的に判断・行動していれば、コントロール可能であった「内的要因」を見ていく。既存の研究論文・研究資料は様々な「内的要因」に言及しているが、指摘内容の具体性の違いから、それらは二つに分けられる。

第一は「詳細な問題事象」を取り上げ、これが破綻の原因あるいは再生の理由であったとする指摘である。例えば、「減価償却期間の変更」や「企業年金の積立不足」といった個別事象に関する指摘がこれに該当する。本書では、これを「詳細な問題事象に関する具体的指摘」（具体的指摘）と総称する。

これに対し、第二の指摘は「経営全般の傾向や組織体質」に関する言及である。例えば、「経営上の甘え」「親方日の丸体質」などを取り上げ、これが破綻の理由であったとする指摘がこれにあたる。本書では、後者を「経営全般に関する一般的指摘」（一般的指摘）と呼ぶことにする。

本節では、まず「詳細な問題事象に関する具体的指摘」について整理し、いったいどのような要因があげられるのかを確認したい。なお、これに関する具体的指摘は、ほとんどが「破綻の理由」としてあげられているため、断りのない限り、「ＪＡＬ破綻に関する内的要因」として整理することにする。また、「具体的指摘」については、「一九八〇年代中盤～九〇年代末までの問題事象に関する指摘」と「一九九〇年代末以降の問題事象に関する指摘」とに分けられる[43]。「一九九〇年代末以降の事象に関する指摘」は、ＪＡＬ破綻により直接的に関わってくるものであり、「一九九〇年代末までの事象に関する指摘」は、むしろ間接的に関わってくるものと捉えられる。まず「一九八〇年代中盤～九〇年代末までの問題事象」から見ていこう。

（一）一九八〇年代中盤～九〇年代末までの問題事象に関する具体的指摘

①ドル先物予約の失敗

第一は「ドル先物予約で失敗したこと」である。一九八〇年代前半まで、日本では、先物為替予約は「確定した契約に対応する予約」（実需原則）しか締結できなかった。それが「一九八四年四月より、いわゆる実需原則が撤廃され、先物為替予約は全面的に自由化された[44]」。この規制緩和を受け、ＪＡＬは、一九八五年八月～一九八六年三月にかけ、「航空機等のドル建輸入取引に関し、将来のドル高に備えて最長一一年にわたるドル買いの為替予約を締結」した[45]。ところが、その後、一九八五年九月のプラザ合意で、一ドル＝二四〇円であったものが、翌年には一五〇円台に高騰し、その後も円高基調が続いた。結果、ＪＡＬは「累計で約二二〇〇億円の為替差損」を出し、これがＪＡＬの財務体質を毀損させた、と言われている[46]。井上も、一九八〇年代前半まで最上位の格付けを受けていたＪＡＬが一気に財務状態を悪化させたのは「ドル先物予約の失敗」であった、としている[47]。

②歪んだ機材簿価

第二は「機材の簿価が歪んだこと」である。為替差損の問題は、そのまま「機材簿価」の問題に発展していった。一九八六年度〜一九九六年度までの一一年間でＪＡＬが予約した為替レートは平均で一ドル＝一八五円となった。このため、一九九〇年代、Ｂ７４７‐４００を買い求めていったＪＡＬは、円換算で約三〇％割高に航空機を購入することとなった[48]。この購入価格をそのまま機材簿価としたため、毎年の減価償却費は膨らみ、ＪＡＬの利益を圧迫することとなった。裏返せば、二〇一〇年一月の破綻後、ＪＡＬが再生を短期間で果たせたのも、この「歪んだ機材簿価」を一気に解消できたから、と言うことができる。

会社更生法では「更生手続き開始後遅滞なく財産の価額を評定することになっており、その評定は更生手続き開始の時における時価」によるとされている。例えば、破綻前の二〇〇九年一〇月、タスクフォースが実施した資産査定によれば、実質債務超過額は約七六〇〇億円となっていたが、会社更生法に基づく財産評価書（二〇一〇年三月末時点）においては、九五九二億円に評価替えされていた。債務超過額が約二〇〇〇億円膨らんだのは、機材簿価を精査したためであったという。具体的には、二〇〇九年三月期（二〇〇八年度）に七〇〇四億円であった機材簿価は三三四五億円にまで圧縮されていた[49]。

会社更生法上、減額分は損金算入でき、それによって生じた欠損金は繰越が認められる。機材簿価の圧縮は、毎年の減価償却費を引き下げ、さらには繰越欠損金を膨らませ、その後のＪＡＬの法人税負担を軽減することとなる。桒田は、これがＪＡＬのＶ字回復を可能ならしめた大きな要因であった、と説明している[50]。

③減価償却期間の変更

第三は「減価償却期間を変更したこと」である。一九八〇年代中盤以前、財務状況がより健全であった頃、ＪＡＬは減価償却期間を短めに設定していた。それは世界の航空会社の中でも比較的短期となっていた。これにより、できるだけ早く機材の更新を進めようとしていたのである。その姿勢が一九八〇年代中盤以降、特にドル先物予約の失敗以降、徐々に変わっていった。既述の通り、一九八〇年代中盤以降、ＪＡＬは割高で機材を購入するようになり、結果として、機材簿価も膨らんでいった。

簿価が大きくなれば、毎年の減価償却費も膨らみ、毎年の利益を圧迫することになる。この負担を軽減するため、ＪＡＬは、一九九〇年代、減価償却期間を三度（一九九二年度、一九九三年度、一九九七年度）変更し、例えば、それまでの一〇年を一五年に、あるいは一律一〇年を機種に応じて一三年〜二二年にまで引き延ばしていった。これは決算を良く見せるための措置であり、ＪＡＬ側も東京地裁に提出した「陳述書」（二〇〇一年一〇月一六日）において、これを「決算対応」であったと認めている(51)。

④機材売却益の計上

第四は「機材売却で利益を計上したこと」である。ＪＡＬは、一九八三年度に連結財務諸表制度を採用したが、その時点では、連結決算そのものに多くの抜け穴が残っていた。例えば、持分法は一九八四年まで義務化されず、持分法適用関連会社に関する判断基準も曖昧であった。このため、少なくとも二〇〇〇年三月期決算までは、グループ内取引を通じて資産をオフバランス化することも、それを通じて利益を膨らませることも、ＪＡＬでは可能な状況にあった。

事実、ＪＡＬは、前述の「陳述書」において、一九九七年度および一九九八年度決算における機材の売却益は「決算対応」を意図して行なったものと認めている(52)。例えば、一九九一年度まで、ＪＡＬは「機材売却益」を特別損益の部に計上していたが、一九九二年度より、「航空機及びその付属品の売買」という定款の記載に合わせ、つまり、機材売買を「通常の取引行為」と見なし、「機材売却益」を営業外損益の部に移している(53)。この変更と同時に、一九九二年度決算で、航空機二機（Ｂ７４７ＬＲとＢ７４７Ｆ）をグループ関係会社に売却し、ＪＡＬ単体の営業外利益として機材売却益一四〇億円を計上している[54]。その後もこうした機材売却を続けているが、二〇〇〇年三月期には実質支配力基準の適用が厳格化されたため、これ以降は、「グループ内での転売」や「単純なセール&リースバック」による売却益計上は困難となっていった[55]。

もっとも、グループ内の子会社などを使わなくても、外部のリース会社とセール&リースバック取引を行なうことで、航空会社は簡単に利益を先取りすることもできた。航空機には基本的に定価がないため、またその機材をそのまま借り受けるため、一定金額でリース会社に販売しようと思えば、それは簡単に実行できた。この場合、高めの価格で販売すれば、その時点で利益は確保できるが、それ以降、支払うリース料は割高なものとなってしまう。このため、細野は、一般のセール&リースバックは「利益の源泉がリース会社」にあったと指摘している[56]。

⑤機材関連報奨額の多用

第五は「機材関連報奨額を多用したこと」である。これは、航空機メーカーより「カタログ参考価格からの値引き分を後日に購入する部品代金などの支払いに充てるメモ書きとして」航空会社が受け取っていたため、「クレジットメモ」とも呼ばれる[57]。航空会社は、このメモを受け取った時、航空機の購入価格より控除することなく、別途、営業外収益として認識していた。購入した機材を自社で固定資産として保有すれば、機材・部品などの簿価は膨らみ、毎期計上する減価償却費は割高となる。その意味で、機材関連報奨額の計上は、費用の認識を先送りしていることになる。

特筆すべきは、機材関連報奨額を受け取りながら、JALは、こうして調達した機材の多くを、さらにセール&リースバック取引にも利用していたことである。そのスキームは「日本型レバレッジド・リース」（JLL）と呼ばれるもので、当時、航空業界では、一般的なファイナンス・スキームとなっていた[58]。

⑥航空券価格の下落

第六は「マーケティングの進め方を誤り、航空券価格の下落を招いたこと」である。航空券価格の下落については、既に「民営化や規制緩和による競争激化」（外的要因）が大きく影響したと述べたが、醍醐は、一九九〇年代の日米航空会社のチケット販売方式を比較検討し、JALの航空券価格が下落したのは経営側の失策によるものであった、と指摘している[59]。正規運賃と異なる割安航空券が流通した理由は、団体ツアー用に設定された「包括旅行運賃」の航空券が「旅行代理店を通じて、売れ残りを避けるために個人にバラ売り」されたためであったという[60]。

当時のＪＡＬは、販売手数料に関し事前事後の支払調整（最初に正規運賃に基づく販売手数料を旅行会社に支払い、その後、正規運賃と販売価格との差額分を旅行会社に割戻すなどの調整）を行ない、最終的には、旅行代理店側における「実際の売上額」に応じて手数料を、そしてさらに「航空券の販売枚数」に応じて報奨金を支払っていた[61]。

醍醐が問題としたのは、売上高に応じた手数料ではなく、後者の「販売枚数に応じて支払っていたボリューム・インセンティブ」と呼ばれる報奨金であった。このインセンティブが導入されたことで、大手旅行代理店は、販売額を増やすことよりも、販売枚数を増やすことに苦心するようになり、結果、売れ残り航空券を航空会社に戻すことなく、中小の旅行会社に叩き売りするようになっていった、というのである[62]。

⑦大型機材の大量購入・保有

第七は「大型機材を大量に購入・保有していたこと」である[63]。既に、最長一一年にわたるドル先物予約を締結し、これを機材購入に充てたと述べたが、購入した機材の中心はＢ７４７－４００であった。一九八七年一二月～一九九四年五月にかけ、Ｂ７４７－４００の購入契約を集中的に結んでいることからも、これは明らかである。

Ｂ７４７－４００購入にあたり、ＪＡＬは、一九八〇年代のバブル景気が一九九〇年代も続き、利用者の数は増え続けると予測した。しかし、この希望的観測は外れ、日本ではバブルが崩壊、世界ではイラクによるクウェート侵攻（一九九〇年八月）、湾岸戦争（一九九一年一月）、同時多発テロ（二〇〇一年九月一一日）などのイベント・リスクが顕現し、ＪＡＬの「ロードファクター」（有償座席利用率）は大きく悪化していった。旅客輸送能力の拡大（大型機材の大量保有）に見合うだけの旅客が得られなくなっていったのである。

こうなると「客を乗せないで航空機を飛ばすより、とにかく客を集め飛ばす方がマシ」という発想になる。既に触れた「ボリューム・インセンティブ」という報奨金制度は、こうした状況の中で生まれたものである。その意味で、大型機材の大量取得・保有が航空券価格の下落と営業利益の減少を招いたとも言えるのである。

第八は「ホテル・リゾート事業で失敗したこと」である。一九八七年一一月の完全民営化で、JALは多様な事業分野へと進出していった。醍醐によれば、一九八七年度末、JALの関係会社数は九〇社であったが、一九九三年度末には二八六社にまで膨らんでいる(64)。新たな事業分野の中で、特に深刻な問題を抱えたのは、日本航空開発株式会社（一九九六年にJALホテルズに商号変更し、二〇〇四年に民事再生法を申請）が推進する「ホテル・リゾート事業」であった(65)。

⑧ホテル・リゾート事業の失敗

日航開発は「五年以内に現在の一六ホテルから五〇ホテルに、一〇年以内に一〇〇ホテルに運営規模を拡大する」との長期目標を掲げ、世界の主要都市でホテルの買収を続けた(66)。多くの物件で高値買いをしたと言われるが、中でも一九八四年に購入した高級ホテル「エセックス・ハウス」の取得・運営で、同社は大きく躓いた。通常の取引であれば、一億二〇〇〇万ドル程度で購入できた物件を、十分なデューデリジェンスも行なわず、また社内の正式の決済手続きも踏まず、一億七五〇〇万ドルで購入したというのである(67)。

ホテル・リゾート事業に積極的に動いたのは「主要取引銀行からの積極的な提案」があったから、と言われている。バブル景気の中で、銀行担当者より「いくらでも貸すから」と促され、JALはホテル関連の投資を拡大していったという(68)。しかし、不動産への投資は思うような成果につながらず、結局、JALグループの赤字を膨らませることとなった。

JALにとっての一番の問題は、早期撤退が求められる状況においても、積極的な買いを行なった当時の経営陣への配慮から、多くの幹部が売却に抵抗し、問題の解決を先送りしたことであった。また、会社として正式に早期撤退を決定した物件についても、複数の経営幹部が担当者を個別に呼び出し、再考を求めることもあったという。こうした経営層の情実的な行動が、赤字の垂れ流しを長引かせることとなった(69)。

以上の「一九九〇年代末までの問題事象に関する具体的指摘」は、ＪＡＬを破綻に導いた直接的原因とまでは言えないが、ＪＡＬの財務体質を悪化させ、同時に役員・従業員の責任意識や組織体質に悪影響を及ぼしていったはずである。その意味で、八つの指摘は少なくとも破綻の遠因であったと言ってよかろう。では、一九九〇年代末以降の問題事象については、どうであったのか。同じく、研究論文・研究資料に見られる指摘を見ていきたい。

（二）一九九〇年代末以降の問題事象に関する具体的指摘

①機材関連報奨額の復活

第一は「機材関連報奨額を復活させたこと」である。既に、一九九〇年代に入り、ＪＡＬが機材関連報奨額を多用したと説明した。[70]実質的な利益を伴わない「機材関連報奨額」の計上は、ＪＡＬの経営にとって決して望ましいものではなかった。このため、一九九八年五月、兼子勲氏が社長に就任する際、近藤晃前社長は、重要な引き継ぎ事項として機材関連報奨額に頼った決算対応から決別することを求めた。これを受け、兼子氏は、一旦、同報奨額の計上をやめている。

ところが、二〇〇一年九月一一日の同時多発テロにより、ＪＡＬの業績が悪化し始めると、兼子氏は、二〇〇二年度、報奨額計上（ＪＪグループとして四二一億円）に再び手を染めた。当時の西松遙財務部長・資金部長は、兼子社長に対し報奨額計上より決別することを求めたが、[71]機材関連報奨額に頼らない決算は、結局、二〇〇五年度まで先送りされることとなった。

既述のように、ＪＡＬは、一方で機材関連報奨額分を取得原価より控除せず、購入した機材を自社保有し、他方で取得機材をリース会社が設立する匿名組合などに機材関連報奨額分を差し引くことなく、つまり、カタログ価格などで転売していた。[72]もっとも、このリース取引は、ＪＡＬ側が匿名会社より機材を借り受けていたため、つまり、機材の購入・売却・リースという一連の取引が機材の使用を目的としていたため、自社保有と基本的に何ら変わるものではなかった。

その実態を踏まえ、コンプライアンス調査委員会は、JLLを用いての機材関連報奨額を「リース会社に機材を売却したことによる利益として一時に計上するのではなく、いったん負債（前受収入）に計上しておき、機材の使用期間（リース期間）に応じてリース料から控除する方法が合理的」であったと指摘している。[73]

そもそも、JLLを用いての機材関連報奨額計上を続けるには、リース会社向けに新たな機材を購入し続けなければならず、かつその機材を長期間借用しなければならない。長期で見れば、自社保有での減価償却をなくし、リース料を支払う形に変更しただけで、財務上のメリットはさほど大きくなかったはずである。[74] 仮にJALにとってのメリットがあったとすれば、それは、結局、利益（機材関連報奨額）を先取りできることであった。ただ、逆を言えば、将来の費用負担を大きくするというデメリットを持っていたことになる。[75]

② 経営統合後の対応

第二は「日本エアシステム（JAS）との統合を活かせなかったこと」である。[76] 二〇〇二年一月二九日、JALは、経営統合にあたり、「相互の強みを最大限引き出すと共に、両社の重複分野等の効率的運営を積極的に進めることにより」、費用削減（七三〇億円）、投資圧縮（一〇〇〇億円）、競争力強化を実現すると発表した。[77] 例えば、人員の効率化（三〇〇〇人の削減）で二四〇億円を、機材の効率化で一二〇億円を、それぞれ圧縮するとしていた。[78] また新機材の購入とそれに伴う関連施設の建設も、重複投資を避けることができるため、航空機投資は七五〇億円を、関連施設投資は二五〇億円を圧縮できるとしていた。[79] これだけの統合効果があるとしてJAL＝JASは経営統合に動いたわけであるが、公正取引委員会（公取委）は、運賃が高止まりすることを懸念し、検討を要するとの立場をとった。

公取委のこの懸念を払拭するため、JAL＝JASは、当初計画を見直し、二〇〇二年四月、「経営統合に関する対応策について」（四月二三日）という文書において「新規航空会社のために羽田空港の発着枠九便を国交省に返上すること」「二〇〇五年二月の羽田発着枠回収再配分まで、不足する事態が生じた場合にはさらに三便を上限として返上すること」「新規航空会社に航空機整備関連業務やグランドハンドリングなどの空港地上業務などを積極的に受託して協力すること」などの妥協案を示している[80]。

これを受け、公取委は最終的にＪＡＬ＝ＪＡＳ統合を承認したが、いざ統合してみると、そのスケール・メリットはほとんど活かされなかった。そもそも、ＪＡＬとＪＡＳとでは、保有する機材・機種は大きく異なっており、ＪＡＳのパイロットがＪＡＬの機材を、またＪＡＬのパイロットがＪＡＳの機材を相互に操縦できない状況となっていた[81]。これに加え、両社の給与格差や差別意識などにより、同じ職種でありながら（運航乗務員、客室乗務員、整備、地上職員など）、旧ＪＡＬ系と旧ＪＡＳ系の労働組合が並存することとなった[82]。これは、ＪＡＬが「国内路線のシェア拡大ばかりに執着し、統合後のメリット、デメリットを検証しなかった」ための失策であった、と指摘されている[83]。

③機材更新の遅れ

第三は「機材の更新が進まなかったこと」である[84]。既に、一九九〇年代末までの問題事象として、「大型機材を大量に購入・保有していたこと」をあげたが、その問題は二〇〇〇年度以降も基本的に変わらなかった。ＪＡＬは、燃費効率が比較的良いとされるＢ７７７を一九九〇年代後半より購入し始めるが、依然としてＢ７４７‐４００の保有割合は高いままで推移した。

また、二〇〇〇年度以降のＪＡＬに強く求められたのは「Ｂ７４７‐４００からＢ７７７へ」という大型機の更新よりも、むしろ、大型機の割合を減らし中小型機の割合を増やすことであった。しかし、機材構成の変更は、決して思うように進まなかった。ＪＡＬは、二〇〇五年五月に、中型機材Ｂ７８７を契約しているが、これが実際に就航するのは、ＪＡＬ破綻以降となっている。

機材更新や機材構成の変更がなかなか進まなかった理由として、資金不足があげられるが、ＪＡＬが保有する機材の簿価が市場価格を大きく上回っていたことをあげなければならない。話を単純化して説明すれば、長期為替予約の最終年度（一九九六年度）にＢ７４７‐４００を取得し、減価償却期間を一五年とした場合、二〇一一年度まで減価償却を続けなければならない。また二〇〇〇年度に機材関連報奨額を受領し、減価償却期間を一五年とした場合、二〇一五年度まで減価償却を続けなければならない。これら機材の簿価残価がゼロとなる前に更新しようとすれば、かなりの売却損・除却損が出てくる可能性があったのである[85]。

呉によれば、二〇一〇年三月時点で、JALは大型機（B747やB777など）を大量保有しており、リースを含め、ANAが五七機であったのに対し、JALは八九機を保有していたという[86]。なお、水野によれば、破綻直後の二〇一〇年三月期時点で二五八機あった機材は、その後の二年間で二一二機にまで圧縮されたという[87]。

④多くの不採算路線

第四は「不採算路線を多く抱えていたこと」である。とりわけ、JASとの経営統合以降、これは深刻な問題となっていった。発表した統合計画では、路線の再編（主に両社が重複して乗り入れていた国内地点五七地点のうち二九地点）と機材の有効活用により、航空機一〇機分の効率化が図れるとしていたが[88]、路線の整理は想定したほどには進まず、JALは、結局、JASが抱えていた多くの不採算路線を引き継ぐことになった。

航空旅客運送事業を合理的に営むには、事前に「運航路線」を利用する人の数を把握し、その利用者の数に応じて「路線便数」を決定し、「最適機材」を割り当てなければならない。また「最適機材」の割当を実施するには、座席数の異なる機材を複数用意しておく必要がある。仮に大型機材に偏っていれば、「路線」に合った機材を柔軟に割り当てることも難しくなるからである。この「機材問題」は右述した通りである。

機材問題と併せ、JALは「運航路線」の妥当性や、需要に合致した「運航便数」を明確にする必要があった。そのことはJAL側も十分に認識していたはずである[89]。しかし、JALは「赤字路線の削減」「運航便数の削減」といった対策を徐々にしか進めることができなかった。経営幹部や社員の多くが、国を代表する航空会社の責任として「赤字路線でも飛ばすべき」「予算で決められた経費を使って着実に業務をこなすべき」と考えていたからである[90]。

不採算路線問題に関し、二〇〇九年九月、JJ労組連絡会議（運航乗務員、客室乗務員、機長などの職種別組合を纏めた組織）は「国内線における路線便数計画の決定には、行政側の要因が大きく作用」していたと指摘している。JALが既存路線の整理で苦しむのは「路線の減便・撤退に多大な迷惑を被る利用者・国民が存在する」ためであり、「こうした現在の状況を引き起こした行政」こそ、その責任が問われなければならないと述べている。具体的には「『はじめに空港建設ありき』との安易な発想」で、「利用者・国民の利便性よりも、行政の都合、政治家の都合、土木工事業者の都合」を優先し、新空港を建設してきたこと、空港建設の前提となった利用者数の予測が大幅に狂っていたこと、行政自身の失敗を糊塗するため、各航空会社に不採算路線の運航継続を求めてきたこと、各空港の輸送量を予測に合わせるため、各航空会社に運航便数の確保を強いてきたことなどが問題であった、と批判している(91)。

⑤過剰人員と人件費

第五は「従業員が多過ぎて人件費が重荷になっていたこと」である(92)。これは、JALが「中期経営計画」や「再生中期プラン」の中で幾度も言及してきた問題である。これに対し、熊谷は、一九八八年から二〇〇七年を見る限り、JAL従業員一人当たり人件費がANAと比べ異常に高かったわけではないこと、また傾向として営業収益に占める人件費の比率が下がっていたことなどをあげ(93)、「人件費が経営破綻の主な原因であったとみることはできない」と述べている(94)。

しかし、問題は、人件費そのものではなく、適正規模の従業員を抱えていたかという点にある。営業収益に占める人件費比率は一九九〇年代を通じて二〇％近い状態にあった(95)。確かに二〇〇〇年代に入り、これは一〇％台にまで下がっているが、その比率は、二〇〇六年度を除けば、常にANAの人件費比率を上回っていた(96)。二〇〇六年度は基本給の引き下げが行なわれ、人件費比率は下がったが、この段階での対応では遅きに失した感がある。

なお、JAL破綻後、従業員の約三割（約一六〇〇〇人）が整理され、給与も、地上職が二〇％、客室乗務員が二五％、パイロットが三〇％の削減となっている(97)。通常、人員整理と給与の大幅引き下げがあると、従業員のモラールは低下し、会社の再建は難しくなる。しかし、JALにあっては、会社更生法に基づく法的整理により、また稲盛和夫氏による会社再建の取り組みにより、顕著なモラール低下は見られず、逆にモチベーションが高まったとさえ解されている(98)。その意味で、「適正規模を超えた従業員数と膨らんだ人件費」という問題指摘は、当を得たものというべきであろう。

⑥企業年金の積立不足

第六は「企業年金の積立不足が経営を圧迫してきたこと」である。[99] 破綻前のJALでは、基礎年金、厚生年金、企業年金を合わせ、退職者一人あたり月平均四三万円（年間では、五〇〇万円～六〇〇万円）の年金を給付することになっていた。このうち、企業年金（確定給付型企業年金）は、退職積立金を四・五％で運用することを保証していたが、約束した運用実績は達成できず、二〇〇五年度以降、積立不足は年々膨んでいった。その不足額は二〇〇九年三月時点で三三一四億円（退職給付債務は八〇〇九億円、これから年金資産や退職引当金等を差し引いた不足分）に達し、[100] 年金制度そのものを変更しない限り、企業年金制度の破綻は避けられない状況となっていた。日本政策投資銀行（政投銀）は、これを深刻な問題と捉えており、二〇〇九年夏、「緊急融資」を実施する際にも、その条件としてJAL側に年金給付額の減額を強く求めていた。[101]

確定給付型企業年金を減額する場合、現役社員については、加入者の三分の一以上で組織する労働組合の同意と加入者の三分の二以上の同意が必要とされ、またOB退職者については、加入者の三分の二以上の同意が必要であった。このため、JALトップとして西松氏は、破綻回避を図るべく、現役従業員と退職者に年金規約変更と給付額の引き下げを求めてまわった。結果、JALは、二〇一〇年一月、退職者の三分の二以上、現役従業員の九割以上の同意を得、その後（二〇一〇年三月一七日）、厚生労働省より規約変更の認可を受けることとなる。

この規約変更があったことで、JALは、その後、見事な再生を果たした。例えば、規約変更と給付金額の引き下げにより、再出発したJALは、二〇一〇年一一月期、一五四四億円の退職給付制度改定益を計上している。桒田は、この改定益がJALのV字回復を後押しする大きな要因であったと説明している。[102]

⑦膨大な有利子負債

第七は「有利子負債が膨大な額になっていたこと」である。二〇〇一年九月の同時多発テロ以降、JALが危機に陥る度、自民党政権・運輸族議員は「なし崩し的に銀行に圧力」をかけ、政投銀を中心としたJALへの融資を膨らませていった。このため、政投銀の二〇〇九年三月時点における融資残高は二二九五億円に達していた。その状況下で、二〇〇九年六月、JALは新たに政府・銀行団側に二〇〇〇億円の緊急融資を要請したが、結局、その半分の一〇〇〇億円しか支援は得られなかった。有利子負債が既に膨大な額となっていたため、また政府・銀行団側は自らの責任を問われる可能性があったため、残りの一〇〇〇億円に関しては、「有識者会議」による継続的なモニタリングを条件としたのである(103)。

既に外的要因として「二〇〇九年九月に政権交代があったこと」をあげたが、有識者会議によるモニタリングと残りの一〇〇〇億円融資の話は政権交代で白紙撤回となった。その意味で、既に積み上がっていた膨大な有利子負債がＪＡＬ破綻の大きな原因であったとも言えるのである。

逆を言えば、ＪＡＬが順調な再生を果たした理由も「有利子負債の大幅削減」にあったと指摘することができよう。二〇〇八年度、八〇一五億円に膨らんでいた有利子負債額は「債権放棄や利益の積み上げ」などにより、二〇一二年度、一五八五億円にまで圧縮された。桒田は、これがＪＡＬの金利負担を軽減し、急速な業績回復を可能にしたと説明している(104)。

以上、「一九九〇年代末以降の問題事象」を見てきたが、これらは、いずれもＪＡＬを破綻に導いた「より直接的な原因」としてまとめられる。

（三）経営全般に関する一般的指摘

「詳細な問題事象に関する具体的指摘」に続き、「経営全般に関する一般的指摘」を取り上げたい。具体的指摘に関しては、その時期を「一九八〇年代中盤～九〇年代末までの問題事象」と「一九九〇年代末以降の問題事象」に分けて整理したが、一般的指摘の場合、時間的な特定はほとんど為されていない。経営全般に関する指摘であるため、通常、それは長い期間にわたって観察される組織事象と言えるかもしれないが、多くの研究論文・資料に見られる指摘は、ＪＡＬ破綻との関係で為されているため、常識的に考え「バブル景気以降（一九八〇年中盤以降）に見られた組織事象」と捉えておくのが合理的であろう。この前提を置いた上で、以下、七つの一般的指摘を確認したい。

①短期的な利益の追求

第一に「長期的な視点を見失い、短期的な利益の追求に走ったこと」があげられる。これに関し、例えば、三浦は、ＪＡＬ破綻が「損益計算書重視という短期的な利益を求める経営」によるものであったと述べ、ＪＡＬを再生させるには「短期的な利益を求める経営から、貸借対照表重視という財務体質をしっかり強化しながら長期的な利益を求める経営」に切り替えなければならないと指摘している[105]。これは「何とか利益だけを捻出しようとしてきた経営姿勢」「場当たり的に事態に対処してきた経営姿勢」に対する批判と解される。

また井上は、御巣鷹山墜落事故により「経営陣が総入替えとなったこと」が破綻の原因であるとしている。この指摘には「短期的な利益」という表現は出てこないが、言わんとする点は同じである。井上は、バブル景気以前のＪＡＬ経営層は、日本経済の発展に貢献するといった「強い使命感」と「長期的な視点」をもって経営にあたっていたとしている。ところが、一九八五年八月一二日の墜落事故で、突然、幹部の総入替えとなり、つまり、必要な準備を経ず新たな幹部が代表権を持つことになり、それまでのＪＡＬに培われていた「長期的・国際的な視野で物事を考える姿勢」が伝承されなかった、というのである[106]。

②慢心と甘え

第二に「潰れないとの慢心があったこと」「政府が必ず助けてくれるという甘えがあったこと」などがあげられる[107]。例えば、コンプライアンス調査委員会は「この会社の役員及び従業員の意識の中に、『何があっても潰れることはない』という慢心した思いが深く根ざしていた」と指摘している[108]。同様に三浦も、ＪＡＬ破綻の原因はイベント・リスクなどの一過性のものではないと主張する。それは、むしろ「国による金融支援を前提とした経営意識」が強かったこと、そしてその意識ゆえに「政官民のもたれ合い構造」ができあがったことなどにあると述べている[109]。さらに中条においても、一方で政府による規制を批判しながらも、ＪＡＬ側の「市場よりも役所を重視する姿勢」が問題であったとしている[110]。

③マニュアル志向

第三に「顧客志向よりもマニュアル志向が強過ぎたこと」があげられる。これは、破綻の原因とまでは言えないかもしれないが、ＪＡＬに対する顧客の評価を下げてきた要因であることは間違いない。これに関し、引頭は「かつてのＪＡＬでは、均質的なサービス提供が是とされ、顧客の顔を見るという発想が欠けていた」「製造業で言うところの『プロダクトアウト型』の発想だった」と指摘している[111]。マニュアルを重視する組織体質は、航空会社である限り、どこでも観察されるものであるが、ＪＡＬの場合、「御巣鷹山墜落事故」の経験が、この傾向を一段と強めることになった。本来は「利用者の安全・利益」を考えて作成されたはずのマニュアル類であるが、時の経過とともに、本来の目的は薄れ、マニュアルを守ることだけが自己目的化した、というのである。

大田によれば、ＪＡＬの社員は「マニュアルを守ることで汲々としており、自分たちで判断することは許されていなかった」という[112]。これに関し、近藤・三矢も、同様に、かつてのＪＡＬ客室乗務員は「マニュアルに沿った均質なサービス」の提供に力を入れており、たとえ「個々の顧客に異なるニーズがあっても、それに合わせ、サービスがカスタマイズされることは多くはなかった」と指摘している[113]。

④採算意識の欠如

第四に「放漫経営に陥っていたこと」「採算意識が欠如していたこと」なども指摘されている。

例えば、熊谷は、長期為替予約（ドル先物予約）に関する誤判断、ホテル・リゾート開発事業の失敗、特別販売促進費（ボリューム・インセンティブなど）の使途問題などを取り上げ、これらが「場当たり的経営」「放漫経営」の結果であり、ＪＡＬ破綻の原因であったとしている[114]。また引頭は、経営幹部や中堅幹部の言葉を引用し「採算意識が欠如していたこと」「収支に敏感でなかったこと」をあげている。例えば、ＪＡＬにあっては、会社として「適正な安全対策水準がどれくらいであるべきなのか」が真剣に検討されておらず、またいずれの収益部門にも還元されない「全社共通費用」の必要性が精査されることもなかったと指摘している[115]。

大田によれば、そもそも、ＪＡＬは「利益が出ないのが当たり前で、むしろ利益を目指さないほうがいい」という考え方に染まっていたという。黒字になって利益が出れば、国土交通省より「運賃を下げろ」と言われ、組合も「賃金を上げろ」と言ってくる。このため、「会社全体の利益目標はあっても、部門ごとの利益目標」はなかったと説明している。[116]また大田は、採算意識が生まれなかったのは、社員たちが「自部門の経営実態がどうなっているか、全く知らされていなかった」ため、一方的に経営側より経費削減の指示があっても、理由が不明瞭であったため、コストを下げようとする気も起こらなかったと述べている。[117]

さらに、寺本は、再生直後のＪＡＬ幹部や社員が「トレードオフ」という言葉を頻繁に使っていたこと、またそれを持ち出すことで、採算を度外視する傾向にあったと説明している。[118]トレードオフとは、優先順位を付け、後に来るもの（利益）が前に来るもの（安全）と相反する時、後者（利益）を犠牲にして、前者（安全）を守る、という考え方である。これに対し、稲盛氏を始めとする京セラグループは、両者を二者択一の関係として捉えるのではなく、「対極をあわせもつ」という発想に立って同時に達成すべきと説いていった。[119]寺本は、この違いに着目し、破綻の原因が「採算意識の欠如」にあったと解している。

⑤利益責任の曖昧さ

第五に「誰が利益責任を負うかが曖昧な組織であったこと」「数字に基づく経営が疎かにされた組織であったこと」があげられている。[120]これは、右記「放漫経営」「採算意識の欠如」と重複する指摘ではあるが、力点は、組織体制や組織構造に置かれている。ＪＡＬ再生後の二〇一一年四月、ＪＡＬは部門別採算制度の導入を開始した。これにより、組織は「採算部門である『事業部門』とそこを側面から支える『事業支援部門』の二つに大別」され、前者の「事業部門」は、さらに路線統括本部、旅客販売統括本部、貨物郵便事業本部に分割された。このうち、路線統括本部は、運航計画の策定から実際の運航までの責任を負う「旅客運送事業の中核部門」とされた。他方、後者の「事業支援部門」には、運航、客室、空港、整備の各本部が置かれ、各本部が事業部門に人やサービスを提供し、その見返りとして事業部門より対価を受け取る体制へと変更された。[121]

これにより、どこがあるいは誰が利益責任を負うのかが明確となり、経営幹部・従業員も強い採算意識を持つようになったという。[122]森田は、この新たな組織体制に触れ、それが「長いＪＡＬの歴史の中でも初めてのこと」と評している。逆を言えば、破綻までのＪＡＬは「利益責任の曖昧な組織」「数字を軽視する組織」であったということになる。[123]

⑥労使対立

第六に「組合が社内に乱立していたこと」「組合側と経営側が対立していたこと」があげられる。特に御巣鷹山墜落事故を契機とし、ＪＡＬの経営体制・労使関係は国主導で大きく修正された。小野によれば、ＪＡＬ副会長（後に会長）に推された鐘紡会長の伊藤淳二氏は、中曽根康弘首相より「大惨事を引き起こした日航の病巣は組合にある」「会社を腐らせた労働問題の改善に取り組んでほしい」との説明を受けたと言われている[124]。ＪＡＬ副会長着任後、伊藤氏は労使関係の改善に着手するが、非主流派の左派系組合（日本航空労働組合、乗員組合、客室乗務員組合など）との関係改善に力を入れ、結果として、主流派組合（全日本航空労組）の反発を買っている。

この時の伊藤氏の工作が、その後、ＪＡＬグループ内における組合間の対立、労使間・経営者間の対立を、一層、複雑なものにしたとされている。これに対し、伊藤氏の取り組みを美化する著作もある。しかし、氏のＪＡＬにおける活動を全体として捉えた場合、本プロジェクトは、これを美化すべきではないと考えている。

⑦本社と現場の乖離

第七に「本社と現場が乖離し相互の交流がほとんどなかったこと」が指摘される。これに関し、コンプライアンス調査委員会は、ＪＡＬでは「本社による現場を軽視した企画の策定に対する不信感が醸成され」、本社と現場が「キャリアとノンキャリア類似の関係」に陥っていたこと、また「縦割りの組織構造」ゆえに、部門・部署を超えて課題を共有することが困難であったことなどをあげている[125]。破綻直後のことであるが、大田によれば、幹部は「ＪＡＬが破綻したのは組合がうるさくて、社員が自分たちの言うことを聞かなかったから」と批判し、逆に社員も「本社の幹部がいい加減な経営をするから破綻した」などと反論していたという。そこには、「一体感どころか、相互に根深い不信感があった」と説明している[126]。

同じく引頭は、本社と現場の関係について「経営幹部が現場に顔を出す機会は少なく、現場が経営幹部を意識することはなかった[127]」「営業現場は、経営企画部が現場を軽視していると不信感を募らせ、経営企画部は、営業現場が企業ガバナンスを軽視」していたと述べ、また部門間の相互関係についても、運航、整備、客室、空港、営業、企画が明確に分かれ、部門を超えた異動もなく、それぞれが「別々に活動する組織の集合体」になっていたと指摘している[128]。

さて、本章では、ＪＡＬ破綻の理由（いくつかは再生の要因）として、研究論文・研究資料でどのような指摘が為されているかを追ってきた。その際、ＪＡＬ側のコントロールが及ばない社会事象を「外的要因」と定義し、逆にコントロールが及ぶ組織事象（ＪＡＬ内部の問題に関する指摘）を「内的要因」として整理した。また後者の「内的要因」については、「詳細な問題事象に関する具体的指摘」と併せ、「経営全般に関する一般的指摘」も見てきた。

既に「外的要因」のところでは説明したが、本プロジェクトは「内的要因」についても、本章で列挙した指摘だけですべてが網羅されたとは考えていない。問題の括り方、整理の仕方が異なれば、当然、別の内的要因も浮かび上がってくるからである。例えば、運航路線の削減が従業員の整理に繋がりかねなかったこと、機材の更新がパイロットや整備士の人員整理に繋がりかねなかったこと、公租公課の削減などを政府側に要求できなかったこと、チケットの販売状況などを迅速に把握するシステムを構築していなかったこと、などもあげられよう。

加えて、列挙した内的要因が他の指摘と一切関係を持たない独立の要因であると主張するつもりもない。例えば、「政府が必ず助けてくれるという甘え」が膨大な額の有利子負債を抱えさせたこと、「長期のドル先物予約」が大型機材の保有を長期化させ、「機材関連報奨額の多用」が機材の更新を遅らせたこと、などがそれである。よって、ここでも「その他の内的要因」が存在し得ること、そして「内的要因間の相互作用」があり得ることを確認し、先行する研究論文・研究資料の整理を終えることにしたい。

注

（1）例えば、呉も「外部要因」と「内部要因」とに分けて整理している。呉淑儀サリー「日本航空の経営破綻と日本の航空ビジネスの課題」『ホスピタリティ・マネジメント』第二巻第一号、二〇一一年、一六～三二頁。

（2）国土交通省航空局「航空を取り巻く社会情勢等について」（補足資料）二〇一二年一二月、七頁。

（3）例えば、二〇〇二年八月にはＵＳエアウェイズが、二〇〇二年一二月にはユナイティッド航空が、二〇〇五年九月にはデルタ航空とノースウエスト航空が、そして二〇一一年一一月にはアメリカン航空が、それぞれ破綻している。桒田彰「燃油費抑制策等が損益に与える影響の分析―日本航空を対象として」『年報財務管理研究』第二四号、二〇一三年、七四～七五頁。

（4）コンプライアンス調査委員会「調査報告書（要旨）」二〇一〇年八月二六日、七頁。

（5）瀬戸英雄「日本航空の再建―企業再生機構による再生支援と会社更生手続き」『田原睦夫先生古希・最高裁判事退官記念論文集　現代民事法の実務と理論』きんざい、二〇一三年、八六一頁：熊谷重勝「日本航空の経営破綻と清算貸借対照表」『立教經濟學研究』第六四巻第二号、二〇一〇年、四三～四四頁：引頭麻美『JAL再生―高収益企業への転換』日本経済新聞社、二〇一三年、二五七頁。

（6）二〇〇九年八月三〇日の総選挙で民主党が圧勝するとすぐに、「日本航空の危機について」（経済産業省政策審議室担当企画官野原諭による取りまとめ）という文書が民主党議員の間に出回ったという。小野展克『JAL虚構の再生』講談社、二〇一四年、五〇～五二頁：大鹿靖明『堕ちた翼―ドキュメントJAL倒産』朝日新聞出版、二〇一〇年、四七～五一頁。

（7）リーマン・ショックとその後の経済危機で、二〇〇九年三月期、JALは営業損益五〇八億円の赤字に転落した。このため、自民党政権は、急遽、日本政策投資銀行が融資の八割を保証する形で、二〇〇九年六月、メガバンク三行と合算し、一〇〇〇億円の追加融資を実施した。元々、JAL側は二〇〇〇億円の融資を要請していたが、残りの一〇〇〇億円については、有識者会議による継続的な監視を前提条件とした。町田徹『JAL再建の真実』講談社、二〇一二年、一〇五～一一〇頁：小野『JAL虚構の再生』四〇～四三頁。

（8）森功『腐った翼―JAL六五年の浮沈』講談社、二〇一六年、一三～二二頁。

（9）町田によれば、二〇〇九年九月一七日、国土交通大臣に就任した前原誠司氏は、記者会見の場で、自民党政権が八月に設置した有識者会議をやり玉にあげ「一旦白紙にしてこのJALの問題についても議論させて頂きたい」と述べ、他方で（内容的には矛盾しているが）「JALが自ら身を削り」「自力で再生をしてもらう」と発言し、破綻処理しない意向も表明した。町田『JAL再建の真実』一一六～一一八頁。杉浦は、前原大臣の行動を「子供大臣の一人芝居」と捉え、その計画性のなさと稚拙さを批判している。杉浦一機『JAL再建の行方―復活か、再び破綻か』草思社、二〇一〇年、三〇～三九頁。

（10）森『腐った翼』三三七～三四〇頁。粂田によれば、一九八四年四月に「外国為替の管理に関する省令」が改正され、長期の先物予約が可能になったため、JALは、一九八五年八月～八六年三月にかけ、最長一一年にわたる先物予約を入れた。その後、円高が進行したため、実質的に為替差損二二〇〇億円が発生。ただ、このドル資金は機材購入に充てたため、差損分は、固定資産の中に取り込まれることとなった。粂田彰「日本航空における航空機勘定を利用した利益調整に関する一考察」『年

報財務管理研究』二三号、二〇一二年、一二〇頁。

（11）資源エネルギー庁『平成18年度エネルギー白書』（経済産業省）二〇〇七年、六九頁。

（12）柴田によれば、米国では、一九七八年の航空規制緩和で「航空燃料油の価格統制が撤廃されるとともに、国内線の参入撤退、運航量、運賃は完全自由化に移行した」。その後、第二次石油ショックの影響を受け、一九八〇年代初頭、燃油価格は高騰し、米航空各社は、営業費用の三割を占める燃油を「管理不可能」な費用と位置づけ、その抑制をほとんど放棄し、「同じく三割程度を占める人件費」の削減に注力することになったと説明している。柴田匡平「航空業界の損益計算における国際標準化（その一）―アメリカン・スタンダードの形成過程」『信州大学経済学論集』第一七号、二〇〇二年、五頁。

（13）資源エネルギー庁『平成18年度エネルギー白書』（経済産業省）二〇〇七年、七四頁。現在、ブレント原油先物（Brent Crude Futures）とＷＴＩ先物（West Texas Intermediate）が原油価格の世界指標となっている。

（14）桒田「燃油費抑制策等が損益に与える影響の分析」七四～七五頁。

（15）コンプライアンス調査委員会「調査報告書」は「二〇〇八年半ばまでの燃油高騰による経費の増加とデリバティブ取引の失敗による損失の拡大」などにより「資金繰りが急速に悪化して破綻に至った」と指摘している。コンプライアンス調査委員会「調査報告書」七頁。このような指摘は、熊谷「日本航空の経営破綻と清算貸借対照表」三八頁：引頭『ＪＡＬ再生』二五七頁などに見られる。

（16）吉田によれば、一九九二年度～一九九八年度の間は一貫して航空機材売却益が計上され、その合計額は九五四億円になったという。しかし、二〇〇〇年度を境に、機材関連報奨額の影響もあり、売却損が発生し続けている。二〇〇〇年度～二〇〇八年度の航空機材処分損の合計額は一〇一二億円になっていると指摘している。吉田勝弘「セール&リースバック会計と粉飾決算―日本航空の経営破綻を巡って」『立教經濟學研究』第六七巻第三号、二〇一四年、四二頁。

（17）こうした市場価格の変動を受け、Ｂ７４７‐４００を大量に保有していた航空会社は、同機材の減損処理を、あるいは新機材への更新先送り（売却損を回避するための先送り）を強いられることとなった。

（18）中条は、明確に「日本航空の破綻の原因は、経済状況や単純な経営の失敗だけではなく、その本質的原因は長年の規制・保護政策にある」と述べている。中条潮『航空幻想―日本の空は変わったのか』中央経済社、二〇一四年、八二頁。

（19）酒井正子「変容する世界の航空界・その5―日本の航空一〇〇年（下）」『帝京経済学研究』第四四巻第二号、二〇一一年、一二〇～一二一頁。

(20) 地方路線の成長率は一九七〇年度対比一九八九年度で四・六倍だったのに対し、幹線の伸びは三・一倍だった。日本航空株式会社広報部『回顧と展望』一九九〇年一二月、一四八頁、一五二頁。
(21) コンプライアンス調査委員会「調査報告書」二〇頁。
(22) 中条『航空幻想』一二四～一二六頁。
(23) 杉浦『JAL再建の行方』八三頁。
(24) 「規制緩和により競争が激化したこと」に加え、「新たに手にした『自由』そのものにJALが溺れてしまったこと」もあげておく必要があろう。一九八七年の完全民営化により、JALは、政府債務保証などのメリットを失う一方、新株発行、社債募集、借入などに関する政府規制（運輸大臣の許認可）から解放された。その結果、自己責任で長期先物予約を入れたが、そこで莫大な損失を出すことになった。宮下幸一「航空会社の経営行動比較―民営化前後に見るBAとJAL」『経営政策論集』第五巻、二〇〇五年、一二五～一二六頁。
(25) 国内線については、自由化の第一段階で路線の複数社化が図られ、第二段階で運賃の自由化が図られた。酒井によれば、運賃に関しては、一九九〇年に「路線ごとの原価を事業者の運航実績から算出して標準原価とし、運賃をその上下一〇%以内に収める」という標準原価方式に改め、一九九四年には「航空法改正によって営業政策的な割引運賃を最大割引率五〇%まで」の届出制が導入され、さらに一九九五年一二月には「各路線の運賃について標準原価を上限とする一定の幅（二五%）で包括的に認可を受け、各社がその幅内で自由に運賃設定できる」という幅運賃制も導入された。その結果、九六年以降、「多様なニーズに対応した様々な運賃が出現した」という。酒井「変容する世界の航空界」九一頁。
(26) 国内線は、通常、羽田、伊丹、福岡など主要空港同士を結ぶ「基幹路線」（幹線）とそれ以外の「地方路線」（ローカル線）とに分けられ、さらにローカル線は、主要空港と地方空港を結ぶ「ビーム路線」と地方空港同士を結ぶその他の路線（離島・生活路線を含む）とに分けられた。運輸省『運輸白書　昭和五五年度』大蔵省印刷局、一九八〇年、三〇八頁。
(27) 日本航空株式会社広報部『回顧と展望』一九九一年一二月、一一九頁。
(28) 酒井によれば、規制緩和は、一九八五年一二月に政府が「四五・四七体制」の廃止を閣議決定したところから始まり、二〇〇〇年二月の改正航空法施行でほぼ完了した。酒井「変容する世界の航空界」八九～九二頁：熊谷「日本航空の経営破綻と清算貸借対照表」四五頁。
(29) 井上泰日子『最新航空事業論』日本評論社、二〇一三年、一二九頁。

(30) 酒井「変容する世界の航空界」九七～一〇〇頁：国土交通省『国内航空における規制緩和―改正航空法による規制緩和の検証』二〇〇五年三月、一〇頁。

(31) 酒井によれば、航空会社が負担する公租公課は、一九七〇年に創設された「空港整備特別会計」を財源として国が一九七一年度より第二次空港整備五カ年計画を実施して以降、年々大きくなっていった。例えば、航空会社（JAL、ANA、東亜国内航空）の営業収入に占める公租公課の割合は「一九七〇年度の一一%弱に対して、七五年度には二〇%を超え、七九年度には三〇%を突破した」という。なお、空港整備計画は、二〇〇三年一〇月以降、「社会資本整備重点計画」の事業別分野の一つに位置づけられている。酒井「変容する世界の航空界」八七～八八頁、九七頁。また呉によれば、国は年四五〇〇億円～五〇〇〇億円を航空会社より公租公課として徴収しており、破綻前のJALの公租公課は年一七〇〇億円にも及んでいた（売上高の一割以上を占めていた）という。呉「日本航空の経営破綻と日本の航空ビジネスの課題」二六～二七頁。

(32) 国土交通省航空局「資料2（補足説明）公租公課のあり方及び地方航空ネットワークの維持方策について」二〇一三年四月、二二頁。

(33) 前原大臣は、空整特会のこの問題に言及し抜本的な見直しを一度は公約したが、結局、実現することはなかった。町田『JAL再建の真実』一二六～一二七頁。

(34) 町田『JAL再建の真実』一二四～一二五頁。

(35) 杉浦『JAL再建の行方』八〇～八一頁。

(36) 柴田は、一九七八年の米国における航空規制緩和を受け、航空会社における費用分類が機能別から形態別に移行したことに着目し、その形態別分類への移行と人件費比率の変化を検討している。結論として、人件費比率の低下に形態別分類が与えた影響は一過的であったとし、さらに「急激な人件費比率の低下が労使関係の不安定化を招き、倒産に至った事例」もあり、コスト競争力と企業の存続可能性は直結していなかったとまとめている。柴田「航空業界の損益計算における国際標準化」二一一頁。

(37) 熊谷は、日米貿易収支不均衡是正のために、航空機を購入したのではないか、との組合側の指摘を紹介している。熊谷「日本航空の経営破綻と清算貸借対照表」四一～四二頁。また、堀は、日米構造協議において米国側より内需拡大が求められ、地方空港の乱立に拍車がかかったと指摘している。採算の合わない地方路線が増えたことで、国内航空会社が効率軽視の経営に向かわざるを得なかったことを考えれば、貿易摩擦が一つの遠因であったとも言えよう。堀雅通「株式会社日本航空の経営破綻と再建に関する一考察」『観光学研究』第一四号、二〇一五年、三〇頁。

(38) 宮下は、民営化後のJALが多角化戦略を積極的に推進したことが、とりわけ、ホテル・リゾート事業に深入りしたことが、「バブル崩壊後の不況」もあり、JALを赤字体質から抜け出せない会社にしてしまったと捉えている。宮下「航空会社の経営行動比較」一二八頁。

(39) ビジネスがグローバル化する中で、人々の移動は頻繁かつ大規模に行なわれるようになった。それが結果的に「感染症の世界的大流行」を引き起こすようになった。

(40) 新興国が台頭してきたことで、需要が膨らみ原油価格は上昇した。ただし、二〇一四年まで一バーレル一〇〇ドルを超えていた原油価格は、二〇一四年後半より供給過多となり急落し五〇ドルを割った。その後も五〇ドル前後で動いている。

(41) コンプライアンス調査委員会「調査報告書」七頁。もちろん、国際線の運航に大きなウエイトを置いていたJALが、外的要因の影響、中でも「偶発的要因」と「経済的要因」の影響を受けやすかったことも事実である。それゆえ、国内他社との単純比較で何らかの結論を導き出すのは避けるべきかもしれない。

(42) 二〇一一年一一月二九日、米国大手航空会社の中で「唯一破綻を免れていたアメリカン航空が経営破綻」している。その意味で、外部環境が航空会社の運命を決めたと言われるかもしれないが、それでも、経営というファクターが破綻時期（例えば、USエアウェイズとユナイティッド航空は二〇〇二年、デルタ航空とノースウエスト航空は二〇〇五年など）に違いをもたらしたと考えることができよう。井上『最新航空事業論』八七～八八頁。

(43) JAL＝JAS統合や連結決算の厳格化などを考慮し、一九九〇年代末を一つの区切りとしたい。

(44) 醍醐聰『労使交渉と会計情報―日本航空における労働条件の不利益変更をめぐる経営と会計』白桃書房、二〇〇五年、一七三～一七四頁。

(45) 大鹿によれば、JALは、一九八四年九月に、年額四億ドルの範囲で、五カ年を限度に長期先物為替予約を取り付けようとしたが、希望するレートでの予約が取れず、一一年間の予約を取ることになったという。大鹿『堕ちた翼』一七八頁。

(46) 吉原公一郎『日本航空―迷走から崩壊へ』人間の科学新社、二〇〇五年、二六九～二七六頁；森『腐った翼』九一～九五頁。JAL側は、リスク・ヘッジのために将来ドル需要の三分の一について予約を行なったものであり、したがって、残りの三分の二は円高の恩恵を受けており、失敗ではないと反論している。醍醐『労使交渉と会計情報』一六二～一六四頁。

(47) 井上『最新航空事業論』九八頁。

(48) 小野『ＪＡＬ虚構の再生』二〇九頁：熊谷「日本航空の経営破綻と清算貸借対照表」四一～四二頁。またコンプライアンス調査委員会は、日本航空管財人「財務調査報告書」（二〇〇九年一二月一七日付）を整理し、継続使用予定機材の簿価と時価の差額が二七六四億円になると説明している。コンプライアンス調査委員会「調査報告書」六頁。
(49) 桒田彰「日本航空のＶ字回復に関する一考察」『年報財務管理研究』第二五号、二〇一四年、八七頁。
(50) 桒田「日本航空のＶ字回復に関する一考察」九一頁。
(51) 醍醐『労使交渉と会計情報』四三～四四頁。ただし、醍醐は、米国の航空会社などと比較した場合、ＪＡＬが行なった減価償却費の引き延ばしは、むしろ「それまで圧縮されてきた決算利益を正常な形に戻す意義を持っていた」と述べている。醍醐『労使交渉と会計情報』四九～五〇頁。
(52) 醍醐『労使交渉と会計情報』四三頁。
(53) 醍醐『労使交渉と会計情報』五二頁。
(54) 吉田「セール＆リースバック会計と粉飾決算」四二～四三頁。
(55) 桒田「日本航空における航空機勘定を利用した利益調整に関する一考察」一一八～一一九頁。
(56) 細野祐二『法廷会計学vs粉飾決算』日経ＢＰ社、二〇〇八年、一二三頁。
(57) 杉浦『ＪＡＬ再建の行方』七五頁。
(58) 一九八五年頃、匿名組合方式による「日本型レバレッジド・リース」（ＪＬＬ）が登場した。一九八八年、国税庁は、税負担の公平という観点より「昭和六三年リース通達」を発出し、ＪＬＬを規制し始めるが、一九九三年六月、企業会計審議会が「リース取引に係る会計基準に関する意見書」を出すまでは、また一九九四年二月、日本公認会計士協会が「リース取引の会計処理及び開示に関する実務指針」（一九九四年度中間決算より段階的に実施）を公表するまでは、ＪＬＬに係る会計基準は未確立のままであった。金山剛「日本におけるレバレッジド・リースの実証的考察（上）―我が国リース会社の実務例に触れて―」『經濟學研究』第五〇巻第三号、二〇〇〇年、一三三頁。
(59) 醍醐『労使交渉と会計情報』九三～九六頁、一五三～一五五頁。
(60) 醍醐『労使交渉と会計情報』一五八頁。
(61) 醍醐『労使交渉と会計情報』一四二頁。
(62) 醍醐『労使交渉と会計情報』一四七～一四九頁。このように解釈したため、醍醐は、一九九〇年代末にあっては「ボリューム・インセンティブの効率性を改善することが急務」であったと指摘している。醍醐『労使交渉と会計情報』一五六頁。

(63) 国内線については、羽田発着枠が限定されていたため、発着枠一つ当たりの座席数を増やす目的で機材の大型化が進み、また国際線については、航続距離を伸ばすために大型化が進んでいったという。西松遙「組織と人と、そして機械と」『人間教育講座』慶應義塾大学理工学部、二〇一二年度、一三一頁。

(64) 醍醐『労使交渉と会計情報』二〇一頁。

(65) 不動産関連の失敗としては、この他、一九九六年にJAL本社ビルが竣工しているが、これを二〇〇四年に六五〇億円で売却したこともあげられている。大鹿『堕ちた翼』一〇頁。

(66) 吉原『日本航空―迷走から崩壊へ』二四二頁。

(67) 吉原『日本航空―迷走から崩壊へ』二四八～二四九頁：小野『JAL虚構の再生』二〇六～二〇七頁。

(68) 井上『最新航空事業論』九九頁。

(69) 井上『最新航空事業論』一〇一頁。

(70) それは、二〇〇〇年代に入っても続き、一九九二年度～二〇〇四年度までの累計額は二〇一五億円に達している。

(71) 町田『JAL再建の真実』七二～七五頁

(72) コンプライアンス調査委員会「調査報告書」八～九頁。

(73) コンプライアンス調査委員会「調査報告書」九頁。

(74) 熊谷は、二〇〇二年度以降のJALの財務データを比較分析し、航空機のリース化がコスト削減に貢献したとは言えないとの結論を出している。熊谷「日本航空の経営破綻と清算貸借対照表」三八～三九頁。

(75) コンプライアンス調査委員会「調査報告書」一三頁：町田『JAL再建の真実』六二～六四頁。

(76) 安達巧「JAL会計監査人の監査判断について」『尾道大学経済情報論集』第一〇巻第二号、二〇一〇年、三一～四頁。

(77) 日本航空・日本エアシステム「JAL・JAS経営統合について」（説明資料）二〇〇二年一月二九日、一二三頁。

(78) 日本航空・日本エアシステム「JAL・JAS経営統合について」一二六頁。

(79) 日本航空・日本エアシステム「JAL・JAS経営統合について」一二八頁。

(80) 柳川隆「日本航空と日本エアシステムによる経営統合の競争政策上の問題点」『神戸大學經濟學研究年報』第四九号、二〇〇三年、七五～七六頁。

(81) 呉「日本航空の経営破綻と日本の航空ビジネスの課題」二九頁。
(82) その後、二〇〇六年九月に「日本航空客室乗務員組合」と「日本航空ジャパンキャビンクルーユニオン」(旧JAS系)が統合され、破綻後は、二〇一〇年六月に「日本航空労働組合」と「日本航空ジャパン労働組合」(旧JAS系)が、二〇一〇年六月に「日本航空乗員組合」と「日本航空ジャパン乗員組合」(旧JAS系)がそれぞれ統合されている。
(83) 呉「日本航空の経営破綻と日本の航空ビジネスの課題」二九頁。
(84) 当時、B777やA330が開発されていたものの、B747-400を大量に抱えていたため、買い替えは徐々にしか進めることができなかったという。西松「組織と人と、そして機械と」一三一～一三三頁。
(85) JJ労組連絡会議は、二〇〇二年度～二〇〇八年度の営業外損益を取り上げ、ほぼ毎年一〇〇億円前後の「航空機材処分損」が発生し、これが経常利益を圧迫したと指摘し、またそもそも機材があり余っている状況では機材更新を進めるべきではないと主張していた。JJ労組連絡会議「国土交通省発文書『日本航空の経営改善計画策定に対する国土交通省の基本的スタンスについて』及び、報道されている有識者会議での論議についての意見(見解)」二〇〇九年九月一〇日、一頁、五～六頁。
(86) 呉「日本航空の経営破綻と日本の航空ビジネスの課題」二九～三〇頁。
(87) また、二〇〇八年度の段階で五一機あったB747は、破綻によりすべて処分されたという。水野一郎「京セラアメーバ経営の展開―JALの再生を中心として」『關西大學商學論集』第五七巻第三巻、二〇一二年、一三八～一三九頁。
(88) 日本航空・日本エアシステム「JAL・JAS経営統合について」二四頁、二九頁。
(89) 二〇〇九年九月一五日に開催された最後の「有識者会議」で、JALは、超大型機二八機などの削減と併せ、国内外の赤字五〇路線から撤退すると表明している。小野『JAL虚構の再生』四六～四七頁。
(90) 森田直行『全員で稼ぐ組織―JALを再生させた「アメーバ経営」の教科書』日経BP社、二〇一四年、八六頁、一〇七頁。
(91) JJ労組連絡会議「国土交通省発文書及び、報道されている有識者会議での論議についての意見(見解)」四～五頁。
(92) コンプライアンス調査委員会「調査報告書」二二頁、瀬戸「日本航空の再建」八六一頁、八六九頁。
(93) 熊谷「日本航空の経営破綻と清算貸借対照表」三三～三五頁。また熊谷は、人件費率が下がった理由として、キャビン・アテンダントの非正規社員化やグランド・ハンドリング業務の子会社化・分社化、外注化・下請化などをあげている。熊谷「日本航空の経営破綻と清算貸借対照表」四五頁。
(94) 熊谷「日本航空の経営破綻と清算貸借対照表」四五頁。

(95) 片桐は、民営化前後のＪＡＬとＡＮＡの報酬を取り上げ、両社が日本の産業平均を大幅に上回っていたこと、ＪＡＬの平均給与がＡＮＡの水準を大きく上回っていたことを紹介している。片桐伸夫「わが国主要航空会社二社の経営比率分析―日本航空と全日空について」『駒大経営研究』第二一巻第四号、一九九〇年、一九頁。

(96) 呉によれば、パイロットについては、搭乗時間を保証する乗務手当があり、一律六五時間の保証があったという。このため、部長級機長になると、八〇時間の保証があったため、年収は三〇〇〇万円以上になっていた。ＡＮＡのパイロットの平均年収は、ＪＡＬよりも高かったが、搭乗時間保証がなかったため、結局、ＪＡＬのパイロットの方が実働時間は短く、生産性が低かったと説明している。呉「日本航空の経営破綻と日本の航空ビジネスの課題」三〇～三一頁。

(97) 水野「京セラアメーバ経営の展開」一三八頁。

(98) 引頭は、会社更生法適用により、社員は経営破綻の事実を受け止めざるを得ず、また会社の再建状況も正確に知ることとなり、「『二度と失敗はできない』という社員の強い思い」が生まれ、再生を可能にしたと説明している。引頭『ＪＡＬ再生』二三六～二三七頁。

(99) コンプライアンス調査委員会「調査報告書」五～六頁：瀬戸「日本航空の再建」八七〇～八七一頁。

(100) 呉「日本航空の経営破綻と日本の航空ビジネスの課題」三一頁。

(101) 桒田「日本航空のＶ字回復に関する一考察」八七頁。

(102) 桒田「日本航空のＶ字回復に関する一考察」八六頁、八八頁、九〇頁。

(103) 一〇〇〇億円の融資のうち、六七〇億円を政策投資銀行が、残りを民間銀行が負担した。また融資を実行するにあたり、政策投資銀行は、政府が融資額六七〇億円の八割を債務保証するよう求めた。二〇〇九年六月に一〇〇〇億円を緊急融資した直後、ＪＡＬ第一四半期決算で、九九〇億円の赤字が判明し、ＪＡＬ破綻は避けられなくなった。森『腐った翼』一八～二二頁。

(104) 桒田「日本航空のＶ字回復に関する一考察」八九頁、九一頁。

(105) 三浦后美「日本航空（ＪＡＬ）の経営危機とその再建」『年報財務管理研究』第二二号、二〇一一年、四六頁。

(106) 井上『最新航空事業論』一〇二～一〇三頁。

(107) 引頭『ＪＡＬ再生』四〇～四一頁。

(108) コンプライアンス調査委員会「調査報告書」二三頁。

(109) 三浦「日本航空（ＪＡＬ）の経営危機とその再建」三九頁。

(110) 中条『航空幻想』一一〇頁。
(111) 引頭『JAL再生』四七頁。大田も同様の指摘をしている。大田嘉仁『JALの奇跡―稲盛和夫の善き思いがもたらしたもの』致知出版社、二〇一八年、一九六～一九七頁。
(112) 大田『JALの奇跡』九六頁。
(113) 近藤大輔・三矢裕「サービス品質を高めるアメーバ経営―日本航空株式会社の客室サービスを変えたJALフィロソフィ」『アメーバ経営の進化―理論と実践』アメーバ経営学術研究会編、中央経済社、二〇一七年、二五頁。
(114) 熊谷「日本航空の経営破綻と清算貸借対照表」四二頁。
(115) 引頭『JAL再生』四一頁、四三頁。
(116) 大田『JALの奇跡』八三～八四頁。
(117) 大田『JALの奇跡』一八九頁。
(118) 寺本佳苗「JAL社員の意識はどのように変化したか―『利益』概念に着目して」『JAL破綻から再上場までのプロセス―稲盛氏の動静とJAL社員の意識の変化』麗澤大学企業倫理研究センター Working Paper、第一九号、二〇一八年一一月、五七～六〇頁、
(119) 寺本「JAL社員の意識はどのように変化したか」六五頁。
(120) 森田『全員で稼ぐ組織』八四頁。
(121) 森田『全員で稼ぐ組織』一〇二～一〇三頁。
(122) これと併せ、数字に対しても敏感となり、実績集計のスピードも大幅アップしたという。水野「京セラアメーバ経営の展開」一四三頁。
(123) 森田『全員で稼ぐ組織』一〇三頁。
(124) 小野『JAL虚構の再生』一九八頁。
(125) コンプライアンス調査委員会「調査報告書」一二三頁。
(126) 大田『JALの奇跡』八〇～八一頁。
(127) 引頭『JAL再生』四八頁。
(128) 引頭『JAL再生』四四～四六頁。大鹿はこうした傾向を「JAL病」と指摘している。大鹿『堕ちた翼』三〇〇～三〇二頁。

第二章　「包括的・論理的な説明の枠組み」の構築

第一章では、既存の研究論文・研究資料における指摘を整理した。既に触れた通り、以上の整理を行なったとしても、そこから必然的に「ＪＡＬ破綻と再生に関する因果連関」が浮かび上がってくるわけではない。整理はあくまでも整理に過ぎない。整理を超えて因果連関まで説明するには、どうしても、本プロジェクトとして「説明のための枠組み」（説明枠）を構築しなければならない。しかもそれは第一章で見てきた指摘をすべて包摂するものでなければならない。ただし、「操作可能な検証モデル」まで構築するつもりはない。それは、列挙した指摘と矛盾しない形で因果連関を論理的に説明し得るものであれば十分である。本プロジェクトは、このように解し、「包括的・論理的な説明の枠組み」を構築する。

では、何をもって「枠組みの構築」と言うのか。端的に言って、それは「枠組み」の柱として取り上げる「主な諸要因」（分類諸概念）を確定することであり、かつその「枠組み」の中で、それら諸要因の間の関係を概略的に説明することである。

既に主な要因として「外的要因」をあげており、またその下位概念として「偶発的要因」「経済的要因」「政治的要因」をあげた。外的要因に関しては、これらをそのまま「分類概念」として使うことにする。知恵を絞らなければならないのは「内的要因」の分類と相互関係である。

第一章で、内的要因を「具体的指摘」と「一般的指摘」とに分けたが、また「具体的指摘」については、時期的に二つのグループに分けたが、これらの分類では、やはり「因果連関」は説明できない。それゆえ、本章では、まず「内的要因」に焦点を絞り、説明枠を構成する「合理的な分類概念」を確定することから作業を始めたい。

第一節　具体的指摘の括り直し

その手がかりとして、「詳細な問題事象に関する具体的指摘」を「管理」「戦略」という対概念を用いて整理し直すことにする。ここにいう「〇〇管理」とは、ある目的を達成するために繰り返される組織の常軌的・定型的な活動を指す。これに対し、「〇〇戦略」とは、経営層が主導する行動で、それ以前の行動と大きく異なる決断やアクションを指す。簡単に言えば、「管理」は定型的な活動を繰り返すことであり、「戦略」は組織として新たなアクションを起こすことである。「〇〇管理」と「〇〇戦略」をこのように定義し、すべての指摘を括り直せば、そこに一定の特徴が浮かび上がってくるはずである。

(一) 一九九〇年代末までの具体的指摘についての検討

まず、前章で「一九九〇年代末までの問題事象」として、次の八つの指摘をあげた。各指摘に対し、A1〜A8までの番号を振っておこう。

A1「ドル先物予約の失敗」
A2「歪んだ機材簿価」
A3「減価償却期間の変更」
A4「機材売却益の計上」
A5「機材関連報奨額の多用」

Ａ６　「航空券価格の下落」
Ａ７　「大型機材の大量購入・保有」
Ａ８　「ホテル・リゾート事業の失敗」

(二)「機材管理」「財務管理」に関する指摘

右記の「○○管理」「○○戦略」の定義に従って、これらを分類すれば、Ａ１、Ａ２、Ａ３、Ａ４、Ａ５、Ａ６、Ａ７は、いずれも、「機材管理に関する指摘」としてまとめられよう。まず「先物予約の失敗」（Ａ１）で調達したドルは、円高基調の中で割高となった。この割高なドルを用いて機材を購入し続けたわけだから、これは機材管理の問題となる。次に、割高なドルを用いて購入された「機材簿価」（Ａ２）は膨らみ、毎年の減価償却費を増大させた。減価償却費の負担を軽減するため、「機材の減価償却期間」は延ばされ（Ａ３）、結果、機材更新の自由度は狭まっていった。つまり、機材管理の問題となっていった。

また、「機材売却益の計上」（Ａ４）と「機材関連報奨額の多用」（Ａ５）は、関係会社への売却であろうと、リース会社への仲介売却であろうと、売却済の機材を借用する限り、いずれも機材管理に関する問題となる。「航空券価格の下落」（Ａ６）を機材管理の問題と捉えるのは、それが「大型機材の大量購入・保有」（Ａ７）により起こった組織事象だからである。つまり、大型機材の大量保有は「旅客ロードファクター」（有償座席利用率）を悪化させ、またその悪化を防ぐために「ボリューム・インセンティブ」が提供されたわけだから、このように解されるのである。以上より、Ａ１、Ａ２、Ａ３、Ａ４、Ａ５、Ａ６、Ａ７は「機材管理に関わる指摘」としてまとめられる。

視点を変えれば、Ａ１、Ａ２、Ａ３、Ａ４、Ａ５、Ａ６、Ａ７はすべて「財務管理に関わる指摘」とも解される。もともと、機材管理と財務管理の問題は深く関わっており、このため、多くの指摘は機材管理のみならず、財務管理の問題としても捉えられるのである。その理由は以下の通りである。

まず「ドル先物予約の失敗」（A1）は、同予約締結以降の約一〇年にわたる資金調達問題であり、「歪んだ機材簿価」（A2）や「減価償却期間の変更」（A3）は貸借対照表上の問題である。また「機材売却益の計上」（A4）や「機材関連報奨額の多用」（A5）も、リース会計や連結範囲が十分に確立されていない時代の損益計算書上の問題と捉えられる。

さらに「航空券価格の下落」（A6）は、売上や営業損益に直接影響する損益計算書上の、あるいは営業キャッシュフロー上の問題と解される。残りの「大型機材の大量購入・保有」（A7）は、貸借対照表上の問題であるとともに、当時は、固定資産のオフバランス化という課題でもあった。以上より、A1、A2、A3、A4、A5、A6、A7は「財務管理に関わる指摘」としてまとめられるのである。

なお、これら七つの指摘に加え、「ホテル・リゾート事業の失敗」（A8）も「財務管理に関わる問題」として整理されよう。バブル景気を受け、日本では「地価は上がっていくもの」「借金してでも土地を取得しておけば、値上り益が得られるもの」と信じられていた。JALグループの日航開発がホテル・リゾートの買収に動いたのも、突き詰めれば、日本国内で見られた地価高騰が海外でも起こり得るという期待からであった。この意味で、A8は「財務管理に関わる指摘」として整理されるのである。

（三）「戦略」「その他管理」に関する指摘

今一度、「〇〇管理」「〇〇戦略」の定義に従って、一九九〇年代末までの指摘を見直すと、「ドル先物予約での失敗」（A1）は、財務管理としてだけでなく、「財務戦略の問題」として捉えることもできよう。一〇年にわたるドル先物予約は、JAL経営幹部が決断した資金調達であり、それ以前の調達方法とはまったく異なる判断だったからである。また、「ホテル・リゾート事業の失敗」（A8）は、財務管理だけでなく、「不動産投資戦略の問題」として位置づけることも可能である。日本国内のバブル景気を背景として、JAL経営陣は海外で不動産を積極的に取得していった。これは、それ以前のＪＡＬとはまったく異なる分野への進出を意味していた。

　そもそも、民営化までのＪＡＬでは、自らすすんでリスクをとる「戦略」など、ほとんど考える必要はなかった。それが一九八七年の民営化により裁量が与えられ、独自の判断でファイナンスや不動産投資を行なうこととなった。結局、経験不足から、それらの戦略は裏目に出たが、Ａ１やＡ８はいずれも「戦略に関する指摘」としてまとめられるはずである。

　最後に「航空券価格の下落」（Ａ６）は、常識的に考えれば、財務管理や機材管理の問題というより、「販売管理の問題」であったと言うべきかもしれない。加えて、これは「販売戦略」の問題でもあったと指摘されるかもしれない。ただ、「ボリューム・インセンティブ」という販売奨励策は、経営幹部が主導する販売方式の大転換というよりも、中長期にわたって継続的に行なわれた営業活動と見るべきものである。このため、「航空券価格の下落」（Ａ６）は、販売戦略ではなく、「販売管理に関する指摘」として扱うのが合理的であろう。

　以上をまとめると、「一九九〇年代末までの問題事象」は次のように整理される。

Ａ１「ドル先物予約の失敗」（機材管理、財務管理、財務戦略）
Ａ２「歪んだ機材簿価」（機材管理、財務管理）
Ａ３「減価償却期間の変更」（機材管理、財務管理）
Ａ４「機材売却益の計上」（機材管理、財務管理）
Ａ５「機材関連報奨額の多用」（機材管理、財務管理）
Ａ６「航空券価格の下落」（機材管理、財務管理、販売管理）
Ａ７「大型機材の大量購入・保有」（機材管理、財務管理）
Ａ８「ホテル・リゾート事業の失敗」（財務管理、不動産投資戦略）

（四）一九九〇年代末以降の具体的指摘についての検討

「一九九〇年代末以降の問題事象」に関してはどうであろうか。前章で列挙された七つの指摘に、Ｂ１〜Ｂ７の番号を振っておこう。

Ｂ１「機材関連報奨額の復活」
Ｂ２「経営統合後の対応」
Ｂ３「機材更新の遅れ」
Ｂ４「多くの不採算路線」
Ｂ５「過剰人員と人件費」
Ｂ６「企業年金の積立不足」
Ｂ７「膨大な有利子負債」

（五）「機材管理」「財務管理」「労務管理」に関する指摘

同じ視点で見ると、Ｂ１、Ｂ２、Ｂ３、Ｂ４、Ｂ７は「機材管理に関わる指摘」としてまとめられる。まず「機材関連報奨額の復活」（Ｂ１）と「膨大な有利子負債」（Ｂ７）は、それぞれ「機材管理の問題」として分類される。「機材関連報奨額」を復活させれば、リース期間の長い機材を調達することになり、また「膨大な有利子負債」を抱えれば、新型機材の購入は一層困難となるからである。「経営統合後の対応」（Ｂ２）は、当初、機材の退役・更新・相互利用を促すことを目的としていたが、ＪＡＬとＪＡＳが保有する機材・機種が大きく異なっていたため、結局、融通がきかず、直ちには相乗効果は生まれなかった。このため、これは「機材管理に関わる指摘」と見なされるのである。「機材更新の遅れ」（Ｂ３）については、説明不要であろう。

「多くの不採算路線」（B4）については、機材そのものの問題でないと指摘されるかもしれないが、破綻前JALにあっては、政治家・監督官庁と良好な関係を維持する上で「路線からの撤退・減便」は極めて難しい課題となっていた。それゆえ、当時のJALでは、不採算路線問題を解決する現実的な方法は「機材の柔軟な割り当て」となっていた。その意味で、これも「機材管理の問題」となるのである。以上より、B1、B2、B3、B4、B7は「機材管理に関わる指摘」としてまとめられる。

これに対し、B1、B5、B6、B7の4つは「財務管理に関わる指摘」として整理される。すなわち、「機材関連報奨額の復活」（B1）は営業外収益に関するもの、「過剰人員と人件費」（B5）は売上原価や一般販売管理費に関するもの、「企業年金の積立不足」（B6）は退職給付債務に関するもの、「膨大な有利子負債」（B7）は固定負債に関するものとなる。よって、B1、B5、B6、B7は、一括して「財務管理に関わる指摘」として扱われるのである。

この他、B2、B5、B6は「労務管理に関わる指摘」として取り上げておくこともできよう。「経営統合後の対応」（B2）については、当初、JAL＝JAS統合で、従業員の異動や整理による費用圧縮が実現するとされていたが、JALとJASを持株会社の傘下に別会社として並置したため、グループ内の問題を複雑化させていった。「過剰人員と人件費」（B5）については、あえて説明する必要はなかろう[1]。最後の「企業年金の積立不足」（B6）についても「労務管理の問題」として処理できるはずである。制度上、不利益変更が認められない中で、また労働組合が反発する中で、会社側は、積立不足を解消するため、現役従業員とOB退職者（年金受給者）に、破綻の最終段階まで「支給額の引き下げ」を求め続け、ぎりぎりのところで同意を得ている。この意味で、「企業年金の積立不足」は「労務管理の問題」でもあったと言わなければならない。以上より、B2、B5、B6は「労務管理に関わる指摘」としてまとめられる。

（六）「戦略」に関する指摘

「○○管理」という概念を使って、一九九〇年代末以降の七つの指摘を整理したが、「○○戦略」に関してはどうであろうか。結論から言えば、B２とB４は「○○戦略」に該当する指摘と解されるはずである。理由は以下の通りである。

まず「経営統合後の対応」（B２）は、二一世紀の国内外市場の変化を先取りするための「統合戦略」であった。特に、JAL＝JAS統合は、二〇〇一年一一月の発表から約五年（二〇〇六年一〇月、日本航空ジャパンの吸収合併まで）の歳月を要する大改革であった。その狙いは、機材の適正な配置と労働力の効率的活用を通じ、世界と戦える一大航空会社を創ることにあった。よって、これを「統合戦略に関わる指摘」、さらには「機材戦略・労務戦略に関わる指摘」と呼んでも無理はなかろう。

「多くの不採算路線」（B４）については「市場戦略の問題」と解することが可能である。不採算路線問題を解決する上で、政治家・官僚との関係を断つほどの強力なリーダーシップが経営層に求められたからである。ただ、実際には、破綻前JALにあっては、政治家・監督官庁と良好な関係を維持することが重要視され、不採算路線の抜本的な整理に踏み込むことはできなかった。逆を言えば、もし早い段階でこれを断行していれば、政治家・官僚からの支援は縮小したかもしれないが、JAL破綻は回避できたかもしれない。その意味で、これは「市場戦略に関わる指摘」であったと解することもできるのである。以上を踏まえ、「一九九〇年代末以降の具体的指摘」を整理すると、次のようになる。

B１　「機材関連報奨額の復活」（機材管理、財務管理）
B２　「経営統合後の対応」（機材・労務管理、統合戦略、機材・労務戦略）
B３　「機材更新の遅れ」（機材管理）
B４　「多くの不採算路線」（機材管理、市場戦略）
B５　「過剰人員と人件費」（財務管理、労務管理）

図表2－1　具体的指摘に見られる4つの特徴

①　大多数の指摘は「機材」と「財務」に関するもの 機材管理に関わる指摘（12の指摘） Ａ1、Ａ2、Ａ3、Ａ4、Ａ5、Ａ6、Ａ7、Ｂ1、Ｂ2、Ｂ3、Ｂ4、Ｂ7 財務管理に関わる指摘（12の指摘） Ａ1、Ａ2、Ａ3、Ａ4、Ａ5、Ａ6、Ａ7、Ａ8、Ｂ1、Ｂ5、Ｂ6、Ｂ7
②　機材管理と財務管理はかなりの頻度で重複していること Ａ1、Ａ2、Ａ3、Ａ4、Ａ5、Ａ6、Ａ7、Ｂ1、Ｂ7
③　その他管理に関わる指摘のうち、3つは労働に関わる指摘 Ａ6（販売管理に関わる指摘）＝機材・財務管理の問題でもあること Ｂ2（労務管理に関わる指摘）＝機材管理の問題でもあること Ｂ5（労務管理に関わる指摘）＝財務管理の問題でもあること Ｂ6（労務管理に関わる指摘）＝財務管理の問題でもあること
④　戦略に関わる指摘は、機材管理、財務管理、労務管理と関連すること Ａ1（財務戦略に関わる指摘）＝財務管理の問題でもあること Ａ8（不動産投資戦略に関わる指摘）＝財務管理の問題でもあること Ｂ2（統合戦略に関わる指摘）＝機材・労務管理の問題でもあること Ｂ4（市場戦略に関わる指摘）＝機材管理の問題でもあること

Ｂ6「企業年金の積立不足」（財務管理、労務管理）

Ｂ7「膨大な有利子負債」（機材管理、財務管理）

第二節　具体的指摘の特徴に関する検討

以上、「管理＝戦略」という視点より、具体的指摘を括り直したが、そこには、いったいどのような特徴が見られるのであろうか。それは次の四点に集約される（図表2－1）。

(一) 四つの特徴

第一は、一五にのぼる指摘のうち、ほとんどが「機材管理に関わる指摘」と「財務管理に関わる指摘」となっていること（機材が一二の指摘、財務が一二の指摘）。第二は「機材管理」と「財務管理」の問題がかなりの頻度で重複していること。第三は「その他管理に関わる指摘」のうち、三つが「労務管理に関わる指摘」となっていること。そして第四は「戦略に関わる指摘」は、すべて「機材管理、財務管理、労務管理」の問題と繋がっていること。以上の四つである。

これら四つの特徴を踏まえ、特に「機材」「財務」「労務」が中心的な問題となっていることを踏まえ、本プロジェクトは、内的要因を構成する主要な分類概念として「モノ」「カネ」「ヒト」の三つを採用するのが合理的であると判断する。その根拠をさらに整理しておこう。

（二）分類概念としての「モノ」「カネ」「ヒト」

まず「モノ」概念を採用するのは、「機材管理」に関する指摘が大多数であったこと、そして「戦略に関わる指摘」も「機材問題」と深く結びついていたことに根拠がある。また「カネ」概念を採用するのも、「モノ」概念の場合と理由は同じである。「財務管理」に関する指摘が圧倒的に多く、しかも「戦略に関わる指摘」も「財務問題」と密に繋がっていたからである。

この二つの理由から、本プロジェクトは、「包括的・論理的な説明の枠組み」の中に、「モノ」と「カネ」の二つの分類概念を設定することとする。ただ、「モノ」「カネ」という分類概念だけでは、「その他管理に関わる指摘」まで十分に取り込むことができないため、さらに「ヒト」概念を追加することにする。「ヒト」概念の採用は、「その他管理に関わる指摘」（四つ）のうち、三つが「労務問題」と繋がっていたからである。

すでに第一章において、問題事象についての具体的指摘は「あり得る指摘」をすべて網羅しているわけではない、と述べた。つまり、今後、様々な指摘が出てくる可能性が残されていることを確認した。ただしかし、内的要因を「モノ、カネ、ヒト」より構成される要因としておけば、新たに出てくるかもしれない指摘も、おおよそこの三概念の中に収まるはずである。適度に抽象度の高い概念を分類概念としておけば、様々な具体的指摘も、ほぼ間違いなく、それら概念の中に包含され得るからである。このように理解し、本プロジェクトは「モノ」「カネ」「ヒト」の三つを主な「分類概念」として採用するのが合理的である、と判断した。

ただ、漏れのないよう「分類概念」を用意するというのであれば、さらに『情報』概念も採用すべきではないか」との意見が出てこよう。いわゆる「四つの経営資源」という考え方である。しかし、本プロジェクトが目指す「説明の

図表2-2 内的要因の分類

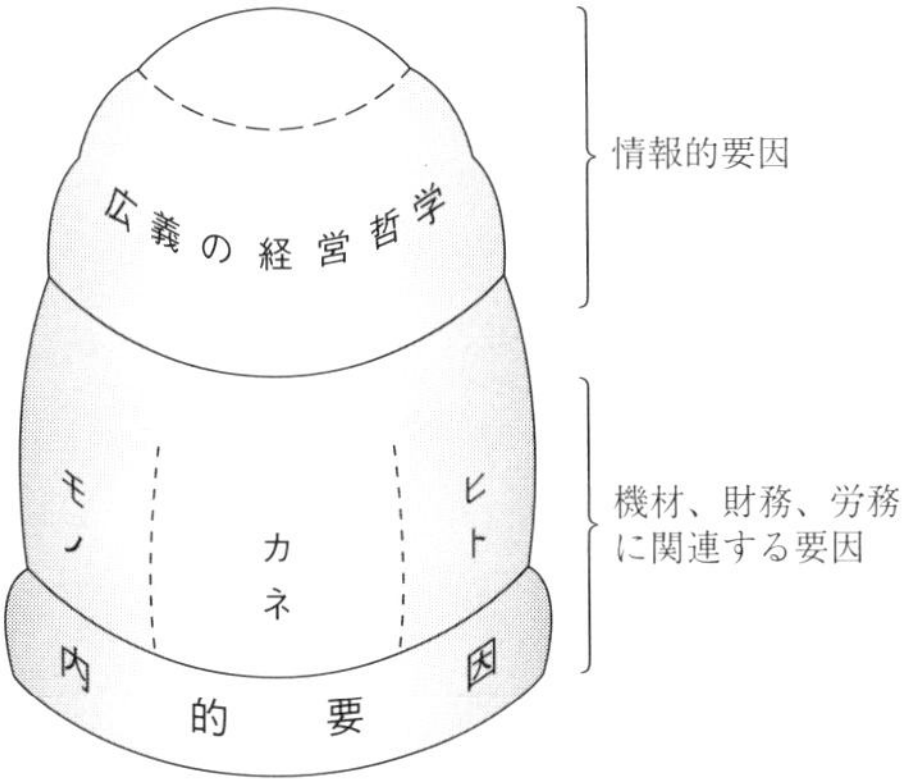

（注） 問題事象に関する具体的指摘を一般化・抽象化すると、「モノ、カネ、ヒト」という3つの「分類概念」に収斂する。また「情報」という経営資源については、定義が曖昧であるため、「モノ、カネ、ヒト」と同質的・同列的な概念として扱わないこととする。後述する「経営哲学」という概念が、ある種の「情報的要因」に該当することだけを図示しておく。

枠組み」では、「情報」という分類概念は採用しないことにする。それは「情報」概念そのものが非常に曖昧で、「モノ、カネ、ヒト」と同質的・同列的に扱うことができないからである。

例えば、機材管理情報、財務情報、人事情報、フライト・スケジュール情報、営業秘密などの「内部データ」、為替に関する情報、石油価格に関する情報、労働市場に関する情報、景気に関する情報などの「外部データ」、顧客情報管理システム、座席予約システム、航空券発券システムのような「プログラムやネットワーク」（有形・無形固定資産）が、いずれも「情報」概念の下で扱われかねないからである。さらに、その概念の中には、組織成員間のコミュニケーションや指揮命令系統なども入り込んでしまう可能性があるからである。こうした概念上の曖昧さが残るため、本プロジェクトは、「情報」を「モノ、カネ、ヒト」と同列的な分類概念として扱わないこととする。

第三節 情報概念としての「経営哲学」

もっとも、「情報」概念を本研究の目的に即して規定するならば、これは非常に有益な概念として使えるはずである。本書冒頭において言及したように、本プロジェクトが掲げる第四課題は

「JAL破綻と再生における経営哲学（刷新）の意義を再検討すること」にある。この目的を達成するため、本書では、「情報」概念を、「モノ、カネ、ヒト」とは別の次元にある内的要因として規定することにしたい。その着想はハーバート・A・サイモン（Herbert A. Simon, 1916-2001）の理論にある。(2)

（一）価値前提と事実前提

サイモンは、組織を、それ自体の存続・成長のために膨大な情報を処理し、組織成員各自の意思決定を通じて、組織が扱う情報を管理可能なレベルにまで縮減するシステムと捉える。(3)

組織の中に、A、B、C、D、E、F・・・X、Y、Zという成員がいるとしよう。今、成員Dが、成員A、B、Cより、意思決定のための「情報材料」を受け取るとする。成員Dは、これら「情報材料」の妥当性についてはほとんど疑うことなしに、これをそのまま受け入れる。そして、これを使ってD自身の決定を下す。決定後、成員Dは自身の決定結果を一つの「情報材料」として成員Eに申し送る。この時、成員Dは、Dが考慮した「情報材料」（A、B、Cからの情報材料）について、Eにはあえて説明しない。それらの「情報材料」は既にDが下した決定の中に集約されているからである。

同様に、成員Eも、成員Dやその他成員（X、Y、Zなど）より受け取る「情報材料」を使ってE自身の決定を下す。それが終わると、この決定結果を一つの「情報材料」として、成員Fに申し送る。組織は、こうしたプロセスを繰り返し膨大な量の情報を縮減していく。サイモンは、組織における意思決定プロセスをこのように解釈し、組織を「情報処理システム」「情報縮減システム」と捉えたのである。(4)

さて「情報材料」という言葉を使って説明したが、サイモンはこの情報材料を「意思決定のための前提」（decisional premises）と呼び、(5)それをさらに「価値判断」（value judgments）と「事実判断」（factual judgments）の二種類に分けている。(6)「価値判断」（価値前提）とは「こうあるべき」という当為に関する情報群を指し、「事実判断」（事実前提）は事実に関する情報群、例えば、経営計画に示された目標値、利用可能な技術やノウハウ、工場の生産能力、棚卸資産の状況、従業員の満足度など、具体的な事実に関する情報群を意味する。一般に、組織の上位者ほど「価値的要素」を他の成員に伝達し、下位者ほど「事実的要素」を他の成員に伝達すると考えられている(7)。

注意しなければならないのは、意思決定前提はその前提を受領する者の決定を完全に縛るものではない、つまり「絶対的命令・指示」ではないという点である(8)。意思決定前提を受け取る者は、それらを「検討のための材料」として使うだけで、最終的には各自の責任において判断を下すことになる。これがサイモン理論の要諦である(9)。

(二) 価値前提としての「経営層の基本姿勢」

ただし、既述の通り、各成員は意思決定諸前提の「妥当性についてほとんど疑うことなしに」、これを受け入れるわけだから、意思決定諸前提は、否応無しに各自の決定内容に大なり小なりの影響を及ぼす。中でも、経営層が信じている「価値前提」、またそれに基づいて経営層が部下に発する「価値前提」は、直属の部下のみならず、それ以降の成員にも「意思決定前提」として明示的・黙示的に伝えられ、各段階の判断に影響を及ぼしていく。つまり、「最上位の価値前提」は、経営層自身の意思決定前提となるばかりか、「次の幹部の決定前提、その次の成員の決定前提、さらにその次の成員の決定前提の中に」という具合に、入れ子構造的に取り込まれていく。このプロセスが繰り返されることで、「最上位の価値前提」は、形や程度を変えながら、組織全体の意思決定にある一定の方向性を与えるのである(10)。

さて、「最上位の価値前提」を「経営層が信じているもの」「経営層が部下に発するもの」として説明したが、最上位の価値前提は、厳密に言えば、二つの出所を持っている(図表2-3)。本書冒頭において述べた通り、第一は「代表取締役を中心する幹部の基本姿勢」(経営層の基本姿勢)である。本プロジェクトは、これを狭義の「経営哲学」と規定する。

この定義に従えば、経営層が持っている「価値前提」は、意思決定前提の伝達という形をとって、各職場での意思決定に「一定のパターン」を与え、さらにそのパターン化された意思決定が「モノ、カネ、ヒト」という経営資源に「あ

図表２－３　経営哲学と価値前提

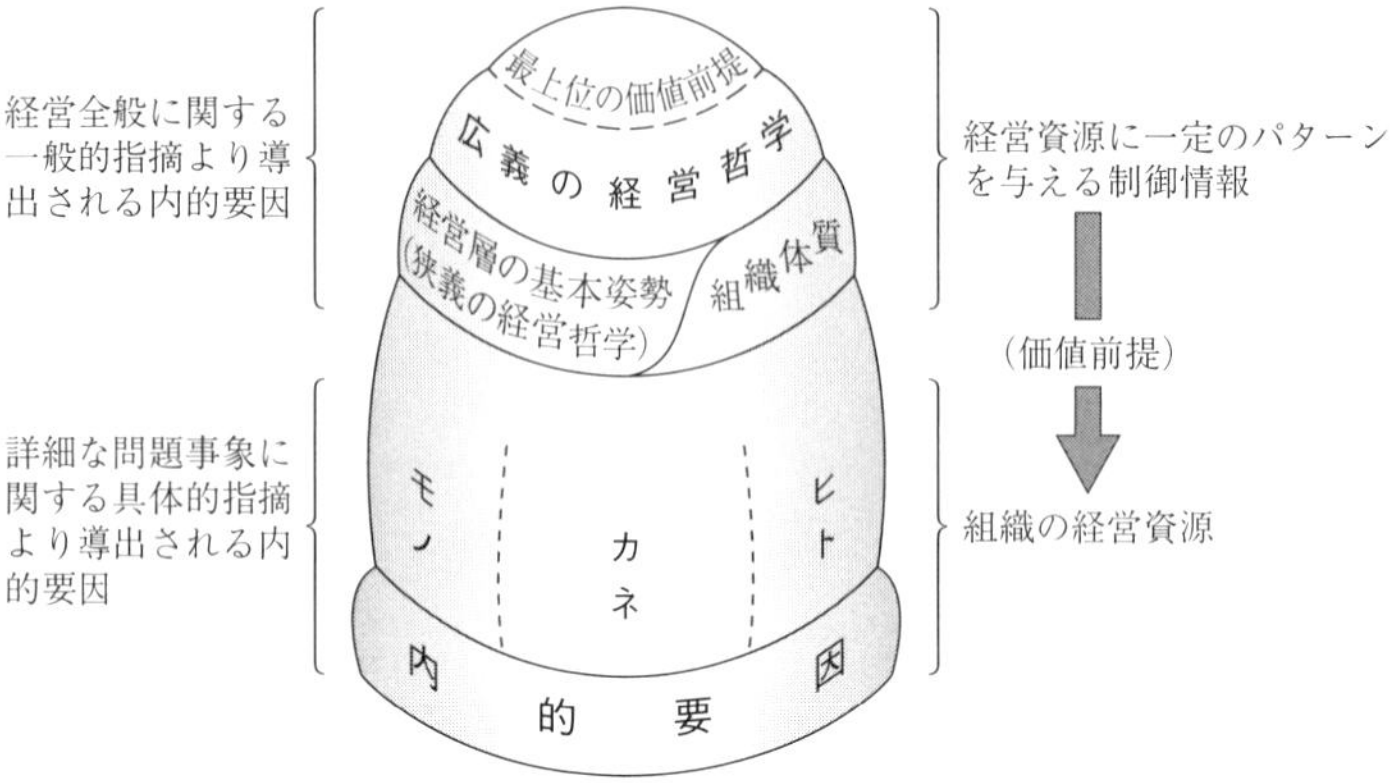

（注）最高位の価値前提は、「経営哲学」（広義）として組織メンバー（ヒト）に影響を及ぼし、またモノのあり方、カネのあり方にも影響を及ぼす。この意味で、経営哲学は、経営資源に一定のパターンを与える「制御情報」と見なされる。なお、制御情報である限り、それは「絶対的命令・指示」とは異なる。

る種のパターン」を与える、と説明される。言い換えれば、「経営哲学」とは「モノ、カネ、ヒト」のあり方に、それ独自のパターンを与える」と捉えられるのである。

(三) 価値前提としての「組織体質」

最上位の価値前提は、「経営層の基本姿勢」からだけでなく、「組織の伝統や暗黙の了解」などからも出てくる。これが第二の出所である。本書では、これを「組織体質」と呼ぶ。

通常、組織成員は、経営層から伝達される価値前提だけでなく、組織の中にすでに埋め込まれた「伝統・慣習・慣例・暗黙の了解」といったものにも従い、つまり、それらを「価値前提」として受け入れ、各自の決定を下す。これは、一般の成員だけでなく、経営層自身に関しても言えることである。組織に伝わる伝統・暗黙の了解などがあれば、これらが「価値前提」となって経営層の決定に一定の枠をはめるわけだ。例えば、「自民党との関係を良好に保つべし」という暗黙の了解があれば、経営層は、その妥当性を問うことなく、その価値前提に反しないよう、自身の決定を下すことになる。

このように、価値前提の出所は「経営者の基本姿勢」のみならず、「組織体質」にも求められる。それゆえ、両者とも組織の

図表2-4 包括的・論理的な説明の枠組み

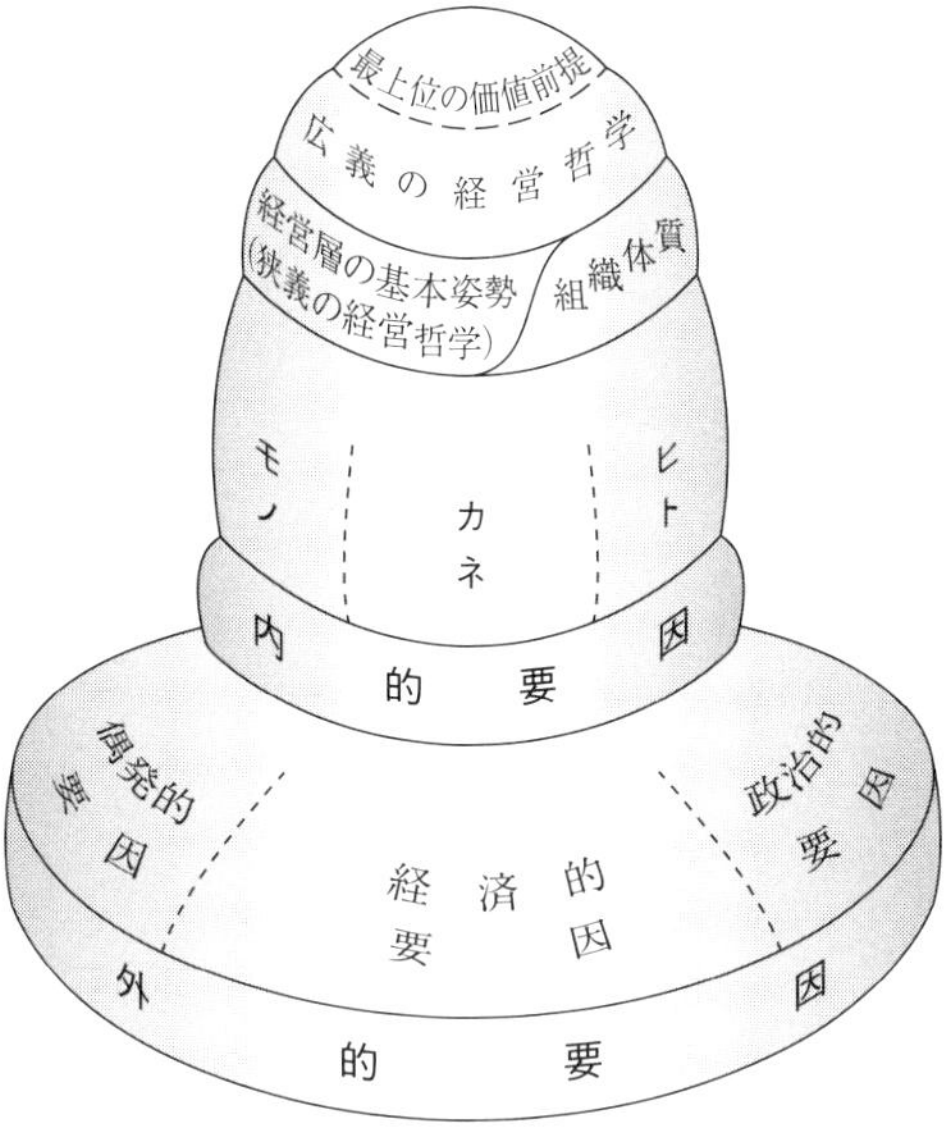

(注) JALに関する各種の指摘は「外的要因」と「内的要因」とに分類される。外的要因は、さらに「偶発的要因」「経済的要因」「政治的要因」の3つに整理され、内的要因も、さらに「モノ」「カネ」「ヒト」の3つの経営資源に整理される。これらの外的要因の動きを捉え、内的要因に一定のパターンを与えるのが「経営哲学」となる。この枠組みを、本書全体を通じての「説明枠」として用いる。

「制御情報」という意味で「経営哲学」と見なされることになる。「組織体質」より出てくる「価値前提」も、「経営者の基本姿勢」の場合と同じく、各職場における意思決定に「一定のパターン」を与え、さらにそのパターン化された意思決定が「モノ、カネ、ヒト」という経営資源に「ある種のパターン」を与えるからである。本書では、特に「狭義の経営哲学」と断らない限り、「経営者の基本姿勢」と「組織体質」の二つを「経営哲学」と呼ぶことにする。

整理しておこう。「モノ、カネ、ヒト」と「経営哲学」は、ともに内的要因として位置づけられるが、前者が「一定の制御を受ける側の資源」であるのに対し、後者は「制御する側の情報」と見なされる。ただ、今一度強調しておくが、後者は経営資源のあり方を決める「絶対的命令・指示」ではない。それはあくまでも経営資源のあり方に一定の方向性を与える「可能態」にすぎない。

以上の理解に基づき、本プロジェクトは「モノ、カネ、ヒト」と「経営哲学」を異なる次元の内的要因として位置づけることにする。また内的要因間の相互関係については、サイモン理論に基づき、「経営哲学」から「モノ、カネ、ヒト」に向かう影響の方が「モノ、カネ、ヒト」から「経営哲学」に向かうものよりも遥かに大きいと捉える。これらをまとめたものが図表2‐4である。本書の第一目的は「包括的・論理的な説明の枠組み」(説明枠)を構築することにあるとしたが、この図表の提示をもって第一目的は達成されたことになる。続く第三章より、この「枠組み」を念頭に置き、JALにおける「モノ」「カネ」「ヒト」それぞれの効率的活用の推移を追っていきたい。

第四節　破綻前JALにおける「経営哲学の特性」

第三章に進む前作業として、破綻前JALの「経営哲学」がどのような「特性」を持っていたのかを確認しておく必要がある。これにより、「経営哲学」という内的要因が「モノ」「カネ」「ヒト」に与えてきた影響を、また間接的にはそれら経営資源間の相互作用を全体的・概略的に把握できるからである。

既に「経営全般に関する一般的指摘」として七つをあげたが、それらは、いずれも、経営層や組織成員の意思決定の傾向を表すものであり、言い換えれば「経営者の基本姿勢」あるいは「組織体質」に関する指摘となっていた。よって、研究論文・研究資料などにおける一般的指摘を所与とした場合、七つの指摘は、破綻前JALの代表的な「経営哲学の特性」であると結論づけることができる。

ただしかし、具体的指摘のところでも確認したように、「経営全般に関する一般的指摘」がここにあげた七つの指摘だけに限定されるという保証はない。それ以外の指摘が出てくる可能性は常に残されている。具体的指摘については、それらを括り直し、最終的に「モノ」「カネ」「ヒト」という抽象度の高い三つの「内的要因」に集約したわけであるが、こうした抽象化は、一般的指摘に関しても行なう必要がある。

(二) 一般的指摘と「経営層の基本姿勢」

さて、「一般的指摘」が経営層や組織成員における意思決定の傾向を表すものであると述べたが、まずその根拠から説明しておこう。七つの一般的指摘に対して、C1〜C7までの番号を振っておきたい。

C1 「短期的な利益の追求」
C2 「慢心と甘え」
C3 「マニュアル志向」
C4 「採算意識の欠如」
C5 「利益責任の曖昧さ」
C6 「労使対立」
C7 「本社と現場の乖離」

厳密な分類ではないが、七つの指摘のうち、少なくとも、C1、C2、C4、C7は、経営層の意思決定の傾向を示唆するものとして捉えて支障はなかろう。

既に言及したが、「短期的な利益の追求」(C1)は、経営層が意思決定する際に受け入れていた価値前提、さらには経営層が部下に向かって発する価値前提となっていた。特にバブル崩壊後の不景気の中で、また二〇〇〇年代初頭の同時多発テロや感染症の大流行といったイベント・リスクの発生で、JAL経営層は「何とか利益を確保したい」「どのような手段を使ってでも決算をよく見せたい」との気持ちを強く持っていた。機材関連報奨額の復活はその典型であったと解される。

「慢心と甘え」(C2)も、経営層にとっての価値前提となっており、また経営層が部下たちに向かって発する意思決定前提にもなっていた。「日本を代表する航空会社であるため、何か事があれば、政府は手を差し伸べてくれる」「それだけに、政府の意向は尊重しなければならない」。こうした発想は「政府・政党による経営への関与」という外的要因の下で形成された「経営側のメンタリティ」と言えるかもしれない。例えば、経営上の重要事項を決める際、経営層は必要以上に監督官庁や運輸族議員に対し礼を尽くそうとした。完全民営化を果たした後でも、役員人事や経営計画について、監督官庁に報告し続けたのも、その姿勢の表れであった。

「採算意識の欠如」（C４）は、御巣鷹山の墜落事故以降、経営層が「絶対安全」を唱えるようになった「裏返しの現象」でもあった[11]。特に強調したいのは、墜落事故以降、「安全第一」という理由を持ち出せば、様々な支出は「問い正されることのない必要経費」として認められていたこと、また「国を代表する航空会社として」というスローガンを持ち出せば、たとえ不採算路線であっても、運航継続は「問い正されることのない前提」として許容されていたこと、などである。この意味で、「絶対安全でなければならない」「赤字路線でも航空機を飛ばさなければならない」という考え方は、経営層にとっての「価値前提」、また経営層より発せられる「価値前提」となっていたわけである[12]。

最後の「本社と現場の乖離」（C７）も、経営層には所与の前提として受け入れられていた。つまり、何か物事を決める際、「一度、現場の声を聞いてみる」「現場の考え方を確認してみる」といった発想は、経営側にはほとんどなかった。むしろ、余計な情報を現場に伝えない方が、事はスムースに運ぶとさえ考えられていた。このため、例えば、中期経営計画については、これが着実に実施されるかどうかは精査されず、経営側だけの作文として用意される傾向にあった。つまり、「現場との乖離」は問われることのない「価値前提」となっていたわけである。

以上より、本プロジェクトは、少なくとも、C１、C２、C４、C７が破綻前ＪＡＬの「経営層の基本姿勢」を表す指摘になっていたと捉えている。

（二）一般的指摘と「組織体質」

「最上位の価値前提」は「組織体質」からも出てくると説明した。また、それは、通常、組織の「伝統・慣習・慣例・暗黙の了解」という形をとって、経営層を含むすべての組織成員の意思決定に影響を及ぼしてくると説明した。この定義に従えば、一般的指摘はすべて「組織体質」を表すものとして捉え直すこともできよう。

まず「短期的な利益の追求」（C1）は「経営層の基本姿勢」を表していたと整理したが、通常、経営層が短期的な発想に染まっている場合、その下で働く管理職や一般職は、さらに短いタイム・スパンで物事を考えるものである。仮に経営者が一年単位で経営を考えているとすれば、上級管理職は四半期単位で、中間管理職は一カ月単位で、そして一般社員は数日単位で物事を考え行動する。その意味で、C1は「組織体質」そのものを表すものであったと言えるのである。

「慢心と甘え」（C2）は、経営層のメンタリティにとどまらず、JALグループ全体の意識として根づいていた、と言わなければならない。例えば、破綻が目前に迫っていた状況でも、非主流派労働組合は、西松氏が推し進めようとする「再建計画」に反対の声をあげ続けた。組合と従業員は「別もの」として捉えるべきかもしれないが、多くの従業員が「潰れないとの慢心」「最後は政府が助けてくれるとの甘え」を持っていたことは否定できない[13]。その意味で、C2も「組織体質」を表すものであったと言ってもよかろう。

「マニュアル志向」（C3）は、組織成員が物事を判断する際、マニュアルを「所与の前提」としていたことを指摘するものである。これも、御巣鷹山墜落事故以降、安全運航が過度に強調される中で醸成された文化と言えるはずである。「マニュアル志向」が行き過ぎると、成員は、たとえある行動が顧客の利益に適うと感じても、マニュアルに記載がない限り、それを控えようとする。勝手な行動をとり、予期せぬ結果が出れば、自らの責任まで問われかねないからである。かつてのJALがどこまでの形式主義に陥っていたかは明言できないが、物事を判断する上で、マニュアルが重要な前提となっていたことは間違いない。その限りで、「マニュアル志向」は、破綻前JALの「組織体質」を表す指摘であったと解されるのである。

「採算意識の欠如」（C4）は、一義的には経営層のメンタリティに関する指摘であるが、これは、決して経営層だけに限られた現象ではなかった。JALでは、「各本部のやるべき仕事は、予算で決められた経費を使って着実に業務をこなすこと」と解されていたからであり[14]、またそれゆえコスト削減はいずれの職場でもあまり強く意識されていなかったからである。政府などの官僚機構では、単年度予算主義の下、割り当てられた予算を、各部各課が年度内に消化しようとする。仮に消化できなければ、次年度予算が削れる可能性があるため、各部各課は何としてでも予算を使い切ろうとする。半官半民の経営を長く続けてきたJALには、これと類似した価値前提ができあがっていた。その結果、多くの組織成員は「割り当てられた予算」を自身の裁量で使い切ることのできる経費と見なす傾向にあった[15]。かかる理由より「採算意識の欠如」は、破綻前JALの「組織体質」であったと結論できるのである。

「利益責任の曖昧さ」（C5）が「組織体質」となっていたことは「採算意識の欠如」（C4）の場合とほとんど同じである。あえて、付言すれば、かつてのJALでは、売上目標などに関し「誰からも責任は問わることもなく、一方で経費は垂れ流しで、内訳をチェックする部署も存在しなかった」と言われる[16]。そもそも合理的な経営を行なうための数字や資料も、かつてのJALでは、タイムリーに用意されることはなかった[17]。この意味で「利益責任の曖昧さ」は破綻前JALの「組織体質」を表す指摘であったと解されるのである。

「労使対立」（C6）も、「組織体質」を表すものと捉え、何ら無理はなかろう。JAL再生後、この組織体質が変わったかどうかは断定できないが、破綻前に関して言えば、「組合の乱立、組合側と経営側の対立」という状況が、組織成員の意思決定に少なからざる影響を及ぼしていたはずである。そこには「話し合ったところで、所詮、相手は分からない」といった相互不信があり、経営層も組合側も、その対立を「解決できない問題」「航空事業に付きもの」として前提視していた。その意味で、これも「組織体質」であったと言えるのである。

最後は「本社と現場の乖離」（C7）である。既に、これが「経営側による現場軽視」を常態化させた、と説明したが、同時に現場も上からの指示や命令、経営計画などをほとんど無視していた。経営側が労働側を信頼しないことに呼応し、労働側も経営側を常に疑っていた。つまり、「乖離」の原因は本社と現場の双方にあったわけだ。これを根拠として、「本社と現場の乖離」は「組織体質」にもなっていたと見なすことができるのである。

以上を踏まえ、「経営全般に関する一般的指摘」を整理すると、次のようになる。

C1　「短期的な利益の追求」（経営層の基本姿勢、組織体質）
C2　「慢心と甘え」（経営層の基本姿勢、組織体質）
C3　「マニュアル志向」（組織体質）
C4　「採算意識の欠如」（経営層の基本姿勢、組織体質）
C5　「利益責任の曖昧さ」（組織体質）
C6　「労使対立」（組織体質）
C7　「本社と現場の乖離」（経営層の基本姿勢、組織体質）

（三）短期志向、責任転嫁、対話軽視

既述の通り、「経営全般に関する一般的指摘」は「経営層の基本姿勢」あるいは「組織体質」の傾向を示唆するものとなっていた。それゆえ、七つの指摘をそのまま「経営哲学の特性」と呼びたいところであるが、七つ以外の指摘が出てくる可能性は依然として残っている。それゆえ、本プロジェクトは、これらの一般的指摘をそのまま「特性」とせず、まず既に見たC1、C2、C4、C7という四つの「一般的指摘」について、その内容を昇華・抽象化することにしたい。これにより、汎用性の高い「基本の特性」概念が浮かび上がると思われるからである。

C１「短期的な利益の追求」
C２「慢心と甘え」
C４「採算意識の欠如」
C７「本社と現場の乖離」

最初の「短期的な利益の追求」（C１）より昇華・抽象化してみよう。すると、この指摘はそのまま「短期志向」という特性に一般化される。それは経営層が「短期的な発想」で会社を運営していたことに対する記述そのものであり、逆の意味では、経営層が、より長いタイム・スパンで、しかもより広い視野で経営を見ていれば、多くの過ちは回避できたことを示唆するものだからである。その意味で、まず第一に「短期志向」という特性をあげたい。

次に「慢心と甘え」（C２）と「採算意識の欠如」（C４）という二つの指摘については、これを同時に昇華すれば、「責任転嫁」という特性に集約されるはずである。それは、経営層が明確な責任意識を持っていなかったとする批判であり、また、不都合や失敗があれば、その責任を他に転嫁するメンタリティを持っていたとする指摘だからである。つまり、「経営判断を誤ったとしても、最後は政府が助けてくれる」といった発想、また「政治や行政が口を挟むから経営を誤った」という言い訳、これらは、いずれも「責任転嫁」という「特性」概念に一般化できるのである。

最後の「本社と現場の乖離」（C７）という指摘は、「対話軽視」という特性に昇華されるはずである。特に、御巣鷹山墜落事故の後、伊藤淳二氏が労使関係の改善に着手したが、結果としてそれが労使関係のさらなる悪化を招き、経営幹部間の対立まで引き起こすこととなった。こうした過去の苦い経験などにより、経営層は現場との対話を避けるようになっていった。それゆえ、「本社と現場の乖離」（C７）は「対話軽視」という特性に一般化することができるのである。

Ｃ１「短期的な利益の追求」→短期志向
Ｃ２「慢心と甘え」→責任転嫁
Ｃ４「採算意識の欠如」→責任転嫁
Ｃ７「本社と現場の乖離」→対話軽視

以上、四つの一般的指摘を昇華・抽象化すると、既述の三つの「特性」に収斂する。よって、これら三つをそのまま、破綻前ＪＡＬの「経営哲学の特性」として取り上げたいところであるが、既述の通り、四つ以外の指摘が出てくる可能性もあり、また実際に出てくれれば、「特性」はさらに多様化する可能性があるため、ここでさらに「経営哲学」を広義に捉え直し、七つの指摘すべてに関し、同じ作業をやってみることにしたい。仮に七つすべてを昇華・抽象化しても、同じく三つの「特性」に収斂するならば、それらの特性を破綻前ＪＡＬの「経営哲学の特性」として扱っても大きな過ちとはならないはずである。

七つの一般的指摘のうち、既に「短期的な利益の追求」（Ｃ１）、「慢心と甘え」（Ｃ２）、「採算意識の欠如」（Ｃ４）、「本社と現場の乖離」（Ｃ７）の四つについては抽象化を済ませているため、残りの三つ（Ｃ３、Ｃ５、Ｃ６）について同様の検討を加えたい。

Ｃ３「マニュアル志向」
Ｃ５「利益責任の曖昧さ」
Ｃ６「労使対立」

まず「マニュアル志向」（Ｃ３）は「従業員の行動特性」に関する指摘となるが、強調すべき点は、従業員が自らの業務をマニュアルに指定された範囲内に限定するところにある。その範囲を超えて業務を行い、過ちがあれば、その従業員が責任を問われかねないこと、逆を言えば、マニュアル通りに行動し、仮に問題が起これば、「マニュアルを用意した管理者」に責任が転嫁されること、その点を示唆する指摘となっている。その意味で、これを昇華させれば、「責任転嫁」という特性に翻訳されるのである。

C1「短期的な利益の追求」→短期志向
C2「慢心と甘え」→責任転嫁
C3「マニュアル志向」→責任転嫁
C4「採算意識の欠如」→責任転嫁
C5「利益責任の曖昧さ」→責任転嫁
C6「労使対立」→対話軽視
C7「本社と現場の乖離」→対話軽視

続く「利益責任の曖昧さ」（C5）については、経営層をはじめ、幹部・上級・中級管理職が、自身の責任を積極的に取ろうしない傾向を批判した指摘となっている。よって、これも「責任転嫁」の一形態として整理されよう。最後の「労使対立」（C6）は「経営側と労働側の関係」に関する指摘そのものである。両者が対立し続けたのは、つまるところ、経営層が対話を軽視してきたことにある。その意味で、この指摘を抽象化すれば、「対話軽視」という特性に昇華されよう。

以上、七つの一般的指摘すべてを検討してみたが、先の結論は揺らぐことなく、既述の三つの特性に収斂した。それゆえ、既存の研究論文・研究資料における指摘の範囲内で考えれば、「破綻前ＪＡＬの経営哲学」は「短期志向」「責任

図表２－５　経営哲学の特性

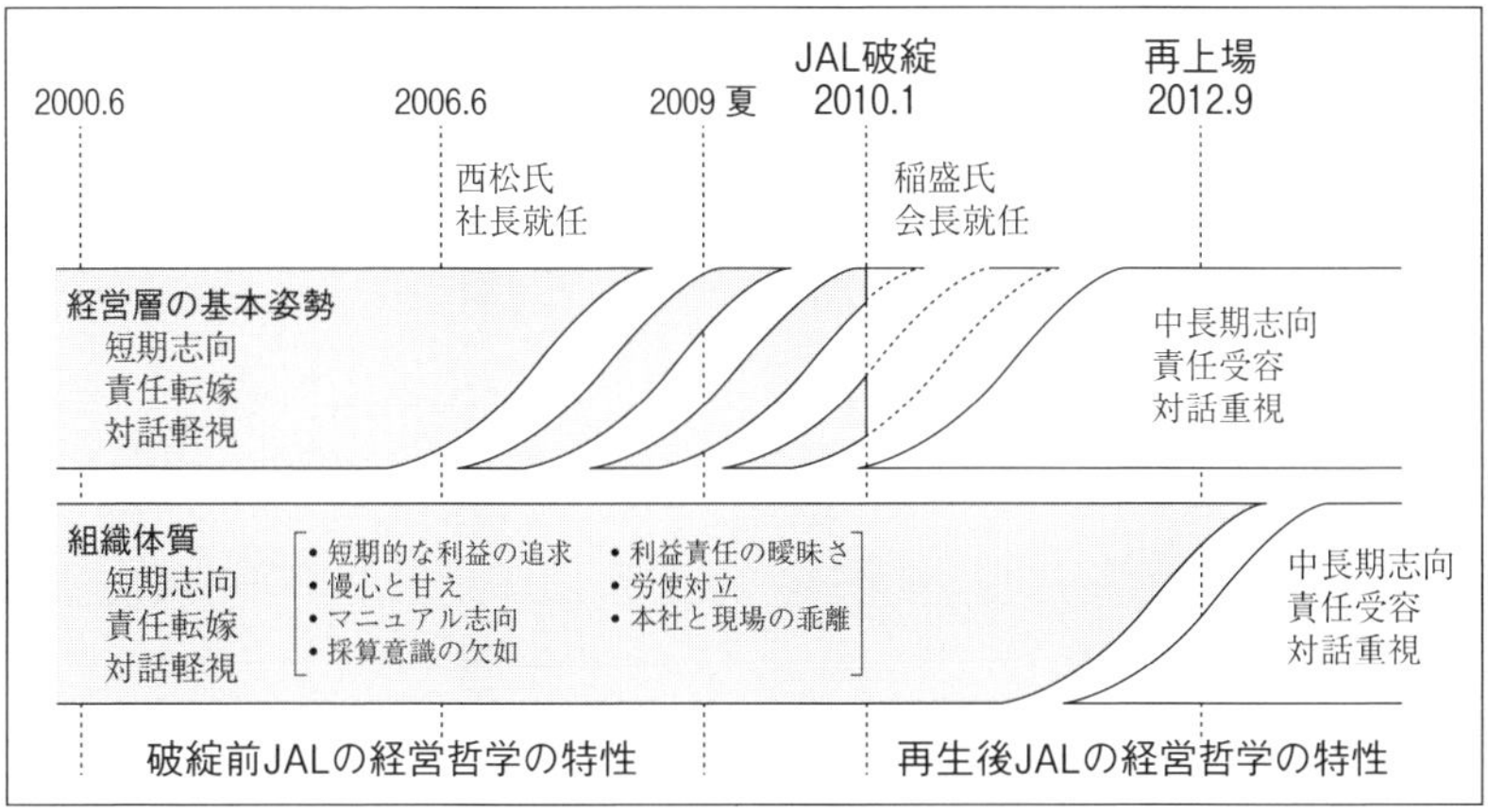

（注）破綻前JALに関する一般的指摘を抽象化すると、「短期志向」「責任転嫁」「対話軽視」という３つの経営哲学特性に収斂する。図表の下段に「経営層の基本姿勢」と「組織体質」のそれぞれにおける特性の推移を示している。「経営層の基本姿勢」については、2006年４月頃より、基本姿勢の転換が始まるが、2010年１月の破綻でこれは一旦途切れる。その後、稲盛氏らの取り組みで、基本姿勢は一気に新たな特性（中長期志向、責任受容、対話重視）へと移行していく。「組織体質」については、基本姿勢が変化するのを受け、後を追う形で、新たな特性へと移行していく。

転嫁」「対話軽視」という三つの特性概念をもって表すことができると解される（図表２－５）。

もちろん、「三つ以外の特性は、今後一切、何も出てこない」などと主張するつもりはない。ただ、「経営哲学（刷新）の意義を再検討すること」（第四課題）という目的に照らして考えれば、三つの「特性」が特定されたことをもってよしとしたい。三つの特性を使うことで、「経営哲学の変化・刷新とその意義」を論ずることが可能となるからである。

つまり、「経営哲学の変化・刷新」とは、問題の「特性」が修正され、別の「特性」へと変化していくことを意味する。それが本当に変化したのかどうかを確認するには、「変化する前の傾向」を規定しておかなければならない[18]。本プロジェクトは、既述の「短期志向」「責任転嫁」「対話軽視」という三つの特性概念が、その役割を果たすものと考えている。

（四）一般的指摘における方法論上の問題

破綻前ＪＡＬにおける「経営哲学の特性」を確認したが、最後に「一般的指摘」が抱えている方法論上の問題を二つあげておかなければならない。これは、そのままにしておけば、第四課題を検討する際に大きな障害となる可能性を持っているからである。

一般的指摘は、「経営全般に見られる意思決定上の傾向についての指摘」であると述べたが、第一の問題は、その指摘が「経営層の基本姿勢」を述べたものなのか、それとも「組織体質」を述べたものなのかを明確に区別していない点にある。このため、本章では、とりあえず、「経営層の基本姿勢」と「組織体質」とを分けて、概念整理を行なった。いずれの場合も、「モノ、カネ、ヒト」のあり方に、それ独自のパターンを与える「制御情報」であると規定したが、「経営層の基本姿勢」から出てくる価値前提と、「組織体質」から出てくる価値前提が常に同じであるとは限らない。

確かに「組織体質」から出てくる価値前提は、経営層の意思決定に一定の影響を及ぼし、それが「経営層の基本姿勢」として機能することもある。しかし、組織体質から出てくる価値前提は、経営層にとっての「絶対的命令・指示」ではない。経営層にとって、それはあくまでも一つの意思決定前提に過ぎない。さらに言えば、経営層は、組織体質から出てくる価値前提を受け入れず、それに代わる新たな価値前提を自ら発出することもある。事実、過去、JALにおいても、組織の慣習や暗黙の合意こそ問題であると考え、勇気をもって行動を起こした経営者もいた[19]。残念ながら、それらの試みは、経営層全体にまで広がらず、またそれゆえ、JALの組織改革には繋がらず、従来の慣例的対応に収まってしまったが、この事実は「経営層の基本姿勢」と「組織体質」が時として対立し得ることを示唆しているのである。その意味で、一般的指摘は「経営層」の傾向を述べたものなのか、それとも「組織体質」を述べたものなのかを区別する必要がある。

第二の問題は、その指摘がほとんど時間的な特定を行なっていない点にある。つまり、各指摘はある傾向が見られる時期について大雑把にしか触れていないのである。第一章では、一般的指摘に関する時期について、とりあえず「バブル景気以降（一九八〇年代中盤以降）に見られた組織事象」とした。事象の開始時期に関するこの仮定については強い反論はなかろうが、そうした事象がいつまで続いたのかについては、見解の分かれるところである。

「一般的指摘」がこの点を明確にしていないため、その曖昧さが「破綻と再生の因果連関」を考える上での障害となる可能性がある。それゆえ、特にそれらの組織事象は、二〇一〇年一月の破綻までの特徴として述べられているのか、それとも破綻以前のある時点までの特徴として述べられているのか、この点を明らかにする必要がある。特に「経営層の基本姿勢」と「組織体質」を二つに分け、それぞれがどの時期までの一般的特徴であったのかを整理する必要がある。それなくして、JAL破綻と再生に関する因果連関は明確に浮かび上がってこないと考えるからである。

本章で整理した「包括的・論理的な説明の枠組み」を念頭に置き、以下、第三章で「モノの効率的活用」、第四章で「カネの効率的活用」、第五章で「ヒトの効率的活用」について、それぞれの推移を追っていきたい。その上で、本節で指摘した二つの「方法論上の問題」に関し、本プロジェクトの見解を示すこととする。(20)

注

(1) 終身雇用制度を前提とした日本型労働慣行の下では、人員整理は、通常、人事政策上の選択肢にはならない。このため、JALにおけるこの問題への対処は、子会社・関係会社を多数設立すること、業務のアウトソーシングを進めることなどとなった。

(2) 高巖『H・A・サイモン研究―認知科学的意思決定論の構築』文眞堂、一九九五年、五六〇～五六一頁。

(3) 高『H・A・サイモン研究』二九～三六頁。

(4) 高『H・A・サイモン研究』五二～五四頁。

(5) Herbert A. Simon, *Administrative Behavior: A Study of Decision-Making Processes in Administrative Organization*, The Free Press, 1976, pp. 140-141. ハーバート・A・サイモン『経営行動―経営組織における意思決定論プロセスの研究』松田武彦・高柳暁・二村敏子訳（第三版）、ダイヤモンド社、一九八九年、七頁：高『H・A・サイモン研究』一七九～一八〇頁。

(6) Simon, *Administrative Behavior*, pp. 4-5. サイモン『経営行動』松田他訳、七頁：高『H・A・サイモン研究』九九～一〇〇頁。

(7) Simon, *Administrative Behavior*, pp. 45-60. サイモン『経営行動』松田他訳、五六～七三頁。

（8）Simon, *Administrative Behavior*, pp. 125-126. サイモン『経営行動』松田他訳、七頁、五六～七三頁、一六二～一六三頁。

（9）例えば、破綻前JALにあっても、組織における「暗黙の合意」のようなものに対し、明確に疑義を提起する監査役などがいた。一九八六年一一月、服部功常勤監査役は「長期先物為替予約について」というレポートをまとめ、その中で、一九八五年八月頃、長期予約の説明を受けた際、「一〇カ年にもわたる為替予約を取り付けておくことはきわめて危険」と指摘している。しかし、この指摘が生かされることはなかったという。大鹿靖明『堕ちた翼―ドキュメントJAL倒産』朝日新聞出版、二〇一〇年、一七九頁。また一九八七年三月二三日の最高経営会議においても、服部監査役は、日航開発によるホテル買収などに絡み深刻な問題があると指摘している。日本航空株式会社『有価証券報告書』第三六期、一九八五年度、八頁：大鹿『堕ちた翼』一七一頁、一九〇頁。

（10）通常、経営層は、自身の「価値諸前提」（信ずるところ）を所与とし、かつ「事実諸前提」を材料として自身の決定を下す。経営層レベルで決定された事項は一つの「意思決定前提」となって、次の決定主体（例えば、部長）へと伝達される。次の決定主体もこの前提を所与とし、かつその他の「価値諸前提」「事実諸前提」を材料として自身の決定を下す。この決定がさらに一つの「意思決定前提」となって、次の決定主体（例えば、課長）へと伝達される。このプロセスは幾度も繰り返され、組織は膨大な情報を縮減することになる。

（11）大西康之『稲盛和夫最後の闘い―JAL再生にかけた経営者人生』日本経済新聞出版社、二〇一三年、一三三頁。

（12）森田直行『全員で稼ぐ組織―JALを再生させた「アメーバ経営」の教科書』日経BP社、二〇一四年、八六頁。

（13）こうした甘えが蔓延していたため、全員とは言わないが、多くの管理職が「働き甲斐を感じて」というよりも、むしろ、個人的な利益を、例えば、個室や車が与えられることなどを期待し仕事にあたっていた、と指摘されている。引頭麻美『JAL再生―高収益企業への転換』日本経済新聞社、二〇一三年、一二八頁。

（14）森田『全員で稼ぐ組織』八六頁。

（15）森田『全員で稼ぐ組織』一〇〇頁。

（16）森田『全員で稼ぐ組織』八五頁。

（17）森田によれば、現在、JALでは、一日に一〇〇〇便が飛んでいるが、各グループは、一便一便をどうすれば満席にして収支を改善できるかを考えるようになったという。例えば、前日までに航空券の予約が五〇％であれば、三〇〇人乗りの機材の場合、一六〇人乗りの機材に変更し、稼働率を九〇％以上にすると説明している。これは、JALの組織体質が破綻前と再生後で大きく変わったことの証左である。森田『全員で稼ぐ組織』一〇七頁。

(18) 寺本は「利益概念」に着目し、破綻直後の経営幹部や従業員が利益に関しどのようなイメージを持っていたのかを明確にし、それ以降、そのイメージがどのように変化していったのかを精緻に検証している。寺本佳苗「JAL社員の意識はどのように変化したか―『利益』概念に着目して」『JAL破綻から再上場までのプロセス―稲盛氏の動静とJAL社員の意識の変化』麗澤大学企業倫理研究センター Working Paper、第一九号、二〇一八年一一月、五七～八〇頁。

(19) 一九九五年六月に社長に就任した近藤晃氏は、九八年三月期、特別損失九〇〇億円強を計上するとともに、資本準備金、利益剰余金、任意積立金など合わせ、約一五〇〇億円を取り崩し、バブル期に抱え込んだ不良資産(海外ホテルやリゾート開発の損失など)を一気に処理しようとした。小野展克『JAL虚構の再生』講談社、二〇一四年、二一一頁：大鹿『堕ちた翼』一七〇～一七四頁：日本航空株式会社『有価証券報告書』第四七期、一九九六年度、三九頁。これと併せ、「責任の所在」を明確にするため、長期為替予約時に社長を務めていた山地進氏に対し会長職を降りるよう求め、さらにバブル期の放漫経営で会社に莫大な損害を与えた利光松男氏(一九九〇年六月に社長就任)にも取締役相談役の職を辞すよう促した。大鹿『堕ちた翼』一七五～一七六頁。詳しくは、第四章第三節を参照されたい。

(20) 詳細は、第六章において展開されるが、予め、二つの方法論上の限界に対する本プロジェクトの考え方を示しておきたい。一般的指摘を「組織体質」と理解した場合、その指摘が該当する時期は「二〇一〇年一月の破綻まで」としても差し支えなかろうが、これを「経営層の基本姿勢」と解した場合、該当する時期は「二〇〇六年度以前の経営層」に見られたものと捉えるべきであろう。その根拠は、第三章、第四章、第五章で示される。

第三章　モノの効率的活用とロードファクターの推移

前章では、ＪＡＬ破綻と再生の因果連関を説明するための「包括的・論理的な説明の枠組み」を構築した。そしてその中で「モノ」（機材）、「カネ」（財務）、「ヒト」（労務）の三つが主要な分類概念になると説明した。この枠組みを前提とし、本章では、第一の「モノの効率的活用」に関し、特に一九八〇年代中盤以降の効率的活用に関し、ＪＡＬがどのような施策を講じてきたのかを見ていく。

航空会社にあって「モノ」の中核を成すのは、言うまでもなく「航空機材」である。これをどのように揃え、どのような路線に配機するか、またどのような頻度で、どのような運賃で運航するかということで、航空会社の業績は決まってくる。それゆえ、本プロジェクトは、その動きを捉える指標として「旅客ロードファクター」（有償座席利用率）を用いることにする。

後述する通り、「モノの効率的活用」に関し、ＪＡＬがとった主な施策は「路線の拡充・精査」「大型機材の導入・機材構成の適正化」「ＪＡＳとの経営統合」の三つにまとめられる。ただし、これらの施策を実施する過程で、ＪＡＬは、本来の意図とは関係なく、「潜在的な負の影響」をグループに貯め残していった。負の影響が小さければ、また迅速にその影響を無効化していれば、それらが「モノに関する重要課題」にまで発展することはなかった。しかし、実際には負の影響は着実に大きくなり、最後にはＪＡＬの意思決定を拘束するほどの構造的問題となっていった。これらの事実関係を本章で確認していきたい。

第一節　ロードファクター（座席利用率）の推移

まずロードファクター（座席利用率）がどのような指標なのか、なぜこの指標を用いるのかを説明し、その上で、座席利用率が、一九八〇年代中盤以降、どのような軌道を描いたのかを概観しておこう。

（一）有効座席キロ（ASK）と有償旅客キロ（RPK）

座席利用率とは、航空会社が提供するサービスのうち、実際にどれだけのサービスが利用されたのかを表す指標である。計算式で示せば、次の通りとなる。なお、ここでは「サービス」を旅客事業に限定し、貨物輸送に関する事業は除くこととする。ＪＡＬの場合、旅客輸送サービスを見ることで、「モノの効率的活用」はほとんど把握できるからである。

ロードファクター（座席利用率）＝有償旅客キロ（RPK）÷有効座席キロ（ASK）

まずここにいう「有効座席キロ」（ASK：Available Seat Kilometers）とは、航空会社が供給した「機材の総座席数」に「機材の総飛行距離」を乗じた値を指す。したがって、できるだけ大きな機材をできるだけ多く保有し、できるだけ頻繁にそれらを飛ばせば、ＡＳＫは上昇する。ここで注意すべきは、利用者が機材に搭乗していなくても、航空機さえ飛ばせば、ＡＳＫは大きくなるということである。これに対し、「有償旅客キロ」（RPK：Revenue Passenger Kilometers）は「有償でサービスを利用した旅客の総数」に「実際に利用者を輸送した総飛行距離」を乗じた値を指す。したがって、できるだけ多くの旅客を乗せ、できるだけ長い距離を輸送すれば、ＲＰＫは上昇する。

座席利用率とは、この二つの指標を除すことで求められる。分母にＡＳＫが入るため、効率の悪い航空会社ほど、座席利用率は低下する。逆を言えば、効率のよい会社ほど、ＡＳＫとＲＰＫの差は縮まり、座席利用率は一・〇に近づく。[1]簡単に言えば、座席利用率とは、できるだけ空席を減らし、航空機を飛ばしているか、その利用状況を見る指標ということになる。本プロジェクトは、この指標が「モノの効率的活用」の推移を見る上で最も合理的な物差しになると考えている。

ただし、この指標を用いる場合、注意すべき点が一つある。それは、航空券単価を引き下げれば、ＲＰＫが上がる傾向にあるという点である。航空業界では、運賃収入を輸送量で除した値を「実収単価」と呼ぶが、この単価を引き下げれば、通常、利用者は増え、つまり、ＲＰＫは上昇し、結果として座席利用率も改善される。[2]この場合、たとえ利用率が改善したとしても、そのままでは、売り上げが伸び悩むため、「モノの効率的活用」が進んだとは言えない。この点に留意しながら、本プロジェクトは、座席利用率という指標を用いることにする。

(二) 五つの時代区分

以上の定義を踏まえ、ＪＡＬ単体の座席利用率の推移を整理すると、図表３-１の通りとなる。この図表の一九八五年度以降の動きに注目すると、二〇一〇年一月の破綻までに「下降・上昇」という波動が五つ描かれていることが分かる。

第一は一九八五年度～一九八九年度までの半周期、第二は一九九〇年度～一九九六年度までの一周期、第三は一九九七年度～二〇〇〇年度までの一周期、第四は二〇〇一年度～二〇〇五年度までの一周期、そして最後は二〇〇六年度～破綻までの半周期である。各波動（第一と第五を除き）は、前半部分で座席利用率が悪化し、後半部分でそれが修正されるという動きになっている。これらをそのまま「モノ」の動きに関する時代区分として用いることにする。なお、二〇一二年九月の再上場以降の座席利用率を見ると、そこでも、ある種の波動が描かれていることが分かる。ただ、その値

図表3-1　ロードファクター（座席利用率）の推移

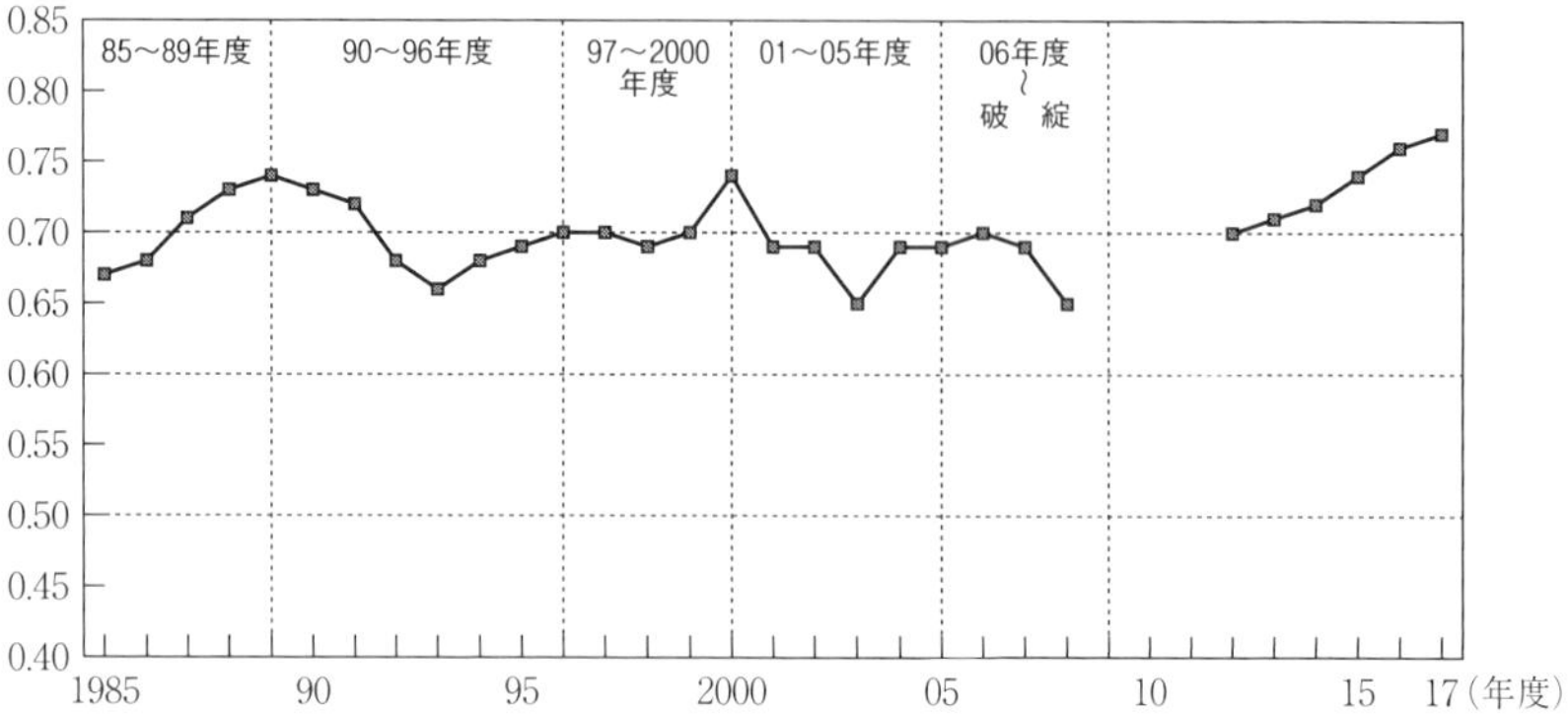

（注）日本航空株式会社『有価証券報告書』1985年度～2002年度；株式会社日本航空インターナショナル『有価証券報告書』2003年度～2008年度；日本航空株式会社『有価証券報告書』2012年度～2017年度より作成。1985年度～1998年度はJAL単体、1999年度～2017年度はJAL連結の数値である。

は破綻前の座席利用率よりも遥かに高いところで推移している。この点は強調しておきたい。

さて、座席利用率は、ＡＳＫとＲＰＫの比率で決まると説明したが、これを決定する重要なファクターは「路線」と「機材」の二つとなる。まず「路線」が重要となるのは、それが事業を行なう上でのマーケットそのものを構成するからである。[3] したがって、路線に関する経営上の課題は、できるだけ多くの黒字路線を確保し、赤字路線を整理することとなる。

次に「機材」が重要となるのは、それが運航サービスを提供する「手段」そのものとなるからである。またどのような機材を保有するかにより、航空会社が輸送する利用者の数、輸送距離、燃油費などが変わってくるからである。したがって、機材に関する経営上の課題は、数年後の運航路線を念頭に置きながら、新型機材の購入契約を交わすこと、新型機材を実際に取得すること、旧型機材の退役を進めること、運航路線の多様性に対応した座席数や航続距離の異なる大型・中型・小型機材をバランスよく揃えることなどとなる。[4]

既に五つの時代区分があると説明したが、前半部分での座席利用率悪化も、後半部分の座席利用率改善も、ほとんど「路線」と「機材」という二つの視点から説明可能である。それゆえ、以下、それぞれの時代区分において、ＪＡＬが路線や機材に関しどのような施策を講じてきたのかを追っていきたい。

第二節　一九八〇年代中盤〜一九八九年度

この時代区分（一九八〇年代中盤〜一九八九年度）における特徴は、ロードファクター（座席利用率）が一気に改善したことに求められる。JALでは、一九八五年八月一二日の御巣鷹山墜落事故以降、信頼回復に向けた取り組みが全社的に展開され、また完全民営化に向けての準備も進められた(5)。またこの時期、幸いなことに世界経済は堅調に推移し、国内でも海外旅行ブームが起こり、国際旅客需要は一気に膨らんでいった。同時に、国内旅客需要も、バブル景気に支えられ大きく伸長した(6)。こうした良好な経済環境とJAL側の信頼回復と民営化に向けた取り組みが合致し、JALにおける座席利用率は大幅に改善した。

利用率改善の理由については、大雑把に言えばこのようになるが、さらに焦点を絞り、「路線」と「機材」に関し、JALがどのような施策を講じたのかを確認しておきたい。この時期、JALは、国際旅客事業については、それまでにない激しい競争に晒され、国内旅客事業においても、航空業界全体の規制緩和が進む中で、民間企業として経営のあり方を抜本的に改める必要に迫られたからである。

（一）競争激化と路線の拡充

一九八〇年代後半、競合他社が相次いで事業拡大・新規参入を進める中で、JALは、国際線と国内線の双方において、路線・便数を簡単には増やせない状況に置かれていた。

JALが抱えていた国際線に関する問題を見る上で、かつて、日本の航空会社が米国航空会社などと比べ、路線運営で長く不利な立場に置かれていた事実を理解しておく必要がある。一九五二年に締結された日米航空協定では、「以遠

図表3-2　国際旅客事業における路線数の推移

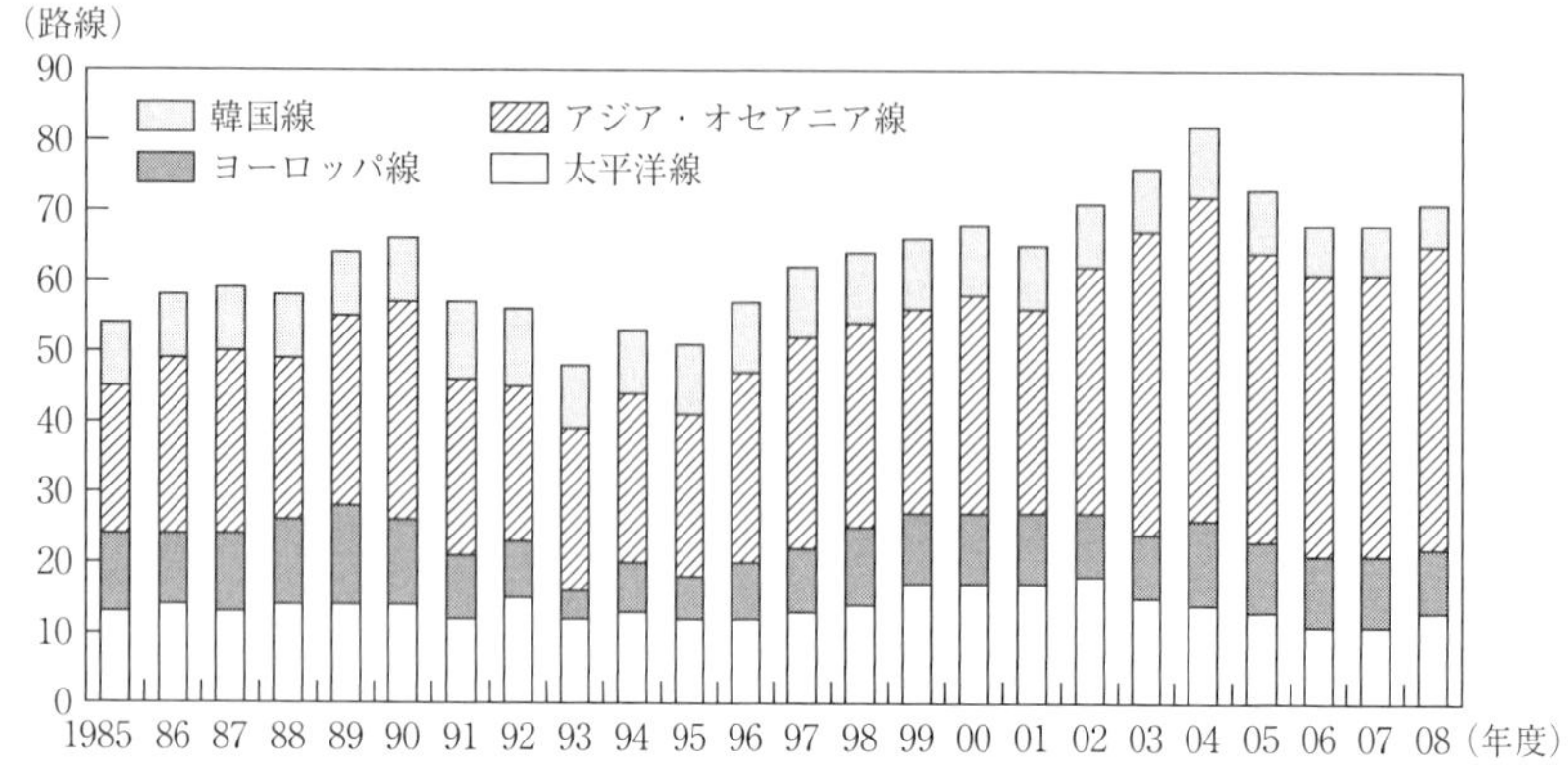

（注）　日本航空株式会社『JAL 国際線時刻表』1985年度～2008年度より作成。1985年度～2002年度はJAL 単体の数値である。2003年度は、JAL、JAL ウェイズ（JAL Ways）、日本アジア航空（JAA）、日本エアシステム（JAS）の4社合計値、2004年度～2007年度は JAL、JALWays、JAA の3社合計値（2007年度、JAA は JAL と合併）、2008年度は JAL と JAL Ways の2社合計値である。路線数の集計にあたっては、出発地となる空港と終着地となる空港を結ぶ区間を一路線とし、国際線全路線を「太平洋線」「ヨーロッパ線」「アジア・オセアニア線」「韓国線」の4つに区分し、各年度末日におけるそれぞれの区分の路線数をカウントした。

権」（相手国のある地点を経由して、第三国へと運航できる権利）などで米国有利となっており、参入企業（指定企業）数でも、米国が二社（パンナム航空、ノースウエスト航空）であったのに対し、日本はＪＡＬだけに限定されていた(7)。ただ、この航空協定は両国間では不平等と言われたが、ＪＡＬにとっては寡占的地位を保証する枠組みでもあった(8)。

遠藤によれば、一九八一年～一九九五年の期間、太平洋線の乗客数は、年平均約八％で増加していたという(9)。不平等条約の是正と併せ、こうした需要の急増に対応するため、一九八〇年代、日米両政府は交渉を重ね、「新規企業（後発企業）の参入と日米双方に計一〇路線週七〇便の就航」などを認める暫定合意を締結した(10)。

この合意段階では、ＪＡＬなどの先発企業の優位性は守られたが、それでも「国際線複数社体制」が敷かれたことで、太平洋線における競争環境はここから大きく変わることとなった。全日本空輸（ＡＮＡ）などが新たに参入したことに加え、米国側の新規参入企業（アメリカン航空、デルタ航空、ユナイティッド航空など）が、既存の米国内路線網を太平洋線と有機的に繋げる戦略を展開していったからである(11)。

図表３-３　国際線・国内線ロードファクター（座席利用率）の推移

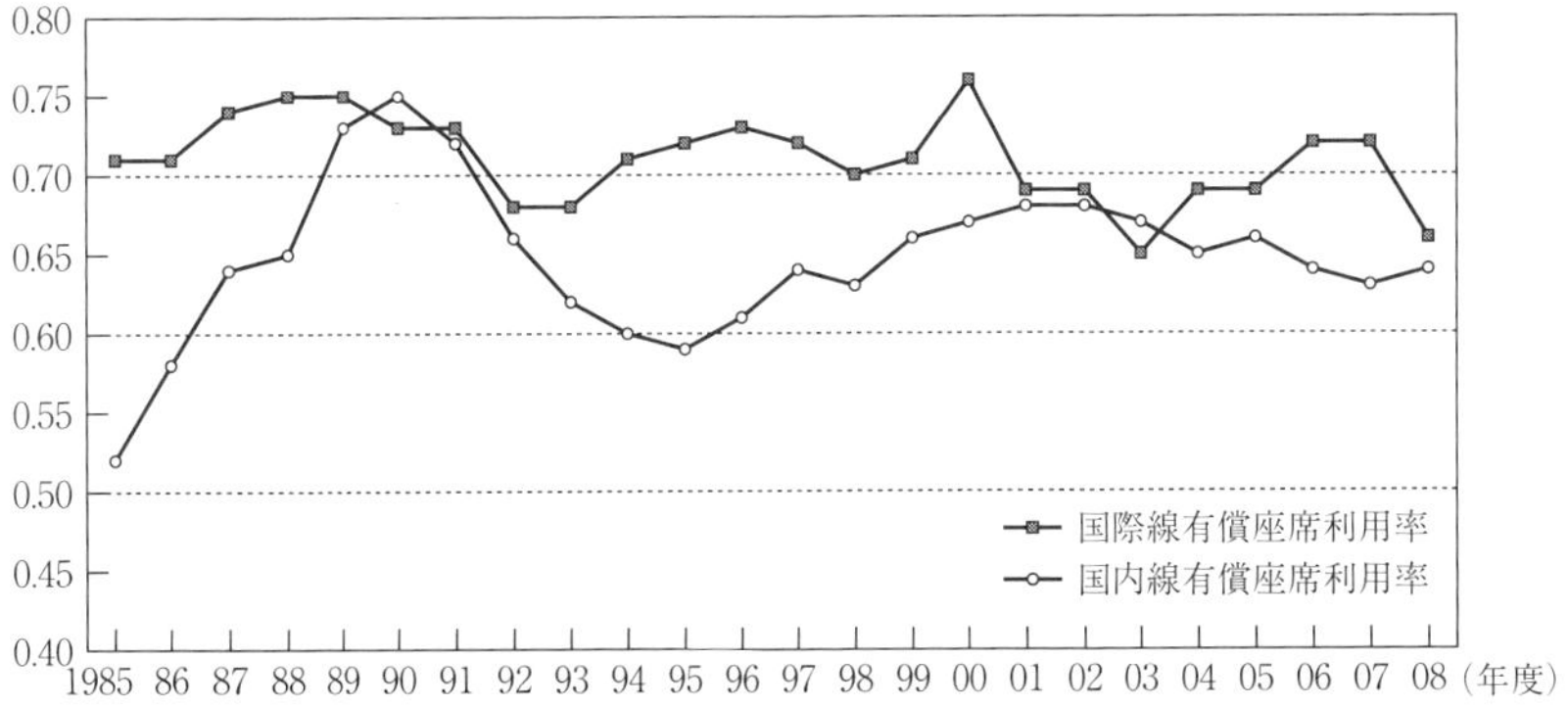

（注）　日本航空株式会社『有価証券報告書』1985年度～2002年度；株式会社日本航空インターナショナル『有価証券報告書』2003年度～2008年度より作成。1985年度～1998年度はJAL単体、1999年度～2008年度はJAL連結の数値である。

競争環境が厳しくなる中で、ＪＡＬがとった施策は、アジア・オセアニア線など、太平洋線とは違うところで、路線数を増やすことであった（図表３－２）。幸運にも、「路線の拡充」というこの施策は、円高と日本国内における海外旅行ブームに支えられ、国際線の座席利用率を改善することとなった[12]（図表３－３）。

国内線を巡るビジネスについては、日本の経済成長とともに、地方空港の整備が進んだため、四五・四七体制が敷かれた当時とは比較にならないほど、環境は大きく変化していた。特に、一九八〇年代、主要空港と地方空港を結ぶ新路線、いわゆる「ビーム路線」が形成され、それが国内旅客需要を膨らませていた[13]。国内線を巡るこうした変化があったにもかかわらず、ＪＡＬはビーム路線ビジネスで後塵を拝していた。確かに、この時代区分（一九八〇年代中盤～一九八九年度）、ＪＡＬも、競合他社と同様、国内路線の数を増やしてはいるが（図表３－４）、国内線シェアについては、図表３－５が示す通り、二〇％～二二％の水準にとどまっていた[14]。

言うまでもなく、この時期、ＪＡＬは完全民営化により経営の裁量を拡大させていた。このため、理屈上、新路線への進出も可能ではあったが、主要空港を拠点とするビーム路線に進出するには、大前提として主要空港の発着枠を新たに獲得する必要があった[15]。四五・四七体制下で、主要空港の発着枠を優先的に与えられていたＪＡＬが、ここ

図表3－4　国内旅客事業における路線数の推移

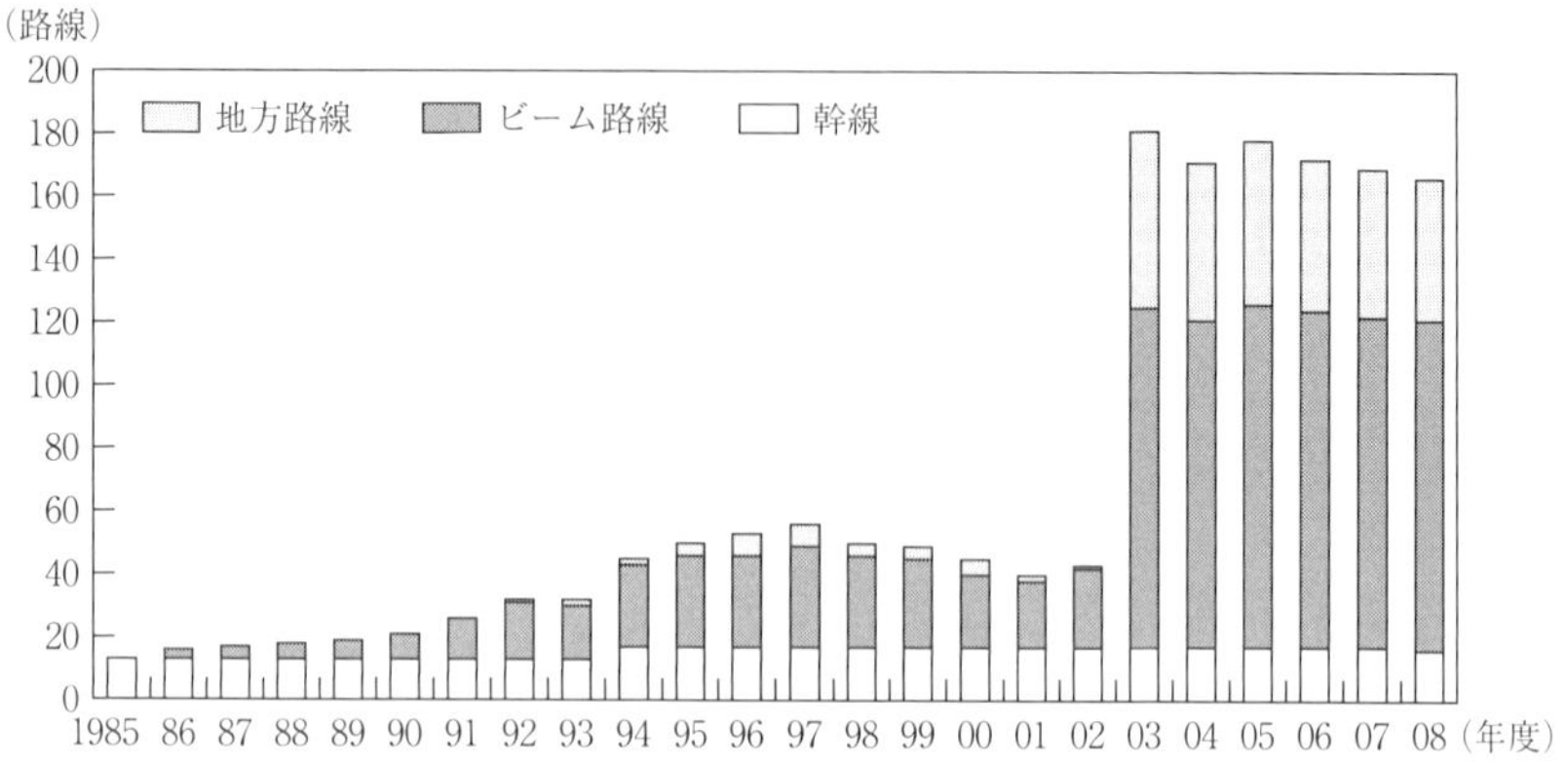

（注）日本航空株式会社「日航月報」『プレスリリース』1986年4月号～2000年4月号；日本航空株式会社「JAL Group Monthly Report」『プレスリリース』2001年4月号～2002年4月号；日本航空株式会社「JAL Group Monthly Report」『JAL Group News』2003年4月号～2007年4月号；日本航空株式会社「JAL グループ　マンスリー　レポート」『JAL Group News』2008年3月号より作成。1985年度～2002年度はJAL単体、2003年度～2008年度はJALS連結の数値である。なお、臨時便およびチャーター便の路線については、路線数から除外している。

でさらに新規の発着枠を得ることはほとんど不可能に近かったのである。国内旅客事業については、こうした路線上の制約があったため、ＪＡＬは「路線の拡充」とは異なる別の戦略を構想・推進するしかなかった。

(二)　機材の大型化と実収単価

そこでＪＡＬが採用した戦略は「大型機材の導入」であった。一般に、航空会社がサービスの供給量を増やすためには、①路線・便数を増やすか、②一便あたりの座席数を増やすか、といった方法しかない(16)。ＪＡＬの場合、国内旅客事業においては、路線・便数の拡大が制約されていたため、また国際旅客事業においても、特に太平洋線の運航については、便数が実質的に制限されていたため、②の施策「大型機材の導入」を積極的に推進することとなったのである。

図表３－６を参照されたい。一九八五年度～一九八七年度にかけ、Ｂ７４７ＬＲとＢ７４７ＳＲの保有機数が大きく増えている。「Ｂ７４７クラシック」と総称されるこれらの機材は、四〇〇～五〇〇の座席を有するとともに、四基のエンジンを装備した安全性に優れた大型機材であった(17)。ちなみに、ＬＲ（Long Range）は、長距離旅客輸送に適した機材で、Ｓ

図表3－5　国内線旅客数とシェアの推移

年　度	1986	1987	1988	1989
国内線計（万人）	4636	5005	5295	6012
幹線（万人）	1844	2013	2142	2411
ローカル線（万人）	2792	2992	3153	3601
JAL（万人）	937	1103	1193	1352
JAL シェア（%）	20	22	22	22

（注）日本航空株式会社広報部『回顧と展望』1990年12月、149頁より作成。

図表3－6　B747シリーズ保有機数の推移

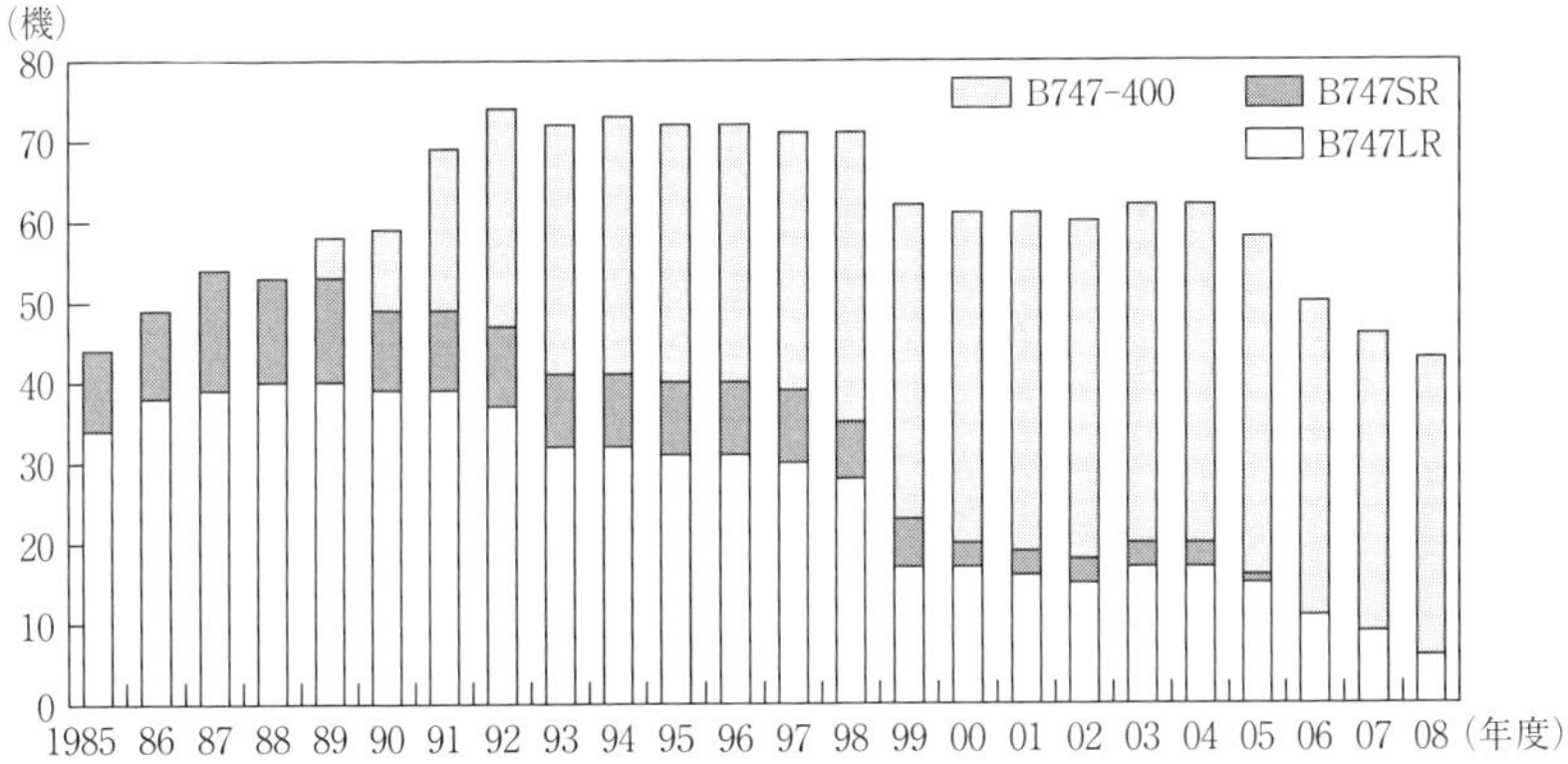

（注）日本航空株式会社『有価証券報告書』1985年度～2002年度；株式会社日本航空インターナショナル『有価証券報告書』2003年度～2008年度より作成。なお、1991年度に保有されているB747-200（1機）は、B747LRの機数に含めている。2009年度以降はB747シリーズの保有なし。

Ｒ（Short Range）は、国内旅客輸送用に開発された短距離型のジャンボ機であった。

また、ＪＡＬは「今後、機材の大型化は避けられない」と判断し、この時期より、次期大型機材となるＢ７４７－４００の購入契約を積極的に結んでいる。Ｂ７４７－４００とは７４７クラシックに最新技術を組み込んだ機材で、その運航は一九八九年度に始まる。図表３－７によれば、その他機材として、一九八五年度以降、Ｂ７６７の購入契約も交わしている。これは、二〇〇席以上の座席を有する中距離航行に適した中型機材である。(18)

いずれにせよ、一九八〇年代後半、ＪＡＬが、路線に関し実質的な制約を受けていたため、また需要量の大きい国際線や国内基幹路線を主力分野として運航していたため、機材の輸送力を拡大させることが、ＪＡＬにとって最も合理的な戦略となったのである。そして、それに適

図表3-7　新規機材の購入契約

契約年度	機　種	契約数
1984	B747LR	1
1985	B747LR	4
	B767	1
	B747SR	1
1986	B767	6
	B747SR	4
	B747LR	1
1987	B747-400	5
1988	B767	3
	B747-400	5
1988年6月〜1990年7月	B747-400	22
1990	MD-11	10
1990年7月〜1992年12月	B747-400	23
1991	B777	10
1992	B767-300	5
1994	B737-400	4
	B747-400	18
1995	B777-300	5
1997	B767-300	1
1998	B737-400	2
1999	B777-300ER	8
	B747-400	3
2000	B777-300ER	8
	B767-300ER	3
	B777-200ER	11
2001	B777-200ER	8
2002	B777-300	3
2005	B787	30
	B737-800	30
	B767-300ER	3
	B777-200ER	1
	B777-300ER	9
2006	B767-300ER	7
	B777-200ER	5
	B787	35
2008	B737-800	27
	B767-300ER	11
	B777-300ER	10
2013	A350	31
	三菱 MRJ	32

（注）　日本航空株式会社『有価証券報告書』1985年度〜2002年度；株式会社日本航空インターナショナル『有価証券報告書』2003年度〜2008年度；日本航空株式会社『有価証券報告書』2012年度〜2015年度より作成。JAL単体の数値である。1988年6月〜1990年7月と1990年7月〜1992年12月については、契約年月が複数年度にまたがって開示されており、単年度の契約数を把握することができないため、複数年度にまたがった数値を掲載した。なお、航続距離が数千キロで座席数100以下の「リージョナル・ジェット」は対象外としている。

う機材がB747クラシックだったのである。もっとも、一度に大量の利用者を輸送できるという点は、競合他社も注目していたため、一九八〇年代末〜九〇年代にかけ、多くの航空会社がB747クラシックを競うように導入していった(19)。

さて、既に座席利用率を指標として用いる場合、実収単価も併せて確認する必要があると述べた。機材の大型化により、供給量が増えたとしても、実収単価が下がれば、「モノの効率的活用」が進んだとは言えないからである。そこで、一九八五年度〜一九九〇年度までの実収単価の推移を見ると、後半は国際線・国内線ともに微増ではあるが、上昇していることが分かる

図表3－8　国際線・国内線の実収単価

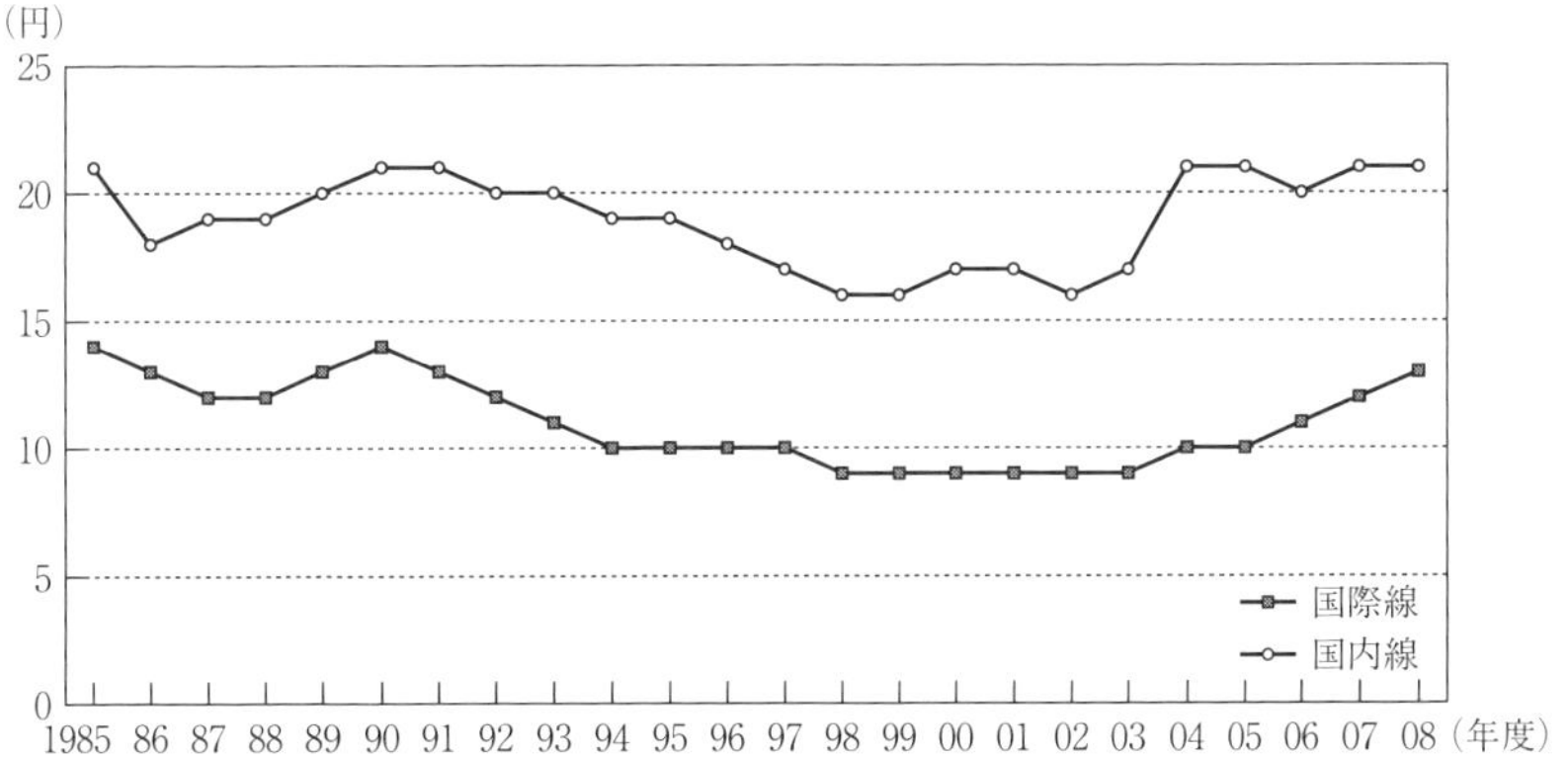

（注）日本航空株式会社『有価証券報告書』1985年度～2002年度；株式会社日本航空インターナショナル『有価証券報告書』2003年度～2008年度より作成。1985年度～1998年度はJAL単体、1999年度～2008年度はJAL連結の数値である。

（図表3－8）。つまり、座席利用率が伸びると同時に、単価も上昇しており、一般的な意味では「モノの効率的活用」が進んでいたことになる。

なお、一九八〇年代、JALがB747クラシックを積極的に購入できた背景には、日本輸出入銀行（現在の国際協力銀行）による支援と貸付、投資家の旺盛な投資意欲があったことをあげておかなければならない[20]。莫大な機材購入資金を提供する金融機関や投資家がいたからこそ「大型機材の導入」は実現できたわけである。ただこれに伴い、JALは、支払金利、減価償却費などを膨らませていった。減価償却費については、例えば、一九八〇年代後半、毎期、その金額が膨らみ、この時代区分の最終年度（一九八九年度）には一〇〇〇億円に達している[21]。

（三）為替差損の非計上と機材簿価

この時期の「大型機材の導入」という施策に関し、もう一点触れておかなければならないことがある。それは、この施策が後のJALの経営を拘束する「負の影響」を生み出し、しかもボディブローのように、JALの体力を奪っていったからである。第四章の「カネの効率的活用」に関する議論とも重なるが、ここでは「機材」という視点から、この問題を整理しておきたい。

「大型機材の導入」を進めるにあたり、JALは、当然のことながら、外貨（米ドル）を準備しなければならなかった。そこで、一九八五年八月～一九八六年三月までの期間、機材購入を目的として、一九八六年度～一九九六年度の約一〇年にわたる先物予約を、しかも総額で三六億五七〇〇万ドルという規模の先物予約を結んだ。この長期先物予約の稟議書が作成された一九八四年九月時点における為替レートは一ドル二四〇円～二五〇円となっていた。これを基準として為替予約を入れたわけだが、翌年九月のプラザ合意を受け、円は一気に一ドル一五〇円台に高騰し、その後も高い状態を維持することとなった（図表1-2）。結局、為替予約を行なった一〇年間の平均為替レートは一八四円となり、JALが交わした予約は、巨額の損失を出すこととなった。損失額は累計で二二〇〇億円にのぼったとも言われている。(22)

これに関しては、①「最長一一年という長期の為替予約を締結したこと」、②「一九八五年から一九八六年というタイミングに為替予約を締結したこと」について、経営上の過失があったとの指摘がある。(23) 本プロジェクトも、この二点につき問題があったと見ているが、「JAL破綻と再生における因果連関」という観点から考えれば、為替予約による損失を発生時に処理せず、減価償却という形で「費用の先送り」を行なったことが、最大の失敗であったと見ている。言い換えれば、為替予約に係る過ちをその時点で解決せず、「対症療法的な対応」で済ませたことが、大きな誤りであったと捉えているのである。

JALが為替予約取引を締結した当時、企業では「振当処理」と呼ばれる対応が一般的にとられていた。振当処理とは、ヘッジ対象とヘッジ手段とを区別せず、一体のものとして扱うもので、「一取引基準」による処理とも言われた。(24) この原則に従えば、為替予約から生じた損益は独立に測定・開示せず、ヘッジ対象である資産の取引額に含めて計上することができた。(25) JALは、これに従い、為替予約取引を処理したのである。このため、為替予約によって生じた損失は、損益計算書上には独立計上されず、ヘッジ対象となった航空機の簿価に順次取り込まれていった。(26) 為替予約に独立処理が求められるのは一九九九年の金融商品会計基準の導入以降となるが、一九八〇年代後半では、こうした振当処理でよしとされたのである。(27)

一九八〇年代後半、ＪＡＬがとった施策は「路線の拡充」「大型機材の導入」であり、いずれも実質的に座席利用率を改善するものであったと説明した。しかし、米ドルを割高で入手したことで、ＪＡＬは購入後の機材簿価を円換算で二〇％～三〇％高めに記載することとなった。既述の通り、これは当時の会計基準で認められた処理であったが、結果として、ＪＡＬが将来計上する減価償却費を膨らませることとなった(28)。その意味で、「大型機材の導入」という施策そのものは合理的であったかもしれないが、それは同時に、将来における費用負担の増大という「潜在的な負の影響」をＪＡＬに積み残すものであった。

第三節　一九九〇年度～一九九六年度

この時代区分（一九九〇年度～一九九六年度）における特徴は、ロードファクター（座席利用率）が、一九九三年度まで悪化し、そこから反転して改善に向かうところにある。概略的に言えば、一九九三年度までの悪化は、湾岸戦争による原油価格の高騰やバブル景気の終焉により、国際線・国内線の旅客需要が減退したことで説明され、また一九九四年度以降の改善は、ＪＡＬが講じた施策（「路線の拡充」と「大型機材の導入」）が功を奏したことで説明される。

ただ、後半（一九九四年度～一九九六年度）に座席利用率は改善したものの、二つの施策は、特に「機材」に関する施策（大型機材の導入）は、決して「モノの効率的活用」を積極的に改善するものではなかった。むしろ、それは「問題を先送り」する措置であったと言わなければならない。以下、本節では、バブル崩壊後における「路線」と「機材」の状況を確認した上で、ＪＡＬが講じた施策の内容とそれが生み出した「負の影響」を検討したい。

（一）関空開港と路線の拡充

四五・四七体制廃止後、国内外の競合他社が太平洋線などに次々と参入してきたことで、ＪＡＬの国際競争力は相対

図表３－９　３大空港プロジェクトの概要

	羽田沖合展開計画	成田２期工事計画	関西国際空港建設計画
空　港	東京国際空港・羽田	新東京国際空港・成田	関西国際空港
展開計画	第１期：新Ａ滑走路（1988年供用開始済） 第２期：西側旅客ターミナル、西側整備施設、貨物上屋（1993年供用開始済） 第３期：新Ｂ、新Ｃ滑走路、東側旅客ターミナル、東側整備施設（1995年以降供用開始）	第１期：Ａ滑走路及び付帯諸施設、貨物上屋（1978年５月20日開港） 第２期：第２旅客ターミナル（1992年供用開始済）	第１期：Ａ滑走路及び付帯諸施設の完成（1994年夏開港予定）
年間取扱旅客数	現状：4019万人（1990年） 第２期：約4300万人 第３期：約5800万人	現状：2167万人（1990年） 完成時：約3800万人	現伊丹空港：2351万人（1990年） 第２期計画：2500万人

（注）　日本航空株式会社広報部『回顧と展望』1993年12月、15頁より作成。

的に低下していった。この点は既に説明した通りである。そこに、一九九〇年八月、イラクによるクウェート侵攻、一九九一年一月、多国籍軍によるイラク空爆などが起こり、国際旅客需要は一気に萎んでいった(29)。

この厳しい状況下にあって、ＪＡＬは、一九九五年度より、アジア・オセアニア線を中心に路線数を増やしていった（図表３－２）。それは、ある意味「三大空港プロジェクト」という国策にあやかるものであったが、ＪＡＬの視点から見れば、「路線の拡充」として説明される施策であった。ここにいう三大プロジェクトとは「成田二期工事計画」「羽田沖合展開計画」「関西国際空港（関空）建設計画」を指し、狙いはいずれも三空港の発着容量を拡大することにあった(30)（図表３－９）。

三大プロジェクトのうち、この時期、重要な意味を持ったのは一九九四年九月に開港した関西国際空港であった。それは、ＪＡＬが関空をアジア市場のハブ空港と位置づけ、そこと伊丹発着の国内線網とをうまく繋いでいったからである(31)。またこれにより、関空発着の国際線、特にアジア・オセアニア線をさらに一段と強化・充実させていったからである。

他方、国内旅客事業については、一九九〇年代、ＪＡＬは厳しい競争に晒された（図表３－10）。かつては独占的に運航できた基幹路

図表３－10　1990年代前半の国内線供給シェアの推移

（単位：％）

年　度	1990	1991	1992	1993
ANA グループ	53.8	53.1	52.7	51.8
JAL グループ	24.4	24.6	25.0	25.8
JAS グループ	21.8	22.2	22.3	22.4

（注）日本航空株式会社広報部『回顧と展望』1994年12月、18頁より作成。なお、「グループ」の対象範囲は、引用資料に従い、JAL グループが JAL 単体と日本トランスオーシャン航空、ANA グループが ANA 単体とエアーニッポン、JAS グループが JAS 単体と日本エアコミューターとなっている。

線にＡＮＡとＪＡＳが参入し、ダブルトラック化・トリプルトラック化が進んでいったからである[32]。また逆に、ビーム路線への進出をＪＡＬが図ろうとしても、羽田・伊丹両空港の発着枠そのものが限定されていたため、その試みはほとんど実を結ばなかったからである[33]。

この苦しい状況に僅かなりとも変化をもたらしたのが、国際旅客事業の場合と同様、一九九四年九月の関空開港であった。関西に新たな国際空港ができたことで、ＪＡＬは、伊丹空港離発着の国際線を関空に移管し、次に移管で空いた伊丹の発着枠をビーム路線へと割り振っていった[34]（図表３－４）。振り替えの効果は直ぐには出なかったが、一九九六年度以降、国内線の座席利用率は上昇に転じていった（図表３－３）。その意味で、この時期後半（一九九四年度～一九九六年度）は、関空開港による恩恵を受け、国内旅客事業が改善したと説明され得るのである。

（二）大型機材の導入と実収単価の推移

既述の通り、この期間前半（一九九〇年度～一九九三年度）、ＪＡＬは、国際線・国内線ともに路線数を思うように伸ばすことができなかったが、後半（一九九四年度～一九九六年度）には、その数を増やしていった。路線数が増えれば、必然的に新たな機材が必要となってくる。このため、機材発注・購入にあたり、ＪＡＬは、一九八〇年代と同様、「大型機材の導入」を推進していった。

なお、一九九〇年度以降、ＪＡＬは、導入する大型機材を徐々にＢ７４７クラシックからＢ７４７－４００へとシフトさせていった。それは、Ｂ７４７－４００が、航続距離に関しても、また必要運航乗務員数（二名）に関しても、クラシックを超える優良機材となっていたからである[35]。JALは「ハイテクジャンボ」とも呼ばれたこのB747－400を競合他社に先駆け積極導入し、一気に競争力を高めていこうとした。その結果、この時期（一九九〇年度～一九九六年度）、JALのB747－400の保有機数は最大で四二機（連結で四四機）となり、最終年度におけるジャンボ機（クラシックとB747－400）の保有機数は七〇機（連結で一〇〇機）を優に超えるまでとなった（図表3－6）。

この時代区分における新機材の契約状況を見ると、JALは、一九九四年度までB747－400を四一機追加発注している。またそれと同時に、一九九一年度よりB777シリーズの発注も開始している。ただ、この時点のB777はB747－400に匹敵するほどの航続距離を有するものではなかった（B777－300ERの登場までには、さらに数年を要した）[36]。このため、一九九〇年度、JALは、DC－10の後継機とされる航続距離の比較的長いMD－11の取得に動いているが、これもB747－400に匹敵するほどの性能を発揮するものではなかった[37]。この他、契約数は少ないが、一九九四年度より、B737－400の購入契約も交わしている[38]（図表3－7）。

機材の大型化が進めば、JALが提供する旅客サービスの供給量は増大し、座席利用率の分母を構成するASKを押し上げることになる。事実、一九九〇年度～一九九六年度にかけ、ASKは約一・五倍に膨らんでいる（図表3－11）。供給量が増えたとしても、利用者が増えなければ、座席利用率は低下するわけだが、一九九三年度を底に、座席利用率は一九九六年度まで右肩上がりの軌道を描いている（図表3－1）。つまり、分子を構成するRPKも改善していったのである。ただし、RPKは実収単価の変化にも影響を受けるため、この点も併せて確認しておく必要がある。

既述の通り、一九八〇年代後半とは対照的に、一九九〇年代前半、国内はバブル景気の終焉、世界は湾岸戦争や原油価格の高騰などにより、旅客需要は縮小していった。こうした環境下で、JALは一貫して「大型機材の導入」を進めていった。このため、座席利用率を悪化させる可能性を構造的に抱え込むこととなった。

それゆえ、この期間前半（一九九〇年度～一九九三年度）に座席利用率が低下した理由は、湾岸戦争などの外的要因だ

図表3-11　有効座席キロ（ASK）の推移

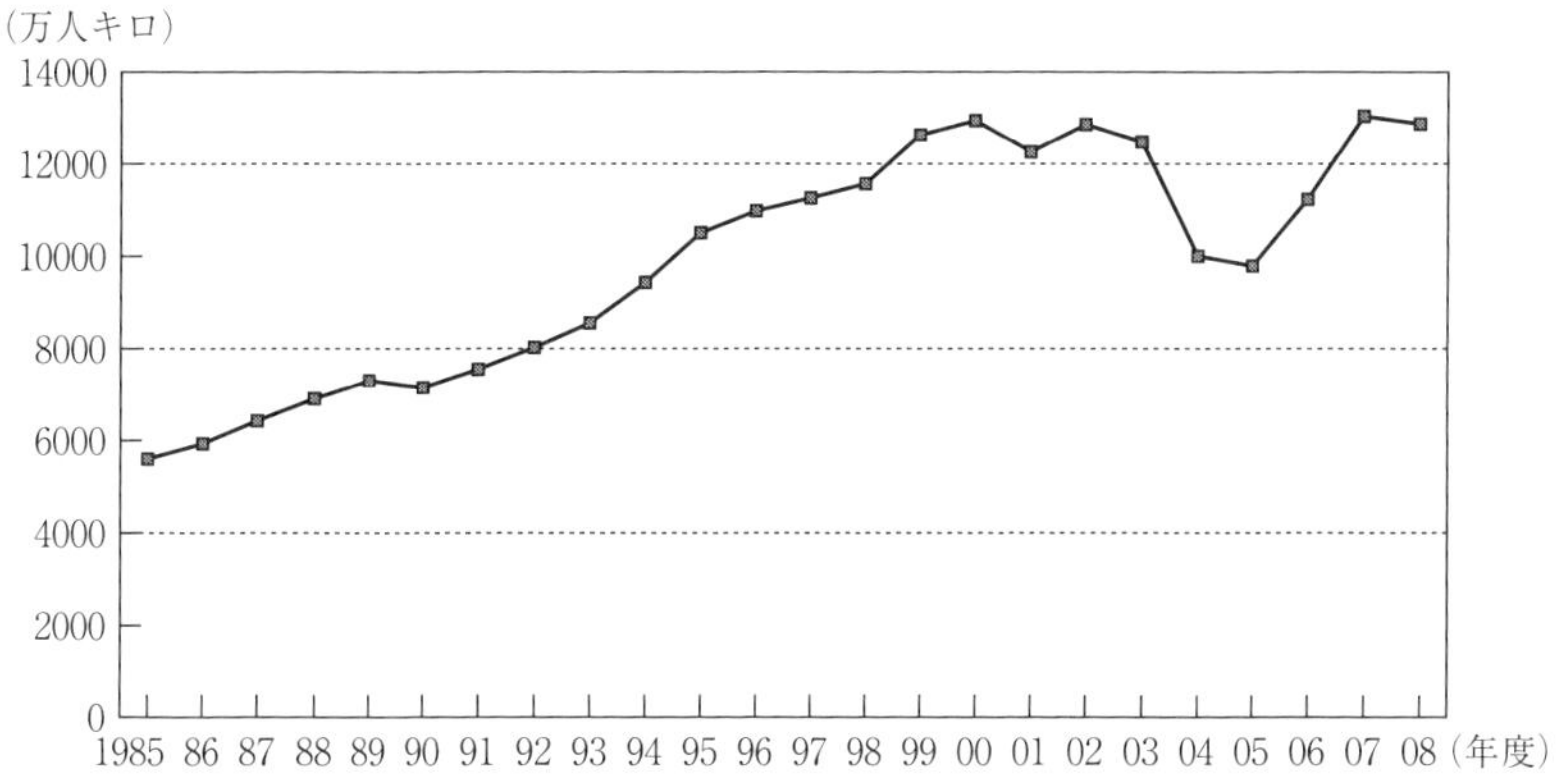

（注）　日本航空株式会社『有価証券報告書』1985年度～2002年度：株式会社日本航空インターナショナル『有価証券報告書』2003年度～2008年度より作成。1985年度～1998年度はJAL単体、1999年度～2008年度はJAL連結の数値である。

けでなく、機材大型化などの内的要因にもよると説明されよう。例えば、座席利用率が急落した一九九三年度までの期間、国際線実収単価は下がっており、しかも座席利用率が改善に向かう一九九四年度以降においても、実収単価は下がり続けている。つまり、大型機材の導入が実収単価を引き下げていったとも言えるのである（図表3-8）。

以上を踏まえ、再考すると、この期間（一九九〇年度～一九九六年度）、特に期間後半（一九九四年度～一九九六年度）、「モノの効率的活用」が進んだと言ってよいか、疑問の残るところである。

「路線の拡充」については、基本的に黒字路線を増やそうとする施策であり、たとえこの期間中に大きな成果が出なかったとしても、機材の効率的活用を進める合理的な措置であったと言うことができよう。これに対し、「大型機材の導入」は、国際線実収単価が下がり続けるほど、輸送量を拡大し続けたわけだから、これが「モノの効率的活用」に繋がったとまでは言うべきではなかろう。

また事実、この時代区分における営業利益はそれほどの改善を見せていない。図表3-12を参照されたい。この時期の後半（一九九四年度～一九九六年度）、営業利益はプラスに転じているが、まさにかろうじて利益を出しているに過ぎない。それゆえ、座席利用率の改善だけを取り上げ、「機材の効率的活用が進んだ」と判断するの

図表３－12　営業利益の推移

（注）　日本航空株式会社『有価証券報告書』1985年度～2002年度；株式会社日本航空インターナショナル『有価証券報告書』2003年度～2008年度より作成。JAL単体の数値である。

は控えるべきであろう。

この解釈に対し、当時のＪＡＬ経営陣は、「競合他社も同様に大型機材の導入を進めており、これはとらざるを得なかった施策である」と反論するかもしれない。仮にその主張を認めるとしても、保有する機材をある特定のサイズ（例えば、ジャンボ）に過剰集中させることは、決して「合理的な施策ではなかった」と言わなければならない。路線との関係で、大型機材の保有数が少ない状況下であれば、大型機材の導入は合理的な戦略となるが、一定以上の機材を保有するようになった段階で、ＪＡＬは、むしろ、機材導入の基準を「適正な機材構成」へとシフトさせる必要があった。当時の経営層は、この点を見誤ったと言うべきであろう。

加えて、既に前節で触れた点だが、この時期、ＪＡＬは、長期先物予約（一九八六年度～一九九六年度）で調達したドルをもって、新たな機材を取得し続けていた。既に先物予約を結んでいたため、そうせざるを得なかったわけであるが、一九九〇年度以降も、購入機材は引き続き市場価格を上回る簿価で貸借対照表上に記載され続けた。つまり、「費用の先送り」は一九九〇年代においても機材購入と同時並行的に進んでいったわけである。

なお、ドル先物予約は一九九六年度をもって終了となる(39)。このため、これ以降取得する機材の資産価値は市場価格に近い簿価に戻ったと思

図表3-13　保有機材数と減価償却費の推移

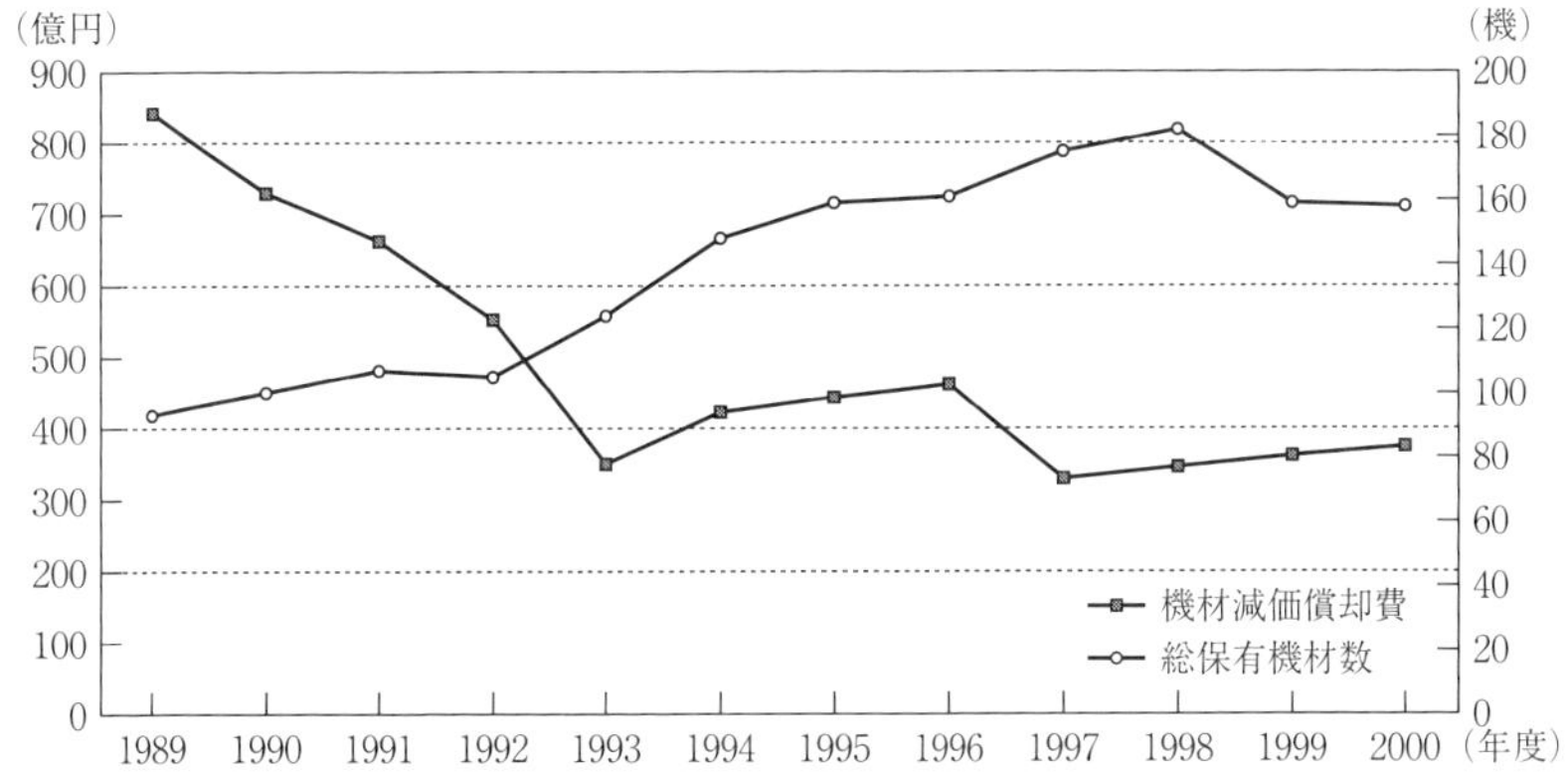

(注)　日本航空株式会社『有価証券報告書』1989年度～2000年度より作成。JAL 単体の数値である。ここでは、自社で購入した「所有機材」とリースによって取得した「リース機材」を合わせて「保有機材」と呼ぶ。

われるが、一九九七年度以前に取得し減価償却を終了していない機材については、貸借対照表上にその影響を残し続けることとなった。その限りで、「費用の先送り」は一九九七年度以降の事業年度にも影響を及ぼし続けたと言わなければならない。

ちなみに、「費用の先送り」については、この時期、さらに三つの新たな先送りが進んだこともあげておく必要がある。第一はレバレッジド・リースによる先送り、第二は機材関連報奨額による先送り、第三は減価償却期間変更による先送りである。これらの先送り措置は、いずれも、対症療法的に利益の嵩上げを図ろうとするものであって、事業活動そのものを抜本的に改めるものではなかった。

(三)　レバレッジド・リースによる費用の先送り

機材などの固定資産簿価が膨らむと、その分だけ毎期計上すべき減価償却費は大きくなる。償却期間を引き延ばすなどの措置をとらない限り、基本的に膨らんだ簿価に比例して、毎期の減価償却費は大きくなる。これが原則に則った会計処理である。しかし、一九九〇年代、JALは減価償却費を抑えながら、機材の取得を加速化させていった（図表3-13）。それは特にリースによる機材調達によって可能となるものであった(40)。

その中でも、JALは、「レバレッジド・リース」と言われるス

図表3-14　自社所有とリース調達

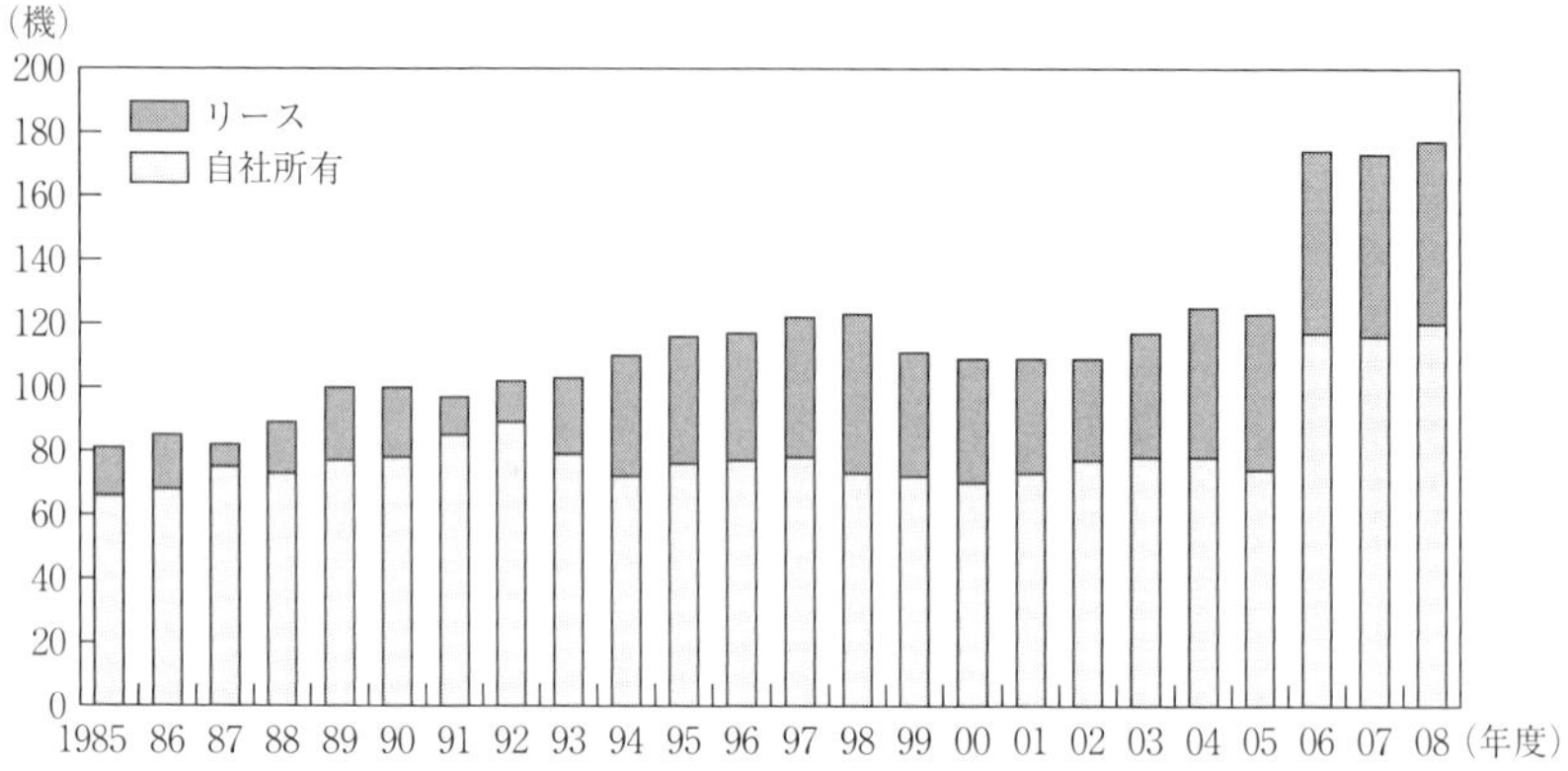

(注)　日本航空株式会社『有価証券報告書』1985年度〜2002年度；株式会社日本航空インターナショナル『有価証券報告書』2003年度〜2008年度より作成。JAL単体の数値である。

キームを多用した。レバレッジド・リースとは、航空会社など「十分な利益を計上することができない企業」が借り手となり、同時に「未上場の高収益企業」が貸し手となることで、双方にメリットがもたらされる仕組みであった[41]。この手法は一九六〇年代の米国で生まれ[42]、一九八五年頃に日本に持ち込まれ、「日本型レバレッジド・リース」（ＪＬＬ）、通称「ジャパレバ」と呼ばれるスキームとして定着していった[43]。

図表３-14を参照されたい。ＪＡＬが正確な数字を残していないため、リース機材のうち、ＪＬＬによる調達がどれくらいの割合を占めていたかは正確に把握できないが、当時の状況から推測し、大半がＪＬＬによるものであり、しかもその割合は年々増加していったと考えられる[44]。

通常、ＪＬＬでは、リース期間が長く設定されるため、毎期のリース料は比較的低く抑えられる。いわゆる「オペレーティング・リース」であれば、必要な期間だけ、あるいは必要な時だけリース資産（機材）を利用し、必要がなくなれば、リース会社にこれを返却し、賃貸借関係は終わりとなる。これに対し、当時のＪＬＬでは、中途解約しても、契約が満了するまで、借手企業はリース料を支払い続けなければならなかった[45]。よって、毎期、安いリース料を支払うということは、将来、長期にわたり、リース料を支払い続けるということを意味していた。この点を踏まえ、本プロジェクトは、ＪＬＬによるリースを、各年で見れば、僅かな金額かもしれないが、基本的に「負担を将来に回すもの」あるいは「費用を先送りするもの」であったと見ている。

（四）機材関連報奨額による費用の先送り

リース取引は、もう一つ大きな魅力を航空会社に提供していた。これを理解するため、第一章第二節で触れた「セール&リースバック」というスキームについて再度説明し、そのスキームの中で「機材関連報奨額」がどのように処理されたかを見ておきたい。

一般のセール&リースバック取引においては、航空会社が、借用することを前提として、機材をリース会社に販売する。通常、航空機は、会社毎に色々な仕様が施されるため、同じ機材であっても同一価格になることは滅多にない。航空機のこの特性をうまく利用すれば、機材を購入する航空会社は、リース会社に対し「購入済み機材」を高値で転売可能となる。リース会社も、その機材を高値で購入したところで、当該航空会社にこれを貸与するわけだから、つまり、リース料に価格転嫁できるわけだから、高値購入に対しほとんど抵抗はなかった[46]。

こうした取引が頻繁に行なわれていたかどうかは定かでないが、ここでは、少なくとも、①セール&リースバック取引を使えば、航空会社は簡単に機材売却益を計上できたという点、②実際に売却益を計上すれば、その分だけ将来支払うリース料が増えたという点、そして③そうした一連の行為は、費用の先送りに該当するという点、三つを指摘しておきたい。

セール&リースバック取引の場合とは異なり、「機材関連報奨額」はより具体的な数字をもって確認することができる。既述の通り、この報奨額とは、航空会社が航空機を購入する際に、航空機メーカーより受領したある種のディスカウント（部品代金の支払いなどに充てるもの）を指す[47]。機材取引においては、通常、航空会社の方が強い価格交渉力を持つ。それゆえ、かつては、メーカー側がディスカウントを提供することは業界の常識となっていた。問題は、このディスカ

図表３－15　機材関連報奨額と経常利益の推移

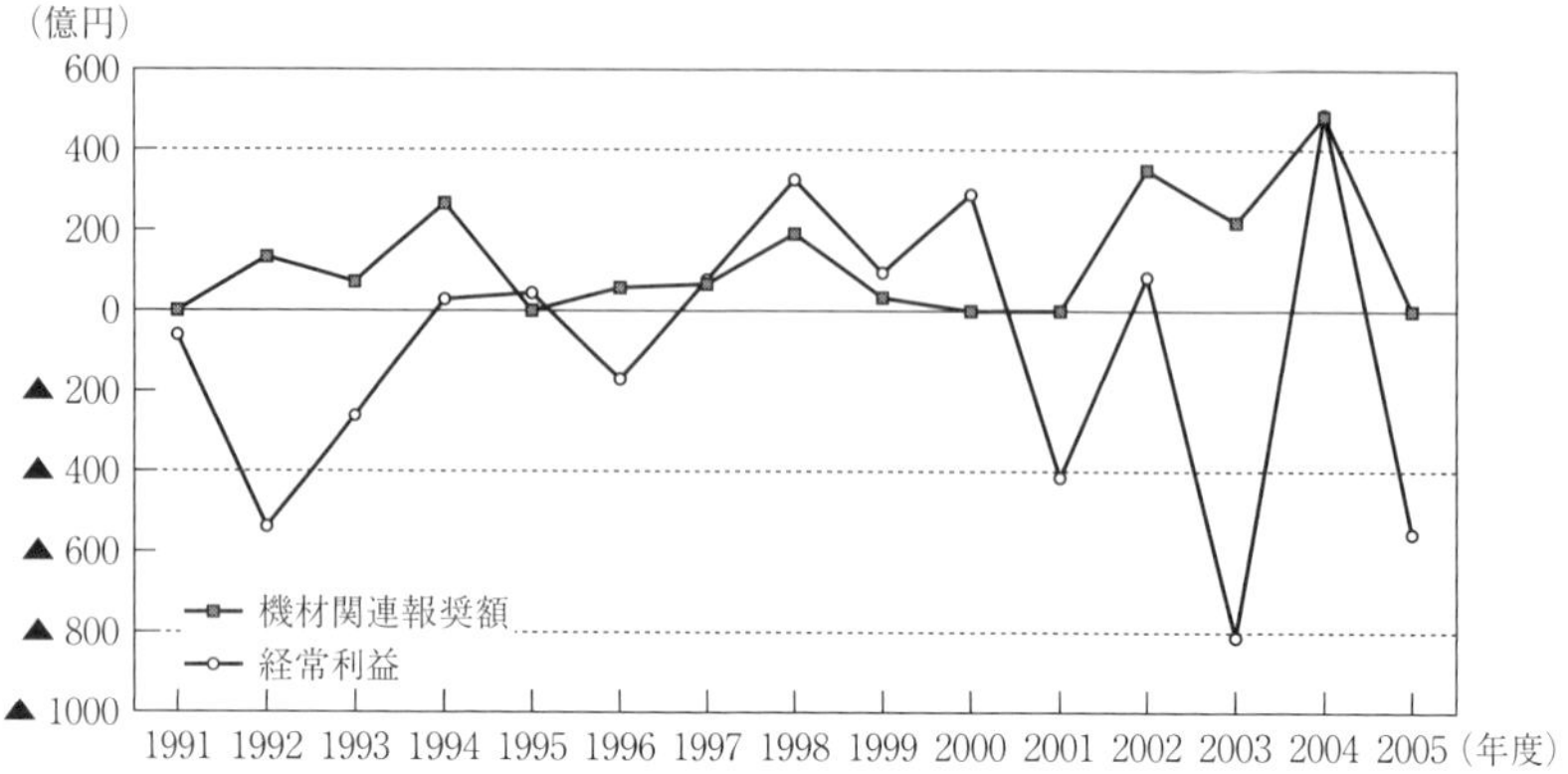

（注）　日本航空株式会社『有価証券報告書』1991年度～2002年度；株式会社日本航空インターナショナル『有価証券報告書』2003年度～2005年度より作成。JAL単体の数値である。

ウントを受けるにあたり、航空会社側が、元々の購入価格を機材簿価とし、別途受け取るディスカウントを「機材関連報奨額」として収益計上していたことにある[48]。言うまでもなく、これを行なえば、自社所有の機材簿価が膨らみ、これに伴って将来の減価償却費も増えることになる。つまり、「費用の先送り」となるのである。

さて、JLLとセール&リースバックについて既に触れたが、JALは、機材関連報奨額というディスカウント付き機材を自社所有するだけでなく、別途、セール&リースバック取引の物件としても転売・借用していた。しかもこれをJLLのスキームに乗せて頻繁に行なっていた。繰り返して言えば、割引価格で取得した航空機を、通常価格（カタログ価格）でリース会社（匿名組合）に転売し、さらに転売した航空機をリースで借り戻すということをやっていたのである[49]。

本節の議論は、一九九〇年度～一九九六年度までの期間に焦点を絞っているが、「機材関連報奨額」の計上は、リースを用いた収益計上かどうかは明確ではないが、その期間を超え、二〇〇四年度まで続いている。それゆえ、ここではとりあえず、一九九一年度～二〇〇五年度までの機材関連報奨額と経常利益の推移を示しておきたい[50]。図表３－15によれば、一九九一年度～二〇〇五年度の期間に計上された報奨額は総額で約一九〇〇億円に達している[51]。

ちなみに、機材関連報奨額を計上することは、当時の会計慣行として認められていた。[52] しかし、既述の通り、機材関連報奨額の計上は、費用の先送りと利益の先取りを認める処理であったため、レバレッジド・リースによる先送りと同様、JALが将来負わなければならない費用を増大させるものであった。[53] リース取引と機材関連報奨額の関係については、若干、分かり難いかと思われる。話を単純化してさらに解説しておこう。

今、機材のカタログ価格が一二〇億円、実際の購入価格が一〇〇億円だと仮定しよう。航空会社は購入価格一〇〇億円で機材を取得し、それをリース会社側に一二〇億円で売却する。その差額分二〇億円を機材関連報奨額として収益計上する。その後、同じ航空会社が一二〇億円の価値を持つとされる機材を、リース会社側より借り受ける。航空会社が最初に二〇億円の報奨額を受け取っているため、一〇〇億円の価値を持つ機材よりも高めのリース料（つまり一二〇億円の価値を持つ機材に対するリース料）を支払うことになる。ただ、実務上、毎期の費用負担を小さくするため、リース会社側と航空会社はリース期間を長く設定することになる。

既述の通り、多くの場合、JLLでは、航空会社が中途解約しても、最後までリース料を払い続けることが一般化していたため、航空会社は、実質的にその機材を保有しているのと何ら変わらない状況にあった。したがって、報奨額の計上は、たとえ認められた処理とは言え、将来にわたり、航空会社に「潜在的な負の影響」を積み残すものだったのである。

そもそも、機材関連報奨額には「一度使うとやめられなくなる」という落とし穴があった。今一度、図表3‐15を参照されたい。明確な因果関係があるわけではないが、一九九四年度と二〇〇二年度、機材関連報奨額が計上されなければ、それらの会計年度は経常赤字となっていた。逆を言えば、必要な時（利益が欲しい時）に報奨額を利用すれば、決算を綺麗に見せることができたわけである。

今、経営者として会社の舵取りを任されているとしよう。また「当会計年度においては絶対に利益を出す必要があるが、各部から上がってくる速報値では、今期も黒字化は厳しい状況にある」と仮定しよう。こうした場面では、多くの経営者が機材関連報奨額の計上という誘惑に駆られることになる。報奨額を計上したところで、自身の在任中には負の影響は出ないし、遠い将来にツケを回すだけだから、ついつい手を出したくなるのである。しかも、一度やると、二度、三度と使いたくなる。新規に航空機を購入し、転売と借り戻しを行なうだけで、自社の収益を膨らませることができるのだから、これほど簡単な話はない。しかし、これは、確実に航空会社の体力を奪い、さらには経営者自身の自らを律する意志まで蝕んでいくことになる。

(五) 減価償却期間変更による費用の先送り

最後にあげる「先送り」は、減価償却期間変更によるものである。通常、企業が固定資産を取得した場合、耐用年数を設定し、毎期按分的にあるいは毎期定率的に減価償却することになる。当然のことながら、航空機材についても、減価償却の手続きに則り、貸借対照表上に資産計上した上で、耐用年数に応じて費用処理を行なう。ただ、航空会社は、合理的な理由があれば、機材の償却方法（定額法や定率法など）と耐用年数を任意に設定・変更することができた。仮に合理的な理由をもって、減価償却の方法を変更すれば、それ以降の期間において「毎期計上される費用（減価償却費）の金額」と「その結果としての貸借対照表価額（機材簿価）」は修正されることになる。(54)

JALの場合、一九八〇年代まで、国内外の同業他社と比べ、耐用年数は短く設定されていた。(55) また、減価償却方法についても加速度償却にあたる定率法が採用されていた。通常、減価償却に関わるこうした姿勢は「保守的」と言われる。巨大な装置を使って経営を行なう企業は、しかもその装置の技術革新が速いペースで進む業界では、減価償却に関しより保守的な立場をとるものである。保守的な立場をとれば、損益計算書上の費用負担は増大するが、その分だけより早く固定資産の簿価を小さくすることができるからである。

航空機という装置で言えば、機材簿価が小さくなっていれば、売却時に発生する損失を抑えることができ、また場合によっては、売却益を生む可能性も出てくる。つまり、売却損や除却損の発生などを気にすることなく、より柔軟かつ

図表3-16　バブル期以降における耐用年数等の変更

年　度	航空機	航空機以外の有形固定資産	損益への影響（百万円）
1992	B747-400国際線型の航空機と予備部品の耐用年数を10年から15年に延長		8,611
1993	B747-400国際線型を除き、航空機と予備部品の耐用年数を、税法上の耐用年数（10年）から会社が定めた耐用年数（国際線機材は15年、国内線機材は13年）に延長		17,842
1995		有形固定資産（航空機以外）の減価償却方法を、定率法から定額法に変更	10,974
1997	航空機及び予備部品につき、会社が定めた耐用年数（国際線機材は15年、国内線機材は13年）を機種ごとに定めた耐用年数（13年～22年）に見直し		17,381
合　計			54,808

（注）日本航空株式会社『有価証券報告書』1985年度～1997年度より作成。JAL単体の数値である。

自由な発想で、「機材の退役」や「新機材の導入」を検討・実行できるようになるのである。事実、一九八〇年代までのＪＡＬは、Ｂ７４７シリーズを他社に先駆け導入するため、保守的な姿勢を堅持し、費用の早期化に努めていた。

しかし、一九九〇年代に入るとともに、そのスタンスは一気に軟化していった（図表3-16）。まず一九九二年度、国際線の航空機・予備部品（Ｂ７４７-４００）の耐用年数一〇年を一五年に引き延ばし、翌年の一九九三年度にも、国際線を除く航空機・予備部品（Ｂ７４７-４００）の耐用年数一〇年を同じく一五年に延ばしている。さらに一九九七年度、機種毎で耐用年数を見直し、最長のものは二二年にまで引き延ばしている。[56]いずれの減価償却期間変更も損益にプラスに働いており、そのため、これは業績を下支えするための措置であったと見なされる。[57]既にレバレッジド・リースによる先送り、機材関連報奨額による先送りなどを見てきたが、減価償却期間の変更も、それらと同様、今を凌ぎ、将来の費用負担を膨らませるものだったのである。

第四節　一九九七年度〜二〇〇〇年度

この時代区分（一九九七年度〜二〇〇〇年度）における特徴は、ロードファクター（座席利用率）を改善するための「新たな試み」が路線と機材の双方において展開された点にある。この時期、前半の二年間（一九九七年度〜一九九八年度）では、一九九七年七月に始まったアジア通貨危機で、日本発・東南アジア発の国際旅客需要が大きく落ち込み、座席利用率は悪化した(58)。この逆境下で、ＪＡＬは、従来の路線と機材に関する施策を、「路線の精査」と「機材構成の適正化」へと修正していった。これは、民営化後のＪＡＬが行なった初めての施策修正であった。

その試みは、この時期の後半（一九九九年度〜二〇〇〇年度）において、一定の成果を生み出している。低収益路線からの撤退が進み、またＢ７４７クラシックの退役が図られ、座席利用率が改善していったのである（図表３－１）。本節では、ＪＡＬが講じたこれら施策の内容と意義を確認したい。

なお、ＪＡＬは、一九九九年度より連結会計基準による開示に移行している。このため、座席利用率に関する数字も、この年度より連結の値となっている。本来であれば、すべての数字を単体の値に揃えて整理すべきところであるが、単体情報の入手が同年度より不能となるため、連結の数値を代用することにする。もっとも、連結に移行したとしても、座席利用率の連続性はおおよそ確保されており、流れを捉える上で特に大きな支障はない。

（一）路線の精査と羽田空港の発着枠

前節において、一九九四年度〜一九九六年度にわたり、座席利用率が改善されたことを見てきたが、それは実収単価を落とした上での改善に過ぎなかった。そのため、営業利益はほどほどのところにとどまっていた。

今一度繰り返せば、一九九〇年度〜一九九六年度、大型機材を積極導入したことで、ＪＡＬはＡＳＫを膨らませてしまった。ここでRPKが改善していれば、問題とはならなかったが、前半の一九九〇年度〜一九九三年度において、RPKは顕著に悪化していった（図表3-1）。このASKとRPKのギャップを解消するため、一九九〇年代後半まで、JALは実収単価の引き下げを続けたのである（図表3-8）。

しかし、実収単価の引き下げは、「モノの効率的活用」という意味では、本筋の対応策とは言えない。本筋の対応とは、特に「路線」に関する対応とは、黒字路線を増やし赤字路線を減らすものでなければならないからである。一九九七年度に始まるこの期間（一九九七年度〜二〇〇〇年度）、JALはまさにこの視点をもって、新施策を実行に移していった。

まず国際線における対応から見ていこう。この時期、JALは、アジア・オセアニア線の路線数を一定の水準に保つとともに、太平洋線の路線数を増やしていった（図表3-2）。JAL側の説明によれば、「香港線や地方発東南アジア線等の低需要路線を減便し、太平洋、欧州、中国線等の高収益路線の増強」を図るとともに、「企業提携の積極的活用による太平洋線を中心としたネットワークの充実」を進めたという[59]。実態として、これはアジア通貨危機を受けての「路線の精査」であったかもしれないが、図表3-2が示す通り、一九九九年度〜二〇〇〇年度、JALの国際線ポートフォリオは新たな構成に変わっている[60]。

同時に、JALは、それまでチャーター便を中心に運航していた「ジャパン・エア・チャーター」（一九九〇年一〇月設立）を「JALウェイズ」（JAZ）に社名変更するとともに、これを定期国際航空会社に格上げしている。その上で、いくつかの東南アジア・オセアニア・太平洋リゾート路線を戦略的に選択し、JAZへの移管を進めている[61]。その結果、JAL単体における国際線の路線数は、二〇〇〇年度〜二〇〇一年度にかけて減少することになる（図表3-2）。JAZは、もともと、タイ人客室乗務員、フィリピン人客室乗務員などを採用することで、運航コストを低く抑えた航空会社であった。そこにJALの人気路線を移し、国際旅客事業の立て直しを図ろうとしたのである。

これらの措置が国際旅客事業にどの程度まで貢献したかは明言できないが、この時期（一九九七年〜二〇〇〇年度）、実

図表3－17　1997年度～2000年度における移管・中止・運休の対象路線

年　度	路　線	路線の種類	備　考
1998	関西＝大分	ビーム	JEX 移管
	関西＝鹿児島	ビーム	
	関西＝熊本	ビーム	
	関西＝長崎	ビーム	
	仙台＝帯広	地方	
1999	名古屋＝宮崎	地方	
	新潟＝札幌	地方	
	伊丹＝鹿児島	ビーム	JEX 移管
	伊丹＝宮崎	ビーム	
2000	伊丹＝大分	ビーム	JEX 移管
	伊丹＝コウノトリ但馬	ビーム	
	伊丹＝仙台	ビーム	JEX 移管
	伊丹＝長崎	ビーム	JEX 移管
	札幌＝仙台	ビーム	JEX 移管
	福岡＝札幌	幹線	
	関西＝松山	ビーム	

（注）　日本航空株式会社「日航月報」『プレスリリース』1998年4月号～2000年4月号；日本航空株式会社「JAL Group Monthly Report」『プレスリリース』2001年4月号；日本航空株式会社広報部「第9章　路線」『広報資料』（2012年度版）2012年12月、9-B-8～11頁より作成。表中の「年度」と「路線」については、『プレスリリース』を、「備考」については『広報資料』を参考にしている。

収単価の下落に歯止めがかかり（図表3－8）、有償旅客数も上昇に向かったことは間違いのない事実である（図表5－6、5－8）。

　では、国内線についてはどうであったか。国内旅客事業の場合、国際線以上にはっきりと「路線の精査」が行なわれている。この動きを象徴するのが一九九七年四月の「ジャル・エクスプレス」（JEX）の設立であった[62]。受け皿となる会社ができたことで、一九九八年度には、伊丹＝鹿児島、伊丹＝長崎、伊丹＝熊本、伊丹＝大分、伊丹＝宮崎、関空＝熊本の六路線を、そして一九九九年度には、伊丹＝仙台の一路線をJEXに移管している[63]。

　JEXの設立を象徴的と見る理由は、JALが国内地方路線を「効率性」という観点から厳格に精査し、候補路線をJEXに移管していったことにある。しかも、それは単にJALが抱えていた赤字路線をJEXに移すというものではなく、グループ全体の収益をあげるために、小規模路線や地方空港間路線に適した小型機（B737など）をグループ会社に調達・配備しようとするものであった[64]。

図表3－18　羽田空港「C滑走路」発着枠の配分結果

	JAL・JTA	ANA・ANK	JAS	計
政策枠	0	6	0	6
自由枠	12	3	13	28
合　計	12	9	13	34
暫定使用	2	2	2	6
総　計	14	11	15	40

（注）　日本航空株式会社広報部『回顧と展望』1997年4月、7頁より許可を得て転載。「暫定使用」とは、新規会社が将来使用する発着枠を既存会社が暫定的に使用することである。JTAは日本トランスオーシャン航空、ANKはエアーニッポンを指す。

図表3－19　羽田空港「新B滑走路」発着枠の配分結果

区　分	会社名	配分枠数
新規航空会社枠	SKY	3
	ADO	3
	その他	9
特定路線枠	新紋別空港	1
	能登空港	1
航空会社評価枠	JAL	13
	ANA	13
	JAS	14
合　計		57

（注）　日本航空株式会社広報部『回顧と展望』2000年4月、12頁より作成。

また、この時代区分（一九九七年度～二〇〇〇年度）では、ＪＥＸへの移管だけでなく、収益性や効率性という観点より問題がある路線については、たとえビーム路線であっても（ほとんどが、関西・伊丹を基点とするビーム路線）、ＪＡＬは「中止・運休」などの措置を講じていった。この時期における「路線の精査」がどのようなものであったかを理解するため、図表3－17に移管・中止・運休の対象となった路線を時系列であげておこう。

もっとも、一九九七年度、一九九九年度、羽田空港発着枠が拡大したことで、新たなビーム路線を獲得したこともあげておかなければならない。[65]　一九九七年七月、羽田空港に新規の「C滑走路」が完成し、八〇の発着枠が創出された。ＪＡＬはこの発着枠の割当を受けている。[66]　また二〇〇〇年三月、羽田空港の「新B滑走路」が供用開始となり、五七便分の発着枠が新たに用意され、ＪＡＬは、ここでもその一部を得ている（図表３‐18、図表３‐19）。ただ、これらの新規発着枠を加えたとしても、図表３‐４に見られる通り、一九九七年度〜二〇〇〇年度におけるＪＡＬ単体の国内線路線数は移管・中止・運休などの措置により減少している。また一九九七年度まで拡張し続けてきたビーム路線についても、一九九八年度より減少に転じている。

なお、「国内線シェア」という観点から見れば、一九九七年七月の発着枠割当は、ＪＡＬ、ＡＮＡ、ＪＡＳの三社に対し機械的に行なわれたもので、ＪＡＬの競争劣位は基本的に変わらなかった[67]。二〇〇〇年三月の発着枠割当についても、事情はほぼ同じである。それは、最初に新規発着枠の大部分をスカイマーク・エアラインズ（ＳＫＹ）や北海道国際航空株式会社（ＡＤＯ）などの新規航空会社に配分し、その上で残りの発着枠を既存航空会社に均等割当するというものであった。このため、「Ｃ滑走路」「新Ｂ滑走路」による発着枠の増設は、いずれもＪＡＬの「国内線シェア」を高めるものとはならなかった[68]。

（二）機材構成の適正化と旧型機材の退役

さて、実収単価の引き下げによる座席利用率改善は本筋の対応策ではないと述べ、「路線」における一九九七年度以降の対応を見てきた。では、「機材」における「本筋の対応」とはどのようなものであろうか。本プロジェクトは、それを「運航距離や利用者数に、また燃費の高騰などに柔軟に対応できるよう、様々な機材を、適正な規模と割合で保有・準備すること」と捉えている。

例えば、一九八〇年代までのＪＡＬは、太平洋線などの需要に見合う大型機材を増やそうとしたが、これは、路線に見合った機材という意味で「機材構成の適正化」を目指す施策であったと言い換えることができよう。つまり、当時はまだ、運航距離の長い路線がある中で、しかも多くの旅客が利用する中で、それに見合うだけの機材を十分に揃えていなかったため、大型機材の導入は「機材構成の適正化」を図る合理的な措置だったのである。

図表3-20　B747-400とB777保有機数の推移

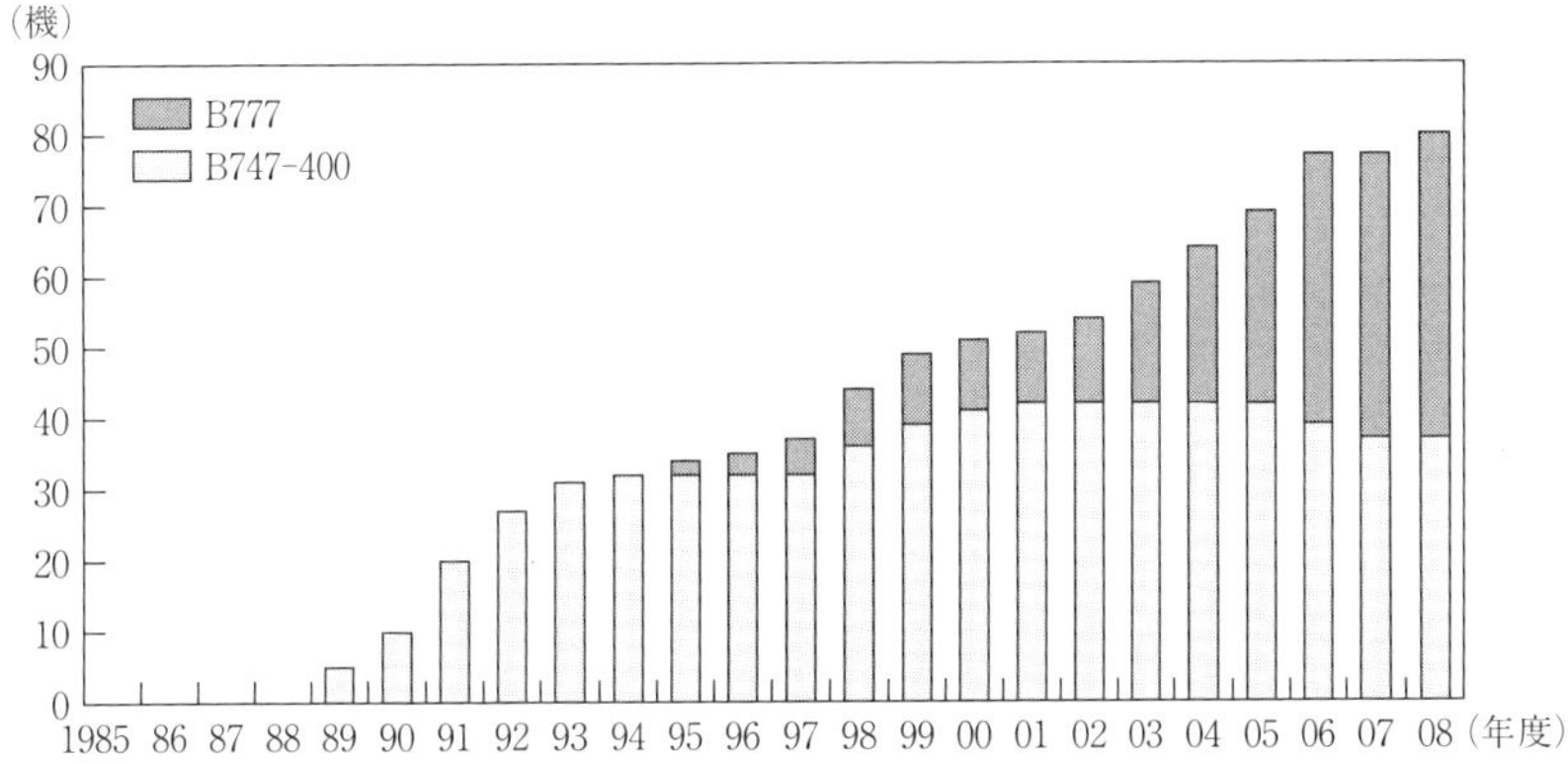

（注）日本航空株式会社『有価証券報告書』1985年度〜2002年度、株式会社日本航空インターナショナル『有価証券報告書』2003年度〜2008年度、日本航空株式会社『有価証券報告書』2012年度〜2017年度より作成。JAL単体の数値である。

しかし、一九九〇年代に入ると、状況は大きく変わっていった。大型機材の導入を続けるだけでは、機材構成のバランスを歪めてしまう可能性が出てきたからである。このため、一九九七年度に始まる期間（一九九七年度〜二〇〇〇年度）において、僅かずつではあるが、機材に関する「従来の施策」は修正されていった。

既述の通り、一九九〇年代、JALは、B747-400という大型機材を大量に導入したが、それは、ASKを大きく膨らませることとなった。この変化を受け、一九九〇年代後半に入ると、JALは、旧大型機材の退役を積極的に進めていった。中心となった退役機材は、国際線に利用されていたB747LR、国内幹線に配機されていたB747SRであった。これにより、一九九七年度の段階で三〇機あったB747LRは二〇〇〇年度には一七機に減少し、また同時期九機あったB747SRも二〇〇〇年度には三機にまで削られた（図表3-6）。

この時期（一九九七年度〜二〇〇〇年度）、JALは、B747クラシックの退役を進めると同時に、B777シリーズの導入も急いでいる（図表3-6、図表3-20）。ただ、既述の通り、この段階のB777は、航続距離に関し、B747-400に匹敵するほどの性能は備えていなかった。このため、JALは、長距離航行を可能とするB777-300ERのローンチカスタマーとして、ボーイング社の開発を後押しする決定を下している。実際にB777－300ERが就航するのはまだ先となるが、購入契約だけは、この期間中（一九九九年度以降）に行なっている。この他、短距離・小型機材のB737、中距離・中型機材のB767なども、併せて購入契約を結んでおり、「機材構成の適正化」を意識した内容となっている（図表3－7）。もちろん、これで「機材構成の適正化」が達成されたということではない。それは、あくまでも、その方向に施策が修正されたということである。

さて、以上に見てきたように、「路線の精査」と「機材構成の適正化」に向けた取り組みは一定の成果をあげ、この期間の後半（一九九九年度～二〇〇〇年度）には、座席利用率も大きく改善していった。JAZ（国際線）やJEX（国内線）に移管された路線について詳細なデータがないため、それらの航空会社がどれほどJALグループ全体の業績に貢献したかは分からないが、JAL単体の座席利用率が改善されたことだけは間違いのない事実である（図表3－1、図表3－3）。

では、実収単価はどうだったのか。これに先立つ期間（一九九六年度まで）においては、実収単価は下落し続けたが、一九九七年度～二〇〇〇年度というこの時代区分に入ってからは、若干の落ち込みはあるものの、ほぼ横ばいで推移している（図表3－8）。念のため、後半の一九九九年度～二〇〇〇年度における営業利益を確認すると、右肩上がりで上昇している（図表3－12）。それゆえ、本プロジェクトは、一九九〇年代末のJALでは、「モノの効率的活用」が進み始めたと結論づけたい。

(三) 問題の先送りと潜在的な負の影響

「路線の精査」と「機材構成の適正化」が進んだことは歓迎すべきことであるが、機材簿価や機材調達に係る負の影響は一九九七年度以降も大きくなっていった。前節と同じく、主なものを四つあげておこう。

第一は、長期先物予約失敗による影響である。これについては、既に一九九六年度の機材購入をもって終わったと説明したが、仮に一九九一年度〜一九九五年度に「割高で取得した機材」があり、かつその「減価償却期間」が一五年であると仮定すれば、影響は二〇〇六年度〜二〇一〇年度まで続くことになる。言い換えれば、ＪＡＬが一九九〇年代に購入した機材を残価ゼロとなる前に売却すれば、除却損や売却損が表面化する状況にあったわけだ。その限りにおいて、長期先物予約失敗による影響は、この時代区分（一九九七年度〜二〇〇〇年度）においても残存したということになる。

第二は、レバレッジド・リースによる先送りである。その特徴は、既に「直近の費用負担を軽くし、将来の費用負担を重くする点にある」と説明した。特にＪＬＬについては、その簡便さゆえに、ＪＡＬは一九九七年度以降も活用を続けている。それゆえ、一九九七年度〜二〇〇〇年度においても、負の影響は積み上がり続けたと言わなければならない。

第三は機材関連報奨額による先送りである。既に「機材関連報奨額」計上が二〇〇四年度まで続いたと説明した。ただ、この時期の後半（一九九九年度〜二〇〇〇年度）においては、機材関連報奨額の計上は減少し、二〇〇〇年度にはゼロ計上となった（図表３‐15）。これには、ＪＡＬ立て直しに尽力した当時の社長近藤晃氏が、一九九八年六月に後任の兼子勲氏に対し、機材関連報奨額に依存した経営より脱却する必要を訴えたことが影響していると思われる。ただ、一九九九年度〜二〇〇〇年度の計上金額が小さくなったとしても、「潜在的な負の影響」は積み上がり続けていたわけであるから、ここでも「費用の先送り」が進行したと見る必要がある。

最後は減価償却期間変更による先送りである。既にＪＡＬが機材の耐用年数を一九九二年度と一九九三年度に引き延ばし、さらに、この時代区分の初年度（一九九七年度）においても、同様の措置をとったと説明した。一九九二年度と一九九三年度の引き延ばしは、その二年で二六五億円の利益をＪＡＬにもたらしたが、その分だけ、これに続く会計年度の減価償却費を膨らませたことになる。二〇〇〇年度までに減価償却を終えていない機材については、その影響を二〇〇〇年度以降も引きずることになる。一九九七年度の引き延ばしは、同年度に一七四億円の利益を生んでいる。よって、その利益分だけ、後の事業年度に負の影響を積み増したことになる（図表３‐16）。

以上より、本プロジェクトは「一九九〇年代全体を通じて、ＪＡＬが負の影響を積み上げ、またその解決を先送りしてきた」と結論づけたい。ＪＡＬとしては「路線の拡充・精査」「機材構成の適正化」などを通じて、「モノの効率的活用」を図ろうとしたのであろうが、その裏では「費用負担の先送り」が続き、これがＪＡＬの体力を確実に奪っていったのである。

第五節　二〇〇一年度～二〇〇五年度

この時代区分（二〇〇一年度～二〇〇五年度）における特徴は、ロードファクター（座席利用率）が二〇〇三年度まで急落し、そこから数字を戻す点にある。ただ、上向きの波動を描きながらも、戻した数字は〇・六台と低い水準にとどまっている。この時期前半（二〇〇一年度～二〇〇三年度）における座席利用率の悪化は、同時多発テロ、イラク戦争、ＳＡＲＳ（重症急性呼吸器症候群）などの外的要因によって説明され、後半（二〇〇四年度～二〇〇五年度）における改善は、おおよそ、二〇〇一年一一月のＪＡＬ＝ＪＡＳ統合（ＪＪ統合）を受けて二〇〇四年四月より始まる「国際旅客事業と国内旅客事業の再編」によって説明される。

既に見てきた通り、一九九〇年代までのＪＡＬがとってきた施策は「路線の拡充・精査」「大型機材の導入・機材構成の適正化」であった。しかし、この時代区分に入り、その施策は「ＪＡＳとの経営統合」に集約された。

対外的に公表された狙いは、ＪＡＳとの統合を通じて、国内路線を一気に拡充・精査するとともに、機材の構成を適正化することであった。したがって、「ＪＡＳとの経営統合」という施策は、言い換えれば「路線の拡充・精査」と「機材構成の適正化」を同時にしかも短期間で一気に進めようとするものであった。果たして、それは狙い通り、路線と機材を拡充・適合させ、「モノの効率的活用」を実現したのであろうか。その施策は、ＪＡＬがこの時点まで先送りしてきた問題、後回しにしてきた「潜在的な負の影響」を緩和するものだったのであろうか。本節では、その施策の内容と意義を検討したい。

図表 3－21　配分後の各社の羽田便数シェア

（単位：%）

	JAL グループ	ANA グループ	JAS グループ	SKY	ADO
増枠前便数シェア	22	46	30	1	1
増枠後便数シェア	23	43	30	2	2

（注）日本航空株式会社広報部『回顧と展望』2000年 4 月、13頁より許可を得て転載。

なお、ＪＡＬは、既に一九九九年度より連結会計基準による開示へと移行している。したがって、座席利用率に関する数字は、この時代区分以降、ＪＡＬ・ＪＡＬＩ連結の数字となる。これに関し本節で特に注意を要するのは、「連結」そのものよりも、むしろ、ＪＪ統合に伴って起こる「各種数値の入れ替え」である。特に二〇〇四年四月より二社間で行なわれる国際旅客事業と国内旅客事業の組み替えには、注意を払う必要がある。事業間の差し替えで、二〇〇三年度と二〇〇四年度の数字（特に、路線数、旅客収入、実収単価）に、連続性が無くなってしまうからである。

（一）ＪＡＬ＝ＪＡＳ統合の経緯

この時代区分における座席利用率を検討する前提として、まず、ＪＪ統合の経緯を確認しておきたい。

通常、航空旅客輸送事業においては、国際線がイベント・リスクの影響をそのまま受けるのに対し、国内線では、リスクと運航の間に、ワンクッションが入り、影響が和らげられる傾向にある。過去、ＪＡＬは、国内旅客事業のこの特徴に着目し、ビーム路線を中心とした国内路線の拡充を図ろうとしたが、結局、国内線ビジネスを大きく伸ばすことはできなかった。既述の通り、一九九四年九月の関空開港による発着枠増設、一九九七年七月と二〇〇〇年三月の羽田滑走路建設による発着枠増設などもあったが、新規に増設された発着枠は、国内同業他社との間でほぼ機械的・一律的に配分されるものであった。そのため、発着枠を得たとしても、国内旅客事業におけるＪＡＬの競争劣位は基本的に変わらなかった。

それだけに、ＪＡＬは、民営化以降、「何としてでもこの状況を一変させたい」「羽田空港の発着枠の権益を拡大させたい」との強い思いを持っていた。積年のこの思いを形にしたのが、二〇

○一年一一月に公表された「JAL＝JAS経営統合計画」であった。(69)

当時、JASは多くの不採算路線と多額の有利子負債を抱えていた。JALも有利子負債を抱えており、これ以上負債を増やすことは避けなければならない状況にあった。ただ、前述したように、「競争劣位の状態を打破したい」との強い思いを持っていただけに、JALは、JASが保有する羽田発着の優良路線に特別の関心を示していた。そこに、二〇〇一年九月一一日、同時多発テロが発生し、JALの背中を押すこととなった。JALとしては、たとえ両社が多額の有利子負債を抱え込むことになろうと、事業が統合されれば、重複業務は削られ、そこに大きな相乗効果（シナジー）が生まれると算段したのである。

同計画発表後の動きは次の通りである。二〇〇二年一〇月、JALとJASが株式を移転し、持株会社「日本航空システム」（JALS）を設立。その傘下に、JALとJASを別会社のまま並置。二〇〇四年四月、「国内線一社運航」という方針の下、JALを「日本航空インターナショナル」（JALI）、JASを「日本航空ジャパン」（JALJ）に、そして同年六月、JALSを「日本航空」に、それぞれ社名変更している。(70) これ以降、国際事業と国内事業の完全な分離とまではいかないが、JALIは国際旅客事業に、JALJは国内旅客事業に、それぞれ特化していくこととなった。(71)

ちなみに、二〇〇四年度、JALIの多くの国内路線がJALJに移管されている。このため、本プロジェクトは、JALIの国内線における座席利用率に顕著な変化（特に大きな改善）が生じたのではないかと推測し確認してみたが、特筆すべき動きは見られなかった。以上を踏まえ、「JASとの経営統合」という施策を、「路線」「機材」の二つの視点より検討しておきたい。

(二) 統合計画における路線の拡充・統廃合

さて、JJ統合を発表する前の段階に話を戻そう。二〇〇一年九月、同時多発テロの影響を受け、国際線すべての「路線」で旅客需要が一気に縮小した。(72) まず二〇〇一年度には、米国・ホノルル線を中心に旅客需要が大きく減少し、その後も二〇〇二年度に、ヨーロッパ線やアジア・オセアニア線の需要が萎んでいった。[73] さらに二〇〇三年度においても、SARSの影響を受け、国際旅客事業は数年にわたり苦戦を強いられることとなった。[74] その影響は国際線の座席利用率にはっきりと現れている（図表3－3）。

これに対し、国内線はどうであったか。二〇〇一年度、国際線における座席利用率の急落とは対照的に、国内線は、大幅に落ち込むことはなかった。つまり、イベント・リスクに対し国内線が一定の耐性を備えていることが改めて証明されたのである。既述の通り、JALは「国内旅客事業での競争劣位を打破したい」「羽田空港の発着枠を増やしたい」との強い思いを持っていた。前者の現実（国内線のイベント・リスクに対する耐性）と後者の思い（羽田発着枠の獲得）がここに合致し、JALは、同時多発テロから僅か二カ月（二〇〇一年一一月）で、JAL＝JAS経営統合計画を発表したのである。そして、これが従来の「路線の拡充・精査」に代わる新たな施策となったのである。[75]

さて、同計画発表を受け、翌二〇〇二年一月二九日、両社は、JJ統合に関する具体的なプロセスとそれがもたらす効果について対外的な発表を行なっている。その際に使用した資料によれば、まず国際線に関し、JAL＝JASは①「太平洋、欧州等長距離路線」で「日本を中心としたグローバル路線の展開」と「高需要地点への資源投入の集中化」を、②「アジア路線」で「東南アジア最大のネットワークの提供」と「中国路線における優位性の確立」などを掲げている。当時、JALグループは「一〇八都市、一九七路線」（二〇〇一年八月時点）に国際線のネットワークを形成していたが、そのうち「一九路線、一七二便」（二〇〇二年一月時点）が中国路線となっていた。この既存ネットワークをさらに強化していくことが、国際旅客事業の中心戦略となったのである。[76]

JJ統合の目玉は、国際線よりもむしろ国内線にあった。それだけに、国内線に関する戦略はより具体的に示されている。まず、二〇〇二年一月時点で、JALグループが「四〇都市、八一路線」、JASグループが「四六都市、一一五路線」のネットワークを保持していた。経営統合することで、その状況を「五七都市、一一五路線」に集約し、競争力を強化するとしたのである。これを推進する事業戦略として、JAL＝JASは「幹線運営の効率化（ダイヤ・機材等）」「他社単独路線への積極的な参入」「便数劣勢路線の多便数化による新規需要開発」「地方路線網の適正機材による再編成と効率化」の四つを掲げている[77]。

例えば、両グループがともに乗り入れていた国内重複地点は二九地点（五七地点中）あった。また営業拠点に関しても、国内六六拠点中四〇拠点が重複していた。これら営業拠点の統廃合や空港カウンターの有効活用で、二〇〇五年度までに施設賃借料など三一〇億円を削減するとしていた[78]。

具体的なプロセスを公表した後、ＪＡＬとＪＡＳは、それぞれの株主総会の承認を経て、二〇〇二年一〇月二日、経営統合を果たした。ただ、この段階の統合では、ＪＡＬ＝ＪＡＳは別会社のまま、持株会社ＪＡＬＳの傘下に並置されることとなった。統合の形はどうであれ、これにより、ＪＡＬは、ＪＪグループとして念願の羽田発着枠を獲得し、両社合算で約五〇％の国内線シェアを手にすることとなった[79]。

（三）統合計画における機材効率化

「路線」に関する施策は、羽田の発着枠とその他国内路線を多数獲得し、その上で重複路線を整理・精査するというものであった。これに対し、「機材」は、同説明資料によれば、「航空機投資」で七五〇億円、「関連設備投資」で二五〇億円を圧縮し、総額で一〇〇〇億円の削減を実現するとしていた。ちなみに、ここにいう「関連設備」には、航空機の整備や補給などに使われる「格納施設」（整備ハンガー）に加え、牽引車などの特別車両も含まれていた。

ＪＡＬ＝ＪＡＳは、統合によるスケールメリットを活かし、強力な価格交渉力をもって航空機導入コストを引き下げ、さらに機材の稼働効率を高め、「機材一〇機を捻出する」、つまり、一〇機をこれまでとは異なる形で活用できるようにすると説明していた。なお、総額一〇〇〇億円のうち、一二〇億円は二〇〇五年度だけで削減できると公表していた[80]。

通常、異なる航空会社間の合併で費用の削減効果が大きくなるのは、航空機材に係る重複分野である。端的に言えば、二社が同じ機材・機種を多数保有していれば、機材は余ってくる。その場合、二社は減価償却の進んだ機材より退役を進める。仮に余剰機材を整理し、適正数の機材で運航業務を機動的に遂行できるようになれば、これは二社にとっての強みとなる。また、機材が重複していれば、航空機を保守・整備するための整備ハンガーなども、同じ施設を共有することで、コスト削減を図ることができる。同じく、重複する機材があれば、それに係る運航・整備の有資格者も、柔軟な割り当てや多様な組み合わせが可能となる。かかる配機体制を敷くことができれば、これも二社にとっての新たな武器となる。つまり、ここに「機材」に関する相乗効果が生まれるのである。

ただ、二〇〇二年一月二九日にＪＡＬ＝ＪＡＳが公表した両社の機材保有状況（二〇〇一年度現在）を確認すると、そこには重複する機材はほとんどなく、統合によるメリットを感じられない内容となっていた。図表３‐22が示すように、ＪＡＬグループは、大型機材としてＢ７４７クラシック、Ｂ７４７‐４００、Ｂ７７７を揃え、中型機材として、ＭＤ‐11（二〇〇四年退役予定）、ＤＣ‐10（二〇〇六年退役予定）、Ｂ７６７を保有していた。これに対し、ＪＡＳグループの中型機材は、エアバス社製（Ａ３００、Ａ３００‐６００）となっていた。また小型機材については、ＪＡＬグループはＢ７３７に特化していたのに対し、ＪＡＳグループは、ＭＤ‐90、ＭＤ‐81、ＭＤ‐87などを保有していた。確かに、両社はともにＢ７７７を重複保有していたが、次世代大型機材であったＢ７７７は、最初から整理・退役の対象ではなかった。

それゆえ、経営統合の出発時点（二〇〇二年一月）では、「機材構成の適正化」という視点から見てＪＪ統合のメリットはほとんどなかったと言わなければならない。「スケールメリットを活かした価格交渉力」で機材購入価格を引き下げることは可能だったかもしれないが、既に保有している機材と関連施設については、大きな相乗効果を期待することはできなかった。機材・機種が異なっていたため、機材数を減らすことが難しく、またそれぞれの運航・整備の有資格者を確保しなければならず、さらにはそれぞれの機材・機種に対応する格納施設も用意・維持する必要があったからである。

図表3－22　2001年度における保有機材の一覧

（単位：機）

		JAL グループ				JAS グループ				合計
		JAL	JAA	JTA	JEX	JAIR	JAS	JAC	HAC	
大型	B747	36	4							40
	B747-400	42								42
	B777	10					7			17
中型	MD-11	10								10
	DC-10	15								15
	B767	22	3							25
	A300						17			17
	A300-600						19			19
小型	B737	5		13	5					23
	MD90						16			16
	MD81						18			18
	MD87						8			8
コミューター	YS11							12		12
	CRJ									2
	JS3									3
	SAAB340							11	3	14
合計		140	7	13	5	5	85	23	3	281

（注）　日本航空・日本エアシステム「JAL・JAS経営統合について」（説明資料）2002年1月29日、43頁より作成。JALの機材数はJAZ（JALウェイズ）の機材数を、JASの機材数はHLQ（ハーレクィンエア）の機材数を、それぞれ含んでいる。

（四）二〇〇五年度までの「路線の精査」

JAL＝JASは、先の説明資料で、両社は遅くとも二〇〇四年春までに統合のフェーズⅡに入ると説明していた(81)。その完成形は、JALSの傘下に、JALJ（国内旅客）、JALI（国際旅客）、日本航空カーゴ（貨物）、関連事業を置くものであった。JAL＝JASは、この公約通り、二〇〇四年四月、フェーズⅡに移行している(82)。では、フェーズⅡ（二〇〇四年度～二〇〇五年度）に入り、JALIの路線と機材はどう変化したのであろうか。

まず国際線の路線については、二〇〇二年一月時点で、JJグループの目指した方向が「アジア線」を中心とする路線強化であったことを確認しておく必要がある。その視点をもって、図表3－2を見ると、二〇〇二年度、二〇〇三年度にアジア・オセアニア線の路線数が増加し、その後も、同路線は高い割合を維持している。その意味で、国際線は計画通りに、路線の精査を進めたと言えるのかもしれない。ただ、JJ

統合の目玉は、国際線ではなく国内線であり、またその路線の拡充・精査・整理であった。それゆえ、ＪＪ統合の成否を判断するためには、国内線の路線数がどうなったのかを確認しなければならない。

今一度、図表３‐４を参照されたい。この図表における二〇〇二年度までの数字はＪＡＬ単体の路線数となっている。これに対し、二〇〇三年度以降は、ＪＡＬ連結の数字となっている。それゆえ、期間は限定されるが、二〇〇三年度〜二〇〇五年度までの変化を見ることで、ＪＪ統合後のＪＡＬグループにおける路線の整理状況を確認することができる。

この間、グループの「地方路線、ビーム路線、幹線」の総数は、まず二〇〇四年度に若干の減少を見せているが、二〇〇五年度には再び増加している。二〇〇二年一月時点で、ＪＪグループは、ＪＡＬ連結の八一路線、ＪＡＳ連結の一一五路線を整理することで、一一五路線に集約すると説明していた。単純に計算すれば、ＪＪグループとして一八一路線あったものを一一五路線にまで絞り込むということであった。もし計画通りに実行していたと仮定すれば、二〇〇三年度〜二〇〇五年度における国内線の路線数は右肩下がりで削減されていたはずである。

ところが、この間、新潟空港発着路線や広島西空港発着路線など、一部の低収益路線で中止・運休は行なわれたものの、二〇〇六年二月の神戸空港開港などを睨んだ新規路線の開設などがあり、結局、グループ全体の路線数はほぼ横ばいで推移することとなった[83]。確かに、路線の入れ替えは避けられなかったかもしれないが、ＪＡＬが二〇〇二年一月時点で公表した一一五路線（連結の数字）という目標値から見れば、二〇〇五年度の実績値（一七八路線）は、統合発表以降、ＪＡＬ＝ＪＡＳがほぼ何もしなかったことを意味する。

以上より、本プロジェクトは、路線との関連で「モノの効率的活用」はほとんど進まなかったと解する。確かに、羽田発着枠を取得したという意味で、ＪＪ統合は「モノの効率的活用」に貢献したかもしれないが、羽田発着枠以外の路線に関しては、グループにおける効率性を悪化させる方向に働いたと見るべきであろう。

周知の通り、ＪＡＳが就航していた四六都市・一一五路線の中には多くの不採算路線が含まれていた。事実、そうした不採算路線を整理できなかったため、統合時のＪＡＳグループには莫大な有利子負債が積み上がっていたわけだ。本来であれば、ＪＪ統合により、一気に路線の整理が進むはずであったが、結果は見ての通りである。つまり、ＪＡＬグループは、有利子負債のみならず、不採算路線もそっくりそのまま引き継ぐこととなった。この点に着目すれば、ＪＪ統合は、「モノの効率的活用」に逆行する施策だったと評されるのである。

(五) 二〇〇五年度までの「機材構成の適正化」

では「機材」に関して、ＪＪ統合をどう評価すべきであろうか。既に指摘したように、二〇〇二年一月の計画発表時、ＪＡＬグループとＪＡＳグループの保有機材はバラバラであった[84]。このため、初期段階では、適正機材数での機動的運航も、有資格者の柔軟な配置も、機材の退役・更新も、さらには運航乗務員の整理も、ほとんど手は付けられなかった[85]。よって、本プロジェクトとしては、二〇〇二年度以降、ＪＡＬ＝ＪＡＳが「機材構成の適正化」に向け、どのような施策を講じたのか、その結果、機材構成をどう変えたのかを見ておく必要がある。

まずＪＪグループを外形的に整理すれば、二〇〇三年度まで、ＪＡＬ＝ＪＡＳはそれまでと変わりなく別会社として並置されていた。二〇〇四年度～二〇〇五年度になっても、社名は変更されたものの、並置状態はそのまま続いている。通常、別組織として二つの会社が併置されると、それぞれが既存の業務をそのまま継続しようとするため、機材の整理は停滞することになる。つまり、各社の自立性・独立性を尊重する限り、グループ全体として「大型・中型・小型機材の構成適正化」はなかなか進まないことになる。

二〇〇二年度～二〇〇五年度にかけ、機材構成がどう変化したのかを具体的に確認するため、図表３－23を参照されたい。ここでは、各社グループが実際に所有していた機材に加え、リース機材も含めて検討することにする。

二〇〇一年度におけるＪＪグループの機材構成を見ると、大型機材が八九機、中型機材が八六機、小型機材が六〇機となっている。これが二〇〇五年度になると、大型機材が九八機、中型機材が六四機、小型機材が六五機と変化している。この間、大型機材が増加し、中型機材が減少した形となっている。小型機材についてはＢ７３７を五機増やしてい

図表３‐23　機材規模別保有機数の推移

（単位：機）

年度		2001		2005		2008		2011	
大型	B747	30	89	20	98	6	86	0	48
	B747-400	42		42		37		0	
	B777	17		36		43		46	
	B787							2	
中型	MD-11	10	86	0	64	0	68	0	49
	DC-10	15		0		0		0	
	B767	25		39		46		49	
	A300	17		3		0		0	
	A300-600	19		22		22		0	
小型	B737	18	60	23	65	41	71	59	72
	MD-90	16		16		16		13	
	MD-81	18		18		14		0	
	MD-87	8		8		0		0	
合計		235		227		225		169	

（注）日本航空株式会社『有価証券報告書』2001年度；株式会社日本エアシステム『有価証券報告書』2001年度；株式会社日本航空システム『有価証券報告書』2005年度、2008年度、2011年度より作成。2001年度はJAL連結とJAS連結の合計値、2005年度と2008年度はJALS連結の数値、2011年度はJAL連結の数値である。なお、同表の数値は、自社所有機とリース（ファイナンス・リースおよびオペレーティング・リース）の合計値から、貨物型機とリージョナル・ジェットを除いている。

るが、Ｂ７３７は中型に近い小型機材であるため、中型機材の減少を補う目的で導入されたものと解して無理はなかろう。

なお、中型機材に関し、ＪＡＬＩはＭＤ‐11とＤＣ‐10をすべて退役させているが、これは二〇〇二年一月の段階において既に退役を予定していたものである（ＭＤ‐11は二〇〇四年退役予定、ＤＣ‐10は二〇〇六年退役予定としていた）。この減少分を補う形で、ＪＡＬＩはＢ７３７に加え、中型機材Ｂ７６７を一四機増やしたことになる。

二〇〇一年度～二〇〇五年度の機材構成に関し、特に次の三点を強調しておきたい。第一はＪＪグループとしてＢ７７７の取得を中心に大型機材の保有数を伸ばしたこと[86]。第二はＢ７４７クラシックを一〇機退役させているものの、Ｂ７４７‐４００は一切退役させなかったこと。第三はＪＪグループの中型・小型機材（上述のＭＤ‐11、ＤＣ‐10を除く）については、Ａ３００を退役させただけで、その他機材の退役・更新は何もなかったこと。この結果、大型機材がＪＪグループ全体に占める割合は、全く変化しなかった（二〇〇一年度も二〇〇五年度も四三・二％）。

国際線の需要が低迷する中で、またそれが激しく揺れ動く中で、ＪＪグループに求められていたのは、市場の変化に対応する「柔軟性」であり、燃油コストを吸収できる「効率性」であった。この二つの要件を充足するには、どうしても中型・小型機材の割合を増やすと同時に、Ｂ７４７クラシックとＢ７４７－４００を退役させることが必要であった。しかし、「ＪＡＳとの経営統合」という施策は、機材構成の適正化を促す方向には働かなかった。この点を考慮すれば、ＪＪ統合は、機材に関しても、「モノの効率的活用」に逆行する施策だったと見なされるのである。

（六）有効座席キロと座席利用率の推移

以上、ＪＪ統合の成否を「路線」と「機材」という視点で見てきたが、本プロジェクトは、路線については、二〇〇四年度～二〇〇五年度までの国内線の路線数における変化のみを根拠として「路線の拡充・精査が不十分であった」と判断し、機材については、大型機材・中型機材・小型機材の実数および構成の推移を根拠として、ＪＪグループが「柔軟性」と「効率性」の二つを充足する方向に進まなかったと結論づけた。

ただ、この結論には、根拠が不十分であるとの反論もあり得るため、最後に既述の「路線・機材戦略」により、重複業務が本当に削減されたのかを見ておきたい。その指標として座席利用率の分母を構成するＡＳＫ（有効座席キロ）そのものを用いることにする。通常、二社統合があれば、統合直後のＡＳＫは二社の単純な合計値となるが、時間の経過とともに重複業務の削減が進み、ＡＳＫは小さくなっていく。それゆえ、ここでは、ＡＳＫの推移を確認し、それをもって重複業務の削減が進んだのかどうかを判断することにしたい。

まず、二〇〇一年度～二〇〇五年度におけるＡＳＫの増減率を見てもらいたい（図表３－24）。まず国内線ではマイナス一一・六％となっているが、逆に国際線では一・五％の増加となっている。この数字だけで単純に考えれば、国内線における重複業務は一定程度まで削減されたことになるが、国際線ではほとんど整理が進まなかったことになる。この

図表３-24　JAL 連結と JAS 連結の合計 ASK と増減率の推移

年　度	2001	2005	2008	2011
国際線（万席キロ）	9575	9717	7958	4304
増減率（%）	—	1.5	▲18.1	▲45.9
国内線（万席キロ）	5814	5142	4917	3552
増減率（%）	—	▲11.6	▲4.4	▲27.8

（注）日本航空株式会社『有価証券報告書』2001年度；株式会社日本エアシステム『有価証券報告書』2001年度；株式会社日本航空システム『有価証券報告書』2005年度、2008年度、2011年度より作成。2001年度はJAL 連結と JAS 連結の合計値、2005年度と2008年度はJALS 連結の数値、2011年度はJAL 連結の数値である。

解釈に対しては、たとえ国際線のＡＳＫが増加（悪化）したとしても、「最終的に座席利用率が良くなるのであれば問題なし」との再反論も出てこよう。そこで座席利用率の変化を確認すると、ＪＡＬＩの国際旅客事業は、二〇〇三年度より回復に向かっている。最初に、米国、中国、欧州との関係路線が、続いて太平洋線、韓国線、台湾線が改善に向かっている[87]。ただ、国際線の座席利用率は、本節冒頭でも述べたように、二〇〇〇年度の数値までには戻っておらず（図表３-３）、実収単価も二〇〇五年度まで顕著な上昇は見せていない（図表３-８）。

ＪＡＬＩは多くの国内線をＪＡＬＪに移管させたと述べたが、いくつかの国内線はＪＡＬＩに残っていたため、その部分の国内線座席利用率を確認しておくと、二〇〇四年度も二〇〇五年度も、値は低いままで推移している（図表３-３）。ただ、国内線の実収単価は、二〇〇三年度より伸びており、注意する必要がある（図表３-８）。国内線の実収単価が上昇した理由は複数あり、一つに限定できないが、例えば、ＪＡＬＩが不採算路線をＪＡＬＪに移管したこと、ＪＡＬＪが就航している一一五路線の中に、ＪＡＬＩが就航する赤字路線が含まれていれば、ＪＡＬＩがそこから撤退したことなどがあげられる。色々と理由は列挙できるが、ＪＡＬＩにおける旅客収入の大半が国際旅客事業に依存していた状況を考えれば、国内線実収単価の変化は、この期間（二〇〇一年度〜二〇〇五年度）においては、枝葉の議論と言ってよかろう。

以上より、ＡＳＫがほとんど改善していない事実、また国際線の座席利用率が明確に改善していない事実、この二つを根拠として、本プロジェクトは「ＪＡＳとの経営統合」という施策が「モノの効率的活用」に関しほとんど役立たなかったと結論づけ

図表３－25　JASにおける機材関連報奨額の推移

(注)　株式会社日本エアシステム『有価証券報告書』1994年度～1998年度より作成。JAS単体の数値である。

たい。

(七) モノの効率的活用における「構造的問題」

既述の通り、ＪＡＬは、二〇〇〇年度以降、機材関連報奨額の計上を控えた。しかし、ＪＪ統合後の二〇〇二年度、これに再び手を染めた。しかもその金額は統合前の総額を超え、二〇〇二年度～二〇〇四年度だけで約一二〇〇億円となっている（図表３‐15）。さらに、二〇〇二年度、ＪＡＬは、ＪＪ統合で、ＪＡＳが過去に計上していた機材関連報奨額もそっくりそのまま引き継いでいる。

前節において、「長期先物予約失敗による先送り」「レバレッジド・リースによる先送り」「減価償却期間変更による先送り」の他、「機材関連報奨額による先送り」について触れたが、ＪＡＬグループは、この時代区分（二〇〇一年度～二〇〇五年度）に入り、さらに「二〇〇二年度より計上を始めた機材関連報奨額」と「ＪＡＳが長年計上してきた機材関連報奨額」の双方を取り込み、ＪＪグループとして「潜在的な負の影響」を積み上げることとなった。

これら「費用の先送り」や「利益の先取り」は、名目や手法は異なるものの、いずれも「貸借対照表上の機材簿価」を膨らませ、それを割高にする弥縫策に過ぎなかった。もちろん、機材簿価が割高になったところで、機材を最後まで保有し続ければ、先送りされた問題も自然と解消されることになる。しかし、減価償却を終えるまでの間、毎期、相対的に大きくなった減価償却費を計上しなければならず、各年度の利益を繰り返し圧迫することになる。この意味で、費用の先送りや利益の先取りは「潜在的な負の影響」と言えるのである。

この時代区分後半における特筆すべき変化は、これらの「負の影響」が、ある環境変化をきっかけに、経営の戦略的意思決定を拘束するほどの「重要課題」に変質してしまうことである。つまり、それまで潜在的であったはずの「負の影響」が一気に顕在化し、経営の裁量を大幅に奪うこととなるのである。通常、航空会社は、路線の需要に合致した形で、新型機材を導入しなければならないが、機材の世代交代を進める前提として、旧型機材を退役させなければならない。ところが、この環境変化により、「機材の退役」がJALにとって途轍もなく困難な問題となってしまうのである。

その「環境変化」とは何だったのか。一言で表現すれば、それは、B747‐400の市場価格が大きく下落したことである。一九九〇年代後半まで、B747シリーズは市場で活発に取引される機材であった。それゆえ、かつてであれば、それら機材を資金化することも、担保として差し出すことも、それほど難しいことではなかった。それが、次期大型機材B777の登場、同時多発テロの勃発、燃油価格の高騰で、一気に値崩れしていったのである(89)。この市場価格の下落は、費用計上の先送りを繰り返してきたJALにとっての致命傷となった。機材簿価と市場価格の差が急速に広がり、JALの貸借対照表に計上されていた機材は、それまで以上の「含み損」を抱えることとなった。

この「重要課題」を解決するためには、かつてないほどの決意を持って、経営資源と時間を集中的に投入し、その是正に取り組むしかなかった。本プロジェクトは、これを「組織にとっての構造的問題」と呼ぶ。JALの場合、それは「旧機材の退役」を進めると同時に、「機材の抜本的な更新」を断行することを意味していた。言うまでもなく、この構造的問題は、それまでの「路線の拡充・精査」「大型機材の導入・機材構成の適正化」といった施策の中で、「長期的視点」をもって実施されるべきものであった。しかし、二〇〇三年前後までの路線・機材戦略は、総じて「短期的視点」で推進される傾向にあった。

大型機材が必要と思われる時には特定の機種（B747‐400）を大量導入し、また羽田発着枠が欲しい時には、不採算路線や機材構成といった問題を多面的に考慮することなく、企業そのものの買収に走った。つまり、JALは、同社が置かれた「時々の状況」に応じて、路線や機材に関する施策を、言わば場当たり的に変えてきたのである。それゆえ、この環境変化の中にあっては、「機材の抜本的な更新」という「構造的問題」は、過去のやり方の単なる延長ではなく、長期的視点をもって、しかも経営資源と時間を集中的に投入し、不退転の決意をもって臨むべき施策となったのである。

ただしかし、二〇〇五年度までの経営を見る限り、JALは、実態として既にそうした危機的状況にありながらも、「構造的問題」を意識した行動をとることはなかった。逆に、B747シリーズの市場価格が下落したことで、JALは「旧機材の退役」をさらに先送りすることとなった。図表3‐20を参照されたい。二〇〇一年度〜二〇〇五年度にかけ、B747‐400は一機たりとも減少していないのである。

退役の先送りという「後ろ向きの選択」は、さらに一段とJALの経営を圧迫することとなった。航空機材には設計寿命がある。このため、一定の耐用年数、飛行時間、離着陸回数を超えると、機材関連の整備費・維持費は加速度的に膨らんでいく。簡単に言えば、退役を遅らせれば遅らせるほど、機材関連コストは膨張していくのである。そもそも、B747‐400は四発エンジンであったため、整備コストは双発ジェット（B777、B767など）よりも割高であった。その機材の退役を遅らせたことは、既に苦しい状況にあったJJグループに、一段と重い荷物を背負わせることとなった。

「構造的問題への不着手」という選択をしたことで、二〇〇一年度〜二〇〇五年度、JALは、B747‐400を保有し続けながら、他方でB777を買い増すという行動をとることとなった。これが機材構成の適正化を遅らせる最大の理由となったのである（図表3‐23）。

第六節　二〇〇六年度〜二〇一〇年一月の破綻まで

この時代区分（二〇〇六年度〜二〇一〇年一月）における特徴は、まず二〇〇八年度までに限って言えば、僅かずつではあるが、ロードファクター（座席利用率）が改善されたことにある。ただ、そうした変化の兆しが現れつつあったものの、二〇一〇年一月、ＪＡＬは破綻した。多くの論者は、破綻という結果を取り上げ、この時代区分にあっても、「モノの効率的活用」に関し進展はなかったと考えがちであるが、本プロジェクトは、二〇〇六年度より、ＪＡＬの状況は大きく変わっていったと捉えている。遅きに失した感はあるが、ここで漸く、経営層が「機材の退役と抜本的な更新」（構造的問題）に舵を切ったからである。

二〇〇六年二月のクーデター騒動、三月の管理職約四〇〇人による退任要求を経て、当時の新町社長は代表権のない会長に退いた。そして、二〇〇六年六月、株主総会と取締役会の議を経て、正式に西松遙氏が持株会社ＪＡＬＳのＣＥＯ兼社長に、またＪＡＬＩの代表取締役社長に就任した。ここから、「モノの効率的活用」に関する本格的なチャレンジが始まったと本プロジェクトは見ている。

(一)「構造的問題」を意識したアクションの始動

「モノの効率的活用」に関しＪＡＬがとった主な施策として、既に「路線の拡充・精査」「大型機材の導入・機材構成の適正化」「ＪＡＳとの経営統合」の三つを見てきたが、これらは、二〇〇五年度までの取り組みを見る限り、いずれも「副次的な負の影響」を伴うものであった。

民営化以降、ＪＡＬは、「路線」について、特に羽田発着枠の獲得に苦戦し、国内線シェアを思うように伸ばすことができなかった。仮に新たな発着枠を得て、ビーム路線に進出したとしても、その際、「地方路線」（多くは不採算路線）

を一定割合で引き受ける必要があった。「機材」については、一九九〇年代、「大型機材の導入」を進めたが、それが結果として「機材構成の適正さ」を歪めることとなった。

これを踏まえ、一九九九年度〜二〇〇〇年度、JALは新たな施策を講じていった。「路線」については、JAZ（国際線）、JEX（国内線）などの子会社を戦略的に活用し、「路線の精査」を進め、また「機材」についても、B747クラシックの退役を進め、小型機材の導入を急いだ。ただ、これらの措置だけでは不十分と考え、JALは二〇〇〇年代に入ると、間髪を入れず、「JASとの経営統合」に動いた。これにより、「路線」と「機材」の問題を一気に解消しようとしたわけだが、シナリオ通りに事は運ばず、その後、散々な決算が続くこととなった。

JJ統合失敗の理由として、重複業務の削減などがうまくいかなかったこともあげられるが、既述の通り、統合以前より積み残してきた「潜在的な負の影響」があったこと、その「負の影響」が、B747-400相場の下落を受け、一気に「重要課題」に変質したことをあげておかなければならない。

ここに至り、経営層が最優先で意識して着手すべき施策は、これ以上、「旧機材の退役」を先延ばしせず、燃費性能に優れた新型機材を積極的に導入することとなった。良識を持った経営者が考えれば、もはやJALを救う方法はこれしかなかった。しかし、やるべきことが明々白々となったその時点においても、JALは、二〇〇五年度まで、「機材の退役・更新」を本格化させることはなかった。

二〇〇六年度から始まる時代区分の特徴は、まさにこの「機材の本格的な更新」を意識し、解決に向けた具体的なアクションを起こした点にある。それが、どのようなアクションだったのかを理解するため、二〇〇七年二月六日に、西松社長が発表した「二〇〇七〜二〇一〇年度JALグループ再生中期プラン」（二〇〇七中期プラン）の内容を確認したい(90)。これは、社長就任から半年を経過したところで公表したものであるが、過去半年間に氏が既に発表・着手した取り組みも含んでいるため、実質的には二〇〇六年度以降の新体制が着手する施策を示すものであった。

このプランの主な狙いは、政府・銀行団などに対し経営健全化への具体策を示し、「機材更新」などで必要となる資金を確保することにあった。もっとも、JALは、これ以降も、毎年のように中期経営計画を改定・公表しているが、大枠はいずれも、この「二〇〇七中期プラン」に沿った内容となっている。[91] それゆえ、「二〇〇七中期プラン」を確認することが、この時代区分における施策を知る上で最も合理的な方法となる。

既に言及済みであるが、二〇〇六年一〇月一日、JALIはJALJを吸収する。このため、同じJALIという社名でも、二〇〇六年度以降のJALIは「巨大化したJALI」となっていることを確認しておきたい。多くの数値が二〇〇六年度より一気に大きくなるのはこのためである。

さて、「二〇〇七中期プラン」には、四本の柱があった。[92] 第一の柱は「コスト削減による収益力の強化」。その小項目として、①人件費の大幅削減、②人員数削減推移、③燃油費対策（機材更新による削減など）があげられている。

第二の柱は「機材更新によるダウンサイジングの推進と機材競争力の強化」。ここには、①機材更新計画、②ダウンサイジングによる座席利用率の改善、③ダウンサイジングによる収支改善効果などの小項目が列挙されている。

第三の柱は「高収益路線へのシフトと総合商品競争力の強化」。その小項目として、①高収益路線へのシフトと機材運用の最適化、②総合商品競争力の強化、③プレミアム戦略、④貨物事業の新たな展開などが記載されている。

最後の柱は「航空運送事業への資源集中」。ここでの要点は、航空運送事業に経営資源を集中させること、ノンコアアセットの売却を進め、資産効率の向上と有利子負債の圧縮を進めることとなっている。

「モノの効率的活用」に関して特に重要な小項目は「ダウンサイジングによる座席利用率の改善」であった。これは、「中小型機材の積極的導入と経年機材の退役」を進め、需要に合致した座席を提供し、また燃費効率の高い機材を投入することで、収支を大幅改善させるというものであった。具体的には、二〇〇六年度の大型機材八〇機を二〇一〇年度までに六一機に減らし、逆に中小型機材の割合七一％（二〇〇六年度）を七九％（二〇一〇年度）にまで改善するというシナリオであった。[93]

当時、国際線燃費効率については、B747‐400（三八四席）を一〇〇とした場合、B777‐300ER（二九二席）は八〇、B767‐300（二三七席）は五二、B787（二〇〇席）は四四となっており、また国内線燃費効率については、B737‐300（二六一席）を一〇〇とした場合、B737‐800（一六五席）は五七となっていた。(94)

それゆえ、中小型機材の導入は、高騰する燃油コストを抑える上で、最も有効な手段となっていたのである。

「モノの効率的活用」に関するもう一つの重要な小項目は「高収益路線へのシフトと機材運用の最適化」であった。国際線については、高収益路線（東京＝ニューヨーク、東京＝パリ、東京＝モスクワ、東京＝デリーなど）の運航便数を増やし、逆に低収益路線（東京＝チューリッヒ、東京＝香港など）では運休・減便を進めるとしていた。同中期プランでは、「路線の精査が難しい」とされた国内線についても、過去最高規模の運休・減便を進めるとしていた。(95)

「二〇〇七中期プラン」の要諦は、「経年機材の退役」を進めるとともに、「ダウンサイジング」（より柔軟性のある機材への入れ替え）を図り、路線にマッチした機材を手当てするというものであった。その意味で、これは、まさに「JALが抱えていた構造的問題」を直視した取り組みとなっていたのである。では、西松氏は、実際に「路線」と「機材」の抜本改革を進めることができたのであろうか。

(二) 路線の拡充・精査と政治的影響

国際線における取り組みから確認しよう。二〇〇六年度、JALは、収益性の高い路線ネットワークを構築するため、路線の廃止と新設を同時に進めている。まず二〇〇六年七月の日中航空交渉合意を受け、東京＝上海、東京＝広州などの路線で増便を実施し、次に東京＝デリー、東京＝モスクワなどでも便数を増やしている。これに対し、採算が合わないと判断された大阪＝ラスベガス、東京＝ラスベガスなどは運休としている。(96)

続く二〇〇七年度、JALは主に高収益路線における増便を図っている。例えば、ニューヨーク線やパリ線などで便数を増やし、羽田＝上海（虹橋）線も新たに開設している。また上海線以外の中国線でも収益性の高い路線では積極的に増便し、ベトナム線やロシア線でも便数を増やしている。(97)

二〇〇八年度も引き続き、路線の新設・増便と運休を同時展開し、「路線の拡充・精査」を進めている。まず、ニューヨーク線や関西＝上海線などの一〇路線で増便し、成田＝西安、関西＝青島などの四路線で運休措置をとっている。(98)

以上の二〇〇六年度〜二〇〇八年度における国際線の動きを踏まえれば、JALは「二〇〇七中期プラン」に沿った「高収益路線へのシフト」を着実に進めたと評価することができよう。ただし、この時代区分（二〇〇六年度〜二〇〇九年度）では、路線の新設数が廃止数を上回っていたため、国際線における路線総数は、全体的に言えば、増加する結果となった。

国際線におけるこうした「路線の拡充・精査」が合理的であったかどうかの判断は難しいが、再生後JALにおける国際線の状況を見ると、路線のポートフォリオは二〇〇九年度のそれと酷似しており、仮に両者に違いがあるとすれば、それは、西松氏が増設したアジア・オセアニア線などにおいて、再生後JALが当時以上に路線数を増やしていった点にある。再生後JALがこの路線で極めて高い収益をあげていることを踏まえれば、二〇〇六年度〜二〇〇九年度において実施された「国際線の拡充・精査」は、おおむね正しい選択であったと結論づけることができよう。

では、国内線はどうであったか。図表3‐4を参照されたい。二〇〇三年度より、国内線の数が急増しているが、これは、二〇〇二年度まで、JAL単体の数字であったものが、二〇〇四年度よりJALグループの合計値となっているためである。注目したい変化は、二〇〇六年度のJALIによるJALJ吸収以降に、国内線の路線数が一貫して減少していることである。

この時代区分では、さらに、国内線の中でも、「ビーム路線」と「地方路線」が着実に削減されていることに着目したい。二〇〇〇年代に入ると、首都圏（羽田・成田）・関西圏（伊丹・関空）から地方へ延びる「ビーム路線」は、すべてが高収益路線と言えるような状況ではなくなっていった。そのため、JALIは、基幹路線を維持しながらも、運休・減便という方法を用いて、「地方路線」のみならず、「ビーム路線」も徐々に縮小・整理していった。例えば、二〇〇七年度は九路線で、翌二〇〇八年度は札幌＝沖縄など一四路線で運休措置をとり、さらに二〇〇八年度は五路線において減便を実施している[99]。

この他、燃油費の高騰を受け、JALIは「地方路線」を、JEX、日本トランスオーシャン航空（JTA）、JAS子会社であった日本エアコミューター（JAC）などの低コスト航空会社に移管している[100]。なお、図表3－4などは、JALI単体における路線数を扱っているため、これら子会社への移管は地方路線数の減少として表示されていることに注意されたい。

以上、国内線数の推移を整理すると、それは、運休・削減・移管などの手段を通じて、「過去に例を見ない規模とスピード」で縮小してきたと言うことができよう。つまり、JALは、国内線に関しても、「二〇〇七中期プラン」に沿って、「路線の精査」を進めたと結論できるのである。

(三) 機材構成の適正化とB747－400の退役

機材については、どうであったか。「二〇〇七中期プラン」通りに、「機材構成の適正化」が進んだのであろうか。まず国際線について年度を追って見てみると、二〇〇六年度、機材の小型化と機材の更新が進んでいることが分かる[101]。例えば、この年、ヨーロッパ線の多くに、B777が投入され、B747シリーズの退役が進んでいる[102]。二〇〇七年度においても、引き続き、機材活用の効率化という視点より、燃油費高騰に対応するためのダウンサイジングが図られ、二〇〇八年度には、これがさらに加速化している。成田＝ニューヨーク、成田＝サンフランシスコ、羽田＝上海の機材を、B747－400からB777に変更し、成田＝広州、成田＝上海、成田＝杭州、関西＝上海、関西＝広州などにおいても、それまでの中型機材B767を、小型機材のB737－800に変更している。

このような「経年機材の退役」と「ダウンサイジング」は、国内線に就航する機材においても進められた。まず二〇〇六年度、需要量の多い路線に対し、また需要量が増える繁忙期に、燃費性能に優れた機材を手当している。例えば、羽田＝札幌、羽田＝鹿児島、羽田＝熊本、羽田＝沖縄などでは週末に需要が増大するため、これら路線に、またその繁忙期に、適正規模の機材を割り当てている。また、燃費効率に優れた小型機材B737－800を、羽田＝山口宇部と羽田＝宮崎に就航させている。これと併せ、需要量の小さい地方路線でビジネスを展開するJEXに対しては、小型機材MD－81を移管している。[103] 二〇〇七年度に入ると、大阪・福岡発着の「比較的需要の小さな路線」に対し、B737－800を投入し、続く二〇〇八年度には、MD－87の退役とB737－800の導入を進めている。[104]

このように、二〇〇六年度～二〇〇九年度までの機材戦略を見てみると、JALは「経年機材の退役」を着実に進め、路線の需要に適合した「多様な機材の調達・配機」を計画通り実行に移していった、とまとめることができよう。

ただし、この時代区分（二〇〇六年度～二〇〇九年度）における大型機材の保有数はほぼ横ばいとなっている。確認の意味で、その前の時代区分（二〇〇一年度～二〇〇五年度）の大型機材の保有状況を見ると、B777を増やしながらも、B747－400はそのまま保有するという形をとっていた。売却損や除却損を避けるため、B747－400の退役を先送りしていたわけである。これが第五節で指摘した「退役なしでの新機材の導入」という問題であった。

これに対し、二〇〇六年度以降は、機材構成の適正化を図るため、B747－400の退役に着手するとともに、燃費効率の改善という観点より、B777の導入も進めていった。つまり、西松氏のリーダーシップの下、JALは、初めて大型機材につき「B747－400の退役」と「新型機材の導入」を同時進行させたのである（図表3－20）。

では、JJグループ全体の保有機材・リース機材はどのように推移していたのか。図表3－23で確認しておこう。JJグループでは、二〇〇五年度、大型機材を九八機、中型機材を六四機、小型機材を六五機、それぞれ利用していた。これが二〇〇八年度になると、大型機材を八六機、中型機材を六八機、小型機材を七一機と構成を変えている。大型機材の割合で言えば、二〇〇五年度の四三％は、二〇〇八年度には三八％に低下し、しかもB747クラシックを一四機削減し、B747－400も五機削減している。この時代区分に入り、初めてB747－400の削減が始まったわけである。

機材に関するこれらの措置を総合的に捉え、本プロジェクトは、西松氏らが「二〇〇七中期プラン」に従って、「機材の退役と更新」を計画的に進めたと評価したい。

（四）座席利用率の改善

既述の通り、二〇〇六年度～二〇〇九年度にわたり、ＪＡＬは「路線の拡充・精査」と「機材構成の適正化」を進めた。「路線」については、国際線では「高収益路線へのシフト」を進め、国内線では「過去に例を見ない規模とスピード」で、路線数を減らしていった。また「機材」についても、旧大型機材に偏っていたそれまでの体制を、よりバランスのとれた構成に変えるべく動いていった。大型・中型・小型機材を揃えることで、より柔軟に路線の需要に応じた運航計画が立てられるよう、機材構成の適正化を急いだわけである。

さて、機材構成の適正化が進むと、通常、座席利用率の分母を構成するＡＳＫが下がることになる。これについては、既に前節において説明した通りである。今一度、図表３－24を参照されたい。二〇〇五年度～二〇〇八年度におけるＡＳＫは、国際線・国内線の双方で削減されており、特に国際線の増減率はマイナス一八％となっている。理論的には、これにより、ＡＳＫとＲＰＫのギャップは小さくなり、座席利用率も大幅に改善されることになる。

しかし、この時期のＪＡＬの利用率（国際線・国内線合計）は、二〇〇五年度～二〇〇八年度にかけ、ほとんど横ばいの状態にあった（図表３－１）。そこでさらに、これを国内線・国際線に分けて確認すると、国内線の利用率は二〇〇五年度～二〇〇八年度にかけ下落していたが、国際線においては、二〇〇七年度までを見る限り、大きく改善していた（図表３－３）。なお、実収単価を見ると、二〇〇五年度～二〇〇八年度にかけ、国内線は緩やかにしか上昇していなかったが、国際線は顕著な伸びを示していた。これは、再生に向けての明るい兆しが、特に国際線を中心に光が見え始めていたことを指す（図表３－８）。

「モノの効率的活用」に関する事実関係は以上の通りである。これらの事実関係を踏まえ、本プロジェクトは、もしＪＡＬに後数年の時間的余裕があれば、そして同プランがそのまま継続実施されていれば、ＪＡＬ破綻はなかったかも

図表３－26　破綻前・再生後JAL連結の路線数と機材数

	2008年度末	2011年度末
国内線（路線）	166	117
国際線（路線）	71	49
機材数（機）	279	215

（注）国際線（路線）は、日本航空株式会社『JAL国際線時刻表』2008年度および2011年度より作成。2008年度はJALとJAL Waysの２社合計値、2011年度はJAL単体の数値である。国内線（路線）は、日本航空株式会社「JALグループ マンスリー レポート」『JAL Group News』2009年３月号および2011年３月号より作成。JAL連結の数値である。なお、臨時便およびチャーター便の路線については、路線数から除外している。機材数（機）は、株式会社日本航空インターナショナル『有価証券報告書』2008年度および日本航空株式会社『有価証券届出書』2011年度より作成。JAL単体の数値である。

しれない、と解している。しかし、冷酷にも歴史は十分な時間的余裕をＪＡＬには与えなかった。二〇〇八年九月、西松氏らの試みは、リーマン・ショックの洗礼を浴び、完全に粉砕された。

　では、「二〇〇七中期プラン」をもっと早いペースで一気に実行することはできなかったのか。表現を変えれば、リーマン・ショックの前までに「徹底して、路線の統廃合と機材構成の適正化」を進めておくことはできなかったのか。

「徹底した統廃合や適正化」と言っても、具体的な数字を示さなければ、議論が抽象的となるため、目安として、再生後ＪＡＬ（ＪＡＬ連結）における路線数と機材数をベンチマークにとってみよう。図表３－26は、「二〇〇七中期プラン」によって達成された二〇〇八年度末の路線数・機材数と、再生後ＪＡＬ（二〇一一年度末）の路線数・機材数を対比したものである。

「路線」については、ＪＡＬが「過去に例を見ない規模とスピード」で削減したという国内線の数（二〇〇八年度末）を例に取ってみたい。同図表によれば、二〇〇八年度末における削減後の路線数は一六六となっている。これに対し、二〇一一年度末の路線数は一一七となっている。この四九路線の差を考慮すると、二〇〇六年度～二〇〇八年度までの国内線はさらに一段と圧縮する必要があったと言わなければならない[105]。もちろん、一六六路線に絞り込むのも大変な苦労であったと思われるが、可能性として、その上を目指すことはできたはずである。ＪＪ統合の際に、ＪＡＬ＝ＪＡＳが「目標とした国内線の数」を思い起こしてもらいたい。発表資料によれば、それは「一一五路線」となっていた。努力すれば、これは達成可能な数とされていたのである。JJ統合時に目指していたこの一一五路線という数は、再生後JALの「一一七路線」とほぼ一致している。これは偶然かもしれないが、実に興味深い一致である。

次に「機材」についてはどうか。二〇〇六年度以降、機材構成の適正化を目指し、中小型機材の導入を図る一方で、大型機材B747-400の退役を進めていた。その結果、二〇〇八年度末には、JAL連結の保有機材数は二七九機にまで絞られている。これは思い切って機材更新を進めた成果である。しかし、この機材数も、二〇一一年度末の二一五機と比べれば、まだやれることを残していたということになる。確かに、B747-400の退役を進めたことは評価できる。しかし、その退役をより早く、より徹底していれば、保有機材数に、これほどの開き（六四機）は生じなかったはずである。言わば、「路線の精査」も「機材の退役・更新」も、さらなる努力が求められ、またその余地も十分に残していた、ということになる。

これは、図表3-24に、はっきりと現れている。二〇〇八年度〜二〇一一年度におけるASKを見てもらいたい。国際線の増減率はマイナス四六%となっており、国内線もマイナス二八%となっている。これは大幅な改善である。本プロジェクトは、既に二〇〇八年度までのJALの努力を評価したが、それでも、国際線の改善率はマイナス一八%で、国内線に至っては僅かマイナス四%に過ぎなかった。つまり、さらなる努力が求められ、かつそれを実行できるだけの余地を残していたということになる。

しかし、取り組みのペースをこれ以上あげることは、可能だったのであろうか。当時のJALは、「路線」については、政治の介入や行政の意向に翻弄され、「機材」については、購入資金の確保に多くの時間を費やさなければならなかった。また機材の退役・整理も急ぎ過ぎれば、巨額の除却損が生じ債務超過に陥る状況にあった。したがって、取り組みは急ぎ過ぎず遅過ぎずで進めるしかなかったのである。

再生プランを具体的に実施するには、JAL経営陣は、ステークホルダー（利害関係者）それぞれの意向、要請、主張に耳を傾け、また外的要因にも目を向け、またステークホルダー間の対立を調整し、多くが納得できる打開策を見つけながら進む必要があった。当時のＪＡＬは、存亡の危機を乗り越えるため、こうした調整に多くの時間と労力を費やさざるを得なかった。その結果、ＪＡＬは、行きつ戻りつしながら少しずつ、成果を出していくしかなかったのである。

注

（1）　山内弘隆・竹内健蔵『交通経済学』有斐閣、二〇〇二年、一二〇～一二一頁。なお、ＡＳＫやＲＰＫといった指標には国際的に統一された定義があるわけではなく、細かな部分については、各航空会社が独自に定義している。日本航空協会編『航空輸送概論』日本航空協会、一九七七年、一四七～一四八頁：井上泰日子『最新航空事業論―エアラインビジネスの未来像』日本評論社、二〇一三年、二三一頁。

（2）　航空券の販売価格は、長きにわたり「国際航空運送協会」（ＩＡＴＡ）の管理下にあった。ＩＡＴＡは、加盟する各国の大手航空会社の航空券価格を規制していたため、航空会社は価格を自由に設定できるわけではなかった。しかし、ＩＡＴＡ非加盟の格安航空会社（ＬＣＣ）が国際線に進出するようになると、国際線の価格競争が激化したため、近年は、大手航空会社の競争力を確保する目的から、ＩＡＴＡも低価格の運賃設定を容認するようになっている。塩見英治『国際航空自由化研究序説―レジームの変容と競争・協調』中央大学出版部、二〇一六年、一～三頁。

（3）　航空会社は、路線・便数の選択について（国際線・国内線双方において）、必ずしも十分な裁量を持っていたわけではない。国際線の場合であれば、路線や便数の選択につき「シカゴ・バミューダ体制」の強い影響下に置かれてきた。この体制は、戦後、米国主導で構築され、各国航空会社の国際線運航に対し、路線・便数や運賃、その他諸々の側面において、影響を及ぼしてきた。坂本昭雄『現代航空法』有信堂高文社、一九八四年、一五七頁：三田譲・中谷秀樹・塩谷さやか『航空輸送事業』同友館、二〇〇七年、二八～三三頁：ＡＮＡ総合研究所『航空産業入門―オープンスカイ政策からマイレージの仕組みまで』東洋経済新報社、二〇〇八年、三二頁。

（4）　最近は、国内外の空港の整備が進み、国際線・国内線ともに路線ネットワークが拡大しているため、航空会社においては、自社の持つ路線と便数に応じて、様々な異なる種類の機材を同時に保有し、運航することが求められている。ポール・クラーク『買うべき航空機とは―航空会社の機材計画のすべて』柴田匡平訳、イカロス出版、二〇一三年、三五頁。日本の国内線について言えば、需要量の大きい幹線では座席数の多い大型機を用いるのが望ましいが、比較的需要量の小さいビーム路線では中型機が好まれる。また地方路線は利用者が極めて少ないため、小型機を用いることが多い。

(5) 日本航空株式会社『有価証券報告書』第三八期、一九八七年度、一六頁。

(6) 日本航空株式会社『有価証券報告書』第三九期、一九八八年度、一七〜一八頁。

(7) 瀧口敬二「日米航空自由化への道」『運輸政策研究』第一三巻第一号、二〇一〇年、一頁。

(8) JALの国際線は「太平洋線」「ヨーロッパ線」「韓国線」「アジア・オセアニア線」に分けられている。日本航空株式会社広報部「第九章　路線」『広報資料』(二〇一二年度版) 二〇一二年一二月、九―A―五〜一二頁。中でも太平洋線は、日米両政府が、両国間の航空協定(「日米航空協定」)を巡る交渉過程において、自国の航空会社の権益を強く主張してきた主要路線である。このため、国際線の路線・便数の選択は、日米航空協定の結果に大きく左右されてきた。井上『最新航空事業論』一二八頁。

(9) 遠藤伸明「国際航空枠組みの比較研究―新日米航空枠組みの評価」『国際経済』第五〇号、一九九九年、八九頁。

(10) 遠藤「国際航空枠組みの比較研究」九二頁。

(11) 井上『最新航空事業論』一二九頁。自由化への対応が遅れたパンナム航空は国際線の路線権を他社に切り売りしている。ユナイテッド航空はこれを取得し、最終的にパンナム航空の後継として「指定企業」になった。当時、アメリカン航空とユナイティッド航空は、国内第一位の座を争っていたという。遠藤伸明・尾崎俊哉「日米航空合意に至る米国の政策転換―米国の対日航空政策を巡る政治経済学」『運輸政策研究』第一巻第三号、一九九九年、一六頁。

(12) 日本航空株式会社『有価証券報告書』第三八期、一九八七年度、一七頁。

(13) 日本航空株式会社広報部『回顧と展望』一九九〇年一二月、一五二頁。

(14) 日本航空株式会社広報部『回顧と展望』一九九〇年一二月、一五二頁。

(15) 国内航空各社の路線運営権は、かつては「四五・四七体制」と呼ばれる枠組みの中で管理されていたが、一九八六年以降、国内航空会社の路線運営が段階的に規制緩和されていった。一九九七年には、国内線における同一路線複数社乗り入れ基準が撤廃され、新規航空会社の参入が認められた。また、二〇〇〇年には、改正航空法が施行され、需給調整規制が撤廃されるとともに、料金も事前届出制に移行した。国土交通省航空局監理部航空事業課「混雑飛行場における発着枠の配分について」二〇〇七年七月三日、一頁。ただし、国内で最も重要な地位を占めていた羽田空港と伊丹空港については、発着容量不足から発着枠が制限されていたため、両空港の発着容量が実質的な路線規制として機能することとなった。日本航空株式会社広報部

『回顧と展望』二〇〇一年六月、六頁：日本航空株式会社広報部「はじめに」『回顧と展望』二〇〇三年六月。このため、羽田空港と伊丹空港の発着枠増枠と、それらの配分が、航空会社が国内線の路線・便数を選択する際の重要なポイントとなった。

(16)　交通サービスが持つ重要な特徴の一つに「在庫あるいは貯蔵が不可能」であることがあげられる。山内・竹内『交通経済学』四三頁。このため、交通関連企業は、供給量の調節が困難であるという特徴を有している。したがって、航空旅客輸送事業においても、一度機材を運航したら、「路線・便数を増やす」か「一便あたりの座席数を増やす」以外に、座席の供給量を調整する方法はない。

(17)　Ｂ７４７が登場して以来、同機をもとにして、日本の国内線向けの「Ｂ７４７ＳＲ」や、二階建て部分を延長して座席数を増やした「Ｂ７４７‐３００」など、多くの派生型が生まれた。原田哲夫『ジェット旅客機―その系譜と変遷』酣燈社、一九九八年、六四～七〇頁。これらの機種はまとめて「Ｂ７４７クラシック」と呼ばれている。

(18)　原田『ジェット旅客機』一二八頁。

(19)　日本航空株式会社統計資料部編『日本航空社史―一九七一～一九八一』一九八五年、三三三頁。

(20)　日本輸出入銀行は、一九八三年一一月に製品輸入金融制度を発足させた。一九八七年度には航空機の輸入金融を製品輸入金融制度から分離させるとともに、航空機輸入を促進させた。一九七三年度～一九九九年度の日本輸出入銀行における製品輸入金融総額に占める航空機向け融資の割合は五〇％以上にのぼったが、融資先の中心は日本航空であった。国際協力銀行編纂『日本輸出入銀行史』二〇〇三年、二五三頁、三九二～三九三頁。

(21)　日本航空株式会社『有価証券報告書』第四〇期、一九八九年度、五頁。

(22)　大鹿靖明『堕ちた翼―ドキュメントＪＡＬ倒産』朝日新聞出版、二〇一〇年、一七七～一八〇頁：吉原公一郎『日本航空―迷走から崩壊へ』人間の科学叢書、二〇〇五年、二六九～二七六頁：森功『腐った翼―ＪＡＬ消滅への六〇年』幻冬舎、二〇一〇年、九一～九五頁：小野展克『ＪＡＬ虚構の再生』講談社、二〇一四年、二〇九頁：熊谷重勝「日本航空の経営破綻と清算貸借対照表」『立教經濟學研究』第六四巻第二号、二〇一〇年、四一～四二頁。

(23)　醍醐聡『労使交渉と会計情報―日本航空における労働条件の不利益変更をめぐる経営と会計』白桃書房、二〇〇五年、一六一頁、一八〇～一九八頁。

(24)　一取引基準は、一九七九年六月二六日に公表された「外貨建取引等会計処理基準」で導入された。これは決済日基準とも呼ばれ、外貨建取引を自国通貨で記録する際に、代金決済額をもって金額を確定するというものである。例えば、外貨建ての掛仕入取引を行う際に、仕入時から決済時までに為替レートが変動した場合には、それに合わせて仕入の金額を修正することとなる。勝島敏明「外貨建取引の会計処理」『為替換算会計の実務』日本公認会計士協会東京会編、中央経済社、一九七九年、五六～五七頁。

(25) 一九七九年当時、為替予約の付された外貨建取引の会計処理については、必ずしも細部にわたっての取り扱いが定められていなかった。ただし、公認会計士協会によれば、外貨建取引の発生時までに予約が付されている場合には、当該予約レートに基づく円価額で記録することとされていた。勝島「外貨建取引の会計処理」一九七九年、六二～六三頁。このような当時の基準に基づけば、機材購入に為替予約が付されている場合、予約レートに基づいて機材の簿価が決定されるため、為替レートの変動に伴って発生するはずの損失（現行の会計基準によれば「為替差損」となるべきもの）は、すべて固定資産の簿価に取り込まれることとなった。

(26) 醍醐『労使交渉と会計情報』一七六頁。

(27) 一九九九年一月に公表された「金融商品会計基準」では、外貨建取引に対して、原則的には独立処理（二取引基準）を採用することとされた。この方法によれば、例えば、外貨建で商品を購入する際に為替予約を行なった場合、商品購入に係る費用（仕入）と、為替予約によって発生する損益（為替差損益）は、それぞれ別の勘定科目によって処理されることになる。ただし、為替予約等を外貨建取引のヘッジ手段として利用している場合には、当分の間、例外的に振当処理を用いることも容認されていた。伊藤眞『外貨建取引・通貨関連デリバティブの会計実務』中央経済社、二〇〇二年、二二頁。

(28) 吉原によれば、為替予約による減価償却費の増加分は、一九八六年度は約五億円で、その後、年々と増えていき、一九九六年度にピークの約八〇億円に達したという。「取得価格増に伴う償却費増」は、結局、二一年間、分散して負担された。つまり、二〇〇七年度まで影響が及んだということになる。吉原『日本航空―迷走から崩壊へ』二七四～二七五頁。

(29) 日本航空株式会社『有価証券報告書』第四一期、一九九〇年度、一九頁。

(30) 日本航空株式会社広報部『回顧と展望』一九九〇年一二月、一六二頁。

(31) 日本航空株式会社広報部『回顧と展望』一九九四年一二月、二二～二三頁。

(32) 一九九二年の時点で、日本の国内路線総数二〇〇のうち競争路線は約二割で、残りの約八割は独占状態となっていた。その状況下で、ＪＡＬ国内線は約九割が競争路線となっていたのに対し、ＡＮＡおよびＪＡＳの路線は半数以上が独占路線であった。日本航空株式会社広報部『回顧と展望』一九九三年一二月、五六頁。

(33)　国内線旅客は羽田空港と伊丹空港を中心としたビーム路線に集中しており、一九八九年度実績によれば、国内線利用旅客のうち両空港利用者が七九％を占め、これら以外の地方路線の利用者は二一％に過ぎなかった。このため、各航空会社は羽田・伊丹発着路線の増便や新路線の開設を希望した。ところが、羽田・伊丹空港ともに発着容量が制約されていたことから、新たな路線開設は十分に認められなかったという。日本航空株式会社広報部『回顧と展望』一九九一年一二月、一二九頁。

(34)　日本航空株式会社広報部『回顧と展望』一九九四年一二月、二二一～二二三頁。

(35)　原田『ジェット旅客機』一五八～一六一頁。

(36)　B777の初期型（B777‐200）は航続距離が七三五〇キロと短かった。原田『ジェット旅客機』二五九頁。その発展形として登場したB777‐300は一万五六〇〇キロの航続距離を誇った。ただ、これも、アメリカ東海岸には届かなかった。このため、当時は、どうしてもB747‐400を保有しておく必要があった。その後、一万四四九〇キロという長大な航続距離を誇るB777‐300ERが開発され、これがB747シリーズを市場から駆逐することとなった。阿施光南・中西克吉『基礎からわかる旅客機大百科―航空知識入門編（イカロスMOOK）』イカロス出版、二〇一四年、二一頁。なお、JALがB777‐300ERの購入契約を結ぶのは一九九九年度からとなる（図表3‐7）。

(37)　この時期に行なわれたジャンボ機の大量購入、MD‐11の一〇機購入などは、貿易黒字を抱えていた日本に対する米国の圧力によるものであったという説もある。杉浦一機『JAL再建の行方―復活か、再び破綻か』草思社、二〇一〇年、一九頁。航空機向けの融資が大半を占めた日本輸出入銀行の製品輸入金融制度が深刻な貿易摩擦問題の緩和を目的として一九八三年に設定されていることから、この説は一定の説得力を持っている。国際協力銀行編纂『日本輸出入銀行史』二五三頁。

(38)　B737‐400とは座席数一五〇前後で、比較的航続距離の短い小型機材であった。原田『ジェット旅客機』一四三～一四七頁。

(39)　吉原『日本航空―迷走から崩壊へ』三八四頁。

(40)　航空機リースの主な形態として、①個々の航空会社の信用力に基づき航空機購入資金を融資する「ファイナンス・リース」、②節税目的で行なう「レバレッジド・リース」、③機体の資産価値に依存した「オペレーティング・リース」の三つがあげられる。羽原敬二『航空機ファイナンスの諸問題』関西大学経済・政治研究所、一九九七年、七～九頁。

(41)　この取引では、まずリース会社が固定資産の購入価額の二割～四割に相当する金額を出資し、特別目的会社（SPC）を設立した。次にこのSPCが残りの必要資金を金融機関より借り入れた。調達したこれらの出資金と借入金をもって、SPCが固定資産を購入し、それを必要とする企業に貸与した。金山剛「日本におけるレバレッジド・リースの実証的考察（上）―我が国リース会社の実務例に触れて―」『經濟學研究』二〇〇〇年、一三七～一三八頁。

(42) 日本におけるレバレッジド・リース取引（JLL）の構造は、基本的には米国のそれと同じである。米国において、投資先で生じた損益の分配を受ける「パートナーシップ」が、日本では商法上の「匿名組合」として理解され、米国と同様に、投資家は損益の分配を受けた。金山「日本におけるレバレッジド・リースの実証的考察（上）」一三九～一四二頁。

(43) 金山「日本におけるレバレッジド・リースの実証的考察（上）」一三六頁。当時、このスキームは、JALだけでなく、競合他社も積極的に使っていた。リースによる資産導入のメリットとして、現金による一括払いで購入する場合よりも、少ない資金で目的物を調達できること、貸手が借手の支払い能力を審査するため、銀行借入限度枠のような制約がないこと、調達した資産をオフバランス化することで財務諸表への影響を小さくすることなどがあった。加藤久明『現代リース会計論』中央経済社、二〇〇七年、二六～三五頁。

(44) JALがJLLを利用したリースをどの時点で開始したかは定かでないが、少なくとも一九八七年度の有価証券報告書には、JLLにより機材を取得した旨が記されている。日本航空株式会社『有価証券報告書』第三八期、一九八七年度、二三頁。なお、JALでは一九九四年度以降の有価証券報告書において「リース物件の所有権が借主に移転すると認められるもの以外のファイナンス・リース取引について、通常の賃貸借取引に係る方法に準じた会計処理によっている」と明記している。さらに一九九六年度以降は、航空機におけるリース物件の「取得原価相当額」と「減価償却累計額相当額」並びにその差額としての「期末残高相当額」が明らかにされており、期末残高相当額は二三〇〇億円から二八〇〇億円の間で推移していた。しかし、貸借対照表に計上された機材簿価のうち、どれだけの価額が「所有権移転ファイナンス・リース」としてオンバランスされたかは不明である。日本航空株式会社『有価証券報告書』一九八五年度～二〇〇二年度、株式会社日本航空インターナショナル『有価証券報告書』二〇〇三年度～二〇〇八年度。

(45) 契約上、解約可能であったとしても、相当の違約金を支払わなければならなかった。角ヶ谷典幸「リース」『財務会計論Ⅱ（応用論点編）』（第四版）佐藤信彦他編著、中央経済社、二〇一〇年、九八～九九頁。

(46) 細野祐二『法廷会計学vs粉飾決算』日経BP社、二〇〇八年、一一三頁。

(47) この割引額を「クレジットメモ」ともいう。それは、また航空機等の売主が買主に与える金銭的な利益、あるいはそれを通知する書面を意味していた。コンプライアンス調査委員会「調査報告書（要旨）」二〇一〇年八月二六日、八頁。

(48)　ＪＡＬはその理由を、「機材の仕入及びリース会社への売却取引は、その後のＪＡＬＩとリース会社のリース契約とは独立した取引であることから、この取引の会計的性質は商社の口銭的なものである」と説明している。コンプライアンス調査委員会「調査報告書」八頁。しかし、『リース取引に関する会計基準の適用指針』は、セール＆リースバック取引に関連して発生した固定資産の売却益を「長期前受収益」として負債計上し、固定資産の減価償却費の割合に応じて、減価償却費に加減する形式で償却処理するよう勧めている。企業会計基準委員会『リース取引に関する会計基準の適用指針』（企業会計基準適用指針第一六号）二〇一一年三月二五日、一三頁。

(49)　安達巧『ＪＡＬの監査の失敗と裁判―日本の公認会計士監査の水準と現実』ふくろう出版、二〇一三年、二二頁。

(50)　一九九一年度以前においても、機材関連報奨額という収益の計上はあった。例えば、一九八三年度には三八・六億円、一九八四年度には三〇・七億円などの収益が計上されている。しかし、それ以降は金額的な重要性が低いということで、営業外収益の「その他」に入れられ、独立して区分表示されることはなかったと推測される。これが、一九九二年度には「営業外収益」の一〇％を超える額にまで膨らんだため、再度、独立して区分表示されるようになり、以降、多くの年度において独立表示されるようになった。日本航空株式会社『有価証券報告書』第四三期、一九九二年度、三八頁。よって、本プロジェクトは、一九九〇年代に入り、これが本格的に活用され始めたと解釈する。

(51)　機材関連報償額は、ＪＪ統合前のＪＡＳにおいても計上されていた。その金額は、一九九二年度～二〇〇三年度までの期間において、合計で約七〇〇億円にのぼった（図表３－25）。この額を、ＪＡＬで計上された約一九〇〇億円と合わせればおよそ二六〇〇億円に達する。これがＪＪ統合後のＪＡＬの機材戦略に対し、深刻な悪影響を及ぼすこととなる。安達『ＪＡＬの監査の失敗と裁判』五四頁。

(52)　この問題を調査したコンプライアンス調査委員会によれば、機材関連報奨額相当額については、「リース会社に機材を売却したことによる利益として一時に計上するのでなく、機材の使用期間（リース期間）に応じてリース料から控除する方法が合理的」だとしつつも、ＪＡＬと同様の会計処理が同業他社でも採用されていたため、また会計監査人の監査も受けた上で実施されていたため、「当該会計処理とは異なる会計処理を必ず採用しなければならないとの国内航空業界の会計慣行が形成されていたとまでは認めることができない」と結論づけている。コンプライアンス調査委員会「調査報告書」九～一〇頁。これに対し、安達は、商法の「公正なる会計慣行」や「一般に公正妥当と認められる企業会計の基準」という観点から、ＪＡＬのこうした会計行為をもって「我が国の会計慣行に照らして問題ない」としたコンプライアンス調査委員会の結論を批判している。

安達『JALの監査の失敗と裁判』四一～四二頁。

(53) 一九九四年にリース会計基準が変更されたことで、一九九四年度以降のJALの貸借対照表では、リース資産を貸借対照表に計上することが求められるようになった。ただし、二〇〇八年度に新たなリース会計基準が適用されるまでは「所有権移転外ファイナンス・リース取引」について賃貸借処理することが例外処理として認められていた。二〇〇八年度改正前のリース取引の詳細については、加藤『現代リース会計論』五一頁を参照されたい。

(54) 機材の簿価は取得原価から減価償却累計額を控除することで求められる。減価償却累計額は、当該機材を取得して以来毎期計上された減価償却費の合計である。減価償却の方法を変更すれば、毎期の減価償却費の価額が変化するため、結果として機材の簿価も変化することとなる。

(55) 醍醐『労使交渉と会計情報』四九頁。

(56) JALは自社所有の航空機だけでなく、その他の固定資産についても、耐用年数を延長することで利益の増額効果を得ていた。これらの利益増加分についても、固定資産の貸借対照表価額に転嫁されるため、同額の含み損を抱えるリスクを負うこととなった。JALの有価証券報告書によれば、耐用年数の延長や減価償却方法の変更（定率法から定額法へ）による利益の増加分が、一九九二年度に約八六億円、一九九三年度に一七八億円、一九九五年度に一一〇億円、一九九七年度に一七四億円、発生している。日本航空株式会社『有価証券報告書』一九九二年度～一九九七年度。これらを通じて、機材の貸借対照表価額が約五五〇億円増額したと推定される。

(57) 醍醐は、「耐用年数の延長は遅きに失したとはいえ、国際的ギャップを縮小する意味でも当然の措置であった」と主張している。ただし、JALは、耐用年数の延長と減価償却方法の変更について「表面上」の「経常収支」を「嵩上げ」するために行なった「益出し」だと述べており、利益を作り出すという明確な意図を持って行なったものであることを明らかにしている。醍醐『労使交渉と会計情報』四九頁。

(58) 日本航空株式会社『有価証券報告書』第四八期、一九九七年度、一九頁。

(59) 日本航空株式会社広報部『回顧と展望』一九九七年四月、六九～七〇頁。

(60) JAL側の説明によれば、一九九六年一二月以降の金融システム不安や東南アジア経済危機に端を発した景気後退により、特に、国際旅客需要は減退し、収入は当初見通しを下回ったとしている。日本航空株式会社広報部『回顧と展望』一九九八年四月、一頁：日本航空株式会社『有価証券報告書』第四八期、一九九七年、一九頁。

(61)日本航空株式会社広報部『回顧と展望』一九九九年四月、五八頁。一九九九年一〇月に東京＝コナ＝ホノルル＝東京線をJALからJALウェイズ（JAZ）に路線移管し、二〇〇〇年四月以降、グアム線、地方発ホノルル線を路線移管している。日本航空株式会社広報部『回顧と展望』二〇〇〇年四月、一頁。当初は、ホノルル、グアムなどのリゾート路線を中心に運航したが、その後は、シドニー、ブリスベン、バンコク、ジャカルタ、デリーなどにも就航した。なお、JAZは、二〇一〇年一二月、JALIに吸収統合されている。日本航空株式会社『有価証券届出書』二〇一二年八月三日、二〇頁。

(62)日本航空株式会社広報部『回顧と展望』一九九七年四月、二頁。

(63)日本航空株式会社広報部「第九章　路線」『広報資料』（二〇一二年度版）二〇一二年一二月、九―B―八～一一頁。

(64)日本航空株式会社広報部『回顧と展望』一九九七年四月、二頁。

(65)二〇一一年度の国内航空旅客者数合計七九〇五万人のうち、羽田便利用者は六六・五％（うち羽田＝大阪（伊丹・関空）便利用者七・四％）であった。国土交通省航空局『羽田空港発着枠と地方航空ネットワークの現状』二〇一三年七月、一〇頁。

(66)日本航空株式会社広報部『回顧と展望』一九九七年四月、四頁。

(67)日本航空株式会社広報部『回顧と展望』一九九七年四月、七～八頁：杉浦一機『JAL再建の行方―復活か、再び破綻か』草思社、二〇一〇年、二一頁。

(68)日本航空株式会社広報部『回顧と展望』二〇〇〇年四月、一二頁。

(69)柳川隆「日本航空と日本エアシステムによる経営統合の競争政策」『神戸大学経済学研究年報』第四九号、二〇〇三年、六八～六九頁。

(70)したがって、本書の研究対象であるJALは、二〇〇四年四月～二〇一一年三月までは、JALIが正式商号となる。

(71)ただし、羽田＝札幌、羽田＝大阪、羽田＝福岡などの幹線では、発着時刻を調整した上で両社運航とした。

(72)日本航空株式会社『有価証券報告書』第五二期、二〇〇一年度、一七頁。なお、二〇〇一年度～二〇〇三年度のJAL有価証券報告書には、紙面に頁の記載がないため、二〇〇四年度以降の有価証券報告書を参考に頁を設定した。以下、同様である。

(73)日本航空株式会社『有価証券報告書』第五三期、二〇〇二年度、一八頁。

(74)株式会社日本航空インターナショナル『有価証券報告書』第五四期、二〇〇三年度、一七頁。

(75)JAL＝JAS統合は、当時の国内航空業界に大きなインパクトを与えた。事実、ANAはJJ統合によって国内線に強大なライバルが出現したことを恐れ、抜本的なリストラに踏み切っている。大鹿『堕ちた翼』一九六頁。

(76) 日本航空・日本エアシステム「JAL・JAS経営統合について」(説明資料)二〇〇二年一月二九日、一四〜一六頁。
(77) 日本航空・日本エアシステム「JAL・JAS経営統合について」一七〜一八頁。
(78) 日本航空・日本エアシステム「JAL・JAS経営統合について」二四〜二六頁。
(79) 中条潮『航空幻想—日本の空は変わったのか』中央経済社、二〇一四年、一〇七〜一〇八頁。
(80) 日本航空・日本エアシステム「JAL・JAS経営統合について」二八〜二九頁。
(81) 日本航空・日本エアシステム「JAL・JAS経営統合について」三九〜四〇頁。
(82) ただし、独立した法人として「日本航空カーゴ」は設置されず、貨物事業は、JALIが担うこととなった。
(83) 日本航空株式会社「JAL Group Monthly Report」『JAL Group News』二〇〇三年四月号〜二〇〇七年四月号。
(84) 小野『JAL虚構の再生』二二四頁。熊谷は、二〇〇二年度の経営統合により、JALは、重複所有する物的資産、人的資産のリストラを実施し、資本の効率性を高める必要があったが、物的資産である機材数は、統合後も、ほとんど変わらなかったと指摘している。熊谷「日本航空の経営破綻と清算貸借対照表」四〇頁。
(85) 呉淑儀サリー「日本航空の経営破綻と日本の航空ビジネスの課題」『ホスピタリティ・マネジメント』第二巻第一号、二九頁。
(86) JJ統合による機材の取得と併せ、二〇〇一年度と二〇〇二年度、JALは、将来を見据え、B777シリーズの購入契約を増やしている。二〇〇三年度〜二〇〇四年度は、国際線需要の低迷を受け、新たな購入契約は控えているが、二〇〇五年度には、再びB777シリーズの購入契約を開始している。なお、二〇〇五年度に、B787を大量発注しているが、これが実際に納入されるのは二〇一二年四月以降であった(図表3-7)。
(87) 株式会社日本航空インターナショナル『有価証券報告書』第五五期、二〇〇四年度、一五頁。
(88) 既述の通り、JALは、一九九七年度に、B777を導入している。これは、一九九四年に登場した大型のワイドボディ・ジェット機で、三〇〇席以上の座席を確保しながらも、燃費性能に優れた機材(双発機)であった。原田『ジェット旅客機』一九九〜二〇一頁。その性能を評価し、JALは、少しずつB777の保有数を増やし、二〇〇五年度には二七機を保有するまでになった(図表3-20)。
(89) 関係者によると、貸借対照表上に一機あたり五九億円で計上されていたジャンボが、中古市場では五億円の価値しかないとも言われた。大鹿『堕ちた翼』九一頁。
(90) 株式会社日本航空「2007〜2010年度JALグループ再生中期プラン」(発表資料)二〇〇七年二月六日。

(91)　日本航空『JAL Group News』(第〇七一四九号)二〇〇八年二月二九日、一頁。
(92)　株式会社日本航空「２００７～２０１０年度ＪＡＬグループ再生中期プラン」四～六頁。
(93)　株式会社日本航空「２００７～２０１０年度ＪＡＬグループ再生中期プラン」一〇頁。
(94)　株式会社日本航空「２００７～２０１０年度ＪＡＬグループ再生中期プラン」九頁。
(95)　株式会社日本航空「２００７～２０１０年度ＪＡＬグループ再生中期プラン」一三頁。
(96)　株式会社日本航空インターナショナル『有価証券報告書』第五七期、二〇〇六年度、一九頁。
(97)　株式会社日本航空インターナショナル『有価証券報告書』第五八期、二〇〇七年度、一八頁。
(98)　株式会社日本航空インターナショナル『有価証券報告書』第五八期、二〇〇七年度、一八頁。
(99)　株式会社日本航空インターナショナル『有価証券報告書』第五九期、二〇〇八年度、一九頁。
(100)　二〇〇六年度～二〇〇九年度の期間に、ＪＥＸに三路線、ＪＴＡに二路線、ＪＡＣに二路線がＪＡＬから移管された。日本航空株式会社広報部「第九章　路線」『広報資料』(二〇一二年度版)二〇一二年一一月、九―Ｂ―八～一一頁。
(101)　株式会社日本航空インターナショナル『有価証券報告書』第五七期、二〇〇六年度、一九頁。
(102)　株式会社日本航空インターナショナル『有価証券報告書』第五七期、二〇〇六年度、一九頁。
(103)　株式会社日本航空インターナショナル『有価証券報告書』第五七期、二〇〇六年度、二〇頁。
(104)　株式会社日本航空インターナショナル『有価証券報告書』第五八期、二〇〇七年度、一九頁；株式会社日本航空インターナショナル『有価証券報告書』第五七期、二〇〇六年度、二〇頁。
(105)　二〇〇〇年航空法改正により、新規路線の設定や増減便は、事前届出制となり、原則として各航空会社の裁量に委ねられていた。しかし、実際には、政府・国交省・政治家などの意向を無視して、航空会社が自由にこれを決めることはできなかった。とりわけ、ＪＡＬの場合、政投銀より巨額の融資を受けていたため、背後にあって影響力を行使し得る政府・政党の思いを軽視することは実質的に不可能であった。もちろん、かねてより、政府系金融機関(特に日本輸出入銀行)から融資を受けていたわけであるが、二〇〇六年度～二〇〇九年度における公的融資は、ＪＡＬ存亡に直接関わる支援であったため、それまでの融資とは性質を異にするものであった。したがって、政府・国交省は公式的には「思い切った路線の整理」を求めていたが、ＪＡＬ側は、政府・国交省の本音を斟酌・忖度し、「ほどほどの整理」に止めたと言わなければならない。その結果が、一六六路線と一一七路線の差である「四九路線」となったと見るべきであろう。

第四章　カネの効率的活用と有利子負債の推移

前章では、ロードファクター（座席利用率）の推移に着目し、「モノの効率的活用」の動きを追った。一九九〇年代以降、ＪＡＬは「路線の拡充・精査」「大型機材の導入・機材構成の適正化」を図ることで、また、それらを一気に進めるための「ＪＡＳとの経営統合」に踏み切ることで、運航路線と就航機材のベスト・マッチングを目指してきた。確かに、これにより、座席利用率が一時的に改善することもあったが、ＪＡＬは、長期先物為替予約の失敗以降、多くの問題の解決を先送りし、将来の経営に「負の影響」を積み残してきた。「カネ」との関係で言えば、直近の決算を良く見せ、費用負担は将来に回してきたのである。

そもそも、民営化以前のように、政府の手厚い保護を受けていれば、また高度成長期のように、業績が好調であれば、あえて問題を先送りする必要はなかったかもしれないが、民営化以降、バブルの崩壊とともに、ＪＡＬを取り巻く環境は大きく変化していった。ＪＡＬグループは、バブル景気の中で、大量の資金調達を行なったが、これが、一九九〇年代に入ると、多額の「有利子負債」として経営を圧迫することとなった。言わば、ここから、ＪＡＬは「カネの効率的活用」を真剣に考えなければならなくなったのである。本章では、ＪＡＬがこの問題に対し、民営化以降、どのような施策を講じてきたのか、そしてその成果はどうであったのかを見ていきたい。

なお、本プロジェクトは、「カネの効率的活用」を捉える尺度として、単純ではあるが、「有利子負債残高」そのものを用いることにする。有利子負債の増減が、ＪＡＬの講じた施策とその成果の一端を映し出すからである。ＪＡＬがとった施策は、経営のどのレベルを見るかで異なってくるが、経営層の試みに焦点を合わせれば、それは「資金調達コストの削減」「営業キャッシュフローの改善」「ＪＡＳとの経営統合」の三つにまとめられよう。

第一節　有利子負債残高の推移

まず「有利子負債残高」の範囲を確認し、これを指標として用いる理由と限界を整理しておこう。それを行なった上で、有利子負債残高が、一九八〇年代中盤以降、どのように変化してきたかを概観したい。

(一)　有利子負債残高とは

ここにいう「有利子負債」とは、各会計年度末における「負債」のうち、企業側が、「利息（金利）を付して返済しなければならない負債」を指す。具体的には、金融機関より調達した「短期借入金や長期借入金」（間接金融）、市場を通じて投資家に売却した「コマーシャルペーパー、普通社債、転換社債型新株予約権付社債」などとなる。[1] 逆を言えば、利息の付かない買掛金や支払手形などを負債より除いたものが有利子負債となる。

周知の通り、企業が必要とする資金は「エクイティファイナンス」（増資）と「デットファイナンス」（借入・社債発行）という形で調達される。装置産業と言われる航空会社の場合、特に二〇世紀中の日本においては、成長の鍵を握るのは「デットファイナンス」であった。

確かに、完全民営化以前のＪＡＬは、事業運営上の制約はあったものの、国と同等の信用力があると見られていたため、社債発行や銀行借入で苦労することはほとんどなかった。「エクイティファイナンス」についても、政府が必要に応じて新規発行株式を引き受けていたため、比較的順調に増資を繰り返すことができた。しかし、一九八七年の完全民営化をもって、この状況は一変した。民営化以降、特に重要となった調達手段が「デットファイナンス」であった。理由は次の通りである。

まず、航空会社は、金融機関や市場より資金（借入や社債発行）を調達し、これを元手に航空機材を取得する。次に、取得した機材を有効活用し、旅客収入・営業利益をあげる。この流れが軌道に乗れば、借入返済や社債償還を行なうとともに、新たな「デットファイナンス」を実施し、次なる投資へと進む。いわゆる「財務活動（デットファイナンスを中心とする調達）、投資活動、営業活動の好循環」を通して、航空会社は成長するものと捉えられていた。

この好循環が見えてくれば、「エクイティファイナンス」はほぼ必然的に付いてくる。将来の「営業キャッシュフロー」（営業CF）が大きくなると市場が判断すれば、株価は上昇し、新規株式の発行も容易となるからである。逆に好循環が起こらなければ、「エクイティファイナンス」は厳しさを増すことになる。

こうした因果関係が明確であったため、本プロジェクトは、「カネの効率的活用」を見る尺度として、「有利子負債残高」そのものを採用することとする。中でもその大半を占める「長期借入金」と「社債」には特別の注意を払うことにする。なお、有利子負債残高を主要指標として用いるにあたり、次の二点を確認しておく必要がある。

第一に、「有利子負債残高」だけでは、カネが効率的に活用されているかという「動態的なプロセス」は把握できない。それゆえ、本章では、財務活動、投資活動、営業活動におけるキャッシュフロー（CF）がどのように動いているか、つまり、調達した資金がどれだけ投資に回り、それがどれほどの利益を生み出しているかについても、必要に応じて言及することとする。

破綻前JALにおける有利子負債残高とCFとの関係を概略的に整理すれば、JALはほとんどの事業年度において営業CFを上回る規模の投資活動（投資CF）を行なっていた（つまり、フリーCFはほとんどの事業年度においてマイナスとなっていた）。この両者の差額分を補う形で財務活動（財務CF）を進めたと言うことができる。JALにおける最大の問題は、投資（投資CF）を増やしても、それが大きな営業CFに結びつかず、資金がなかなか回収されなかったということである。言い換えれば、財務活動、投資活動、営業活動におけるCFが上手く回らず、結果として、有利子負債だけが積み上がっていったということである。JALのこうした状況を動態的に把握するため、適宜、財務・投資・

図表４-１　有利子負債残高の推移

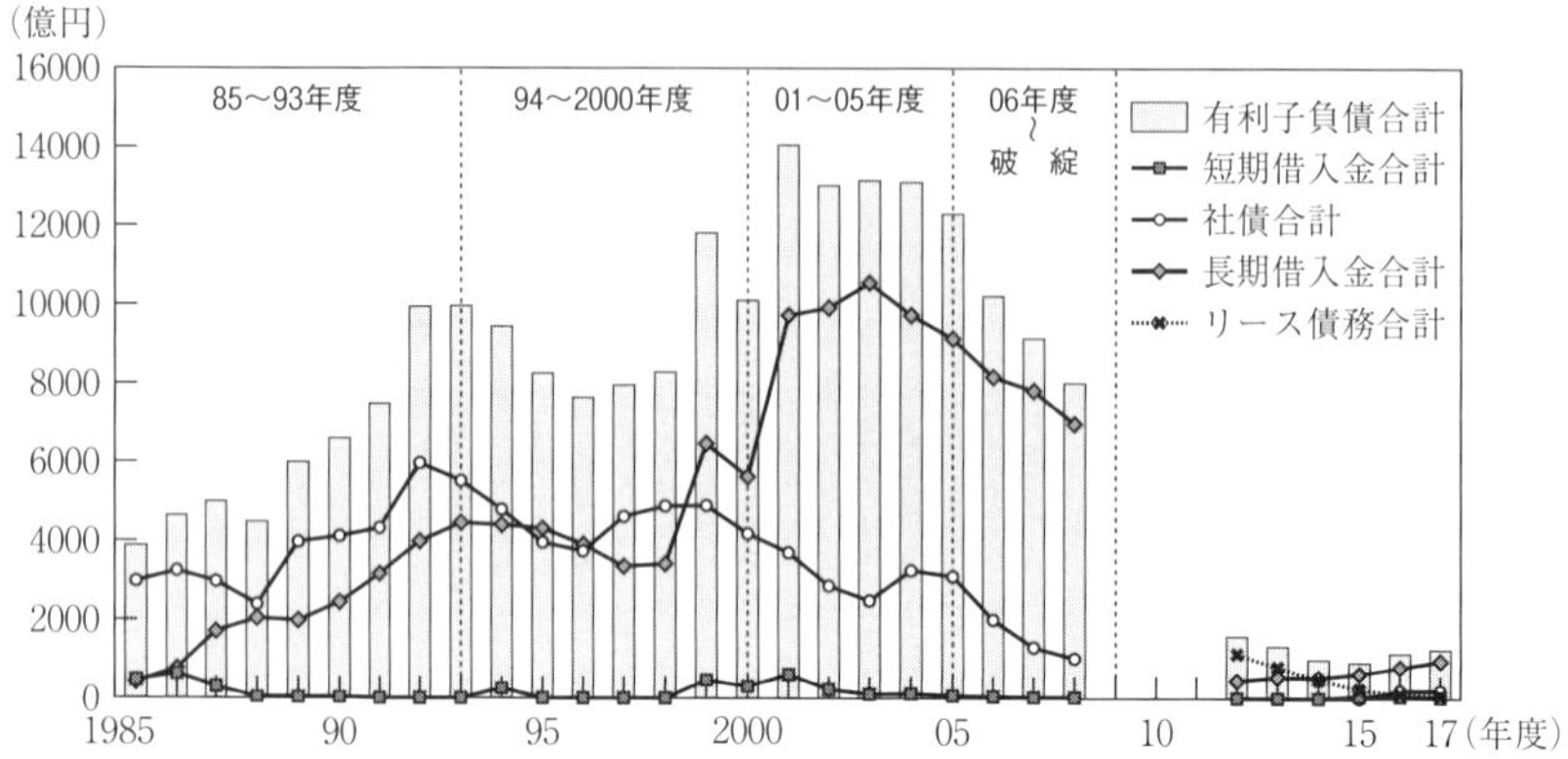

（注）　日本航空株式会社『有価証券報告書』1985年度～2001年度；株式会社日本エアシステム『有価証券報告書』2001年度；株式会社日本航空『有価証券報告書』2002年度～2008年度；日本航空株式会社『有価証券報告書』2012年度～2017年度より作成。1985年度～1998年度はJAL単体、1999年度～2000年度はJAL連結、2001年度はJAL連結とJAS連結の合計値、2002年度～2008年度はJALS連結、2012年度～2017年度はJAL連結の数値である。

営業におけるCFに言及することとしたい。

第二に、貸借対照表上に表記された「有利子負債」だけでは、ＪＡＬが抱える負債の全容は見えない、との指摘がある。既に多くの論者が指摘しているように、破綻前ＪＡＬでは、「航空機材のリースに関わる債務」や「退職給付に関わる債務」など、いわゆる「簿外債務」と言われる負債が存在していた[2]。本章では、必要に応じて、これら債務についても言及することにする。ただし、本プロジェクトでは、簿外債務の影響力の大きさを認めつつも、原則として貸借対照表に計上されている有利子負債を中心に見ていくこととする。

なお、前者の「リース債務」について言えば、「日本型レバレッジド・リース」（ＪＬＬ）によるリース債務は、二〇〇八年度以前（新会計基準適用前）の情報が不明確であったため、また、適用初年度における貸借対照表計上額が軽微であったため、図表４-１では、二〇〇八年度以前の「有利子負債残高」には含めなかった。ただし、再上場後の二〇一二年度以降については、有利子負債全体に占める割合が大きくなったため、これを含めて図示することとした。また、一九九五年度以降については、リース債務に関する情報も入手可能となったため、図表４-２では、リース債務を含む有利子負債残高の推移を別途掲げた。

図表４－２　簿外リース債務の推移

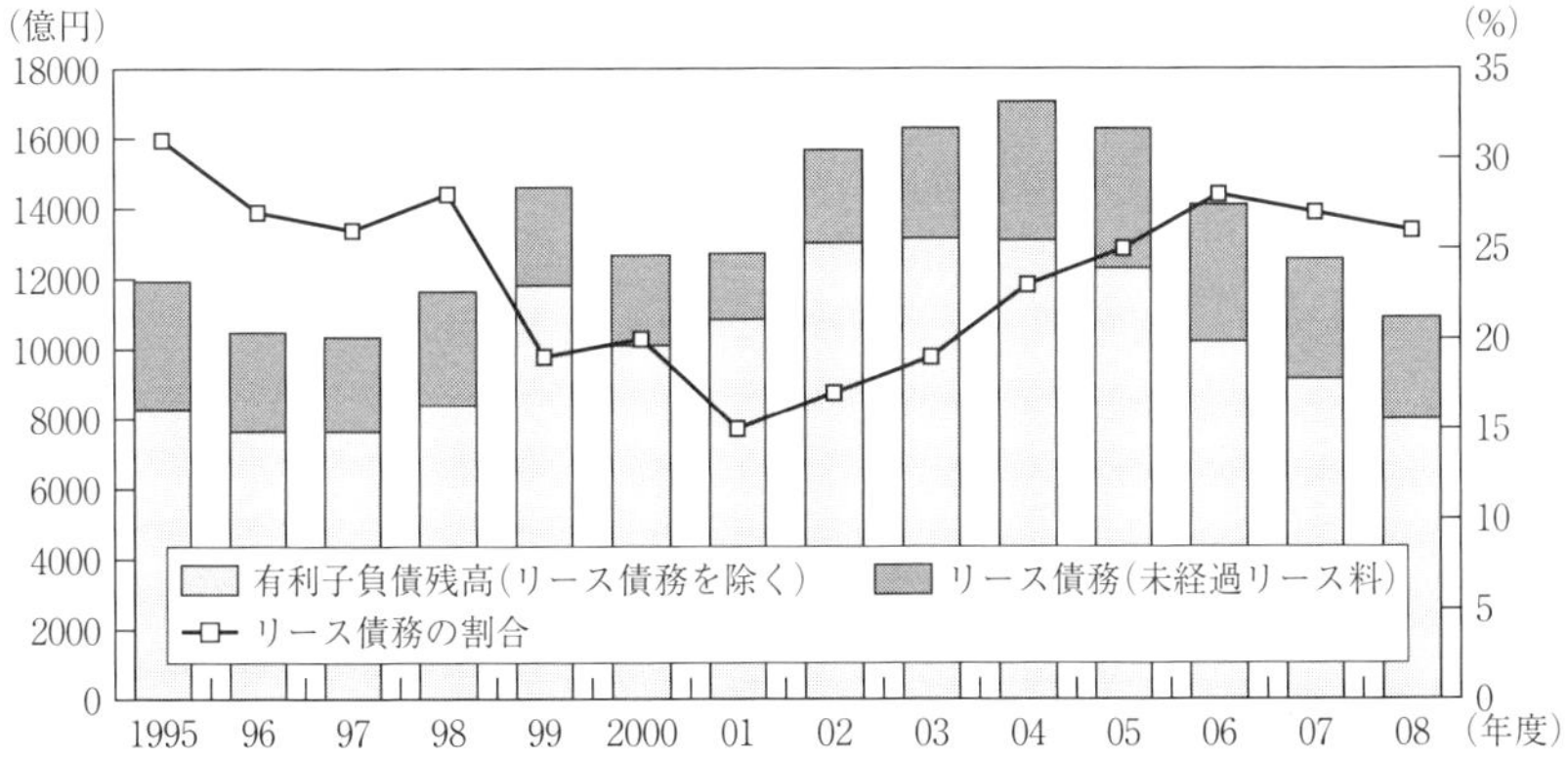

（注）　日本航空株式会社『有価証券報告書』1995年度～2001年度；株式会社日本航空『有価証券報告書』2002年度～2008年度より作成。1995年度～1998年度はJAL単体、1999年度～2000年度はJAL連結の数値、2002年度～2008年度はJALS連結の数値である。

後者の「退職給付に関わる債務」については、次章（ヒトの効率的活用）に譲りたい。

（二）　四つの時代区分

以上の前提を踏まえ、ＪＡＬの有利子負債残高の推移を整理すると、図表４－１の通りとなる。なお、本表では、一九八五年度～一九九八年度については、ＪＡＬ単体の数値を、一九九九年度～二〇〇〇年度については、ＪＡＬ連結の数値を、二〇〇一年度については「ＪＡＬ連結とＪＡＳ連結の合計値」を、二〇〇二年度～二〇〇八年度については、ＪＡＬＳ連結（ＪＪグループ）の数値を、そして二〇一二年度～二〇一七年度については、ＪＡＬ連結の数値を用いている。

まずこの図表の一九八五年度以降の動きに注目すると、破綻までに、四つの変化があったことが分かる。第一は、一九八〇年代中盤～一九九三年度までの期間、残高が右肩上がりで増加していること、第二は、一九九四年度～二〇〇〇年度までの間、残高が緩やかに減少し、一九九九年度に大きく膨らんでいること（図表４－１は、一九九九年度より連結の数値となっているが、単体ベースで見た場合、この時代区分の有利子負債残高は緩やかな減少傾向にある）、第三は、二〇〇一年度～二〇〇五年度にかけ、有利子負債残高が一旦大幅に増加した後、ほぼ横ばいで推移していること、そして最後は、二〇〇六年度～破綻までのうち、二〇〇八年度までに限れば、残高が減少に転じていること、である。

一九九九年度における有利子負債の急増は、この年度より、ＪＡＬ連結の数値を採用したためである。また、二〇〇一年度における有利子負債の増加は、同年度に、ＪＡＬ＝ＪＡＳ統合（ＪＪ統合）が公表されたことを受け、両社連結の合計値をこの時点より用いたためである。本章では、この四つの期間をそのまま「カネの効率的活用」に関する時代区分として採用することにする。

なお、二〇一二年九月の再上場以降の有利子負債残高を見ると、大幅に減少していることが分かる。これは、破綻により五二一五億円の債権が放棄され、総資産規模が縮小したことによるものであるが、再上場後の営業利益は、破綻前事業年度のいずれの営業利益よりも大きくなっている（図表３‐12・６‐７）。この点は強調しておきたい[3]。

さて、既述の通り、有利子負債残高の中でも、大きな割合を占めるのは「長期借入金」と「社債」である。それゆえ、各時代区分における長期借入金と社債の動きについて、特徴を整理しておこう。

まず第一の時代区分（一九八〇年代中盤～一九九三年度）では、長期借入金も社債もともに増加している。特に、ＪＡＬに対する市場の信頼が厚かったことにより、また株式市場そのものが過熱していたことにより、この時期、ＪＡＬは「市場からの自立的な資金調達」を理想的な形で実現していた。社債による資金調達が、銀行融資を上回っていたのは、まさにこのためである。

第二の時代区分（一九九四年度～二〇〇〇年度）では、一九九六年度まで社債残高が減少し、その後、一九九七年度と一九九八年度に、再び、社債発行残高が膨らんでいる。通常の設備投資資金に加え、長期借入金の返済資金がここで必要となったためである。なお、既述の通り、一九九九年度より連結ベースの数値を用いているため、有利子負債残高は急激に増加しているが、社債発行に限って言えば、一九九九年度以降ほとんど行なわれておらず、この頃より「市場からの自立的な資金調達」は困難となっている。有利子負債残高の内訳を見ても、一九九九年度より、社債残高と長期借入金残高が逆転し、その後は長期借入金だけが増加する形となっている。

なお、有利子負債の推移をＪＡＬ単体で見てみると、一九九九年度および二〇〇〇年度の長期借入金残高は、それぞれ二六七〇億円、二六五一億円となっている。(4) この時代区分の始めの年である一九九四年度の有利子負債残高が、単体ベースで四三九七億円であったことを踏まえれば、一九九四年度〜二〇〇〇年度の期間、ＪＡＬ単体の有利子負債は減少していることになる。その意味で、この時代区分では、ＪＡＬ単体は、有利子負債の削減に取り組んできたと言えよう。

ただしかし、銀行融資の減少を補う形で「日本型レバレッジド・リース」（ＪＬＬ）による機材調達も増えており、この点に注意を払っておく必要がある。これは日本輸出入銀行（一九九九年より、国際協力銀行）が主導する「リース・スキーム」であったため、実質的には、単体ベースにおいて銀行融資（長期借入金）が膨らんだものと解す必要があろう。既述の通り、一九九五年度以降については、「未経過リース料期末残高」に関する情報が入手可能となったため、図表４－２にその推移を示す。

第三の時代区分（二〇〇一年度〜二〇〇五年度）では、二〇〇一年度に入るとともに、社債発行残高と長期借入金残高の開きが大きくなり、長期借入金だけが急増していく。これは、同時多発テロなどのイベント・リスクが顕現し、ＪＡＬを含む日本の航空会社が、日本政策投資銀行（政投銀）などより緊急の金融支援を受けた結果である。繰り返しになるが、ここで有利子負債の残高が一気に増えるのは、緊急の金融支援以外に、二〇〇一年度より「ＪＡＬ連結とＪＡＳ連結の合計値」を有利子負債残高として採用したためである（二〇〇二年度以降は、ＪＡＬＳ連結（ＪＪグループ）の数値となっている）。

最後の時代区分（二〇〇六年度〜二〇一〇年一月）では、二〇〇八年度までに限って言えば、長期借入金残高は減少し続けている。「発行済社債の償還」を控え、また同時に「機材の本格的な更新」を進めるため、二〇〇六年六月、ＪＡＬは「市場からの自立的な資金調達」（公募増資）(5) を試みるが、株価下落により、思い通りの調達とはならず、既存株主には「株価下落分」だけの損害を与える結果となる。

これ以降、ＪＡＬは「政府による緊急支援」「政投銀を中心とする銀行団」に頼る以外、資金調達の術を完全に失ってしまう。このため、八方塞がりの状況から抜け出し、ＪＡＬを再生させるには、銀行団に経営トップの決意をより明確かつ具体的に示さなければならなくなる。その決意の内容が、第三章で触れた「二〇〇七～二〇一〇年度ＪＡＬグループ再生中期プラン」（二〇〇七中期プラン）であった。

以上の四つの時代区分を前提とし、それぞれの期間において、ＪＡＬが「カネの効率的活用」に関し、どのような問題に直面し、それに対してどのような施策を講じたのかを追っていきたい。

第二節　一九八〇年代中盤～一九九三年度

この時代区分（一九八〇年代中盤～一九九三年度）における特徴は、有利子負債が一気に増加したことである。その増加をもたらしたのは、ＪＡＬが講じた二つの施策によって説明される。第一は「資金調達コストの削減」であり、第二は「営業ＣＦの改善」である。まず調達コストを削減するために、ＪＡＬが講じた措置から見ていこう。

（一）完全民営化と「資金調達コストの削減」

一九五三年に半官半民の特殊法人として出発したＪＡＬは、役員人事や事業計画などについて「日本航空株式会社法」（日航法）による各種の制約を受けていた反面、多くの恩恵にあずかっていた。特に、資金調達については、一般の民間企業よりも有利な条件で社債を発行できることになっていた。例えば、民間企業は、商法の規定上「資本金および資本準備金の総額または純資産額のいずれか少ない額の二倍まで（商法第二九七条）」しか社債発行が認められていなかったのに対し、ＪＡＬでは、「社債発行限度の特例（日航法第五条）」により、純資産額の五倍までの発行が認められていた。[6] また、ＪＡＬの債権には、政府による「債務保証（日航法第九条）」が付いていたため、有利な条件（低い金利）での社債発行が可能となっていた。つまり、「資金調達コスト」は非常に低く抑えられていたのである。

一九八七年一一月の完全民営化は、政府による監督規制を緩和し、JALに大幅の裁量を与えたが、同時に「資金調達コストの削減」を念頭に置いた経営の必要性を求めるものでもあった。民営化により、上記の特例はすべて廃止され、他の民間企業と同等の条件で、例えば、社債発行の限度額であれば、純資産額の「二倍まで」という条件で、資金調達を行なわなければならなくなった。

このため、「資金調達コストの削減」に関し、JALが真っ先に対処すべき課題は、既に二倍を超えていた社債発行残高を圧縮することであった。例えば、一九八五年度末（一九八六年三月末）、JALの資本金は六九六億円、資本準備金は四三一億円で、両者の合計額は一一二七億円であったが、社債発行残高は二九七七億円で二・六四倍になっていた。その状況は一九八六年度（一九八七年三月末）も続き、比率は二・八八倍に膨らんでいた(7)。それゆえ、一九八六年度～一九八八年度の期間、JALは社債発行残高を減らし、逆に銀行借入を増やさなければならない状況にあった。ただ、これだけでは、十分な資金は確保できないと判断し、また調達コストを十分に引き下げることもできないと考え、JALは、一九八八年度と一九八九年度、増資に踏み切っている。これにより、JALは、二三七三億円の資金を調達するとともに、「社債発行可能枠」を広げている。

(二) 高格付けと社債の大量発行

一九八九年度以降に、発行済社債の残高が積み上がっていくのは、まさにこの増資を受けての結果である。もっとも、社債発行可能枠を広げただけでは、「調達コストの削減」とはならない。社債を消化できる市場がなければならず、また JAL自身の格付けも高くなければ、調達コストを下げることはできない。幸いなことに、この時期、JALが発行する社債は、世界トップクラスの格付けを与えられていた。

例えば、一九九〇年度には、国内の格付機関より、国内航空会社として最高の「AAプラス」を得ていた。また翌一

図表4－3　社債の発行状況（1989年度～1993年度）

（単位：億円）

発行日	名　称	発行総額
1989年4月20日	第1回米ドル建新株引受権付社債	1321
1989年12月13日	第3回無担保転換社債	250
1989年12月13日	第4回無担保転換社債	200
1989年12月13日	第5回無担保転換社債	200
1991年2月22日	第1回ユーロ円建社債	100
1991年2月22日	第2回ユーロ円建社債	100
1991年3月12日	第3回ユーロ円建社債	100
1991年10月9日	第4回ユーロ円建社債	200
1991年10月9日	第5回ユーロ円建社債	100
1992年4月15日	第6回ユーロ円建社債	300
1992年9月11日	第7回ユーロ円建社債	200
1992年9月11日	第8回ユーロ円建社債	100
1992年12月16日	第9回ユーロ円建社債	500
1993年3月10日	第10回ユーロ円建社債	400
1993年3月10日	第11回ユーロ円建社債	200
1993年7月22日	第12回ユーロ円建社債	200
1993年7月22日	第13回ユーロ円建社債	150
1993年7月22日	第14回ユーロ円建社債	150
1993年7月22日	第11回米ドル建社債	268
1994年1月14日	第15回ユーロ円建社債	300
合計		5339

（注）日本航空株式会社『有価証券報告書』第44期、1993年度、53～55頁より作成。

九九一年度には、スタンダード&プアーズ（S&P）より「AAマイナス」を、ムーディーズより「Aa3」をそれぞれ取得していた。(8)ちなみに、この時期、米国の航空会社は総じて経営が思わしくなく、S&Pの格付けでは、デルタ航空が「A」、アメリカン航空が「Aマイナス」、ノースウエスト航空が「B」となっていた。その中で、JALだけは、ダブルAの格付けを誇っていたのである。よって、海外で起債すれば、JALは、非常に有利な条件で資金を調達することが可能であった。(9)

事実、この優位性を活かし、JALは、一九八九年度～一九九三年度にわたり、毎期一〇〇〇億円規模で社債を発行し、総額五三三九億円を調達している（図表4－3）。まさに、この時期のJALは「市場からの自立的な資金調達」を難なく実現していたわけである。

(三) 政府系金融機関からの借入

この時代区分（一九八五年度～一九九三年度）

においては、社債発行のみならず、銀行借入（長期借入金）も、ＪＡＬの経営を支える重要な柱となっていた。その借入金の中でも、日本輸出入銀行（輸銀）からの融資は大きなウエイトを占めていた。同行は「日本輸出銀行法」に基づき、一九五〇年に設立された政府系金融機関である。[10] 設立当初の目的は「輸出貿易を促進すること」に置かれていたが、一九五二年の輸銀法改正で、「外国貿易を促進すること」に改められ、輸出のみならず、輸入に係る事業も融資の対象とされた。なお、この時、名称も「日本輸出銀行」から「日本輸出入銀行」に改められている。

その後、日本政府は、貿易黒字問題に対処するため、一九七二年、輸銀法を改正し、輸入金融を拡充している。[11] 具体的には、それまでは「国民経済の健全な発展のために必要な重要物資（原料・材料その他の物資）の前払いに必要な資金」に限定されていたが、同年の改正で、外国産の航空機や機械などの購入資金も融資対象に加えられた。[12]

この輸入融資は、貿易摩擦の解消を意図とした緊急対策の色彩が強かったが、経常収支の黒字恒常化を受け、一九八三年一一月以降、より一般的な融資制度として定着していった。[13] 加えて一九八七年六月には、既存の輸入融資制度から独立する形で「航空機輸入金融制度」が導入され、「航空会社による機材購入」を政府として本格的に後押しする仕組みが整うこととなった。[14]

図表４‐４は、輸銀（一九九九年より国際協力銀行）からの借入残高の推移を示している。一九八七年度、ＪＡＬの残高が大幅に増えているが、それは、ＪＡＬが航空機輸入金融制度を活用し借入を増やしたことによるものだ。同制度融資は、航空機材購入資金の五〇％につき、低金利（一九八七年一二月時点で年五・二％）で、一五年の長期貸付を実施するというものであった。[15] 同時期のＪＡＬの支払利子率が約六％であったことを考慮すれば、これは極めて有利な条件での借入を可能とする仕組みであった。[16]

既述の通り、当時、政府系金融機関のうち、ＪＡＬへの融資を中心的に担っていたのは輸銀であったが、この他、日本開発銀行（開銀）もＪＡＬへの融資を行なっていた。ただ、図表４‐５が示す通り、この時代区分（一九八五年度～一九九三年度）における開銀からの融資は総額で二二一億円にとどまっていた。また、その使途も、航空機材の調達では

図表4-4　日本輸出入銀行（国際協力銀行）からの融資残高の推移

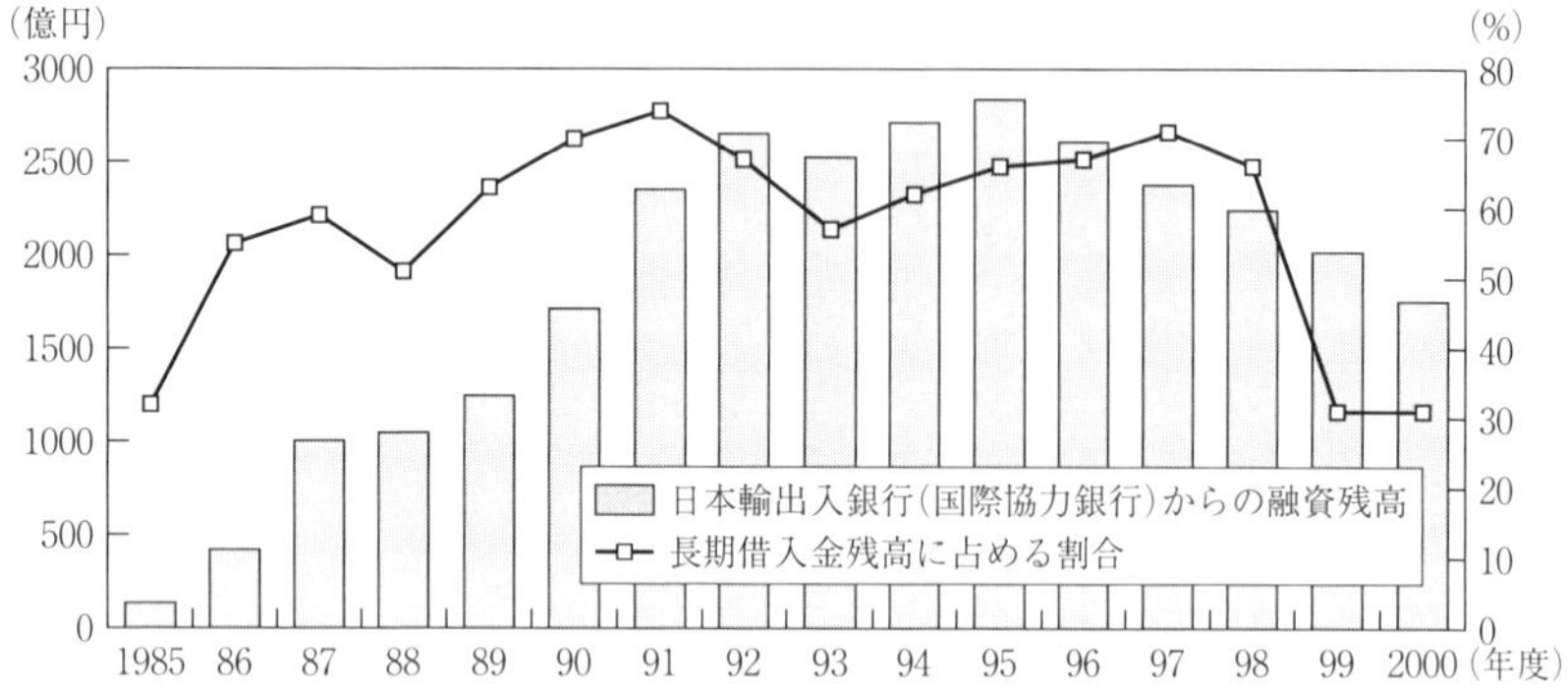

（注）　日本航空株式会社『有価証券報告書』1985年度～2000年度より作成。1985年度～1998年度はJAL単体、1999年度～2000年度はJAL連結の数値である。

図表4-5　日本開発銀行（日本政策投資銀行）からの融資残高の推移

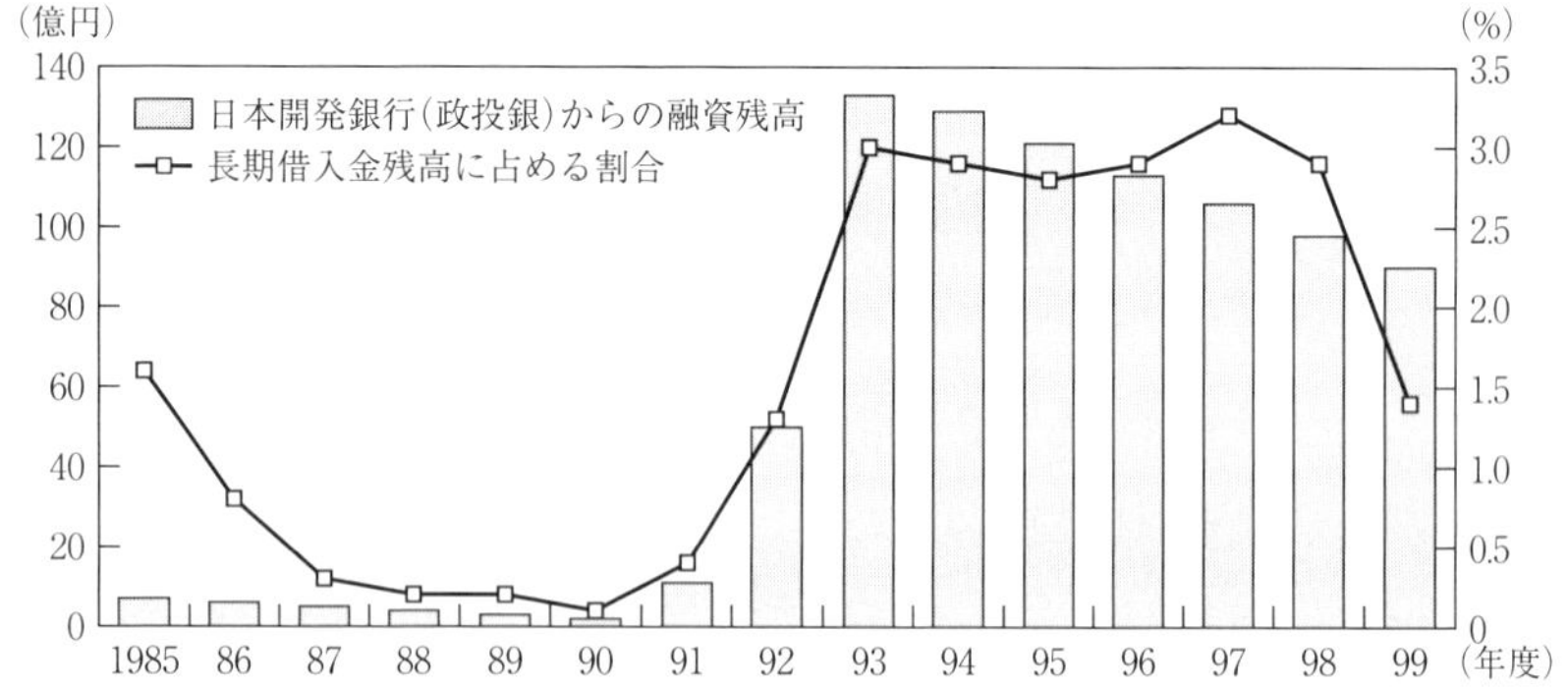

（注）　日本航空株式会社『有価証券報告書』1985年度～1999年度より作成。1985年度～1998年度はJAL単体、1999年度はJAL連結の数値である。

なく、「空港設備の建設資金」となっていた(17)。

　これら政府系金融機関（輸銀、開銀）からの借入が、民間からの融資よりも遥かに有利であったことは言うまでもない。このため、一九八五年度～一九九三年度の期間、ＪＡＬは長期借入金残高を増やし、調達先も政府系に集中させていった（図表４－６）。同時代区分の最終年度である一九九三年度には、借入金総額は約四五〇〇億円となり、そのうち公的融資は六割を占めていた（ピーク時の一九九一年度には七割を超えていた）。「カネの効率的活用」に繋がる施策という視点で言えば、これが「調達コストの削減」という財務戦略であった。

(四) 支払利息と「インタレスト・カバレッジ・レシオ」の推移

既に見てきたように、この時期のJALは、社債発行と銀行借入の双方を増やしている。その結果、一九九三年度の有利子負債残高は約一兆円に膨らんでいる(図表4-1)。負債の増加は、当然の流れとして毎期の支払利息を増大させていった。図表4-7は、「借入利息」と「社債利息」の合計額の推移を示しているが、それは、一九八五年度~一九八八年度まで上昇し、一九八九年度に一旦下がるものの、その後、再び、上昇に転じている。一九八九年度に支払利息が下がったのは、前年度(一九八八年度)末の有利子負債残高が、一旦、減少したためである。

支払利息の金額も重要であるが、ここでは「インタレスト・カバレッジ・レシオ」(ICR)の動きにも着目したい。これは、銀行借入や社債などの有利子負債から発生する支払利息を、営業利益でどれくらい賄っていたかを把握する指標である。[18] 一九八五年度~一九八八年度、支払利息の総額が増えているにもかかわらず、ICRは改善している。これは、支払利息の増額分を上回るペースで、営業利益が伸びていたためと説明される。ところが、一九八九年度をピークに、それ以降、一九九二年度までICRは急落している。バブル崩壊とともに、金利負担がJALの経営を一気に圧迫していったことが分かる。

この時代区分を通じて、JALは、利用可能な手段と制度を実に合理的に駆使し、社債発行においても、銀行融資においても、「カネの入口部分」における効率的な資金調達を進めていった。しかし、ICRの変化に見られるように、一九九〇年度以降、「出口部分」に当たる営業CFが悪化し、それまでの積極的な資金調達が裏目に出ることとなった。では、この時期、営業CFの改善について、JALはどのような措置を講じていったのであろうか。

図表 4 - 6　政府系金融機関からの借入残高の推移

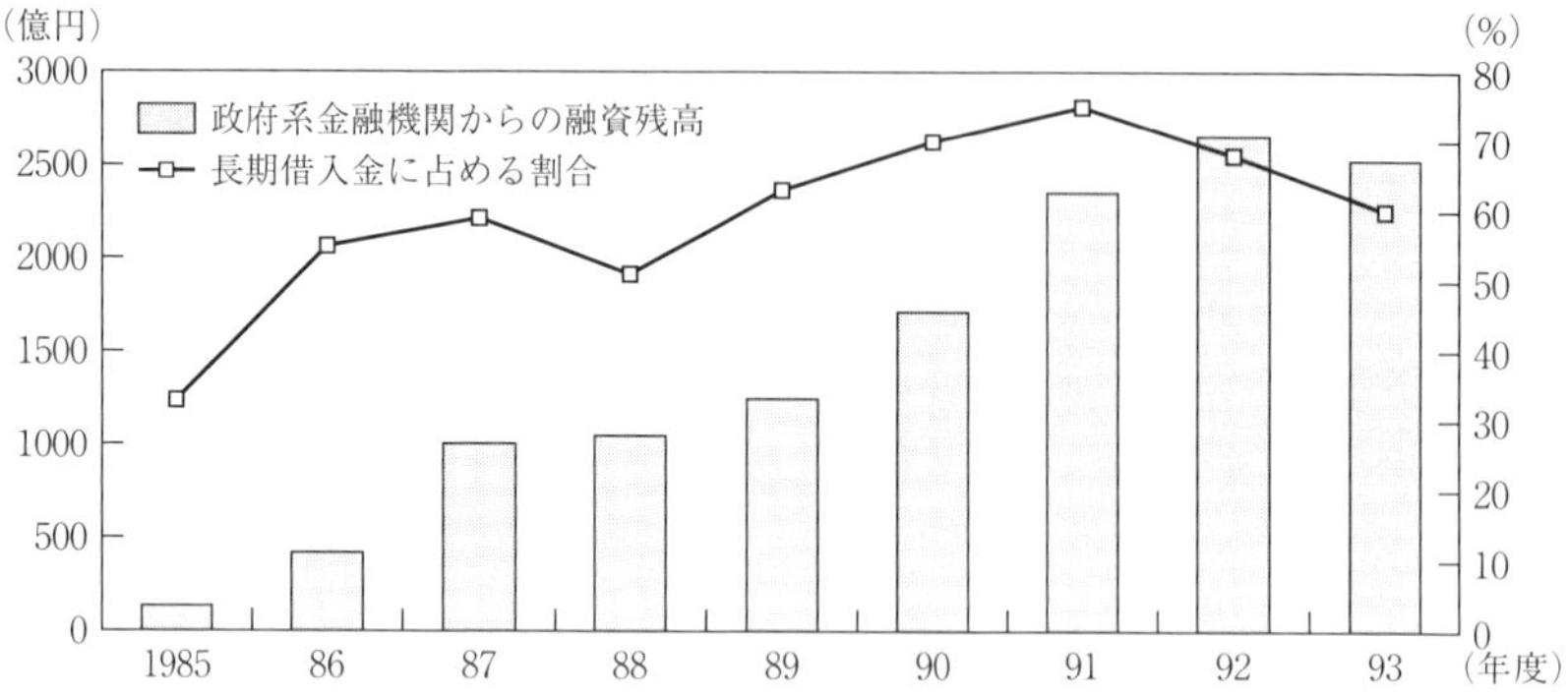

（注） 日本航空株式会社『有価証券報告書』1985～1993年度より作成。JAL 単体の数値である。

図表 4 - 7　支払利息の推移

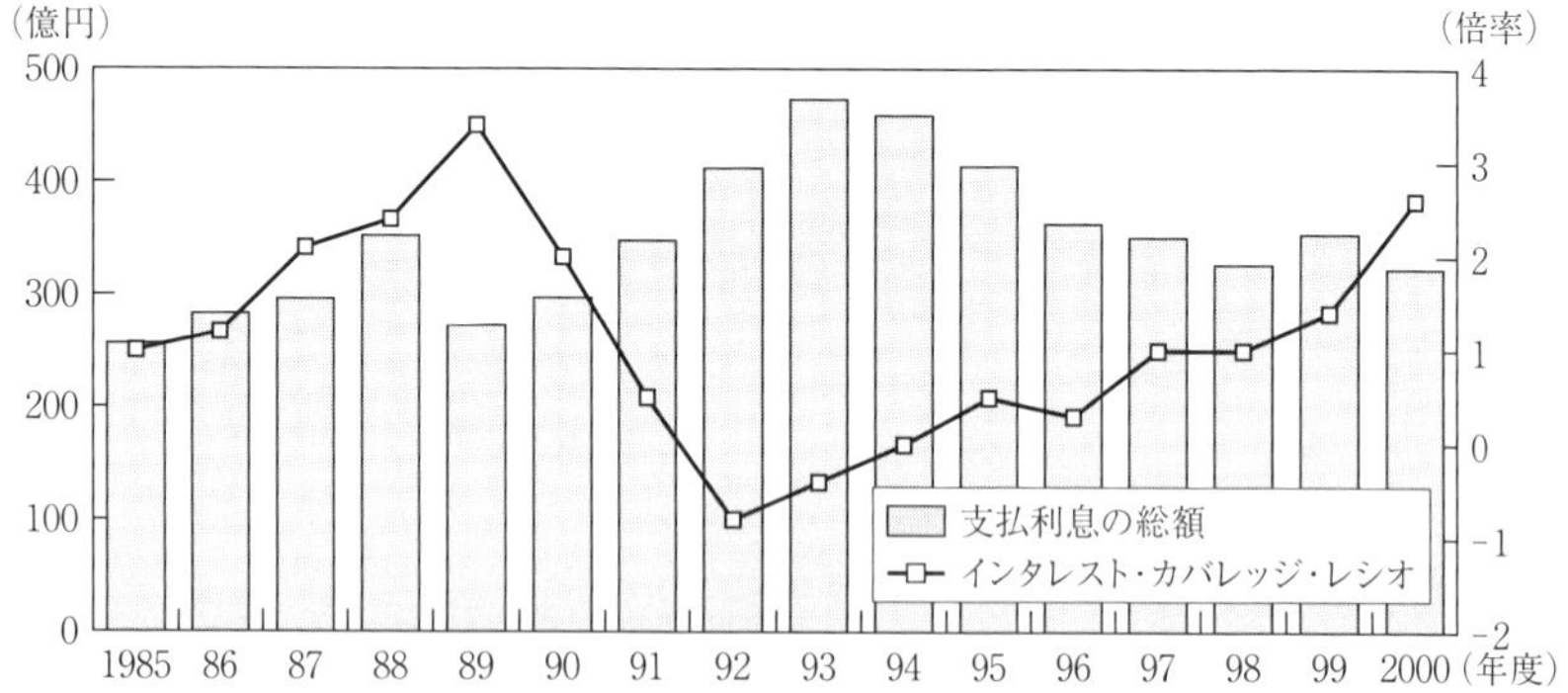

（注） 日本航空株式会社『有価証券報告書』1985年度～2000年度より作成。1985年度～1998年度は JAL 単体、1999年度～2000年度は JAL 連結の数値である。

（五）営業CFと事業の多角化

第三章で指摘した通り、本書の関心は、JALが提供する「旅客輸送サービス」にある。それゆえ、旅客運航事業との関連で、JAL単体の営業CFがどうなっていったかを確認したい。図表4－8を参照されたい。

ロードファクター（座席利用率）については、第三章のデータを使っているが、営業CFおよび投資CFについては、当時、CF計算書の作成が義務づけられていなかったため、JALの有価証券報告書の「資金収支の状況（資金繰りの状況）」を元にキャッシュの流れを算出・整理してみた。なお、同図表におけるロード

図表4-8　営業CF・投資CFアウトと座席利用率の推移

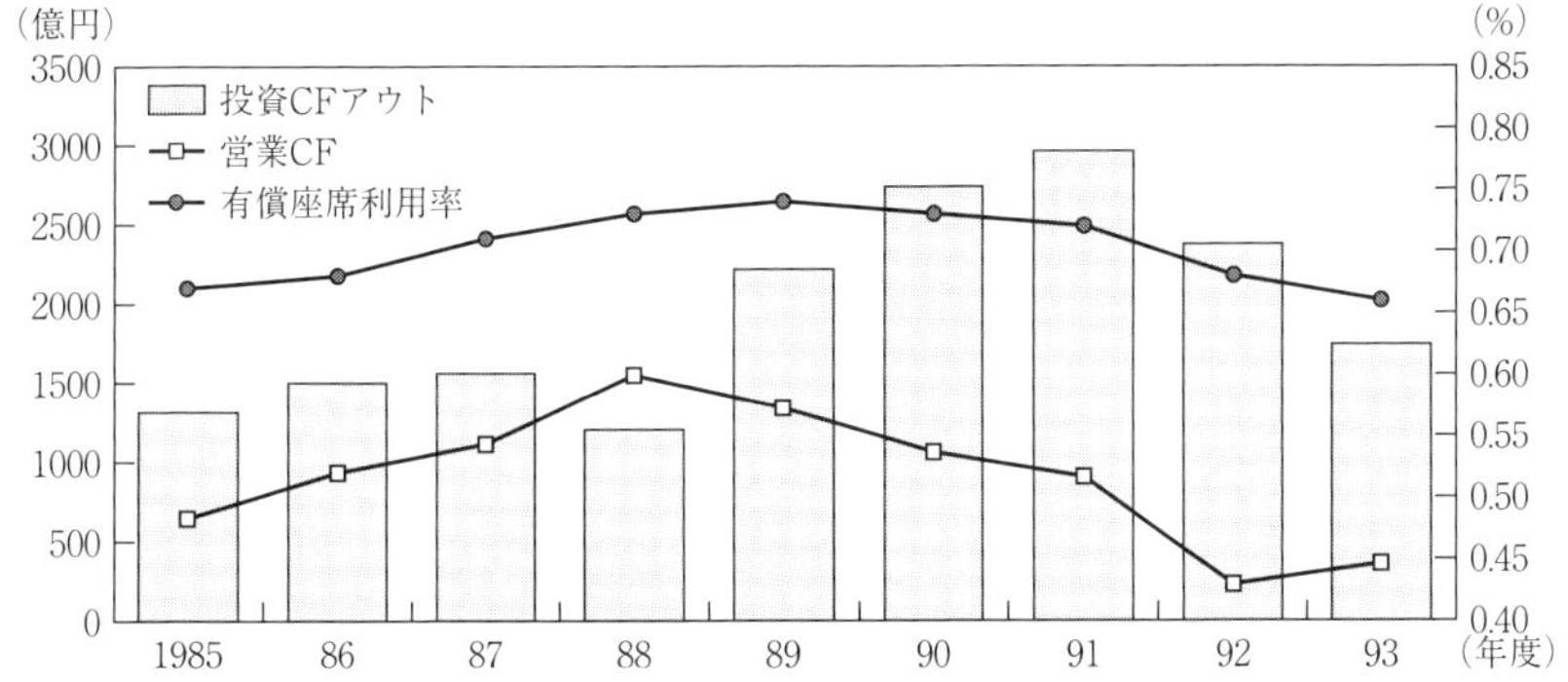

（注）　日本航空株式会社『有価証券報告書』1985年度～1993年度より作成。なお、この当時はキャッシュフロー計算書の開示が義務づけられていなかったため、表中の各キャッシュフローの数値は、有価証券報告書の「資金収支の状況（資金繰りの状況）」を用いて作成した。いずれもJAL単体の数値である。

ファクター、営業ＣＦおよび投資ＣＦは、すべてＪＡＬ単体の数字となっている。以上の前提を置いた上で、一九八五年度～一九八八年度を見ると、その時期、営業ＣＦは増え続けている。しかも、営業ＣＦは、投資ＣＦアウトの上昇と並行して増加している。通常、投資の回収は数年の期間をかけて行なわれるため、ここに理想的な形が生まれつつあったことを示している。第三章第二節において、一九八〇年代中盤～一九八九年度における「モノの効率的活用」の状況を確認したが、そこでは、投資を拡大しながら、座席利用率も改善するという流れができあがっていた。それが営業ＣＦの改善に現れていたわけである。

なお、営業ＣＦは一九八九年度より縮小し、これを追うように、座席利用率が一九九〇年度、一九九一年度、下降していった。それでも、利用率は一九九一年度まで何とか〇・七以上を維持していたが、一九九二年度、一九九三年度になると、バブル崩壊の影響を受け、座席利用率・営業ＣＦともに急落していった。

「カネの効率的活用」の状況を確認する上で、さらに重要な点は、この時期、ＪＡＬが「事業の多角化」という経営方針を打ち出し、本業以外でも「稼ぐ力」の強化を図ろうとしていたことである。つまり「営業ＣＦの改善」という施策を意識し、これをグループ戦略として展開していたわけである。

既述の通り、この時代区分（一九八五年度～一九九三年度）において、

図表４‐９　子会社・関係会社株式のB/S計上額の推移

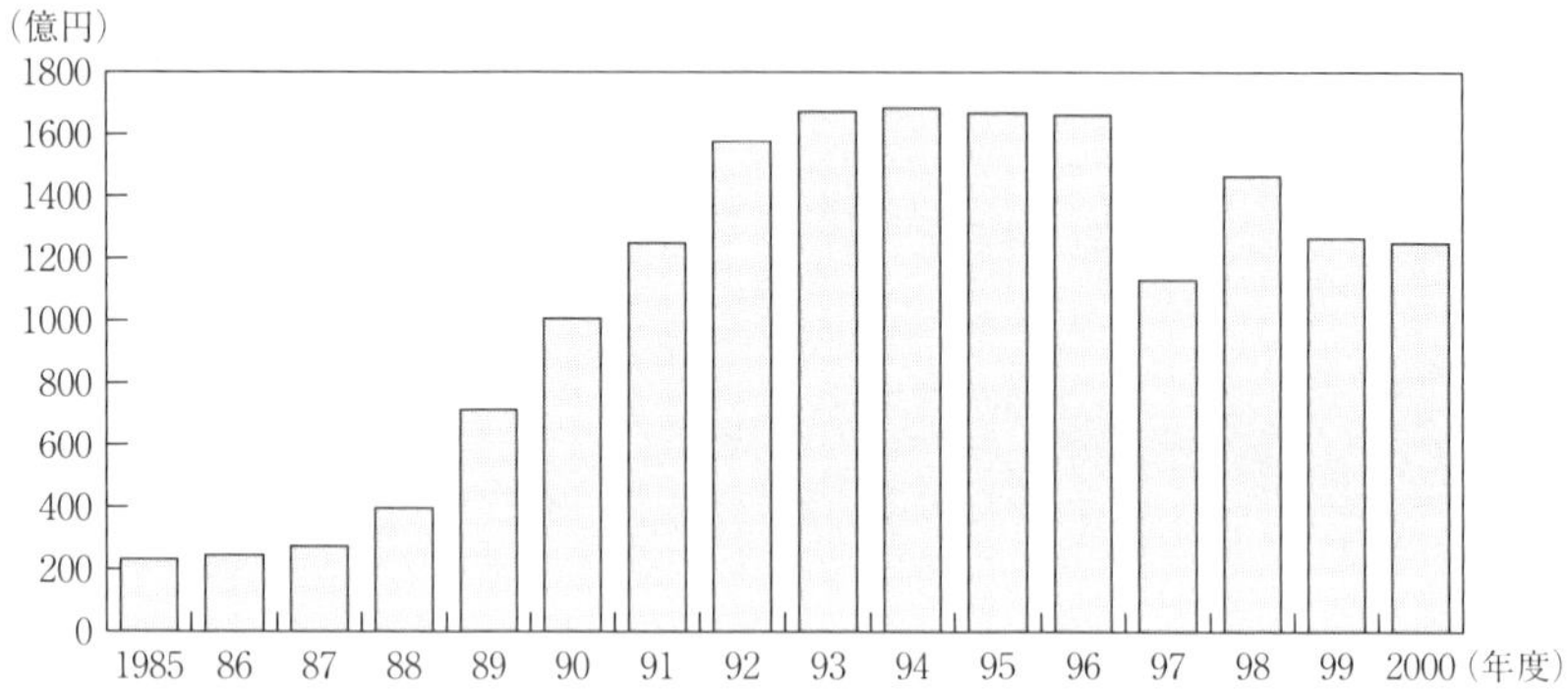

（注）日本航空株式会社『有価証券報告書』1985年度〜2000年度より作成。JAL単体の数値である。

ＪＡＬは、一兆円規模の資金調達を行ない、その大半を航空機材の購入に充てた。ただ、投資活動におけるキャッシュは、機材の購入だけに充てられたわけではない。図表４‐９を参照されたい。ここに、一九八五年度以降のＪＡＬにおける子会社・関連会社に対する投資残高が示されている。加えて、図表４‐10も参照されたい。ここに連結子会社数の推移が示されている。一九九八年度以前については、持分法適用関連会社に関する正確な情報が得られないため、図表は連結子会社の数だけとなっているが、民営化以降、子会社の数が急増していることは理解できよう。これらの数字から、投資ＣＦのうち、相当額が子会社・関連会社への出資（累計で一六〇〇億円以上の出資）に回り、またかなりの金額が貸付に回ったと推測される。

当時の社長山地進氏（一九八五年一二月〜一九九〇年五月）は、事業多角化を「総合生活文化産業としての飛躍」をもたらす戦略と位置づけていた。氏の号令の下、民営化とともに多角化が本格的に進められ、次期社長の利光松男氏（一九九〇年六月〜一九九五年五月）の経営下にあっても、つまり、バブル崩壊後にあっても、この戦略は維持・推進された(19)。

多角化を目指すＪＡＬの意思は、図表４‐11が示す通り、民営化前後における「定款」の変更に表れている。ＪＡＬの「定款」第二条（事業目的）を見ると、民営化前、事業目的は五項目に限定されていたが、民営化後、一七項目に広げられている。これを本業との関連が強いものから順に並び

図表4－10　連結子会社数と従業員数（単体・連結）の推移

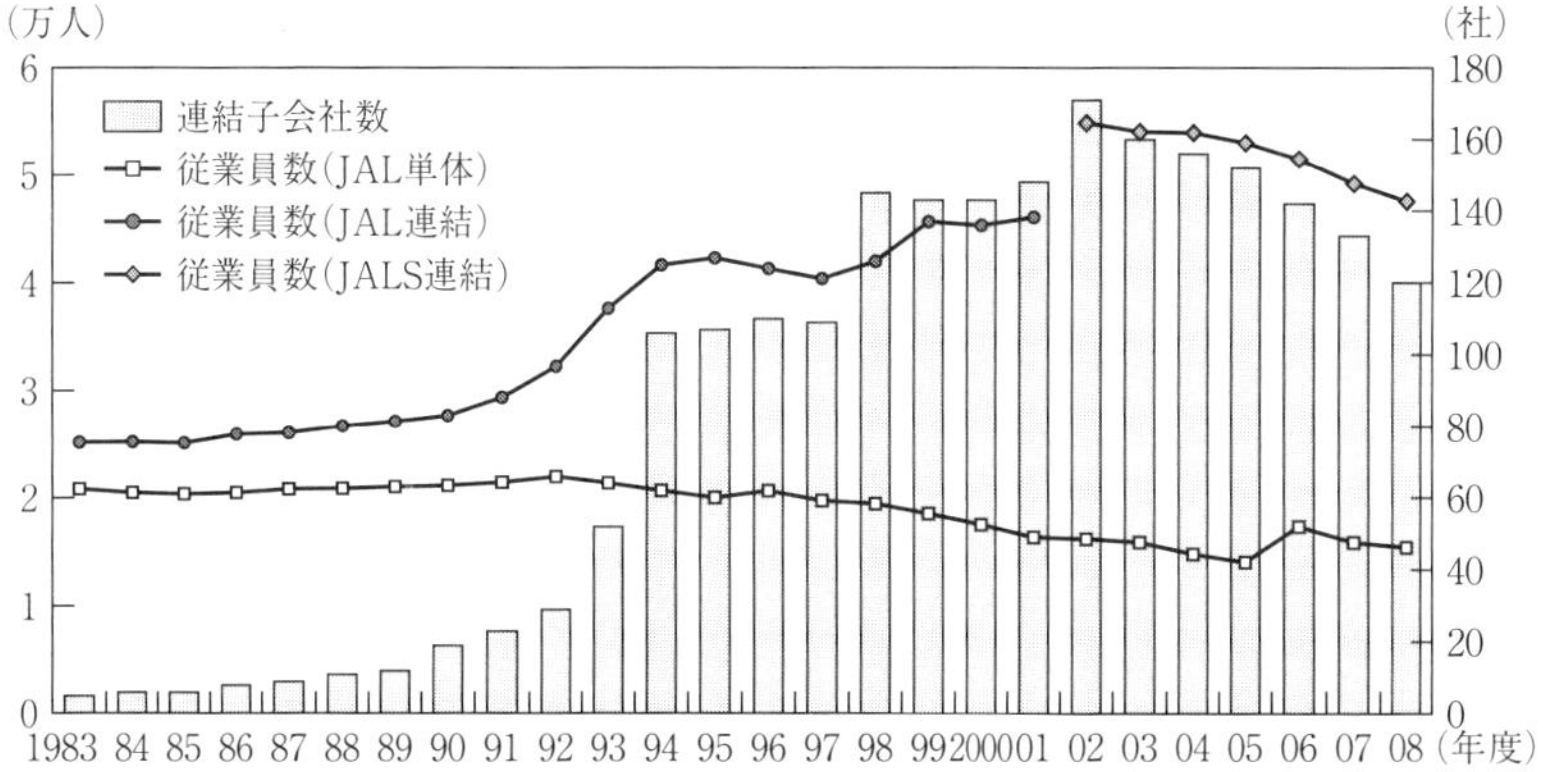

（注）　連結従業員数と連結子会社数は、株式会社日本経済新聞社『NEEDS-FinancialQUEST』；日本航空株式会社『有価証券報告書』1983年度～2001年度；株式会社日本航空『有価証券報告書』2002年度～2005年度より作成。単体の従業員数は、図表5－4のデータより作成。連結子会社数は、1983年度～2001年度がJAL連結、2002年度～2008年度がJALS連結の数値である。なお、持分法適用関連会社は、1991年度から1998年度まで有価証券報告書上に記載されていないため、この図表には含まれていない。

替えると、次の三つの領域に整理される。すなわち、①航空輸送事業およびその周辺分野を中心とした事業、②ホテル、旅行など航空事業領域を補完し拡大する事業、③商業、流通などで、航空運送事業から見れば、純然たる新規事業分野、となる[20]。

事業多角化に関し、ＪＡＬは、一九九〇年度の時点で、一〇年後（二〇〇〇年）の関連事業における売上規模を一兆三〇〇〇億円とする計画を立て、年率一〇％の売上高増加率を目標に掲げていた。なお、同時期にＪＡＬが打ち出した本業（旅客運航事業）における二〇〇〇年の売上目標は一兆七〇〇〇億円となっている。よって、総売上三兆円のうち、四〇％を本業以外で稼ぎ出すとしていたのである。その意味で、事業多角化は、ＪＡＬグループ全体の営業ＣＦを改善する上での重要な施策となっていたのである[21]。

では、事業多角化は、本当にグループの業績に貢献するものだったのであろうか。「本業」と「それ以外の事業」（関連事業）とを明確に分けて整理することは困難であるため、ここでは、便宜上、ＪＡＬ本体とそれ以外のグループ会社（子会社・関連会社）とに分け、本体を「本業」、グループ会社を「関連事業」と見なすことで、その大要を押さえることにし

図表4-11　完全民営化前後におけるJALの事業目的の変化

	1986年6月27日（民営化前）	1987年11月17日（民営化後）
定款に記載されている事業目的	（目的） 第2条　本会社は、次の事業を営むことを目的とする。 ①　国際路線及び国内幹線における定期航空運送事業 ②　不定期航空運送事業及び航空機使用事業 ③　航空機整備事業 ④　前各号に附帯する損害保険代理業 ⑤　第1号乃至第3号に附帯関連する事業	（目的） 第2条　本会社は、次の事業を営むことを目的とする。 ①　定期航空運送事業及び不定期航空運送事業 ②　航空機使用事業 ③　航空機整備事業 ④　航空機及びその附属品の製造、売買並びに賃貸業 ⑤　航空燃料の販売業 ⑥　陸運業及び運送取扱業 ⑦　倉庫業及び通関業 ⑧　ホテルその他の宿泊施設、飲食店、体育施設、文化施設等の経営 ⑨　観光事業及び旅行業 ⑩　広告業及び出版業 ⑪　一般及び特定労働者派遣業 ⑫　航空事業従事者の養成訓練及び一般向け文化、教養に関する事業 ⑬　不動産の売買、賃貸、仲介及び管理業 ⑭　運送用具、旅行用品、飲食料品、日用品等の販売業 ⑮　情報処理及び情報提供サービス並びに電気通信事業 ⑯　損害保険代理業及び生命保険募集業 ⑰　各種事業に対する貸付、保障及び投資

（注）　日本航空株式会社広報部『回顧と展望』1986年12月、70頁、1988年1月、44〜45頁より作成。

たい。

図表4-12は、「直接出資および間接出資の子会社・関連会社数」および「直接出資の子会社・関連会社の各年度実績」を表している。これをグループ会社（関連事業）の業績を概略的に示すものとして参照すれば、この時代区分（一九八五年度〜一九九三年度）における「直接出資の子会社・関連会社」の売上高は、年々増加しており、一九八七年度に三五八九億円であったものが、一九九二年度には九一一八億円にまで増加している。また経常利益は、情報の入手が可能な一九八九年度以降を見てみると、常時一〇〇億円以上を計上している。この数字を見る限り、事業多角化は一定の成果をあげていたと捉えることができよう。ただ、関連事業に関する情報は、連結の数字ではないため、子会社・関連会社からJAL本体への売上などが含まれていたはず

図表4-12　バブル期における関連事業の営業業績

年度	直接出資および間接出資の子会社・関連会社数	直接出資の子会社・関連会社の各年度実績
1986	123社	売上高　2275億円
1987	139社	売上高　3589億円
1988	165社	—
1989	194社	売上高　5540億円 経常利益　206億円
1990	213社	売上高　6243億円 経常利益　137億円
1991	252社	売上高　6802億円 経常利益　約100億円
1992	277社	売上高　9118億円 経常利益　約130億円

（注）日本航空株式会社広報部『回顧と展望』1986年度～1993年度より作成。なお、各年度の子会社・関連会社数は、1986年度～1987年度が12月時点、1988年度が11月末時点、1989年度～1990年度が9月末時点、1991年度～1992年度が年度末時点（1992年3月末と1993年3月末）の数値である。

である。この点には留意しておく必要がある。

さて、バブル崩壊以降、旅客運航サービスが低迷していったのと同様に、関連事業も業績を悪化させていった。そして、一九九三年度をもってＪＡＬの多角化戦略は凍結されることとなった[22]。一九九四年度以降、グループ会社（子会社・関連会社）に対する新たな投資がなくなったのはこのためである（図表4-9）。

（六）先物為替予約の失敗と曖昧な責任の所在

この時代区分（一九八五年度～一九九三年度）において、ＪＡＬがとった施策は「資金調達コストの削減」と「営業ＣＦの改善」であったと説明したが、同時代区分の開始年度である一九八五年八月、ＪＡＬは、一九八六年度～一九九六年度の約一〇年にわたる総額三六億五七〇〇万ドルの先物予約（日本興業銀行など一五行との契約）を結んでいる。

既に第三章第二節で触れたが、これにより、ＪＡＬは、財務活動と営業活動によって確保したキャッシュを、長期にわたり「非効率的な形で投資する」という悪循環に陥ってしまった。つまり、投資ＣＦに繋がるところで「効率性」を損なうという致命的な問題を抱えてしまったのである。

一九八六年一一月二八日に作成された監査役レポート「長期先物為替予約について」によれば、JALは「将来の為替変動（とくに円安）による収支への影響を極力緩和し、経営計画の安定的な達成の一助とするため」、一九八四年九月、当時一ドル二四〇円台の為替環境にあって、今後、想定される「米ドルの不足額年額四億ドル程度の範囲で、五カ年を限度に不足米ドル購入の長期先物為替予約（以下長期予約という）を取付けることにした」とされている。[23] ただ、「この五カ年に限られた期間では希望する為替レートでの成約は困難であったため」、一九八五年八月、JALは「予約期間をより長期（例えば一〇年間）に延長することとし、この条件のもとで長期予約の取付けが実行に移された」と述べている。[24]

当時の「取締役会規程」によれば、JALは、商法第二六〇条に規定される「重要な業務執行に関する事項」に該当する「年度事業計画、年度資金計画および年度収支予算の決定および変更」については、取締役会に諮り、その「決裁」を得ることとなっていた。ところが、重要な業務執行に関する事項の一つであった「長期予約」について、担当部は取締役会に諮ることなく、方針稟議で決め、しかも「その方針稟議に先立って予約取付けを開始」していたというのである。[25]

長期予約を五年から一〇年に変更する際、担当部から監査役に対し、意見が求められ、監査役として「将来の長期の為替の動向は、不確定要素が多く予測し難く、大幅な円高局面もあり得ることから、一〇カ年にもわたり為替予約を取付けることは極めて危険であるとの意見を述べ、翻意を促した」としている。なお、予約開始直後の一九八五年九月下旬、円高が進む中で、予約取付けが実行されたと、同監査役レポートは報告している。この間、監査役は、一九八五年一一月にも、担当部より説明を聴取し、「円高の進行に鑑み為替予約の危険はますます強まったので、今後の長期予約については極めて慎重に対処する必要がある」と、同部に対し警鐘を鳴らしている。[26]

監査役による注意喚起にもかかわらず、担当部は、結局、一九八六年三月まで取付けを進めていった。このため、監査役は、一九八六年三月、再度、担当部に対し取付け状況の説明を求め、予約取付けの中止を勧告している。これを受け、四月以降の先物予約は中止されたが、「時、既に遅し」であった（一九八六年度〜一九九六年度の約一〇年にわたる先物予約三六億五七〇〇万ドルは既に実行された後であった）[27]。

要約すると、監査役は、一九八五年八月と一九八五年一一月の二度にわたり、長期予約の見直しを求めていたが、一九八六年三月まで、契約は漫然と実行され続けた。これにより、ＪＡＬは、累計で二二〇〇億円の損失を被ることとなったのである。

では、ＪＡＬはなぜこのような失態を招いてしまったのか。第一に考えられるのは、ガバナンスが機能していなかったことである。二二〇〇億円もの損失を伴う先物予約であったにもかかわらず、取締役会に諮られなかったのは異常としか言いようがない。これに関しては、御巣鷹山墜落事故直後で、吉原は「高木社長は八五年八月一二日の一二三便事故で辞表を出して、社内体制としては空白の時期」であったと指摘しているが[28]、そのような時期であっただけに、取締役会は、そして他の取締役は一人ひとりがより積極的に代表取締役を支え、会社の危機に臨む必要があったと言わなければならない。

第二に考えられるのは、「責任の所在が曖昧であれば、何か事が起こっても、自身の責任まで問われることはない」との意識が幹部の間に蔓延していたことであろう。長期予約の「決済」は、一部役員による「方針稟議」によって行なわれたというが、そもそも、その「決済」が出る前に、担当部は取付けに動いていた。この勝手な行動により、莫大な損失を出したわけであるから、担当役員は厳しく責められなければならない。しかし、入手可能な資料で見る限り、担当役員が厳しく責任を問われたかどうかははっきりしない。おそらく、実際に予約に動いたのは役員ではなく担当部であったため、役員に対する処分は為されなかったものと推測される。その根拠は、一〇年以上経過した後の一九九七年度になって、この問題の経営責任を問う議論が出ているからである。

いずれにせよ、本プロジェクトは、この問題に関し、ＪＡＬが「責任の所在」よりも、むしろ「事後策」の検討に時間を費やしたと見ている。しかもその事後策こそ、責任の所在を曖昧にするものであったと解している。既に第三章で指摘したことであるが、長期先物為替予約失敗の事後対応として、ＪＡＬは、これにより派生する損失を長期にわたって分散するという措置、つまり、機材簿価に損失分を少しずつ転嫁するという措置をとった。この「長期分散」という方法を採用したことで、ＪＡＬは、結果的に「責任の所在を曖昧にしながらその場を凌ぐ」というやり方を組織に残すこととなったのである。その意味で、為替予約の失敗は「問題の先送り」という負の影響の積み上げだけでなく、「責任の所在を曖昧に」という組織体質の形成・醸成にも寄与したと言わなければならない。

さて、既述の通り、ＪＡＬは、この時代区分において「カネの効率的活用」を実現するため、二つの施策をとってきた。第一は「資金調達コストの削減」であり、第二は「営業ＣＦの改善」であった。

堅調に推移する世界経済とバブル景気に支えられ、この時期、ＪＡＬは、積極的に資金を調達し、これを機材の購入などに充ててきた。その結果、旅客運送事業は、国際線も国内線も順調に業績を伸ばし、一九九一年度までは営業損益は常にプラスとなっていた。この限りでは（バブル崩壊前までは）、「財務活動、投資活動、営業活動は、順調に回っていた」、つまり、二つの施策は一定の成果をあげていた、と言うことができよう。

ただ、ＪＡＬが調達した資金は、本業以外のところにも投資された。これまで経験したことのない分野に進出し、グループ全体で「より多くの利益」を稼ぎ出そうとしていたわけだ。当時は、まだ連結財務諸表の公表が義務づけられていなかったため、関連事業の成果を正確に把握するのは困難であるが、全般的な傾向として苦戦を強いられていたと思われる。新規事業が軌道に乗るには、通常、一定の時間と経験が必要となるからである。

この時代区分において、経営哲学との関係で特に強調すべき点は、民間企業として「自己責任の経営」を実践しようとした、まさにその出発点において、ＪＡＬ自身が「責任の所在を曖昧にしてしまったこと」である。それは悪しき前例として社内に残り、幹部の意識に少なからざる影響を及ぼすこととなった。本プロジェクトは、これが後々「カネの効率的活用」を阻む最大の障害になっていったと見ている。

第三節　一九九四年度〜二〇〇〇年度

この時代区分（一九九四年度〜二〇〇〇年度）における特徴は、全体として俯瞰した場合、有利子負債残高が減少した点に求められる。既述の通り、前時代区分（一九八五年度〜一九九三年度）において、JALは約一兆円の有利子負債を積み上げた。これに歯止めをかけるため、一九九二年度〜一九九三年度、機材と関連事業への新規投資を抑制し、一九九四年度以降も、負債残高を減らす努力を続けた。それが、この時期の特徴となっている。

また、一九九三年度まで、JALはグループとしての営業CFを増大させるため、「事業多角化」を進めたが、バブル崩壊とともに、関連事業の拡大が業績の足を引っ張ることとなった。このため、行動を起こすまでには時間がかかったものの、JALは、一九九七年度に、関連事業のリストラを断行している。このリストラを「施策」という観点から見れば、「営業CFの改善」を図るための大手術であったと言い換えられる。

なお、バブル期の負の遺産を整理する過程で、JALは、この時期、「責任の所在を明確にする」という民間企業本来の姿に立ち返ろうとした。経営哲学という観点より見れば、これは、JALの歴史の中で注目すべき一幕であったと言いたい。以下、本節では、有利子負債残高の削減に向けて、JALがどのような措置を講じ、またどのような形で経営責任を明確にしようとしたのかを見ていきたい。

（一）機材投資の抑制と有利子負債残高の減少

既述の通り、JALは、バブル期において、社債発行と長期借入を増やしていった。長期借入金に関しては、特に輸銀による航空機材向け融資（低利融資）の割合が大きく、これがあったからこそ、一九九四年度までに、連結ベースでB747クラシックとB747‐400を一〇〇機以上取得することができたと言ってよかろう（図表3‐6）。輸銀の

図表4－13　社債の発行状況（1994年度～1999年度）

（単位：億円）

発行日	名　称	使　途	発行総額
1994年4月5日	第16回ユーロ円建社債	設備資金等	100
1994年4月5日	第17回ユーロ円建社債	設備資金等	100
1996年1月31日	第1回無担保社債	社債償還等	500
1996年1月31日	第2回無担保社債	社債償還等	200
1996年12月6日	第3回無担保社債	設備資金等	200
1996年12月6日	第4回無担保社債	設備資金等	300
1997年5月9日	第5回無担保社債	設備資金等	200
1997年5月9日	第6回無担保社債	設備資金等	500
1997年5月26日	第7回無担保社債	設備資金等	100
1997年8月7日	第8回無担保社債	借入金返済資金	200
1998年1月22日	第9回無担保社債	借入金返済資金	100
1998年2月10日	第10回無担保社債	借入金返済資金	200
1998年3月5日	第11回無担保社債	借入金返済資金	170
1998年7月22日	第12回無担保社債	設備資金等	220
1998年7月31日	第13回無担保社債	設備資金等	180
1998年12月18日	第14回無担保社債	設備資金等	150
1999年4月1日	第15回無担保社債	—	150
1999年4月7日	第16回無担保社債	—	50
合計			3620

（注）　日本航空株式会社『有価証券報告書』1998年度～2000年度より作成。

視点からすれば、一九九四年度までの融資をもって、当初の目的は達成されたということになる。それゆえ、図表4－4に見られるように、二八〇〇億円近くあったJAL向けの融資残高は、一九九五年度を境に右肩下がりで縮小している。また、ほぼ時を同じくして、開銀からの融資も一九九三年度をピークに減少している（図表4－5）。

輸銀および開銀からの長期借入金が減少する中で、機材や関連事業への投資も縮小していった。JALにおける「固定資産の取得」は、一九九一年度の二五〇〇億円をピークに、その後、一九九六年度まで減少し（七一五億円）、一九九七年度以降は比較的規模の小さな投資に変わっている。またさらに、一九九八年度には、B747クラシックを大量売却し、機材売却益一五四億円を計上している。これは、後述する「経営立て直し」の一環として行なわれたものである。

いずれにせよ、毎期一五〇〇億円～二〇〇〇億円規模の固定資産投資が行なわれていた一九八〇年代後半～一九九〇年代前半と比べれば、この時代区分

図表４-14　財務CFイン・アウトと投資CFアウトの推移

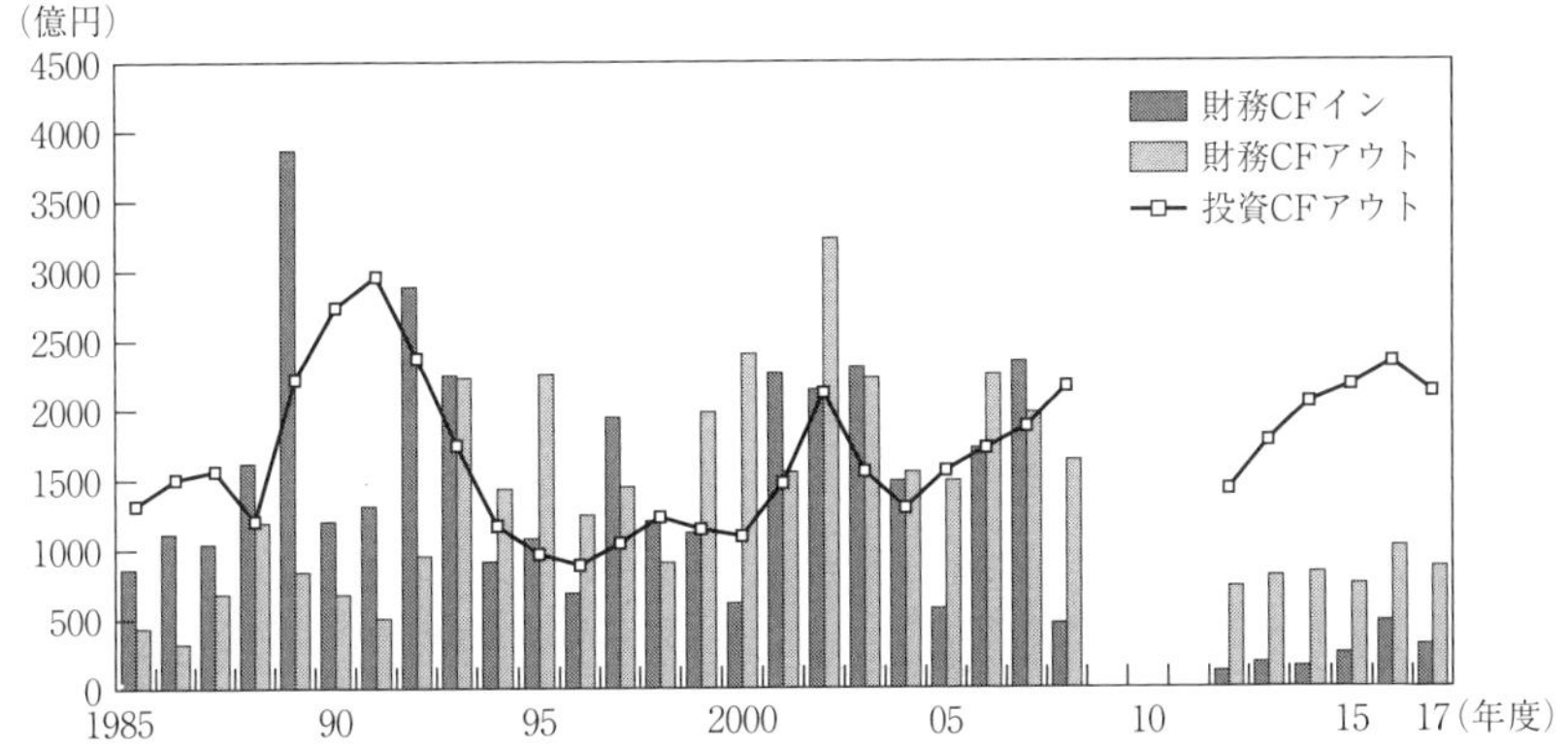

（注）　日本航空株式会社『有価証券報告書』1985年度～2001年度；株式会社日本航空『有価証券報告書』2002年度～2008年度；日本航空株式会社『有価証券報告書』2012年度～2017年度より作成。1985年度～1998年度はJAL単体、1999年度～2001年度はJAL連結、2002年度～2008年度はJALS連結、2012年度～2017年度はJAL連結の数値である。なお、1985年度～1998年度までの期間については、キャッシュフロー計算書の開示が義務づけられていなかったため、有価証券報告書の「資金収支の状況」の数値を元に作成。また、投資CFアウトの数値は、固定資産（機材や空港設備）の取得や有価証券の取得などによる支出額を合計したものである。

（一九九四年度～二〇〇〇年度）は、投資規模を大きく縮小する「立て直しの期間」であった。なお、長期借入金残高は、一九九四年度～一九九八年度まで減少傾向にあったが、社債発行残高が一九九七年度～一九九八年度に増加したため、この二年間、社債発行残高は長期借入金残高を上回っている（図表４-１）。一九九四年度～一九九九年度までの間、ＪＡＬは総額三六二〇億円規模の起債を行なっているが（図表４-13）、その「使途」を確認すると、調達した三六二〇億円のうち、約三分の一（一三七〇億円）は、社債償還（七〇〇億円）と借入金返済（六七〇億円）に充てられている。

逆を言えば、三分の二は、投資に回ったということになるが、この時代区分を通じて言えることは、社債発行が急増した一九九七年度と一九九八年度を除き、多くの年度で、財務活動によるＣＦアウトがＣＦインを上回っていたという点である（図表４-14）。つまり、この時代区分の多くの事業年度において、借入資金はほとんど投資に回らず、返済に充てられていたということになる[29]。

もっとも、有利子負債を削減するだけでは、営業ＣＦは改善しない。そこで、ＪＡＬは、この時期、多角化した事

図表4－15　累積損失の推移（1993年度〜1998年度）

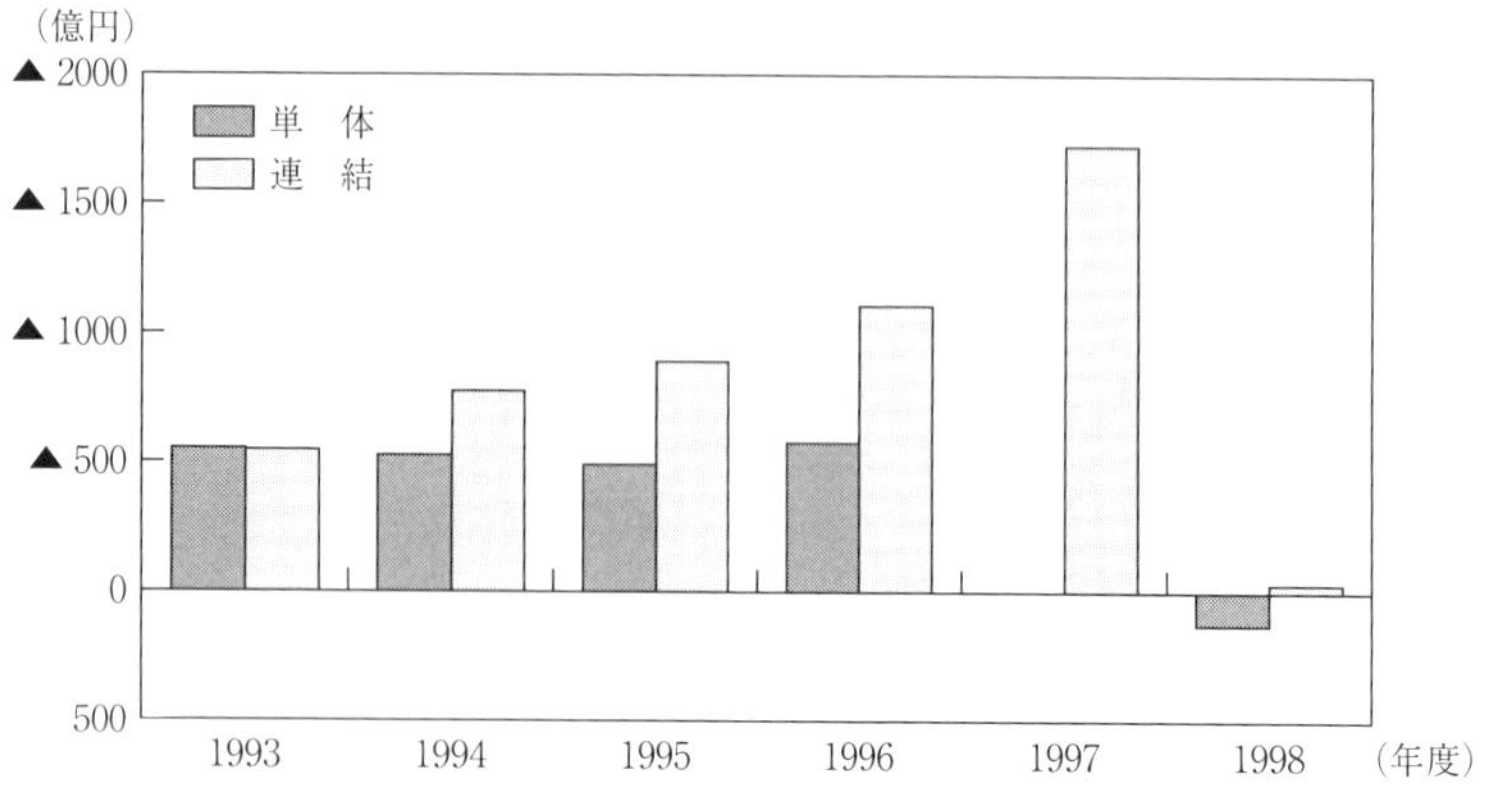

（注）日本航空株式会社『有価証券報告書』1993年度〜1998年度より作成。なお、単体の数値については、各年度末後に開催される株主総会で承認された後の金額（1988年6月）が、連結の数値については、各年度末の金額（1998年3月末）がそれぞれ示されている。1997年度において、単体における累積損失がゼロとなっているが、これは、1998年6月の株主総会の承認を経て、資本準備金などを取り崩すことによって累積損失を処理したためである。他方、連結の数値については、各年度末時点の情報のみが有価証券報告書に記載されているため、資本準備金などを取り崩す前（1998年3月末）の金額となっている。

業の見直しを進めるとともに、一九九七年度には、営業CFを改善するための大手術を断行している。

（二）経営立て直しの試み

前の時代区分（一九八五年度〜一九九三年度）において、JALは、事業多角化を積極的に進めたが、多角化した関連事業が逆にJALグループの足を引っ張ることとなった。この点は既に触れた通りである。図表4－15を参照されたい。一九九四年度以降、事業多角化の影響を受け、JAL単体の累積損失を上回るペースで、連結での累積損失が膨らんでいる。その累積損失額は、一九九六年度決算においては、既に一〇〇〇億円超となっている。確かに、子会社・関連会社だけが、関連事業に関わっていたわけではないが、多角化された事業分野の多くは、JAL本体よりも、子会社・関連会社がより深く関与していたため、連結累積損失の増大は関連事業の業績悪化を映し出していると見てほぼ間違いない。

事業多角化を推進していた利光社長（一九九〇年六月〜一九九五年五月）の後を継ぎ、過去の失敗と累積損失を清算しようとしたのが、近藤晃氏（一九九五年六月〜一九九八年五月）であった。氏は、特に一九九九年度（二〇〇〇年三月期）よりJALが連結決算に移行することを念頭に、リストラの準備を進め、一九九七年度中に、すべてを決着させようと指導力を発揮した(30)。

その手順として、まず関連事業の撤退・整理を行ない、それに伴う九七〇億円の特別損失を計上した。そしてJAL単体の累積損失五七六億円を一掃するため、資本準備金、利益剰余金、任意積立金などを合わせ、約一五〇〇億円の内部留保を取り崩した。これは株主に大きな負担を強いるものであったが、近藤氏は、ここで膿を出し切らなければ、JALの将来はないとの思いで株主総会に諮り、これを断行した。

今一度、図表4-15を参照されたい。この処理により、一九九七年度、JAL単体の累積損失は一掃されている。なお、この図表における単体累積損失は各年度後に開催される株主総会で承認された金額を、また連結累積損失は各年度末の金額を表している。よって、一九九七年度において、単体累積損失がゼロとなっているのは、一九九八年六月の株主総会の承認を経て、資本準備金などを取り崩した後の数字となっているためである。他方、一九九七年度の連結累積損失については、各年度末時点における「有価証券報告書」の情報をそのまま記載しているため、つまり、資本準備金などの取り崩しを行なう前（一九九八年三月末）の数字を転記しているため、一九九七年度の累積損失はそのまま残っている。

いずれにせよ、内部留保の取り崩しにより、JALはその時まで経営の重荷となっていた関連事業の整理をほぼ完了させた。もっとも、これにより、JALグループとしての営業CFが改善されたというわけではない。あくまでも営業CF改善のための前作業を終えたということである。

その後、一九九八年度より、JALは、座席利用率を大幅に改善し、営業利益も右肩上がりで伸ばしている。これに伴い、一九九九年度、営業CFも増加している。ただし、ここで忘れてならないのは、機材関連報奨額を除いた場合、一九九九年度～二〇〇〇年度、一九九八年度以降も、営業外損失を出し続けていたということである。それゆえ、本プロジェクトは営業CFを改善するために、近藤氏が経営立て直しに動いたことは評価するが、モノ、カネ、ヒトのすべてに関し、さらなる改善措置が必要であったとも考えている。

(三) 経営責任の明確化と内部対立

本章第二節において、JALが「責任の所在を曖昧にする対応」をとったと指摘したが、この時代区分において、前述の「資本準備金などの取り崩し」との関連で、さらに言えば、関連事業の大きな柱であったホテル・リゾート事業との関連で、JALは「経営責任」を明確にする措置をとっている。それが最終的にどう決着したのかを見ておこう。

JALのホテル・リゾート事業における典型的な失敗例として、多くの論者が子会社日本航空開発（後のJALホテルズ）によるエセックス・ハウス・ホテル買収問題を取り上げている。既に第一章第二節でも、この買収問題に触れたが、今一度、経営という視点より、何が問題であったのかを整理しておきたい。

一九八五年七月、日航開発は、一億七五〇〇万ドル（当時の為替換算で四三〇億円）を投じ、米国のマリオット社より、エセックス・ハウス・ホテルを買収した。買収価格は、当時の日本企業による海外物件投資額としては桁外れに大きな金額だったという[31]。同ホテル買収に関する財務上の問題点については、一九八七年二月に提出された「日航開発（JDC）の監査報告書」に詳しく述べられている。概要は以下の通りである[32]。

第一に、エセックス・ハウスの買収に際し、自己資金に乏しかった日航開発は、日本生命より年一四%という高金利での借入を行なっており、その金利負担が極めて大きかったこと、第二に「監査報告書」が作成された時点で、エセックス・ハウスの損益分岐客室稼働率は一〇〇%を超えており、年中満室であったとしても赤字が続く状態にあったこと、第三に、以後、運転資金を賄うための借入が増えた場合、たとえ業績が向上したとしても、支払金利額が営業利益を上回ることが予測されたこと、第四に、日航開発の連結ベースでの累積損失は、一九九〇年には二〇〇億円に、一九九三年には三〇〇億円に、一九九七年には三八〇億円に達することが予測されたこと、第五に、日航開発の破綻は同子会社だけの問題にとどまらず、親会社（JAL）にとっての重大な問題になる可能性が高かったこと、などがあげられている[33]。

これらの点を指摘した上で、「監査報告書」は「損失と借金を増やすための経営と言われても致し方なく、事業運営の意義が全く見当たらない」とまとめている[34]。傷口が浅いうちに、この指摘に耳を傾け、是正に動いていれば、後の大手術とはならなかったかもしれないが、日本はバブル景気の真っ只中にあり、日航開発は、事業撤退どころか、さらに一九八九年と一九九一年の二度にわたり、約二六〇億円の追加投資を行なっている[35]。その後、日航開発の業績は「監査報告書」で懸念された通り、悪化の一途を辿っていった[36]。

既述の通り、一九九五年六月に社長に就任した近藤晃氏は、バブル期に抱え込んだ不良資産を、特に日航開発が関わった海外ホテル事業での損失を、一九九七年度中に解消しようとした[37]。その上で、さらに長期為替予約の失敗という過去の問題まで含め、「経営責任の明確化」を図ろうとした。具体的には、長期予約時に社長を務めていた山地進氏に会長職を降りることを求め、またバブル期の放漫経営で莫大な損害を出した利光松男氏（一九九〇年六月に社長就任）に取締役相談役の職を辞すよう促した[38]。

近藤氏は、当時、会長職にあった山地氏（運輸省ＯＢ）にも責任があると考え、たとえ辞任要求で運輸省との関係が悪化するとしても、これは避けられないと肚を決め、退任を求めている[39]。この意味で、氏は「責任の所在を曖昧にする」それまでの組織体質と決別し、民間企業としてのＪＡＬ再生を図ろうとしていた。ただ、氏は、山地氏と利光氏の双方からの激しい抵抗に遭い、最終的に両氏と刺し違える形で、自身も社長を退くこととなった。近藤氏自身は、損失処理を行なうことで、社長を退任する意思などなかったと伝えられているが、山地氏と利光氏が頑なな態度をとり続けたため、自らの辞任を交換条件として二人を退任に追い込んだとされている[40]。

では、本来、責任を負うべき必要のなかった近藤氏を辞任させた経営層の行動、そしてそれを最終的に呑んでしまった近藤社長の判断まで含めて考えた場合、ＪＡＬの組織体質がここで大きく変わったと言ってよいのであろうか。本プロジェクトとしては、「一九九七年度の対応をもってしても、ＪＡＬは、結局、責任の所在を曖昧にしてしまった」と結論づけたい。「バブル期のツケ」を清算し、新たな出発を目指そうとした「決意の経営者」を、かつての経営陣が引きずり下ろしてしまったこと。それは、結局、誰が経営責任を負うべきかを曖昧にしてしまう役員人事だったからである。

町田によれば、一九九八年三月一七日、近藤氏は、辞任に際し、百数十人の幹部が集まる部門長会議の場において、二度と「同じ過ち」を繰り返してはならないとの思いを語ったという[41]。そこで口にした「過ち」という言葉に、ガバナンスが機能しなかったこと、責任の所在を曖昧にする経営が続いたこと、それゆえの大失敗であったこと、という意味が込められていたことは言うまでもなかろう。

（四）日本型レバレッジド・リースと所有権移転外ファイナンス・リース取引

この時代区分（一九九四年度〜二〇〇〇年度）における特徴として、有利子負債残高が減少したことをあげたが、「カネの効率的活用」という視点から見れば、さらにもう一点、大きな特徴を指摘しておかなければならない。それは、一九九四年度に、ＪＡＬが利用する機材総数のうち、リースによる調達が一気に増えたことである。

ＪＡＬの「有価証券報告書」には、様々な形態のリースが、また様々なリース会社の名前が列挙されているが[42]、リース関連の情報は全体として限定されていたため、当時の具体的な内容を把握することは困難と言わなければならない。ただ、一九八〇年代中盤以降、「日本型レバレッジド・リース」（ＪＬＬ）と呼ばれるスキームが普及・定着していったこと、しかも輸銀が日本の航空会社などを金融的に支援する目的でＪＬＬによる機材調達を推進したことなどを考慮すれば、ＪＡＬのリース機材のうち、大半がＪＬＬによるものであったと解されるはずである。この点については既に第三章第三節で触れた通りである。

ＪＬＬが普及した理由として、この他、投資家側に「節税効果」を、そして貸与先企業に「比較的安価なリース料」を、それぞれ提供できたこともあげられる[43]。どのような意味で、それがメリットとなったのか、補足しておこう。

まずそれぞれの事業で高収益をあげている事業者を募り、リース物件を保有する匿名組合（ＳＰＣ）に出資してもらう。その上で、同組合が、金融機関より資金を借り入れる。こうして調達した資金をもってリース物件を取得し、航空会社などの貸与先企業とリース契約を結ぶ。その際、匿名組合は、法定耐用年数よりもリース期間を長めに設定する。期間を長く設定することで、毎期のリース料を低く抑えるわけである。これは、機材を借り受ける航空会社にとって大きなメリットとなる。他方、匿名組合は、リース物件を定率法などによって減価償却し、リース期間の初期段階でより多くの費用を認識する。一般にこの費用（支払金利も含めての費用）は、受領するリース料を上回るため、匿名組合は初期段階において「損失」を計上することになる。この損失を匿名組合員である事業者に分配し、事業者側の課税対象利益を圧縮していたのである。(44)本業で利益をあげている事業者にとって、これは大きなメリットであった。

こうしたスキームが普及・定着したことで、ＪＡＬは、一九九二年度以降、ＪＬＬを用いたリース契約を頻繁に活用するようになっていった。ただ、このスキームは、リース料を比較的低く抑えていたため、しかも、中途解約すれば、契約満了までリース料を支払い続けなければならなかったため、あるいは解約時にかなりの違約金を支払わなければならなかったため、(45)航空会社にとっては、直近の費用負担を軽くするというメリットはあったものの、将来の費用負担を重くするというデメリットを併せ持っていた。

現在のリース会計基準では、リースを受ける場合、一定基準を満たす取引については、リース資産の簿価とリース料に係る負債相当額を貸借対照表上に計上するとともに、毎期の減価償却費も認識しなければならない。しかし、一九九四年のリース会計基準（「リース取引に係る会計基準に関する意見書」）が公表される前の段階では、リース取引に係る会計情報の開示は特に求められていなかった。このため、多くの日本企業がリースによって取得した固定資産を簿外処理し、当該資産のリース料を損益計算書に計上していたのである。(46)その後、一九九四年のリース会計基準が導入されると、一定要件を満たす契約については、原則的に借手である企業側に売買取引に準じた処理を行なうよう、つまり、リース資産のオンバランス化を求めるようになっていった。(47)ただ、一九九四年のリース会計基準は、一方で売買処理（原則処理）

を求めながら、他方で例外処理も許容するというダブルスタンダードをとっていた。[48]

当時のリース取引と会計処理がどのようになっていたかを今少し整理しておこう。リース取引は「ファイナンス・リース取引」と「オペレーティング・リース取引」に大別され、後者の取引では、借手側が契約期間に応じてリース料を支払い、契約満了とともに貸手側にリース物件を返却することになっていた。そのため、これは「賃借処理」で対応することが可能であった。これに対し、前者のファイナンス・リース取引では「売買処理」が基本とされた。

ここにいう「ファイナンス・リース取引」とは「リース契約にもとづくリース期間の中途において当該契約を解除することができないリース取引」または「法的形式上は解約可能であるとしても、解約に際して相当の違約金を支払わなければならない等の理由から事実上解約不能と認められるリース取引」で、借手側がリース物件から「もたらされる経済的利益を実質的に享受することができ、かつ、当該リース物件の使用に伴って生じるコストを実質的に負担することとなるリース取引」と規定されていた。[49]

要約すれば、ファイナンス・リース取引かどうかを判断する要件は「解約不能」であること、「ほとんどすべての経済的利益を享受し、ほとんどすべてのコストを負担すること」(フルペイアウト)とされていた。この二つの要件を満たすリース取引であれば、実質的に自己所有と変わらなかったため、通常の「売買取引」に準じた会計処理が求められたのである。[50]

ただ、ファイナンス・リース取引すべてに対し、オンバランス化を義務づけると、借手企業側の「事務手続きが増加するばかりでなく、財務比率が悪化し(それによって財務制限条項に抵触するかもしれない)、税務上のメリットも喪失」しかねなかったため、ファイナンス・リース取引は、さらに「所有権移転ファイナンス・リース取引」と「所有権移転外ファイナンス・リース取引」とに分類された。[51]

分類基準として、所有権移転ファイナンス・リース取引に該当するものを「①所有権移転条項のあるリース取引、②割安購入選択権が付与されているリース取引、および③特別仕様物件のリース取引」とし、所有権移転外ファイナンス・リース取引に該当するものを「④解約不能なリース期間中におけるリース料総額の現在価値が当該リース物件の借手が現金で購入するものと仮定した場合の合理的見積金額（見積現金購入価格）のおおむね九〇％以上であること（現在価値基準、九〇％ルール）、⑤解約不能なリース期間が当該リース物件の経済的耐用年数のおおむね七五％以上であること（経済的耐用年数基準、七五％）」を満たすものとした。[52]

前者の「所有権移転取引」に分類されると、既述の通り、売買取引に準じた会計処理となり、したがって、借手はリース資産を貸借対照表に計上しなければならなかった。[53]これに対し、後者の「所有権移転外取引」として分類されれば、賃貸借取引（例外処理）と見なされ、オフバランス化が許容されたのである。もっとも、その場合においても、一定事項については財務諸表に注記することが条件とされていた。[54]

既に「日本型レバレッジド・リース」（JLL）について説明したが、これは、基本的に通常のファイナンス・リースと変わるところはなかったが、「所有権移転外ファイナンス・リース」として取り扱われることとなった。つまり、賃貸処理でオフバランス化することが許容される取引として分類されたのである。このため、会計原則を厳格に解釈する細野は、所有権移転外ファイナンス・リースを「ファイナンス・リースの資産化処理を骨抜きにするために、それのみを目的として無理やり作られた唾棄すべき日本独自の会計概念」であったと批判している。[55]

さて、リース取引の実態はどうであれ、当時は、こうした理由づけで、多くの航空会社が、一九九四年度以降も、JLLを「所有権移転外取引」として扱い、これによって調達したリース機材を（注記は要したものの）簿外処理していた。[56]ただ、こうした会計処理は、現実に即していないとして、二〇〇八年度には、簿外処理も認められなくなっている。裏返して言えば、「所有権移転外ファイナンス・リース取引」は、所有権移転リース取引と実質的には同じであったにもかかわらず、一九九四年度〜二〇〇七年度にかけ、オフバランス処理されていたということである。[57]

以上の経緯を踏まえれば、この時代区分（一九九四年度〜二〇〇〇年度）の特徴を単純に「有利子負債残高の削減」だけに求めることはできない。少なくとも、この結論に対し、「リースによるファイナンス総額は分からないが、JLL

による機材調達が大きな割合を占めていた」という点も付記しておく必要があろう。

ただ、本プロジェクトの最大の関心事は、これが「カネの効率的活用」を改善するものであったか、悪化させるものであったか、という点にある。JLL自体、現在の費用負担を軽減させ、将来に費用負担を回すという特徴を持っていたため、短期で見れば、調達コストを削減したと言えるかもしれないが、長期で見れば、調達コストの削減に逆行し、信用力の低下を招いたと言わなければならない。したがって、資金的に余裕があれば、JLLを用いるべきでなかったと結論できるかもしれないが、当時の状況（輸銀がこれを推進していたという事実）から判断し、そこまで求めるのは非現実的だったと考えるべきであろう。JLLによって調達した機材を効率的に活用できれば、これが営業CFを改善する可能性もあったからである。

ただ、第三章で触れた通り、JLLは、簡単に「セール&リースバック」「機材関連報奨額」などと結びつくリスクを抱えていた。誘惑に負け、JLLとそれらが結びつけば、それは「資金調達コストの削減」のための施策ではなく、自らすすんで「利益を先取りする愚策」にもなりかねなかったのである。そのリスクの大きさを十分に認識していただけに、近藤氏は、退任にあたり後任の兼子勲氏に対し「機材関連報奨額に依存した経営」、つまり「JLLと報奨額を結びつける経営」より脱却するよう、念を押していたのである。

第四節　二〇〇一年度～二〇〇五年度

この時代区分（二〇〇一年度～二〇〇五年度）における特徴は、二〇〇一年九月の同時多発テロの影響により、また「JASとの経営統合」を進めたことで、有利子負債残高が一気に増えたこと、そして、その以後、残高がほぼ横ばいとなったことなどに求められる。もっとも、有利子負債残高だけでは、この時期の変化は掴めないため、本節では、財務活動、投資活動、営業活動におけるCFを押さえ、どのようにしてJALが「カネの効率的活用」を進めようとしたのかを確認しておきたい。

既述の通り、二〇〇〇年度までの「カネの効率的活用」に関する施策は「資金調達コストの削減」と「営業ＣＦの改善」の二つに整理された。それが、この時代区分に入り、「ＪＡＳとの経営統合」という一つの施策に集約されることとなった。もっとも、これは「資金調達コストの削減」と「営業ＣＦの改善」という施策が放棄されたという意味ではない。ＪＪ統合を通じて「営業ＣＦの改善」を図り、その成果をもって「資金調達コストの削減」を図るという施策に代わっただけである。

ただし、この施策は「営業ＣＦの改善」がなければ、「資金調達コストの削減」はあり得ないというものでもあった。つまり、旅客収入・営業利益の盛り返しにすべてを賭けるという施策だったわけである。それゆえ、ここでは、特に「ＪＡＳとの経営統合」により、果たして「営業ＣＦの改善」はあったのか、ＪＪ統合は成功したのかを中心に検討する必要がある。また、仮にそれが失敗に終わったと判断されるのであれば、経営責任はどう問われたのかを確認しなければならない。ここにいう「経営責任」とは、結果責任ではなく、目標の達成に向けて現場を動かし、課題を一つひとつクリアしていくというプロセス上の責任を指す。

（一）財務・投資・営業活動の悪循環と莫大な有利子負債残高

ＪＡＬがどのような経緯を経て、「ＪＡＳとの経営統合」を決断するに至ったのか、今一度、財務・投資・営業活動におけるＣＦと有利子負債残高という視点より整理しておこう。これを理解することで、ＪＪ統合に賭けた当時の経営者の思いをより正確に理解することができるからである。

まず、営業ＣＦと投資ＣＦの動態的な関係を理解するため、図表４‐16を参照されたい。ＪＡＬ民営化以降の歴史を俯瞰すると、ほとんどの年度において、営業ＣＦが投資ＣＦアウトを下回っていることが分かる。通常、投資の回収は時間をかけて行なわれるため、短期で見れば、投資ＣＦが営業ＣＦを超過するのは決して異常なことではないが、ＪＡ

図表4-16　営業CFと投資CFアウトの推移

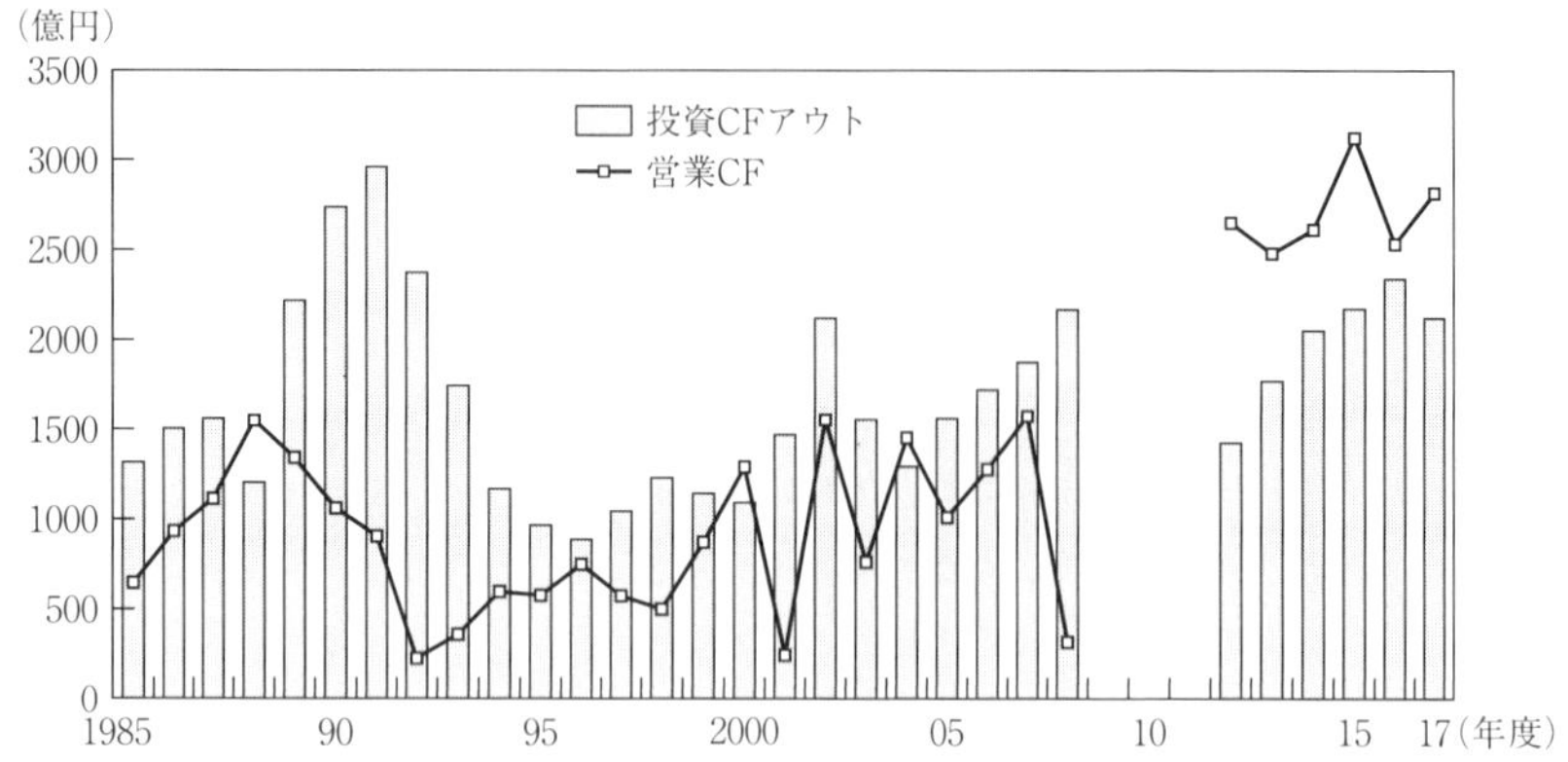

（注）　日本航空株式会社『有価証券報告書』1985年度～2001年度；株式会社日本航空『有価証券報告書』2002年度～2008年度；日本航空株式会社『有価証券報告書』2012年度～2017年度より作成。1985年度～1998年度はJAL単体、1999年度～2001年度はJAL連結、2002年度～2008年度はJALS連結、2012年度～2017年度はJAL連結の数値である。なお、1985年度～1998年度までの期間については、キャッシュフロー計算書の開示が義務づけられていなかったため、有価証券報告書の「資金収支の状況」の数値を元に作成。また、投資CFアウトの数値は、固定資産（機材や空港設備）の取得や有価証券の取得などによる支出額を合計したものであり、定期預金の預入による支出は除いている。

Lの場合、長期で見ても、営業ＣＦは増えておらず、また投資を抑えた年度においても、営業ＣＦは投資ＣＦを下回っている。この長期にわたる差額（マイナスのフリーＣＦ）を埋めるため、ＪＡＬは、過去、幾度も財務活動を繰り返し、その結果、有利子負債を積み上げてきたわけである。特に注視すべき点は、一九八九年度～一九九三年度における営業ＣＦと投資ＣＦアウトの異常なギャップである。

バブル景気の中、大量に機材を購入し、事業の多角化を推し進めたため、またさらにバブル崩壊後も、事業内容の見直しが遅れ、漫然と投資を繰り返してきたため、これだけのギャップが生まれてしまったのである。この差を埋めるため、ＪＡＬは、一九八九年度～一九九三年度まで、長期借入を増やし、社債を大量に発行したわけである（図表４-１）。

その後、一九九四年度～二〇〇〇年度まで、機材購入などの投資は抑えられ、また一九九八年度の経営立て直しで、一九九九年度～二〇〇〇年度、営業ＣＦと投資ＣＦアウトの差を縮めているが、二〇〇一年度に入り、再び投資ＣＦが急増している。これとは対照的に、二〇〇一年度の営業CFは大きく落ち込んでいる。ちなみに、二〇〇二年度、営業CFは、JAS連結との合算となるため、つまり、JALS連結の数字となるため、図表上では伸張しているように見えるが、実質的には、その後も営業CFは安定せず、二〇〇五年度まで減少と増加を繰り返している。なお、二〇〇二年度、投資CFが急増したのは、JJ統合に伴い「システム統合等のための戦略的投資」が必要となったためである。[58]

次に、財務CFイン・アウトと投資CFの動きを理解するため、図表4-14を再確認されたい。同図表によれば、一九九三年度まで財務CFインが一貫して、財務CFアウトを上回っており、その差額分が投資に回った形となっている。これが一九九四年度以降になると、財務CFアウトがインを超えるようになり、JALは長期借入金の返済や社債の償還に追われるようになっている。その結果、投資には十分な資金は回らず、一九九四年度～二〇〇〇年度にかけ、投資CFは低調に推移することとなる。なお、JJ統合後の二〇〇二年度～二〇〇四年度には、同時に財務CFインと財務CFアウトが大きな額で推移している。この財務活動上の動きは、資金の調達に関し、入れ替わりが生じていたことを意味している（図表4-14）。

つまり、二〇〇二年度以降の有利子負債残高はほぼ横ばいとなっているが（図表4-1）、調達方法と調達先について、この間、大きな変化が生じているのである。その変化とは、第一に社債残高が減少し長期借入金が増加していること、第二に政府系金融機関（政投銀と国際協力銀行）による融資が増加していること、[59]第三に政府系金融機関の中でも政投銀からの融資が大幅に増加していること（図表4-17）である。[60]ちなみに、二〇〇三年度の有利子負債残高は、約一兆三〇〇〇億円となっているが、政投銀からの融資残高は、その二七％（約三五〇〇億円）を占めるまでとなっている。

以上を踏まえ、JALがJJ統合という決断に踏み切る背景を、特に「カネの効率的活用」との関連で整理すれば、次の三点にまとめられる。第一は、民営化以降、営業CFがほとんどの年度において投資CFを下回っていたこと、第二は、一九九三年度までの集中的な投資がその後の営業CFの改善にほとんど貢献しなかったこと（図表4-16）、第三は、二〇〇一年度以降、資金調達先の入れ替えが進み、公的金融機関（特に政投銀）による融資が膨らんだことである

図表4－17　政府系金融機関による融資残高の推移（2001年度～2008年度）

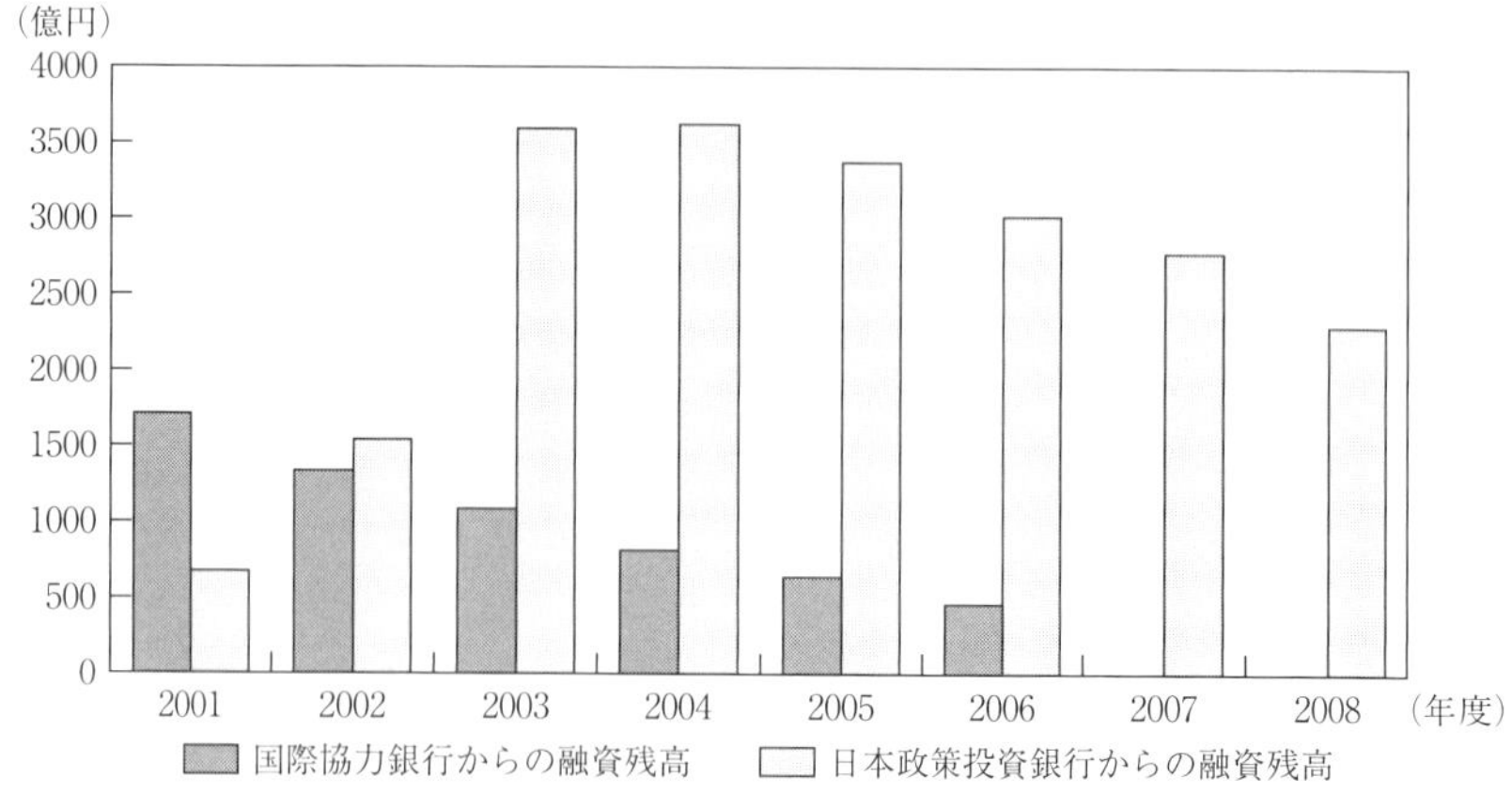

（注）　日本航空株式会社『有価証券報告書』2001年度；株式会社日本航空『有価証券報告書』2002年度～2008年度より作成。

（図表4－17）。表現を変えれば、民営化以降のＪＡＬにおいては、これまで、営業活動そのものが十分なキャッシュを生み出さず、またそれゆえ、財務活動、投資活動、営業活動の間に「好循環」が生まれなかったということである。その悪循環の結果、有利子負債だけが積み上がり、市場における評価を落とし、公的融資への依存を高める以外、事業継続の道が絶たれていったということである。

そうした窮途末路の中で下されたのが「ＪＡＳとの経営統合」という決断であった。それだけに、統合に賭けるＪＡＬの決意には並々ならぬものがあったはずである。国内旅客事業の強化や羽田発着枠の取得などが統合の狙いであったと言われるが、本プロジェクトは、統合に動いた「究極の目的」は、営業活動を中心にキャッシュを生み出すビジネス・モデルの再構築にあったと捉えており、またそれだけのことを考えた経営判断でなければならなかったと考えている[61]。

（二）ＪＡＳとの経営統合と営業ＣＦの改善

「ＪＡＳとの経営統合」を発表した翌年の二〇〇二年三月、兼子社長は、激化する経済社会環境の中で、ＪＡＬが国際競争力を高めるには、「国内線の事業基盤」を固めることが不可欠であると強調し[62]、たとえ経営統合によって有利子負債が膨れ上がったとしても、

図表4－18　JAL＝JAS統合による相乗効果

（単位：億円）

	JJグループ 2005年度	
	（公表想定値）	（実績値）
営業収益	23020	21994
営業損益	1510	▲268
経常損益	1060	▲416
当期損益	650	▲472

（注）　日本航空・日本エアシステム「JAL・JAS経営統合について」（説明資料）2002年1月29日、30頁；株式会社日本航空『有価証券報告書』2005年度より作成。

それは営業ＣＦの改善によって解消するとの考え方を示している。(63)しかも、統合計画（二〇〇二年一月）においては、統合（フェーズⅡへの再編完了）を遅くとも二〇〇四年春までに完了し、さらには可能な限り前倒しでこれを実施するとしていた。(64)

営業ＣＦの改善が可能となる根拠として、ＪＡＬとＪＡＳは、「相互の強みを最大限引き出すとともに、両社の重複分野等の効率的運営を積極的に進めること」で統合効果が生まれることをあげている。具体的には、施設賃借料などの削減、人員効率化、機材効率化などで七三〇億円を、航空機投資、施設設備投資などで一〇〇〇億円をそれぞれ圧縮し、さらに「顧客サービス向上」で競争力強化を図るとしていた。最後の「顧客サービス向上」については、ダイヤの見直し（多便数化・便間隔の平準化・乗継時間短縮）による利便性向上、他社独占路線への積極的参入、統一ブランドによるマーケットへの訴求、受付カウンター・サービスの統一、お客様のニーズに応えた新しい商品の開発・提供という五つの柱を設け、営業収益・営業利益をあげていくとしていた。(65)ＪＡＬとＪＡＳは、これらを同時に進めることで、営業利益を大幅に伸ばす新たなビジネス・モデルを再構築しようとしたのである。

その上で、ＪＡＬとＪＡＳは、統合の目標年度における「達成可能想定値」を掲げた。それは、両社が列挙した相乗効果などが生まれれば、実現可能とされる目標値であった。さらに言えば、それは、ＪＡＬ経営層の市場に対するコミットメントを示すものであった。

それゆえ、「並々ならぬＪＡＬの決意」が本物であったかどうかは、つまり、それが単なるリップサービスでなく、営業ＣＦの大幅改善をもたらすものであったかどうかは、両社が掲げた想定値が実際に達成されたのかを見ることで確認できよう。目標想定値の公表は、その目標値の達成に向けて、経営者が可能な限り合理的な戦略をとることを、また進捗状況を見ながら採用すべき施策や手段を継続的に評価・改善することを意味していたからである。ただし、想定値を公表するにあたり、両社は「前提シナリオ」も用意していた。その前提が狂えば、目標想定値から乖離するかもしれないとしていたのである。それゆえ、「JASとの経営統合」およびそれを通じての「営業CFの改善状況」を評価するには、前提シナリオそのものに関しても検討を加えておく必要がある。

まず二〇〇二年一月時点でJAL＝JASが二〇〇五年度に達成可能とした想定値と、二〇〇五年度の実績値とを対比しておこう（図表4-18）。結果は、想定値とは全く異なる散々な数字となっている。これを見れば、誰もが「JASとの経営統合」は完全に失敗であったと見るはずであり、また二〇〇二年度〜二〇〇五年度の期間、JALトップは目標の達成に向けてやるべきことをほとんど実行していなかったと解するはずである。

(三) 前提シナリオの検討

ただ、既述の通り、こうした評価を下す前に、JALとJASが公表した「前提シナリオ」に大きな変化がなかったのかを確認しておきたい。JJグループとすれば、前提シナリオが狂ったため、想定値に届かなかったという弁明が可能だからである。

そのシナリオは、貨物関連の前提を除けば、次の四つに整理される。(66) 第一は、国際線についてのシナリオである。これには、成田新B対応と米国同時テロ等の影響が二〇〇二年度夏季まで継続すること、供給増加に伴う需要喚起及びイールド低下を織り込んでいること、供給は二〇〇五年度に四機分（二〇〇四年度までは稼動向上で対応すること）増加すること、などがあげられている。なお、ここにいう「イールド」とは、旅客一人に対する一キロ当たりの収入単価を指し、本書で「実収単価」と呼んでいるものである。

第二は、国内線についてのシナリオである。ここには、二〇〇二年度と二〇〇五年度に、羽田発着枠の新規割当を受けること、供給増加や他社独占路線への新規参入に伴う需要喚起が織り込まれていること、供給は二〇〇三年度に二機、二〇〇四年度に七機、二〇〇五年度に五機（ＣＲＪ等小型機を含む）増加となること、などがあげられている。

第三は為替である。二〇〇二年度、一ドル＝一三〇円、二〇〇三年度～二〇〇五年度にかけ、一ドル＝一二〇円を想定していること。そして、最後は燃料価格である。二〇〇二年度、原油価格は一バーレル＝二〇ドル、ＳＩＮケロシンは一バーレル＝二四ドルを想定し、その後、二〇〇三年度～二〇〇五年度にかけ、原油価格は二五ドル、ＳＩＮケロシンは二九ドルに上昇するとしている。

仮に以上のシナリオに大きな変化があれば、結果は想定値よりぶれることになる。それゆえ、四つの前提シナリオが実際にその後どうなったのかを押さえておきたい。第一の国際線の状況については、米国同時テロの影響が二〇〇二年度夏季まで続くとしていたが、二〇〇三年度に入ってからも、ＳＡＲＳ、イラク戦争などの影響が続き、座席利用率は大きく落ち込んでいる。このため、当初のシナリオと異なる状況が現れたと言ってよかろう。ただし、その影響は二〇〇四年度末にはほぼ収まっている（図表３－３）。逆に実収単価については、「イールド低下を織り込んでいる」としていたが、単価の大きな落ち込みはほとんど見られなかった（図表３－８）。

第二の国内線の状況については、二〇〇二年度と二〇〇五年度に羽田発着枠の新規割当を受けるとしていたが、ＪＪ統合の承認を受けるにあたり、公正取引委員会の指摘に従い、ＪＡＬは、二〇〇二年度、羽田発着枠九便分を返上している。[67]なお、シナリオが指摘するところの二〇〇五年度発着枠割当については、その後の経緯は確認できなかったが、同年度、国際線に係る増便として、羽田＝ソウルを結ぶ発着枠が増え、その際、ＡＮＡが三便、ＪＡＬが二便、その他が五便の割当を受けている。[68]以上より、国内線の発着枠については、当初シナリオで想定していた場合よりも厳しいシナリオになったと捉えてよかろう。

第三のシナリオである為替はどうか（図表１－２）。当初シナリオでは、二〇〇二年度の一三〇円に始まり、その後、二〇〇三年度〜二〇〇五年度には、円高が進み、一二〇円程度になるとしていたが、おおよそ現実もこれに合致し、二〇〇五年度の平均為替レートは一ドル＝一一三円となっている。[69]より円高に振れているため、為替による予想値への影響はマイナスではなく、むしろプラスに働いたと考えるのが合理的であろう。

最後の燃油費に関するシナリオについては、二〇〇二年度、原油一バーレル＝二〇ドル、ケロシン一バーレル＝二四ドルで始まり、二〇〇三〜二〇〇五年度には、原油二五ドル、ケロシン二九ドルに上昇するとされていたが、実際には、それを大きく上回るペースで高騰している（図表1-3）。二〇〇五年一月〜一一月の平均値は一バーレル＝五六・五ドル（WTI原油先物）となっており、[70]ケロシンについても、八〇ドルを超えるところにまで急騰している。[71]単純に言えば、原油価格は予想の約二倍、SINケロシンは約三倍に膨らんだことになる。

したがって、想定値に達しなかったのは「第一シナリオ、第二シナリオ、第四シナリオが狂ったため」と反論される可能性がある。しかし、本プロジェクトは、未達成に終わった理由を「その三つの前提シナリオに求めるべきではない」と考えている。その根拠は、同時代区分において、ほぼ同じような環境下に置かれていたANAが見事な業績をあげているからである。節を分け、この点を詳しく見ておこう。

第五節　ANAの組織改革とJALにおける責任の所在

JJグループが目標想定値を達成できなかった二〇〇五年度、ANAは見事な業績をあげている。しかもJALとJASが達成可能想定値を発表した二〇〇一年度末、ANAの財務は最悪の状況にあった。言わば、スタートラインはほとんど同じところにあったわけだ。その四年後、両社は、結果において、天と地ほどの違いを見せることになる（図表4-19）。

為替が二〇円近く円高に動いたという意味では、国際線事業にプラスに働いたと言えよう。国際旅客事業が旅客事業

図表４－19　JJグループとANAの業績比較

（単位：億円）

	JJグループ 2005年度		ANAグループ 2005年度
	（公表想定値）	（実績値）	（実績値）
営業収益	23020	21994	13688
国際旅客収入（旅客事業収入に占める割合）	—	6902（51.1%）	2292（25.1%）
国内旅客収入（旅客事業収入占める割合）	—	6600（48.9%）	6850（74.9%）
営業損益	1510	▲268	888
経常損益	1060	▲416	668
当期損益	650	▲472	267

（注）　日本航空・日本エアシステム「JAL・JAS経営統合について」（説明資料）2002年１月29日、30頁；株式会社日本航空『有価証券報告書』2005年度；全日本空輸株式会社『有価証券報告書』2005年度より作成。連結の数値である。

収入の二五・一％に過ぎなかったＡＮＡと比較し、ＪＪグループは、旅客事業収入の五一・一％を国際旅客事業が占めていたわけだから、為替だけに限って言えば、ＪＪグループの方が有利に業績を伸ばすことができたはずである。また原油価格・ケロシン価格の高騰は、国内線・国際線の違いに関係なく、また航空会社の違いに関係なく、同様のマイナス効果を与えたはずである。

当然、国際旅客事業は二〇〇一年度〜二〇〇三年度までイベント・リスクの影響を強く受けてきたため、それが利益の足を引っ張ったと言うことができよう。しかし、ＡＮＡは、経営環境が最も厳しいとされたこの時期に、二〇年近く赤字続きで苦しんでいた国際旅客事業を初めて黒字化させているのである。したがって、ＡＮＡとの実績値でこれだけの開きが生じた理由を、「外的要因」だけに、あるいは三つの「前提シナリオが壊れたこと」だけに、求めることはできない。それは、むしろ、ＡＮＡにあって、ＪＡＬ＝ＪＡＳになかった「内的要因」にあると言わざるを得ないのである。

（二）危機意識の共有と大橋洋治氏のリーダーシップ

図表４－19で示した通り、二〇〇五年度の決算では、ＡＮＡが突出して高い業績を収めている。既に言及したが、二〇〇一年度

末のＪＪグループとＡＮＡの財務状況は、いずれも厳しいものであった。ＡＮＡについては、一九九〇年代を通じて、ほとんどの事業年度で最終赤字を計上しており、一九九七年度、無配に転落すると、その後は六期連続の無配となっている。そうした中にあって、二〇〇三年度、復配を実現させているのである。これを可能としたのは、二〇〇〇年代初頭より実施した全社的な組織改革であり、大胆なコスト削減であった。さらに言えば、ＪＪ統合の発表を受け、ＡＮＡが強烈な危機意識を持ったことをあげておくべきであろう。

ＡＮＡが国際線を就航させたのは一九八六年である。その後、国際旅客事業は全くうまくいかず、赤字を垂れ流すだけとなった。何とか国内線の利益でそれを補っていたＡＮＡにとって、ＪＡＬが国内線に本格参入するという「ＪＪ統合計画」は、想像を絶するほどの大きなインパクトとなった。それは、単なる危機感を通り越し、「ＡＮＡ破綻の始まり」を想起させるほどのものであった[72]。ＡＮＡ存亡のこの危機にあって、リーダーシップを発揮したのが、二〇〇一年四月に社長就任した大橋洋治氏（二〇〇五年三月まで代表取締役社長）であった。この時、氏は「大変だ、大変だと言っていても始まらない。危機の時にこそ、競争力を高めるために社員が一丸となれるはずだ。ＪＡＬとＪＡＳは新しくなるかもしれないが、当社も『新生ＡＮＡ』をつくり上げる」と訴え、社内において一切のタブーを排した改革を徹底的に断行するとの決意を固めたとされる[73]。

この改革で大橋氏が最初に行なったのは、危機意識を全従業員と共有することであった。危機的状況だからこそ、社内の風通しを良くする必要があるとの認識をもって、氏は、二〇〇二年四月より、夕方の空き時間や出張を利用し、また副社長の山元峯生氏（二〇〇五年より社長）とともに全国を周り、二〇〇四年二月時点で、延べ一万五〇〇〇人を超える従業員との対話を行なっていった[74]。この活動では、現場の声を聞くと同時に、経営側からも、組織改革や業務改革の必要性を訴え、「皆で頑張って乗り越えて行こう」と呼びかけた[75]。

ただ、当初は、「今さら社長に指摘されるまでもなく、現場の我々は頑張っています」「社長は具体的に何をやれと言いたいのですか」といった冷めた反応が多く、返す言葉を失うこともあったという[76]。それでも諦めず、氏らは直接対話

図表４－20　2003～2005年度コスト削減計画の柱

人件費の削減　計200億円
①退職金・年金制度の改定
②厚生年金基金の代行部分返上
③管理職の処遇の見直し
④非管理職の賃金体系の総合的な見直し
⑤ ANA 人員の1200人削減
その他事業のコスト削減　計100億円
①低収益路線の整理、航空機材の機種統合
②施設の返却などによる賃借費および減価償却費の削減

（注）　全日本空輸株式会社「全日空グループニュース」（第03-020号）2003年２月24日より作成。

を重ねていった。その結果、従業員の間に「トップを批判していても会社は変わらない」「現場でできることをやってみよう」「一緒になって危機を切り開こう」といった空気が生まれてきたという(77)。大橋社長の後任として、二〇〇五年四月に社長就任した山元氏によれば、日頃より疑問に思っていることをトップに語り、そのトップから直接答えをもらうという機会を設けたことは、経営陣と社員の相互理解を深める上で欠かすことのできない取り組みであったとされている(78)。

(二) 労働対価の削減

経営と現場が危機意識を共有した後、大橋氏は、二〇〇三年度より本格的にコスト削減に取り組んでいった。確かに、それ以前にもコスト削減に努めていたが、この年度より、本格的・抜本的な施策を講ずることとなった。これは、二〇〇三年二月、「ＡＮＡグループ二〇〇三～二〇〇五年度のコスト削減計画」にまとめられ、その骨子は「二〇〇五年度までに、二〇〇二年度比で三〇〇億円のコストの削減を断行する」というものであった(79)。三〇〇億円削減の内訳は、図表４－20の通りである。以下、ＡＮＡが講じた二つの削減策を見ておこう。

第一の削減策は「人件費の削減」としてまとめられており、「年金制度の改定」「代行返上」などもそこに含まれていた。それゆえ、本書第五章における用語法に合わせれば、これは「労働対価の削減」と読み替えられるものであった。

この計画に従い、ＡＮＡは、初年度の二〇〇三年度、退職金・賃金体系を見直し、厚生年金基金の代行部分返上などを断行した。その結果、初年度だけで一五〇億円のコスト削減を実現している[80]。労働対価関係の削減計画では、三年で二〇〇億円削減という目標を掲げていたわけであるから、初年度で一五〇億円を達成したということは画期的な数字であった。その勢いは次年度も続き、二〇〇四年度には、全従業員を対象とした基本給五％カットなども実施している。その結果、三カ年計画の二年目で当初目標（二〇〇三年度比で二〇〇五年度までにコストを三〇〇億円削減）を前倒し達成することとなった[81]。大橋氏によれば、基本給五％カットは、ＡＮＡでは初の措置であり、これには組合を筆頭に社内でも強い反発を招いたという[82]。ただ、直接対話を地道に続けてきたこと、従業員と危機意識を共有してきたこと、それらが功を奏し、最終的には社員の理解と賛同を得ることができたという[83]。

（三）路線の精査と機材構成の適正化

コスト削減計画の第二の柱（その他事業のコスト削減）についてはどうだったのか。削減計画には「低収益路線の整理、航空機材の機種統合」という記載があるが、これも、本書の用語法に倣えば、「路線の精査」と「機材構成の適正化」に対応するものであった。

まず「路線の精査」に関して、ＡＮＡは、就航以来、赤字続きであった国際線を中心に抜本策を講じている。例えば、シカゴ、ムンバイ、クアラルンプール線などについては、収益性の改善が期待できないと判断し、一旦、休止としている。逆に大きな成長が見込める中国線に対しては、より多くの経営資源を投入し[84]、国際線全体に占める中国線の便数割合を増やしている（二〇〇四年度には五〇％超[85]）。その結果、二〇〇四年度、ＡＮＡは、国際線において初めて黒字を出すこととなった。同様に、国内線においても、低収益路線の減便、それら路線からの撤退に着手し、会社全体として「路線の精査」を進めている[86]。

「機材構成の適正化」については、削減計画が発表された直後の二〇〇三年四月、中型機と大型機の機種統合を決定している。図表４‐21を参照されたい。これがＡＮＡの「航空機材の統合計画」である。同資料によれば、二〇〇五年

図表４－21　ANAにおける航空機材の統合計画

	2003年度		2005年度		将来構想
小型機	B737（27機）		B737	機種統合	B737-NEXT GENERATION
	A320（25機）		A320		
中型機	A321（７機）		B767-300		新中型機
	B767-200（４機）	機種統合			
	B767-300（49機）				
大型機	B777-200（16機）		B777-200	経済性の高い新機種の導入	新大型機
	B777-300（５機）		B777-300		
	B777SR／LR（10機）	機種統合	B747-400		
	B747-400（23機）				

（注）　全日本空輸株式会社「ANA NEWS」（第03-040号）2003年４月９日より作成。

度までに、退役・統合を通じて、大型機材を四機種から三機種に、中型機材を三機種から一機種に絞り、運航コストを一〇〇億円削減するとしていた。また二〇〇六年度以降においても、これを推し進め、最終的には大型機・中型機・小型機のそれぞれを一機種にまとめあげるとしていた。この計画に従い、機材構成の適正化を進めた結果、二〇〇五年度時点では、中型機材は二機種の整理にとどまっていたが、大型機材は順調に退役・統合を済ませている(87)。

(四)　ＡＮＡとＪＪグループの比較

これらの取り組みにより、ＡＮＡの財務体質は着実に強化されていった。既述の通り、二〇〇四年度、ＡＮＡは初めて国際線旅客事業で黒字を計上し(88)、翌二〇〇五年度には過去最高の売上高、営業利益を計上することとなった(89)。図表４－22を参照されたい。これは、ＡＮＡとＪＪグループの事業収入（売上高）を比較したものである。

事業収入（売上高）の推移を見ると、この時代区分（二〇〇一年度～二〇〇五年度）、両社の値は大きく変動することなく、ほぼ横ばいで推移している。ところが、「営業利益」に注目すると、雲泥の差があったことが分かる。「ＪＪ統合により、重複業務が整理され、また相乗効果が生まれるため、一五一〇億円の営業利益が生まれる」と発表していたＪＪグループは、結局、二六八億円の営業損失に沈んでいる。

図表4-22　ANAとJJグループの事業収入（売上高）の推移

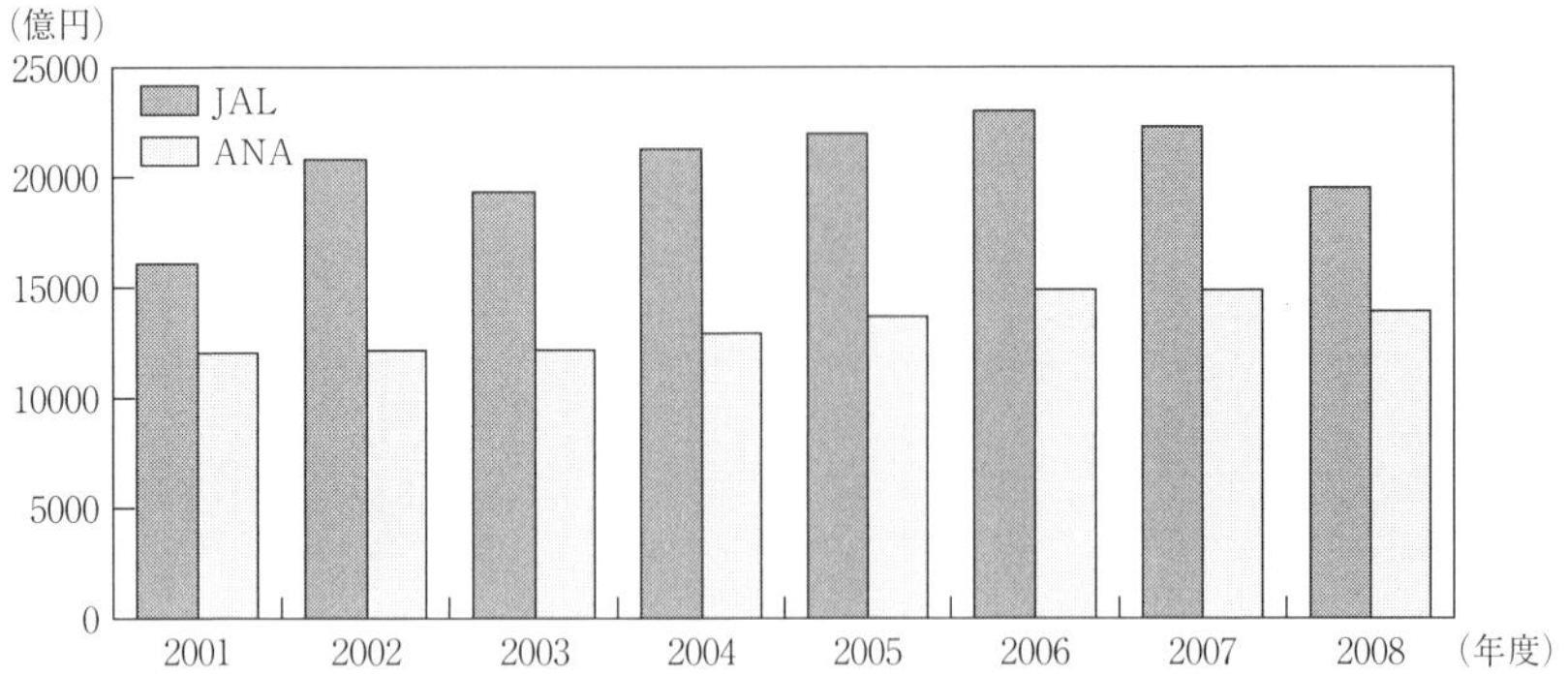

(注)　日本航空株式会社『有価証券報告書』2001年度；株式会社日本航空『有価証券報告書』2002年度～2008年度；全日本空輸株式会社『有価証券報告書』2001年度～2008年度より作成。JALの数値については、2001年度はJAL連結、2002年度～2008年度はJALS連結である。

図表4-23　ANAとJJグループの売上高営業利益率の推移

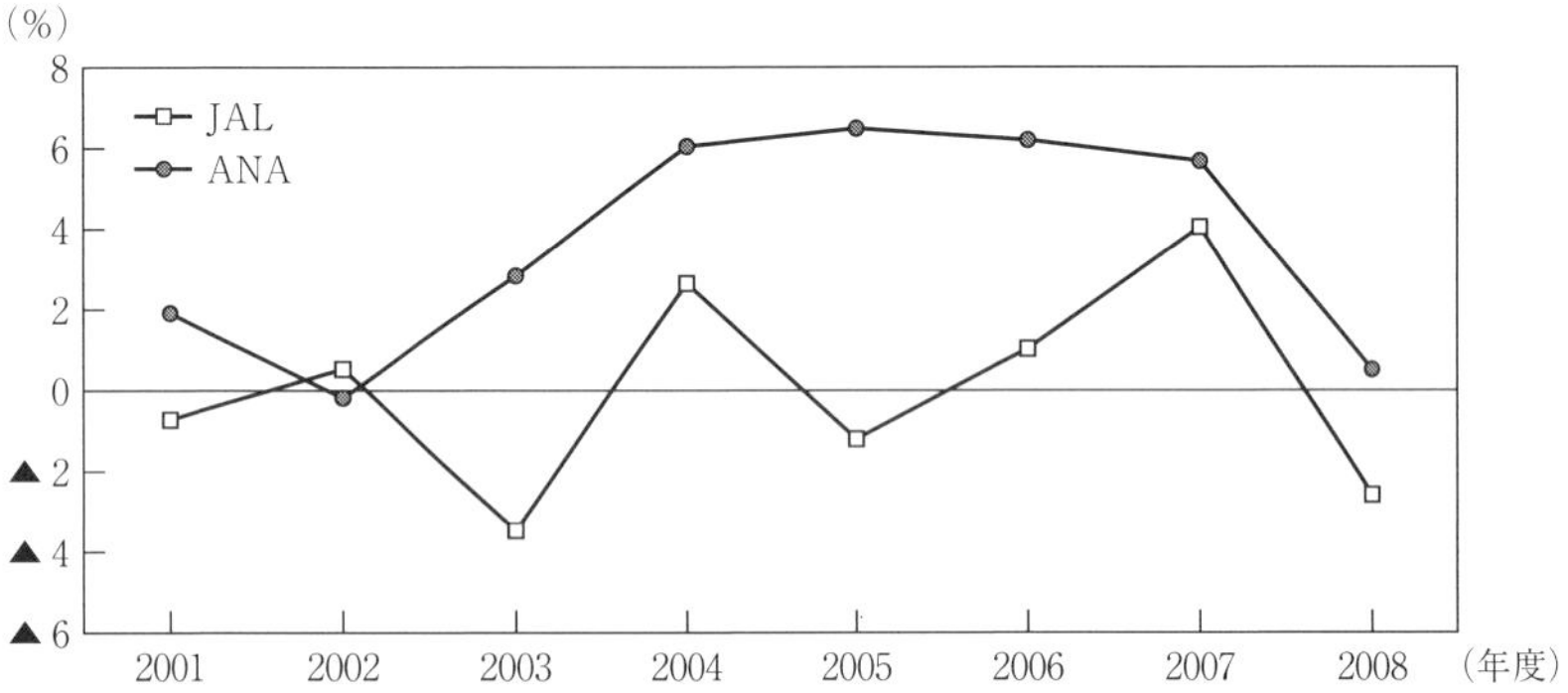

(注)　日本航空株式会社『有価証券報告書』2001年度；株式会社日本航空『有価証券報告書』2002年度～2008年度；全日本空輸株式会社『有価証券報告書』2001年度～2008年度より作成。JALの数値については、2001年度はJAL連結、2002年度～2008年度はJALS連結である。

これに対し、一九九〇年代、ほとんどの事業年度で最終赤字を計上し、一九九七年度～二〇〇二年度までの六年間、無配を続けていたANAは、労働対価と事業コストの削減を進めたことで、二〇〇五年度、八八八億円の営業利益を叩き出しているのである。

図表4-23は、両社の売上高営業利益率を比較したものである。これによると、二〇〇二年度においては、JAL＝JASの利益率がANAのそれを上回っていた。国際旅客事

業に大きな影響を与える同時多発テロなどのイベント・リスクが発生した後でも、ＪＪグループの方がまだ高い利益率を維持していたわけだ。そこからスタートし、両社の立場は完全に逆転している。ＡＮＡは地道にコスト削減に努め、営業ＣＦと利益を生み出せる組織に変わったが、ＪＪグループは、ほとんど何も変えることができなかった。これが、二〇〇三年度に、両社の利益率を逆転させた理由である。

（五）ＪＡＬにおける経営責任の所在

二〇〇〇年度〜二〇〇二年度にかけ、ＪＡＬとしては、ここで何としてでも「営業ＣＦの改善」を図る必要があった。民営化以降、ＪＡＬの営業ＣＦは投資ＣＦを下回り続け、しかも投資ＣＦが営業ＣＦの増大に繋がらず、結果として有利子負債残高だけが膨らみ続けていたからである。それゆえ、ＪＡＬは、ＪＪ統合により、「営業ＣＦの改善」を実現し、それによって「資金調達コストの削減」を図ろうとしていた。しかも、この課題は、Ｂ７４７‐４００などの機材価格が急落する中で、またイベント・リスクが多発する中で、これまで以上に強力かつ鮮明に意識されたはずである。抜本的な施策を講じなければ、もはや「市場からの自立的な資金調達」など叶わなくなる状況にあったからである。それだけの危機的状況にあったにもかかわらず、兼子氏をはじめとする経営層は、結局、「ＪＡＳとの経営統合」という花火を打ち上げただけで、自らが掲げた「達成可能想定値」に向けて組織を具体的に導くことはなかった。

ＪＪグループにおける労働対価の削減については、第五章で見る予定であるが、この時代区分（二〇〇一年度〜二〇〇五年度）における人件費の削減などは、決して抜本的な措置と言えるものではなかった。例えば、ＪＡＳ地上職員の給与水準とＪＡＬとＪＡＳの客室乗務員の給与水準は上昇し続け、またＪＡＬとＪＡＳの運航乗務員の給与水準も上昇していった。唯一報酬額を下げたのは、ＪＡＬの地上職員だけという実にお粗末な状況であった。

またＪＪグループの「路線の精査」については、既に第三章で見てきたが、この間、目玉の国内線では「地方路線、ビーム路線、幹線」の総数が削られるどころか増加に転じていた。「機材構成の適正化」についても、そもそも統合の出発点から、ＪＡＬとＪＡＳそれぞれが独自の機種・機材を保有していたため、ほとんど相乗効果は期待できない状況にあった。その苦しい機材構成の中で、ＪＪグループとしては、何としてでも大型機材を減らし、中型・小型機材の割合を増やす必要があった。にもかかわらず、ＪＪグループは、二〇〇五年度まで大型機材の数と割合を増やし、機材構成の適正さを損ねていった。ＡＮＡの取り組みに照らせば、これでは何の手も打たなかったのと同じである。

もちろん、兼子氏らは「可能な限りの努力を尽くした」と反論するかもしれないが、本プロジェクトは、「目標に向けて現場を動かし、課題を一つひとつクリアしていく」という「プロセス責任」（信認義務）を、当時の経営陣は果たしていなかったと見ている。そうした評価を下すのは、「市場からの自立的な資金調達が可能となるような会社を創る必要がある」との自覚を持っていたにもかかわらず（もし自覚していなかったとすれば、それ自体が深刻な問題である）、統合計画発表後、ＪＡＬ＝ＪＡＳの経営陣が、二〇〇五年度まで二社を併置しただけで、それ以上の施策を実質的にとらなかったからである。仮に、ＡＮＡがとった施策と同じような施策をＰＤＣＡを回しながら実行に移していたとすれば、ＪＪグループも目標値に近い数字を出していたと考えられるからである。

既に「カネの効率的活用」を阻む最大の障害は「責任の所在を曖昧にすること」であると述べたが、ＪＪグループとＡＮＡの立場が逆転し始めた二〇〇三年度まで、ＪＪグループには、「自ら主体的に組織改革の責任」を担おうとする者はいなかったと言いたい。「誰かがやる」くらいの感覚しか、当時の経営層は持っていなかったのであろう。このため、「構造的問題」の存在を自覚しながらも、時間だけが経過し、結局、二〇〇四年度以降も、「カネの効率的活用」の改善は進まなかったのである。

この時期、問題をさらに一段と深刻にしたのは、経営層が「自己保身的な政略」に走ったことである。二〇〇四年二月、兼子氏は、自身を会長兼ＣＥＯに据え、副社長の新町敏行氏を社長に、西塚英和氏を副社長に据えるというトップ人事を発表している。これは「周りをイエスマンで固める人事」と言われ、またそのため、氏は社内の厳しい批判を受けることとなった(90)。大鹿によれば、多くのＪＡＬ幹部らは、二〇〇四年六月に敷かれた新町体制を「兼子院政の傀儡政権」と捉えていたという[91]。その後、新町氏は、政界工作に通じた安永純雄氏などを重用し、いわゆる本流組を排除する形で権力基盤を強化していったと指摘されている[92]。

こうした状況を見かね、前社長の近藤氏は、二〇〇四年一二月、兼子氏に「後進に道を譲り、人心を一新」するよう助言したという。それでも、氏は身を引こうとしなかった。このため、二〇〇五年一月には、元専務三人が兼子氏を訪れ、退任を強く求めている[93]。

この頃より、JJグループでは、安全に係るトラブルが頻発するようになっている。多くの管理職が独善的な経営に対し不満を持ったこと、また現場従業員が経営側に対し反発を覚えたこと、またそれが社員のモチベーションを低下させたこと、これらがトラブルの原因であったと言われている。政府・国交省も事態を重く受け止め、二〇〇五年三月、JJグループに対し安全確保に関する事業改善命令と警告を発出している。これを受け、二〇〇五年四月、兼子氏は漸く代表権を返上し、前倒しでCEO職を辞している。ただ、氏の思いは強く、それでも会長職には留まり続けようとした。このような「責任の所在」を曖昧にする社内抗争が続く中で、JJグループはさらなる運航・整備トラブルに見舞われ、多くの利用者を失っていった[94]。

二〇〇五年五月、兼子氏は、最終的に会長職と取締役の辞任を受け入れることになるが[95]、これをもってしてもJAL幹部の兼子＝新町体制に対する不満は収まらず、二〇〇六年二月一〇日、ついにグループ会社取締役四名が新町氏の退陣を要求するという「クーデター騒動」が起こり、また管理職約四〇〇人も新町氏ら代表取締役三名の退任を求める運動を起こしている。こうした混乱と抗争を経て、二〇〇六年三月、新町氏は代表権のない会長に退いている。JJグループにあっては、会社の命運を決するような極めて重要なこの時期に、幹部が自己保身的な政略に走り、ガバナンスを迷走させてしまったのである[96]。責任を取ろうとしない経営層、責任の所在を曖昧にする組織体質、これが社内抗争を引き起こし、結局、JJグループの取り組みを遅らせてしまったわけである。

第六節　二〇〇六年度〜二〇一〇年一月の破綻まで

この時代区分（二〇〇六年度〜二〇一〇年一月）における特徴は、二〇〇六年度〜二〇〇七年度にかけ、有利子負債残高が減少するとともに営業CFも増加し、業績回復の兆しが現れ始めたことであると同時に、二〇〇八年九月のリーマン・ショックですべてが振り出しに戻ってしまったことである。

二〇〇六年度、前経営陣と一線を画していた西松遙氏が社長に就任し、JJグループの立て直しが始まった。その取り組みは、一言で表現すれば、ANAが二〇〇五年度までに実施した改革を、JJグループにおいて着手するものであった。「路線の精査」「機材構成の適正化」に関する西松氏の取り組みは、前章第六節で見た通りである。「労働対価の削減」に関しては、次章第六節で取り上げることになるが、その内容はANAが二〇〇五年度までに実施した施策に酷似している。したがって、もしこれらの取り組みが順調に進んでいれば、JJグループも破綻を免れたかもしれないのである。

もっとも、JALにおける取り組みは順調かつ容易に進むものではなかった。とりわけ、長期借入金返済と社債償還など、財務CFアウトが続く中で、返済資金（財務CFイン）を確保しながら、投資も継続させるという、言わば「綱渡り的対応」が迫られたからである。それを実行するにはどうしても時間が必要であった。しかし、綱を渡り切る前に、JALはリーマン・ショックを迎え、転落することとなった。本節では、その経緯を追って見ていきたい。なお、リーマン・ショック以降の「私的整理」「法的整理」に向けての動きなどは、第五章第六節および第六章第二節の議論に譲ることとする。

ただ、「カネの効率的活用」を推進する上で鍵となる「責任の所在を曖昧にしない」という経営者のスタンスは、この時代区分に入り、非常にはっきりと打ち出されたことを強調しておきたい。「トップ自らが率先して犠牲を払うこと」

で、この時期のＪＡＬは明らかに変わり始めていたからである。

（二）財務・投資・営業活動の新たな循環と有利子負債残高の削減

ＪＡＬは「ＪＡＳとの経営統合」を通じて、営業ＣＦを改善しようとしたが、結果は惨憺たるものであった。二〇〇五年度のＪＡＬＳ連結の当期純損失四七二億円は、二〇〇六年度には一六三億円の損失と、赤字幅を小さくしたものの、その実態は依然として改善に向かい始めたと言えるようなものではなかった。町田は、この決算に対しても、退職給付関係の処理変更（退職金制度の見直しで三九億円、代行返上で三六六億円）と減価償却法の変更（一四億円）などを用いて化粧したものに過ぎないと批判している。(97)

こうした厳しい評価はあったものの、二〇〇六年度、二〇〇七年度に入ると、営業ＣＦは増加し、またそれと歩調を合わせる形で、投資も拡大していった。理想的な形は、二〇一二年度以降のように、営業ＣＦが投資ＣＦを超過することであろうが、両者が同時にバランスを取り戻しながら右肩上がりで進むという形は、ＪＡＬにあっては久しぶりに観察される好循環であった（図表４－16）。

他方、財務活動については（図表４－14）、二〇〇七年度に財務ＣＦインがアウトを僅かばかり超えているものの、二〇〇六年度と二〇〇八年度、財務ＣＦインよりもアウトが大きくなっている。これは、この時代区分（二〇〇六年度～二〇〇八年度）に入り、ＪＪグループが資金繰りに関し一段と管理を徹底し、有利子負債の削減に努めていたことを示している。事実、図表４－１に見られるように、有利子負債残高は二〇〇五年度～二〇〇八年度にかけ大幅に減少している。

ただし、有利子負債残高の減少は「西松氏が計画的に進めたため」と見るよりも、借入金返済や社債償還のスケジュールが「この時期に集中していたため」と言うべきであろう。以下の金額に注目されたい。これは、ＪＡＬＳの「借入金等明細書（二〇〇六年度）」に記載された二〇〇七年度以降の借入金返済予定額である。(98) 明細書によれば、二〇〇七

図表4－24　社債償還のスケジュール（2006年度～2009年度）

（単位：億円）

償還日	発行日	名　称	発行者	発行総額
2006年12月6日	1996年12月6日	第4回無担保社債	JAL	300
2011年3月25日 （期日前償還日は、2007年3月25日）	2004年4月5日	ユーロ円建転換社債型 新株予約権付社債	JALS	1000
2007年5月9日	1997年5月9日	第6回無担保社債	JAL	500
2008年2月8日	1998年2月10日	第10回無担保社債	JAL	200
2008年7月31日	1998年7月31日	第13回無担保社債	JAL	180
2008年12月18日	2003年12月18日	第2回無担保社債	JALS	100
2009年4月7日	1999年4月7日	第16回無担保社債	JAL	50
2009年5月26日	1997年5月26日	第7回無担保社債	JAL	100
2009年8月7日	1997年8月7日	第8回無担保社債	JAL	200

（注）　株式会社日本航空『有価証券報告書』2006年度～2008年度より作成。

年度以降、借入金返済に毎期一〇〇〇億円以上のキャッシュを用意しなければならないことになっていた。

一年超二年以内　一二一八億円
二年超三年以内　一一九二億円
三年超四年以内　一六八七億円
四年超五年以内　一二六八億円

これに加え、JALSでは、二〇〇六年度以降、途切れることなく、社債の償還日を迎えることにもなっていた。図表4－24が示す通り、これらは、約一〇年前の一九九六年一二月以降に発行した社債である。銀行借入の返済一〇〇〇億円と合わせれば、JALは、この時期、毎期一五〇〇億円以上の返済資金を用意する必要があったわけである。

当然、これだけの資金は、営業CFだけで賄えるものではなかった。JALS連結における二〇〇四年度の営業CFは一四五三億円、二〇〇五年が一〇〇〇億円、二〇〇六年度が一二七七億円となっており、いずれの年度も資金繰りは厳しい状況にあった。このため、JJグループは二〇〇四年度には、本社ビルの売却（六五〇億円）などにより、返済資金を賄った[99]が、二〇〇七年度以降は、売却する資産もほとんどなくなっていた[100]。最終的に目指すところは、「営業CFの改善」にあったわけであるが、西松氏は、その前提条件として、二〇〇六年度以降、次々と到来する借入金返済と社債償還の波を乗り越えていかなければならなかったのである。

(二) 二〇〇六年六月の公募増資

最初の大きな波は、二〇〇七年三月と五月に到来した。再度、図表4－24を参照されたい。ここでとりわけ目を引くのは、二〇〇四年四月にJALSが発行したユーロ円建転換社債型新株予約権付社債一〇〇〇億円である。同社債の償還日は二〇一一年三月となっており、本来であれば、あと数年先となるはずであった。しかし、事前設定した転換価格四四〇円に株価が届かない状況にあったため、多くの投資家が同社債の特例条項に従い、二〇〇七年三月の期日前償還を求めてくると考えられたのである。(101)

期日前償還を迎える二〇〇七年三月から半年前に遡り、株価の推移を追ってみると、二〇〇六年一〇月が二三七円、一一月が二二八円、一二月が二一九円と下落している。確かに、二〇〇七年に入ると、業績が上向き始めたこともあり、二六二円（一月）、二七五円（二月）と上昇に向かっているが、それでも四四〇円に届くとはほとんど考えられなかった。(102)

これに加え、一九九七年五月に発行した無担保社債五〇〇億円の償還も二〇〇七年五月に迫っていた。二〇〇六年度の段階で、こうした事態が予想されたため、西松氏は二〇〇〇億円（借入金の返済一〇〇〇億円と社債の償還一五〇〇億円）を超える現金を用意する必要に迫られていたのである。新町氏が社長として采配を振るった時期、期日前償還を迎える一〇〇〇億円の社債に関し、一時、みずほコーポレート銀行などを引受先とする第三者割当増資での対応が決まりかけていたが、次期社長に内定していた西松氏は「銀行への第三者割当では救済色が強すぎる」としてこれを退けたと言われている。(103)

その他の選択肢として、新規社債の発行もあり得たが、業績が振るわない中での発行は、結局、非現実的と判断され、また頼みの綱であった政投銀についても、既に三〇〇〇億円強の借入残高があり、二〇〇〇億円の追加融資はほぼ困難との結論に至った。このため、最後の選択肢として、ＪＡＬは、二〇〇六年六月末、公募増資に踏み切ることとしたのである。言い換えれば、業績が振るわない中で、十分な投資環境も整わない中で、ＪＡＬは「市場からの自立的な資金調達」を断行したのである。[104]

当然、環境が整わない中での大型公募増資は、株価の下落を招くこととなった。西松氏らは、ＪＡＬ再生をかけ、また将来の利益拡大を目指して、増資に踏み切ったのであろうが、既存株主からは、具体的な再建計画を示すことなしに公募増資に踏み切ったことに対し、経営責任を追及する声があがった。公募増資の発表が株主総会から僅か二日後の二〇〇六年六月三〇日であったこと、総会で公募増資に関する説明が全くなかったこと、発行済株式総数の約四割に相当する七億株という大規模増資であったこと、などが厳しい批判を受けた理由である。[105] 既述の通り、公募増資の結果、ＪＡＬの株価は急落し、最終的な調達額は一四八五億円にとどまることとなった。[106]

これでは、借入金返済と二〇〇七年三月と五月に到来する社債償還には対応できないということで、二〇〇七年二月、ＪＡＬは、追加融資を要請するため、「二〇〇七〜二〇一〇年度再生中期プラン」（二〇〇七中期再生プラン）と「ＪＡＬグループコスト削減策詳細」を策定し、これを政投銀を中心とする銀行団に提出した。このプランを精査した上で、銀行団側は、一旦、政投銀が四五〇億円を、みずほコーポレート銀行、三菱東京ＵＦＪ銀行、三井住友銀行の三行が合計一五〇億円を融資するとしたが、[107] その後、さらに増額し、最終的には総額七一〇億円の追加融資を実施することとなった。内訳は、政投銀が四五〇億円、みずほコーポレート銀行が一五〇億円、三菱東京ＵＦＪ銀行が九〇億円、三井住友銀行が二〇億円強となっていた。[108]

(三) 二〇〇八年二月の第三者割当増資

借入金返済と社債償還の第一の波を乗り越え、二〇〇七年度に入ると、業績は回復の兆しを見せ始め、九月中間決算では、グループ連結営業利益（ＪＡＬＳ連結）は五六六億円（前年同期八一億円）を、また二〇〇八年三月期には、九〇〇

図表４－25　主な経営指標（2006年度～2008年度）

年　度	2006	2007	2008
事業収益（億円）	23019	22304	19512
営業損益（億円）	229	900	▲509
経常損益（億円）	206	698	▲822
当期純損益（億円）	▲163	169	▲632
自己資本比率（％）	14.9	21.4	10.0

（注）株式会社日本航空『有価証券報告書』2006年度～2008年度より作成。JALS連結の数値である。

億円を計上するまでとなった[109]。これを再生に向けた絶好のチャンスと捉え、西松氏は、二〇〇八年二月に再び大型増資に踏み切っている。この資金調達は、議決権を付与しない優先株の第三者割当による増資で、引受先は主要三行（みずほコーポレート銀行、三菱東京ＵＦＪ銀行、三井住友銀行）をはじめ、三井物産や伊藤忠商事、双日などの商社、それに出光興産や新日本石油などを含む一四社となっていた[110]。

この第三者割当増資により、ＪＡＬは一五三五億円の資金を新たに調達し、自己資本を充実させた。グループ全体（ＪＡＬＳ連結）の自己資本比率で見てみると、公募増資を実施する前の二〇〇五年度は僅か六・九％であったが、二〇〇六年度には一四・九％に増やし、さらにこの第三者割当で、二〇〇七年度末には二一・四％にまで充実させている[111]。「市場からの自立的な資金調達」とまではいかないが、これはＪＡＬが「カネの効率的活用」に向かって前進し始めたことを示すものであった。ただ、主力銀行など一四社を対象とした優先株割当増資は、株価が下落しても「発行額相当の株式価値」を保証するというもので、発行側にとっては、かなり厳しい条件での調達であったことも付言しておかなければならない[112]。

さて、二〇〇七年度決算が好調であったことを受け、この頃より、経営再建の実現可能性が見え始めていた（図表４－25）。本プロジェクトは、第三章において、西松氏が「二〇〇七中期プラン」に従って、「路線の精査」「機材構成の適正化」を計画的に進めたことを評価したが、また第五章において、「人件費の圧縮」「運航乗務員の報酬額引き下げ」などの断行を評価することになるが、その成果が二〇〇七年度に入り、財務数値に現れ始めていたのである。

二〇〇七年度決算を控えた二〇〇八年二月二九日、「新中期経営計画（二〇〇八～二〇一〇年度JALグループ再生中期プラン）」の公表の場に姿を見せた西松氏は「やっと戦えるスタート地点に立てた」と述べ、安堵の表情を浮かべたという[113]。このため、関係者の間では、二〇〇八年度に入ってからも、業績は順調に回復していくものと受け止められていた。

しかし、二〇〇六年八月時点で一バーレル六九ドルであった原油価格（ドバイ原油の価格）が急速に上昇し始め、二〇〇八年七月には一四七・三ドルの最高値を付けるまでとなった[114]。JALとしては、この事態を放置するわけにはいかず、またこれ以上の高騰による悪影響を回避しなければならず、二〇〇八年七月～九月、北海ブレント・スワップのヘッジ率を大きく引き上げることとした[115]。これは、JAL調達部が社内の燃油月例会議などで決めた運用方針に従った対応で、経営判断上、やむを得ない措置であったと言われている[116]。しかし、九月のリーマン・ショックで、市況は一転し、二〇〇八年一二月、原油価格は三〇ドル台にまで急落してしまった。結局、JALは、この措置により、繰延ヘッジ二〇一八億円（二〇〇九年三月末）の損失を抱えることとなったのである[117]。

その後、リーマン・ショックは、世界的な金融危機にまで発展し、旅客需要の激減をもたらした。燃油価格の下落は、たとえヘッジ損失が個社で生じたとしても、航空会社の経営には全体としてプラスに働く傾向にあるが、旅客需要の縮減は、しかも長引く不況は、企業の存続そのものを危うくするものであった。事実、これにより、JALは大打撃を受け、結局、二〇〇八年度の連結業績は最終赤字に転落した。

資金繰りという視点で見れば、二〇〇八年度の営業CFは大きく落ち込み（図表4-16）、財務CFアウトだけが続く状態に陥っている（図表4-14）。ここに至り、もはや政府の手を借りる以外、JALが生き延びる方法はなくなった。その後、二〇〇九年六月に、主力四行が約一〇〇〇億円の緊急融資に応ずるが、そのうち、政投銀が行なう融資の八割には政府保証が付されていた。まさに政府頼みの状況となったのである。

前章でも触れたが「二〇〇七中期プラン」をもっと早い時期に、そしてもっと速いペースで実行していれば、特に、同時多発テロを経験した直後より、JALが一気に、機材の退役・更新、路線の統廃合、労働対価の削減などに動いていれば、ANAがそうであったように、JALも破綻を免れていたかもしれない。しかし、実際には、当時の兼子＝新町体制は、持株会社の傘下にJAL＝JASを並置しただけで、本格的な合理化策をとらず、挙句の果てには、社内抗争に時間を浪費することとなった。この時間のロスが、JALにとっての最大の痛手となった。ANAより遅れること、五年、西松氏は自身の再建責任を明確に自覚した上で[118]、改革に着手するが、リーマン・ショックで時間切れとなった。ただ、氏には「ヒトの効率的活用」に関し、二〇〇九年末までにやり遂げなければならない最後の仕事が残っていた。それは「JAL再生の鍵を握る大きな山」であった。次章第六節でその詳細を見ていきたい。

注

（1）一般的には、「有利子負債」にはファイナンス・リース取引における「リース債務」が含まれる（借手が売買処理を求められるため）。この場合の物件取得原価は「リース取引開始時に合意されたリース料総額からこれに含まれている利息相当額の合理的な見積額を控除」して算出される。また、リース資産とリース債務の双方が同額で貸借対照表に記載され、リース資産は毎期減価償却される。他方のリース債務においては、支払リース料を「元本返済額」と「利息相当額」とに分け、「元本返済額」部分を毎期リース債務より控除する。「利息相当額」部分が有利子となるため、リース債務は有利子負債として扱われるわけである。平松一夫編著『財務諸表論』東京経済情報出版、二〇〇六年、二一〇～二一二頁。ただし、当時、「所有権移転外ファイナンス・リース取引」として扱われたJLLは、オフバランスされていたため、図表4－1における「有利子負債」には含まれていない。またJALの貸借対照表には、通常のファイナンス・リース取引における「リース債務」という科目も二〇〇八年度以前は存在しない。

（2）例えば、細野祐二『法廷会計学vs粉飾決算』日経BP社、二〇〇八年、九六～一一二頁：町田徹『JAL再建の真実』講談社、二〇一二年、三四～三九頁。

（3）国土交通省航空局「日本航空の再生について」二〇一二年一一月、一五頁。

（4）日本航空株式会社『有価証券報告書』第五一期、二〇〇〇年度、七二頁。

（5）株主総会後の二〇〇六年六月三〇日、ＪＡＬは、二〇〇〇億円の資金調達を目論み、発行済株式の三五％にあたる七億株を発行した。六月三〇日の終値は、二八七円であったが、公募増資により、発行価格は二一一円にまで下落した。この間、株価は三五％値下がりしたため、既存株主は三五％の損失を被ったとされる。細野『法廷会計学vs粉飾決算』八六～八七頁。

（6）日本航空株式会社統計資料部編『日本航空社史―一九七一～一九八一』一九八五年、四五一～四六〇頁。かつては、民間企業は、純資産額を超えての社債発行は認められていなかった。それが、一九七七年五月に、社債発行限度暫定措置法が施行されたことで、いずれの民間企業も純資産の二倍まで社債を発行することが可能となった。ＪＡＬは長く日航法の特例法により、純資産額の二倍までの社債発行が認められていたが、社債発行限度暫定措置法の施行により、特例法による意義が失われてしまった。このため、一九八一年の日航法改正において、発行限度が「二倍から五倍」に拡大されたのである。

（7）各年度の数値は、日本航空株式会社『有価証券報告書』の各年度版の貸借対照表より算出している。なお、当時、新規の社債発行ができなかったため、財務戦略の一環として資金調達の多様化を進めている。その施策は、①銀行借入（融資）を活用し、②設備投資の負担を平準化するために「航空機リース」を積極的に活用し、③金融子会社を設立し自立的かつ安定的な資金調達を実施し、④エクイティファイナンス（増資）による資金調達も目指すというものであった。例えば、当時の長岡常務は「内部留保で賄えない分は、当面銀行に頼らざるを得ない」と述べ、また伊藤会長は「設備投資負担を平準化するために航空機リースも積極的に活用する」との方針を示していた。「日航、社債発行残、純資産の二・五倍に今期、政府保証債で六〇〇億調達」『日経産業新聞』一九八六年八月七日、二二頁。これと同様に、ＪＡＬでは「増資は企業業績が増益基調であることが必要であり、かつ頻繁に実施することができないという制約があるため、銀行借入とリース等の代替的金融手段を中心とした資金調達を行い、適宜増資を利用していくことになろう」との見方を示していた。日本航空株式会社広報部『回顧と展望』一九八八年一月、七九頁。

（8）日本航空株式会社広報部『回顧と展望』一九九一年一二月、四六～四七頁。

（9）「日航の海外普通社債発行　今年度一〇〇〇億円規模　格付け取得で前期比三倍」『日経金融新聞』一九九一年四月九日、一頁。

（10）国際協力銀行編纂『日本輸出入銀行史』二〇〇三年、二頁。

（11）国際協力銀行編纂『日本輸出入銀行史』一〇一頁。一九七〇年代に入り、米国は、日本からの特殊鋼、カラーテレビ、自動車、テープレコーダー、半導体などの輸出を問題視するようになっていった。

（12）国際協力銀行編纂『日本輸出入銀行史』一〇六頁。製品輸入に対する同行の融資は、一九六八年度～一九七八年度にかけて、断続的に二度実施されているが、そのうちの一回目が、民間航空機の購入を目的とした融資であった。国際協力銀行編纂『日本輸出入銀行史』一四七頁。これは、米国との国際収支ないし通商摩擦問題対策の一環として、日米首脳会談における合意に基づいて実施したものである。なお、この緊急融資では、日本の航空会社が米国の航空機メーカーに対して一九七二年度に発注した航空機とその部品のうち、一九七三年度中に引渡し予定の機材を融資対象とした。

(13) 国際協力銀行編纂『日本輸出入銀行史』一九八頁。

(14) 国際協力銀行編纂『日本輸出入銀行史』二三三～二三四頁。なお、同制度は一九九一年一二月に五年間の延長が決定し、一九九六年度までの措置となった。この制度が新設された背景の一つに、輸銀および日本開発銀行（開銀）との間で業務分野の調整（棲み分け）が行なわれたことがあげられる。すなわち、ＪＡＬと日本貨物航空に対しては輸銀が、国際線に新規参入することになった航空会社（ＡＮＡと東亜国内航空）に対しては開銀が融資を行なうこととされた。国際協力銀行編纂『日本輸出入銀行史』二三三～二三四頁。なお、開銀の主な融資には、ＡＮＡと東亜国内航空の航空機購入に加え、関西国際空港建設工事やＡＮＡなどの格納庫建設工事費用向けの融資があった。輸銀と同様に、開銀も、この時期、航空関連の融資を増やしており、一九八七年度～一九九九年度までの期間、総額一兆三五六〇億円（うち、航空機購入向けの融資が八九八四億円）を融資している。日本政策投資銀行編纂『日本開発銀行史』二〇〇二年、六五二頁。なお、二つの政府系金融機関による航空関連融資には、リースによる機材調達も対象に入っていた。「航空機輸入融資制度固まる、開銀が全日空・東亜国内、輸銀が日航・日本貨物」『日本経済新聞』（朝刊）、一九八七年二月三日、五頁。

(15) 日本航空株式会社広報部『回顧と展望』一九八八年一月、七九頁。なお、同制度に対しＪＡＬは「この航空機制度融資により、資金調達の基本的部分を安定的に行いつつ、一方で金融市場の動向を見ながら、低コストの増資、機動的な銀行借入・リース等を組み合わせていくことで、完全民営化に伴う資金調達コストの上昇は十分抑制することが可能と思われる」との見解を示していた。なお、ここにいう「完全民営化に伴う資金調達コストの上昇」とは、政府保証がなくなることによる金利上昇を指し、民営化後は〇・五～一・〇ポイント程度のコスト増が見込まれていた。

(16) 支払利子率は、各年度の有価証券報告書の数値を用いて、次の算定式で求めた。支払利子率＝（支払利息＋社債利息）÷（有利子負債の期末残高）×一〇〇。この算定式によれば、一九八五年の支払利子率は六・六％、一九八六年度は六・一％、一九八七年度は五・九％となっている。

(17) 日本航空株式会社『有価証券報告書』各年度版の「長期借入金明細表」には、借入先の銀行ごとに、期首残高や期末残高、返済期限、使途、担保などが記載されている。これによれば、輸銀からの融資が航空機材購入資金に、開銀からの融資が空港設備の整備に充当されていたことが分かる。

(18) 計算式は次の通りである。営業利益＋金融収入（受取利息・配当金）÷金融費用（支払利息・割引料）。例えば、この指標が一倍であれば、営業利益・金融収入と金融費用がほぼ拮抗しており、大雑把に言えば、営業利益の全額が利息の支払いに消えてしまうことを意味する。また、これが一倍を下回る場合には、営業利益・金融収入では、金融費用分を賄えないことを意味する。

(19) 事業多角化に終止符を打つには、結局、七代目社長の近藤晃氏（一九九五年六月～一九九八年五月）の登場まで待たねばならなかった。

(20) 日本航空株式会社広報部『回顧と展望』一九八八年一月、六頁。

(21) 日本航空株式会社広報部『回顧と展望』一九九〇年一二月、二六頁。

(22) 当時の関連事業担当の渡会常務は「完全民営化前にたまりにたまっていたマグマを放出するように関連事業をやみくもに増やしてきたが、拡大路線にブレーキをかける時期にきている」と述べている。「JAL新戦略 関連事業拡大にブレーキ」『日経産業新聞』一九九二年一月三〇日、二〇頁。

(23) 吉原公一郎『日本航空―迷走から崩壊へ』人間の科学新社、二〇〇五年、三八〇頁。

(24) 吉原『日本航空―迷走から崩壊へ』三七九頁。

(25) 吉原『日本航空―迷走から崩壊へ』二七〇頁。

(26) 吉原『日本航空―迷走から崩壊へ』三七九頁。

(27) 吉原『日本航空―迷走から崩壊へ』三七八頁。

(28) 吉原『日本航空―迷走から崩壊へ』二七六頁。

(29) この時代区分では、有利子負債が減少したことで、「支払利息」が下がり、ICR（インタレスト・カバレッジ・レシオ）も大きく改善した（図表4-7）。ただ、それはJALの財務状態を抜本的に好転させるようなものではなかった。二〇〇〇年度には、ICRは二倍に達しているが、それ以前の事業年度（一九九四年度～一九九九年度）では、かろうじて一倍に達する程度の改善でしかなかった。つまり、利息の支払いで営業利益がほとんど消えてしまう状況にあったのである。

(30) 連結決算そのものは、上場企業を中心に一九九九年度以前より公表されていたが、持分法適用会社の扱いなどが緩く、結局、単体での決算が中心となっていた。

(31)　小野展克『JAL虚構の再生』講談社、二〇一四年、二〇六頁。

(32)　吉原『日本航空―迷走から崩壊へ』四〇九～四三二頁では、日航開発の監査報告（一九八七年二月）が参考資料として添付されており、本プロジェクトでは監査報告書の内容について同書を参照している。

(33)　吉原『日本航空―迷走から崩壊へ』四二八～四三二頁。

(34)　吉原『日本航空―迷走から崩壊へ』四二八頁。

(35)　小野『JAL虚構の再生』二一一頁。なお、追加投資の目的は、アスベスト対策の補修などであったと言われている。大鹿靖明『堕ちた翼』朝日新聞出版、二〇一〇年、一七四頁。

(36)　「JALホテルズ シカゴから撤退 住友生命の米法人に譲渡」『日本経済新聞』（朝刊）、一九九六年一二月二七日、九頁。

(37)　小野『JAL虚構の再生』二一一頁：大鹿『堕ちた翼』一七四頁：日本航空株式会社『有価証券報告書』第四七期、一九九六年度、三九頁。

(38)　大鹿『堕ちた翼』一七五～一七六頁。

(39)　小野『JAL虚構の再生』二一四～二一六頁。

(40)　森功『腐った翼―JAL六五年の浮沈』講談社、二〇一六年、一〇〇～一〇二頁。

(41)　町田『JAL再建の真実』七一頁。

(42)　例えば、一九九〇年度における機材の貸出側を見ると、「住銀リース株式会社」や「日興リース株式会社」など都銀系のリース会社が多く含まれていたが、これが一九九五年度になると、一部を除いて、ほとんどがJAL系列のリース会社（「日航リース株式会社」や「ジャルトレーディングアメリカ社」など）になっている。日本航空株式会社『有価証券報告書』第四一期、一九九〇年度、二五頁：日本航空株式会社『有価証券報告書』第四七期、一九九六年度、二九頁。

(43)　レバレッジド・リースに参加する投資家は、自己資金として、出資金を一定額（通常二〇％程度）負担し、残額を銀行等金融機関から借り入れた。これにより、匿名組合は、僅かな出資金で、物件全体の減価償却費と借入金に対する支払金利を費用として計上した。投資家に対するこの利点（節税効果）を、リース料軽減の形で航空会社に還元したわけである。羽原敬二『航空機ファイナンスの諸問題』関西大学経済・政治研究所、一九九七年、七～九頁。

(44)　金山剛「日本におけるレバレッジド・リースの実証的考察（上）―我が国リース会社の実務例に触れて」『經濟學研究』第

五〇巻第三号、二〇〇〇年、一三六頁。

(45) 角ヶ谷典幸「リース」『財務会計論Ⅱ（応用論点編）』（第四版）佐藤信彦他編著、中央経済社、二〇一〇年、九八頁。

(46) 茅根聡「わが国のリース会計基準をめぐる展開―オンバランス化議論を踏まえて」『リース研究』第一号、一頁。こうした形のリースでは、減価償却費の増加は抑えられるものの、リース会社に支払う手数料が減価償却費に代わるだけで、しかも最終段階でリース物件を引き取ることが多く、総費用は直接購入した場合よりも高額となる傾向にあった。リースを利用して物件を導入する場合、物件の購入代金とその利息に加えて、貸し手に対する手数料を支払うこととなるため、銀行融資によって物件を購入する場合に比べて、通常は割高になると言われる。もちろん、借り手の信用が貸し手よりも高い場合には、理論上、リース料総額は購入対価に比べて割安になるはずだが、現実にそこまでリース料を引き下げるのは難しいとされている。加藤久明『現代リース会計』中央経済社、二〇〇七年、三五頁。

(47) 茅根「わが国のリース会計基準をめぐる展開」五頁。

(48) 金山は、「リース会計基準」（一九九三年と一九九四年の意見書と実務指針）の特徴を次の二点に整理している。第一は「法的形式よりも経済的実質を優先し、ファイナンス・リース取引については原則として通常の売買取引に準じた会計処理（売買処理＝資本化処理）を求めることによって、当該取引によって生じた資産及び負債を貸借対照表に計上（オンバランス化）するという資本化処理を原則としている点」であり、第二は「重要性の原則の適用によって、開示の省略や注記に関する会計処理の簡略化を容認している点」であった。金山剛「日本におけるレバレッジド・リースの実証的考察（下）―我が国リース会社の実務例に触れて」『經濟學研究』第五〇巻第四号、二〇〇一年、八三～八四頁。

(49) 平松『財務諸表論』二〇九頁。

(50) 平松『財務諸表論』二一〇頁。

(51) 角ヶ谷「リース」『財務会計論Ⅱ』九九頁。一九九四年のリース会計基準において例外処理が認められた背景の一つとして、リース取引がオンバランスされた場合に、借手側にとってのリース利用メリットが著しく減少するため、リース産業そのものが危機に陥ることが懸念されたという点があげられている。茅根「わが国のリース会計基準をめぐる展開」五頁：加藤『現代リース会計論』一二七～一二八頁。

(52) 角ヶ谷「リース」『財務会計論Ⅱ』九九頁。「リース会計基準」（一九九三年と一九九四年の意見書と実務指針）では、どのような条件の場合、売買処理を行なうかについて明らかにされなかったため、売買処理か賃貸借処理かの選択はリース利用会社に委ねられることになってしまったという。金山「日本におけるレバレッジド・リースの実証的考察（上）」一五一頁。

(53) 服部勝『証券取引法におけるリース会計基準』税務研究会出版局、一九九八年、一二五頁。

(54) 平松『財務諸表論』二一二～二一三頁。

(55) 細野『法廷会計学vs粉飾決算』一〇一頁。

(56) 「リース会計基準」（一九九三年と一九九四年の意見書と実務指針）は、ファイナンス・リース取引を原則として通常の売買取引に準じた会計処理（資本化処理）を行なわなければならないとしながらも、所有権移転外ファイナンス・リース取引については、注記において資本化処理に相当する情報を開示することを条件に賃貸借処理を容認した。金山「日本におけるレバレッジド・リースの実証的考察（下）」八三～八四頁。

(57) 一九八九年のリース会計基準適用初年度から一九九一年までの期間における開示実態を調査した武田によれば、調査対象企業（東京および大阪証券取引所一部上場企業五〇〇社）のうち、リース固定資産の注記を設けている企業のすべてが、賃貸借処理を採用していたという。ここから、日本企業において、例外処理に基づく賃貸借処理が常態化していたことが理解できる。武田隆二『商法決算・処理と開示―主要企業の計算書類等の総合分析と事例九二年度版』中央経済社、一九九二年、二～四頁、一九〇頁。

(58) 説明資料によれば、「システム統合等のための戦略的投資」として五〇〇億円の支出、追加的な経費として二〇〇億円の支出が必要になるとしている。後者の経費については、二〇〇五年度の費用を二〇〇億円押し上げることになるとしている。日本航空・日本エアシステム「JAL・JAS経営統合について」（説明資料）二〇〇一年一月二九日、二六頁。

(59) なお、両行の融資は、前者が「運転資金の融資」を、後者が「航空機材購入に要する前払金の融資」を担当した。「航空 運転資金を低利融資 旅行 信用保証枠を拡大、金融面から経営支援―政府・与党 米テロの影響長期化に備え」『日本経済新聞』（朝刊）、二〇〇一年一〇月二六日、七頁。

(60) 二〇〇二年度以降の数字は、JALS単体の数値を用いている。JASとの経営統合に伴い、二〇〇二年度以降は、親会社であるJALSが政投銀からの融資を受け、その資金を傘下のJAL（JALI）とJAS（JALJ）に貸付けているためである。二〇〇二年度以降の有価証券報告書を見てみると、JAL（二〇〇四年度以降はJALI）とJAS（二〇〇四年度以降はJALJ）の貸借対照表には「親会社長期借入金」という勘定科目が新設されている。それと同時に、これ以降、JALにとっての最大の借入先はJALSとなっている。ただ、実態は、政投銀からJJグループが融資を受けているものであるため、二〇〇二年度以降は、JAL単体ではなく、JALS単体の数字を使う方が合理的と考え、数値の入れ替えを行なった。有価証券報告書の「借入金等明細書」では、借入先ごとに年度末の残高が記載されているが、経営統合後、JAL単体の明細書には政投銀の社名は消え、代わりに親会社であるJALSの社名が記載されるようになっており、その額も他の金融機関からの借入額を遥かに超えるものとなっている。例えば、二〇〇六年度の数値を見てみると、長期借入金の借入先と残高は次の通りとなっている。JALS（六〇七五億円）、みずほコーポレート銀行（四七〇億円）、国際協力銀行（四六五億円）、三井住友銀行（四五〇億円）、三菱東京UFJ銀行（三一〇億円）、その他（四五〇億円）。株式会社日本航空インターナショナル『有価証券報告書』第五七期、二〇〇六年度、一七一頁。

(61) それは、統合当初に五〇〇億円の投資CFアウトを伴うものであったが、過去の悪循環を断ち切り、新たな好循環を作り出すためには、これが不可欠との思いを持って追加投資を行なったはずである。それは、まさに二〇一二年度以降（再上場以降）に見られるような営業CFが投資CFアウトを上回るビジネス・モデルを作ることであった。

(62) 「日航 兼子勲社長 日本エアと組めば競争は促進できる」『日経産業新聞』二〇〇二年三月七日、二四頁。

(63) 債務償還年数（営業CF何年分で有利子負債を完済できるかを示す指標）で言えば、一〇年程度に抑えることが重要であるとの発言を行なっている。「規模優先でトップを窺う 負債増大も辞さず 統合の合理化効果、三年で」『日経金融新聞』二〇〇二年七月五日、一頁。

(64) 日本航空・日本エアシステム「JAL・JAS経営統合について」三九頁。

(65) 日本航空・日本エアシステム「JAL・JAS経営統合について」二〇頁。

(66) 日本航空・日本エアシステム「JAL・JAS経営統合について」四四頁。

(67) JJ統合の発表に伴う公取委の問題指摘とその後のJALの対応については、柳川隆「日本航空と日本エアシステムによる経営統合の競争政策上の問題点」『經濟學研究』六六〜七七頁：公正取引委員会ホームページ「(平成一三年度：事例10) 日本航空（株）及び（株）日本エアシステムの持株会社の設立による事業統合」に詳しい。なお、公取委からの問題指摘に対するJALの対応策については、日本航空株式会社「日本航空・日本エアシステム 経営統合契約を締結」（プレスリリース）二〇〇二年四月二六日の「（添付資料）日本航空、日本エアシステムが公正取引委員会に提出した対応策について（概要）」を参照されたい。

(68) 「羽田の発着枠増便一〇日から─国交省一日一四便」『日本経済新聞』（朝刊）、二〇〇五年八月三〇日、五頁。

(69) 日本銀行ホームページ「時系列統計データ」(年度平均)を参照。
(70) 「原油、来年も高止まり」『日本経済新聞』(朝刊)、二〇〇五年一二月一六日、一一頁。
(71) 「石油製品、アジアで最高値―スポット ガソリン・軽油八〇ドル突破」『日本経済新聞』(朝刊)、二〇〇五年九月三日、二七頁。
(72) 杉浦一機『地に堕ちた日本航空』草思社、二〇〇七年、七三頁。
(73) 大橋洋治「大橋洋二 社内改革―『三〇〇億円コストカットを』、社員の理解求め全国行脚(私の履歴書)」『日本経済新聞』(朝刊)、二〇一七年四月二一日、四〇頁。
(74) 大橋社長と山元副社長による従業員との対話は「ダイレクト・トーク」という名称が付けられていた。「全日空 退路断ち、悲願の復配」『日経ビジネス』二〇〇四年二月一四日号、五〇頁。なお、ダイレクト・トークは、一回あたり一時間半～二時間くらいかけ、社員との対話を実施していた。「駆ける経営パイロット」『日本経済新聞』(夕刊)、二〇〇四年一〇月一日、五頁。
(75) 大橋洋治「大橋洋二 社内改革」『日本経済新聞』(朝刊)、二〇一七年四月二一日、四〇頁:杉浦『地に堕ちた日本航空』七三～七四頁:「駆ける経営パイロット」『日本経済新聞』(夕刊)、二〇〇四年一〇月一日、五頁。
(76) 杉浦『地に堕ちた日本航空』七三頁。
(77) 杉浦『地に堕ちた日本航空』七三頁。
(78) 「経費削減で今期も増益狙う」『日経情報ストラテジー』二〇〇五年九月号、四五頁。
(79) 全日本空輸株式会社「全日空グループニュース」(第〇三―〇二〇号)二〇〇三年二月二四日。
(80) 全日本空輸株式会社『アニュアルレポート』二〇〇四年度、五頁。
(81) 全日本空輸株式会社『アニュアルレポート』二〇〇五年度、四頁。
(82) 大橋洋治「大橋洋二 社内改革」『日本経済新聞』(朝刊)、二〇一七年四月二一日、四〇頁。
(83) 杉浦は、社内全体の危機感がコスト削減のさらなる見直しに向かわせたと指摘し、三カ年計画を一年前倒しで達成することができた理由として、基本給の五％カットに落胆するどころか、社員一同が奮闘した結果であったと述べている。杉浦『地に堕ちた日本航空』七六頁。
(84) 杉浦『地に堕ちた日本航空』七九頁:「全日空 中国路線を拡充、来春杭州線新設、瀋陽は増便」『日本経済新聞』(朝刊)、二〇〇三年一二月三日、一二頁。
(85)「全日空の挑戦（中）悲願の国際線黒字化 中国線・海外連携がカギ」『日経産業新聞』二〇〇四年二月二七日、三〇頁。
(86)全日本空輸株式会社「二〇〇三年三月期中間決算説明会資料」二〇〇二年一一月二五日、二四頁。大橋社長は、JJグループに対抗するために「地方などの需要の少ない路線を減便し、幹線など集積の良い路線に振り向ける」とし、二〇〇三年四月より、羽田＝徳島線、羽田＝青森線など国内五路線から撤退している。なお、この二つの路線はスカイマークがそのまま引き継ぐこととなった。「全日空の羽田‐徳島線も継承―スカイマーク全国展開へ」『日本経済新聞』（朝刊）、二〇〇二年一〇月二四日、一三頁：「全日空 国内五路線撤退―二〇〇三年度、中国路線は増便」『日経産業新聞』二〇〇三年一月二四日、一七頁。
(87)全日本空輸株式会社『アニュアルレポート』二〇〇五年度、一五頁。これらのコスト削減に加え、もう一つ、ANAがホテル事業などを縮小し、本業に資源を集中させたことも指摘しておかなければならない。具体的には、二〇〇二年七月、ウィーンのホテル（ANAグランドホテルウィーン）を一三五億円で、同年八月にはシドニーのホテル（ANAグランドホテルシドニー）を一三〇億円でそれぞれ売却し、これによって入手した資金を航空事業に集中投入している。「全日空、ウィーンのホテル売却」『日経産業新聞』二〇〇二年八月二日、一七頁：「全日空、シドニーのホテル売却」『日経産業新聞』二〇〇二年八月九日、一〇頁：杉浦『地に堕ちた日本航空』八三頁。
(88)全日本空輸株式会社『アニュアルレポート』二〇〇五年度、一四頁。
(89)全日本空輸株式会社『アニュアルレポート』二〇〇六年度、一頁。
(90)小野『JAL虚構の再生』二二九頁：大鹿『堕ちた翼』一八頁、二〇三頁。
(91)大鹿『堕ちた翼』一八〜一九頁。
(92)小野『JAL虚構の再生』二三五〜二三八頁：大鹿『堕ちた翼』二〇一〜二〇三頁。
(93)小野『JAL虚構の再生』二三〇〜二三三頁：大鹿『堕ちた翼』二〇二〜二〇四頁。
(94)小野『JAL虚構の再生』二三三〜二三五頁：大鹿『堕ちた翼』二〇五頁。なお、JALでは、国交省から業務改善命令を受けた後も運航トラブルが起きている。例えば、B747の左右エンジン取り違え（二〇〇五年一二月）、鹿児島空港着陸時の逆噴射未作動（二〇〇六年一月）、酸素量ゼロ表示による那覇空港への引き返し（二〇〇六年一月）、車輪格納ができず新千歳空港へ代替着陸（二〇〇六年一月）などがあった。JALは、二〇〇五年四月に再発防止策を提出していたが、二〇〇六年に入って間もなく、国土交通省からトラブル防止策の再提出を命じられている。森功『腐った翼―JAL消滅への六〇年』幻冬舎、二〇一〇年、一一八～一二一頁。
(95)　大鹿『堕ちた翼』二〇六頁。
(96)　小野『JAL虚構の再生』二三九頁。
(97)　町田『JAL再建の真実』八八頁。ここで言及している三六六億円とは、マイナスの未認識過去勤務債務が発生したことを受け、一括処理した戻入益を指す。第五章第六節を参照されたい。
(98)　株式会社日本航空『有価証券報告書』第五期、二〇〇六年度、一〇五頁。
(99)　「日航、本社ビルを売却　六五〇億円、野村不動産系に　有利子負債圧縮緊急」『日本経済新聞』(朝刊)、二〇〇四年一二月一日、一一頁。JALは、本社ビルを売却した後も、同ビルに入居する考えを示したが、その背景には、有利子負債の削減による金利負担の減少効果が、賃借料の増加を上回ると見ていたためである。
(100)　細野『法廷会計学vs粉飾決算』二一一頁。
(101)　株式会社日本航空『有価証券報告書』第三期、二〇〇四年度、三七頁、四四頁。転換社債の利率がゼロであったため、満期まで保有する投資家はほとんどいないと考えられた。細野『法廷会計学vs粉飾決算』九六頁。
(102)　株式会社日本航空『有価証券報告書』第五期、二〇〇六年度、四六頁。
(103)　「日航、選択肢狭まり決断　赤字無配　総会直後　株数一・四倍　社債償還迫り苦慮」『日本経済新聞』(朝刊)、二〇〇六年七月一日、一一頁。
(104)　JALは当初三月末の発行を予定し、準備を進めていたが、当初の幹事証券会社などが引き受けを辞退したため、結果的に三カ月遅れの増資になったという。町田『JAL再建の真実』三一頁。
(105)　細野『法廷会計学vs粉飾決算』八六～八八頁；杉浦一機『JAL再建の行方―復活か、再び破綻か』草思社、二〇一〇年、五四～五五頁；森『腐った翼―JAL消滅への六〇年』一九四～一九六頁。
(106)　株式会社日本航空『有価証券報告書』第五期、二〇〇六年度、一七頁；小野展克『巨像の漂流―JALという罠』講談社、二〇一〇年、一五頁；大鹿『堕ちた翼』二〇頁。なお、資金調達の計画額は二二〇〇億円超であった。
(107)　「日航への六〇〇億円融資固まる　政策投資銀行四五〇億円　残る三行で一五〇億円」『日本経済新聞』(朝刊)、二〇〇七年一月三〇日、一頁。これに対し、森は、「JALから見たら、中期経営計画という形式的なリストラ策さえあれば、融資を取付けられてきた。極端に言えば、再建策は絵空事でもいいし、現実に計画通りに経営改革が進んだためしはない」と厳しく述べている。森『腐った翼―JAL消滅への六〇年』二〇二頁。

(108) 町田『JAL再建の真実』八四～八五頁。なお、二〇〇七年三月の期日前償還については、結局、権利行使額は七九七億七一〇〇万円にとどまった。株式会社日本航空『有価証券報告書』第六期、二〇〇七年度、一一四頁。

(109) JALに対し厳しい評価を行なっていた町田も、二〇〇七年度に入ってからの変化に触れ、「年金の代行返上や株式、不動産の売却益も相変わらず大きかったが、赤字垂れ流し体質がわずかながら改善し始めていたのもまた事実だった」と述べている。町田『JAL再建の真実』一〇五頁。

(110) 株式会社日本航空「第三者割当による株式の発行に関するお知らせ」(プレスリリース)二〇〇八年二月二九日。なお、その後、三菱商事も引き受け先に加わった。

(111) 株式会社日本航空『有価証券報告書』第六期、二〇〇七年度、二頁。

(112) 町田『JAL再建の真実』一〇五～一〇六頁:小野『JAL虚構の再生』一七～一八頁:瀬戸英雄「日本航空の再建―企業再生機構による再生支援と会社更生手続き」『田原睦夫先生古希・最高裁判事退官記念論文集 現代民事法の実務と理論』きんざい、二〇一三年、八七七頁。

(113) 「日航再建なるか(上)薄氷の一年 増資で一息一五〇〇億円『最後のカード』切る」『日本経済新聞』(朝刊)、二〇〇八年三月三日、九頁。

(114) 小野『JAL虚構の再生』二八～三〇頁:森『腐った翼―JAL六五年の浮沈』三三三～三三六頁。

(115) その時まで半分程度であったヘッジ取引を八割以上に拡大した。小野『巨像の漂流―JALという罠』二四頁。

(116) したがって、スワップ取引そのものはこの改訂基本方針の範囲で行なわれたものとされている。コンプライアンス調査委員会「調査報告書(要旨)」二〇一〇年八月二六日、一五頁。

(117) 株式会社日本航空『有価証券報告書』第七期、二〇〇八年度、六八頁:小野『JAL虚構の再生』二八～三〇頁。

(118) 町田によれば、西松氏は、例の二〇〇七中期プランを発表した席で「二〇一一年三月期決算での復配を公約、前倒しの努力もするとしたうえで、『達成できなければ、辞任ととらえてもらって構わない』と明言」したという。町田『JAL再建の真実』八一頁。この言葉に、責任を引き受けたトップの覚悟を見ることができよう。

第五章　ヒトの効率的活用と売上高労働対価倍率の推移

前章では、有利子負債残高の推移に着目し、「カネの効率的活用」の動きを追った。一九九〇年代後半、一時的に改善の兆しも見られたが、二〇〇〇年代に入り、ＪＡＬは再び資金調達に窮していった。二〇〇六年六月、社長交代とともに、起死回生の一手を打って増資を試みるが、十分な資金は調達できず、政府の助けを求めることとなった。政府支援の前提として、ＪＡＬは「身を削る抜本策」、中でも「人件費の大幅削減」に着手するが、結局、これも破綻回避には繋がらず、二〇一〇年一月の会社更生法の適用となった。

本章では、「身を削る抜本策」「人件費の大幅削減」が求められたこととの関係で、一九八〇年代中盤以降、ＪＡＬがヒトの問題にどのように対処してきたかを見ていきたい。その変遷を捉える指標として、本プロジェクトは「売上高労働対価倍率」という指標を用いる。またその変遷と併せ、倍率を改善するためにＪＡＬがどのような施策を講じたのかも見ていくことにする。

後述する通り、主な施策は「人件費の削減」「ＪＡＳとの経営統合」「退職給付債務の圧縮」の三つであった。しかし、二〇〇五年度までの動きを見る限り、これらはいずれも対症療法的な措置にとどまっていた。それが、二〇〇〇年代初頭の会計制度の変更などを受け、ＪＡＬは存続の危機に瀕することとなった。ここに来て初めて「労働対価のさらなる圧縮」がＪＡＬにとっての最大の構造的問題となったのである。これらの事実関係を本章で追っていきたい。

第一節　売上高労働対価倍率の推移

まず売上高労働対価倍率がどのような指標なのか、なぜこの指標を採用するのかを説明し、その上で倍率が、一九八〇年代中盤以降、どのように変化したのかを概観しておこう。

(一) 労働対価と旅客収入

売上高労働対価倍率（倍率）とは、労働対価に対し、会社としてどれだけの成果をあげたのかを示す指標である。計算式で表せば、次の通りとなる。

売上高労働対価倍率＝旅客収入÷労働対価

ここにいう労働対価とは、人件費と退職給付費用の総額を指す。これに対し、労働対価に対する成果を表す指標として、損益計算書（単体）に計上される旅客収入（事業収益の柱）を採用したい。

第三章の「モノの効率的活用」において、指標の対象範囲を旅客輸送サービスとしたため、本章でも旅客輸送より生まれる旅客収入を成果として取り上げることにする。この選択に対し、「営業総利益（売上総利益）、営業利益、経常利益などの利益概念の方が望ましいのではないか」という意見もあり得よう。しかし、ＪＡＬの場合、営業総利益では減価償却費や燃油費の影響を強く受けるため、営業利益ではさらに販売手数料などの影響を強く受けるため、また経常利益では支払利息などの金融活動に加え、機材関連報奨額（営業外収益）の影響をそのまま受けるため、これらはいずれも相応しいとは言えない。もちろん、旅客収入も環境変化の影響を受けることになるが、営業総利益、営業利益、経常

図表5－1　売上高労働対価倍率の推移

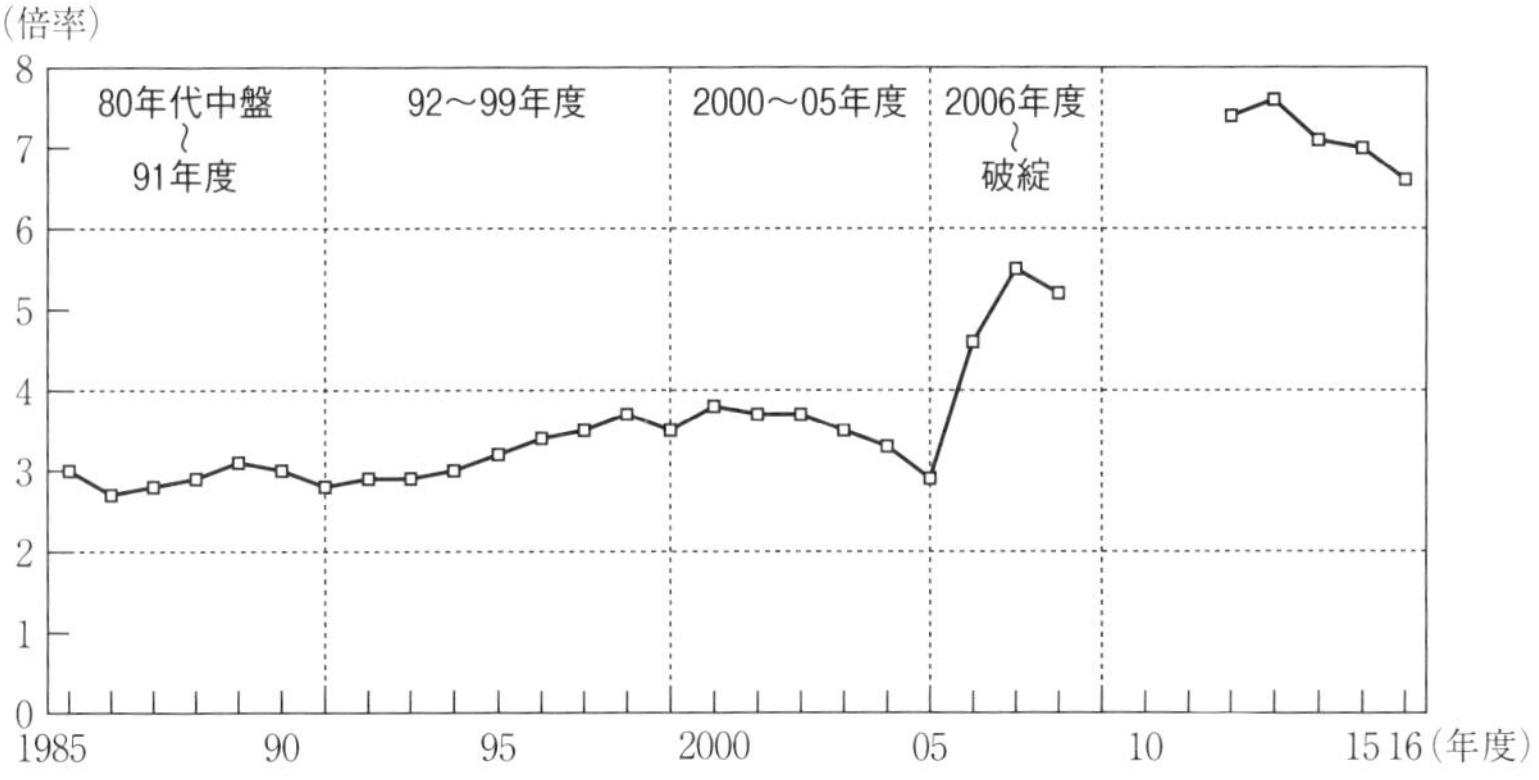

（注）図表5－2、図表5－3のデータより作成。

利益と比べれば、より正確に労働対価の成果を映し出すため、本プロジェクトは旅客収入を採用することとする。

さて、労働対価の内訳については「人件費＋退職給付費用」とした。これは、機材保守・整備活動より派生する「人件費＋退職給付費用」と、管理・営業活動より派生する「人件費＋退職給付費用」の総額を指す。ＪＡＬの場合、機材保守・整備活動より派生する労働対価は、損益計算書（単体）上の事業費（いわゆる売上原価）の中に、また管理・営業活動より派生する労働対価は、販売管理費の中にそれぞれ計上されている。本プロジェクトは、人件費と同様、退職給付費用も「提供された労働・役務に対する対価」となるため、またこれが二〇〇〇年代に入りＪＡＬの命運を決する極めて重要な費用項目となるため、労働対価を構成する重要な指標と位置づける。[1]

（二）売上高労働対価倍率の構成指標の推移

以上の定義を踏まえ、ＪＡＬ単体の倍率の推移を整理すると、図表5－1の通りとなる。会計情報については、一九九九年度より連結開示に移行しているが、ここで用いる「旅客収入」および「労働対価」については、一九九九年度以降も単体（ＪＡＬ、ＪＡＬＩ）の数字を用いている点に留意されたい。この図表の一九八〇年代中盤以降の動きに注目すると、破綻前までに四つの変化があったことが分かる。

図表5-2　旅客収入の推移

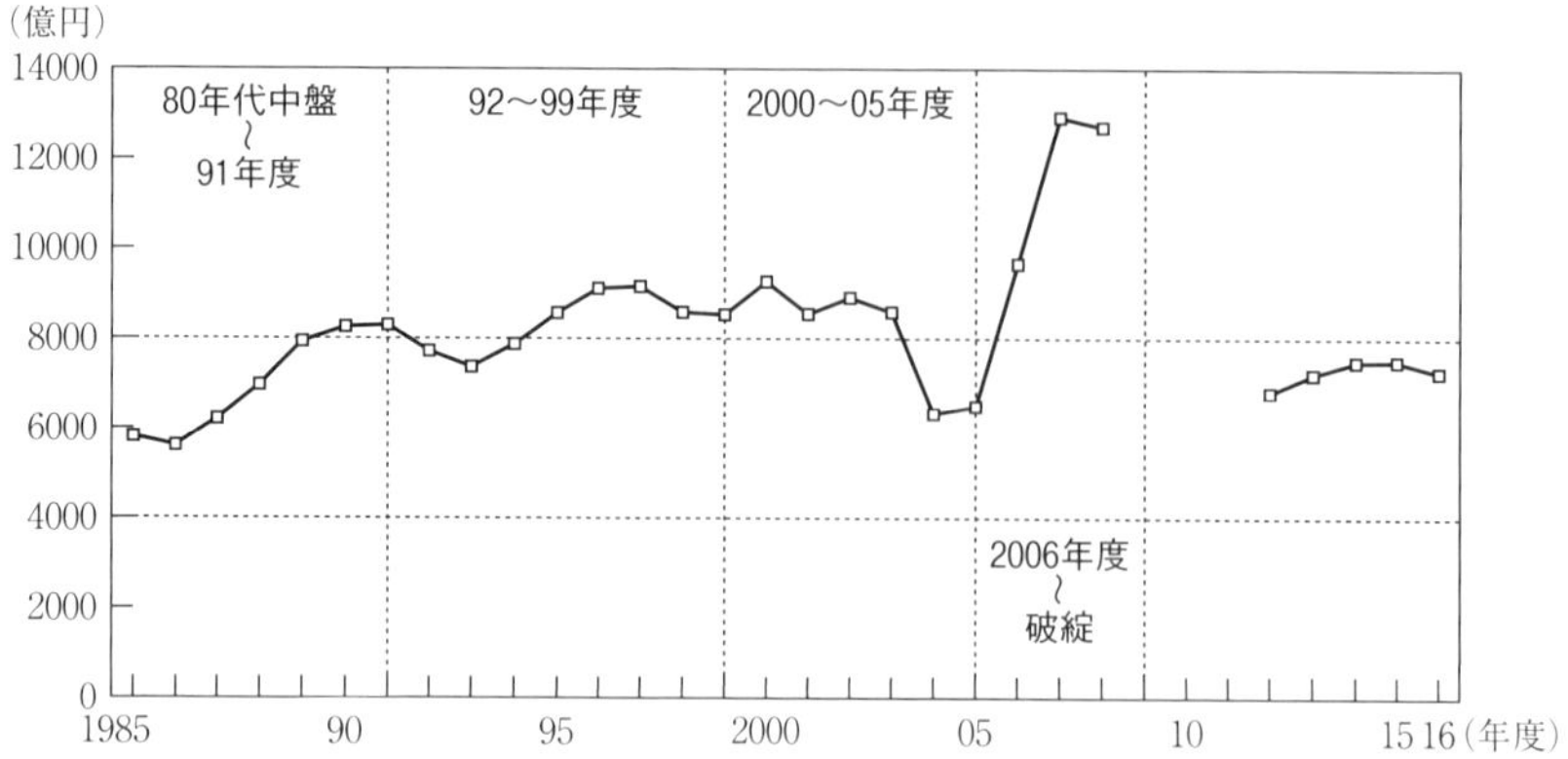

（注）日本航空株式会社『有価証券報告書』1985年度〜2002年度；株式会社日本航空インターナショナル『有価証券報告書』2003年度〜2008年度；日本航空株式会社『有価証券報告書』2012年度〜2016年度より作成。JAL単体の数値である。なお、2013年度より有価証券報告書上の損益計算書（単体）に、旅客収入の記載がなくなるため、2012年度の数値から旅客収入比率（旅客収入／営業収益）を算定し、営業収益に乗じて、2013年度以降の旅客収入を試算している。

第一は、一九八〇年代中盤〜バブル崩壊（一九九一年度）までの期間、倍率がほとんど横ばいであったこと、第二は、バブル崩壊〜九〇年代末までの間、倍率が改善に向かったこと、第三は、二〇〇〇年度〜二〇〇五年度まで、倍率が一気に悪化したこと、そして最後は、二〇〇六年度〜破綻までの期間（二〇〇八年度までを中心に見た場合）、倍率が改善されたこと、である。ただし、二〇一二年九月の再上場以降の倍率を見ると、破綻前のいずれの値をも大きく超える数字となっている。この点は強調しておく必要があろう。

倍率は、既述の通り、旅客収入と労働対価の二つによって決まる。このため、それぞれの推移を分けて見ることで、倍率が旅客収入と労働対価のうち、いずれの影響をより強く受けて変化したのかを確認することができよう。まず旅客収入の推移を見ておきたい。

上記と同じ時代区分を使って、図表5-2を説明すれば、第一の一九八〇年代中盤〜バブル崩壊（一九九一年度）までの期間、旅客収入は増加の一途を辿っている。この時期、倍率はほとんど横ばいであったため、旅客収入の増加はあるものの、これを相殺してしまうほどの労働対価の膨張があったことになる。第二のバブル崩壊〜九〇年代末までの期間、旅客収入は、最初

図表5－3　人件費と退職給付費用の推移

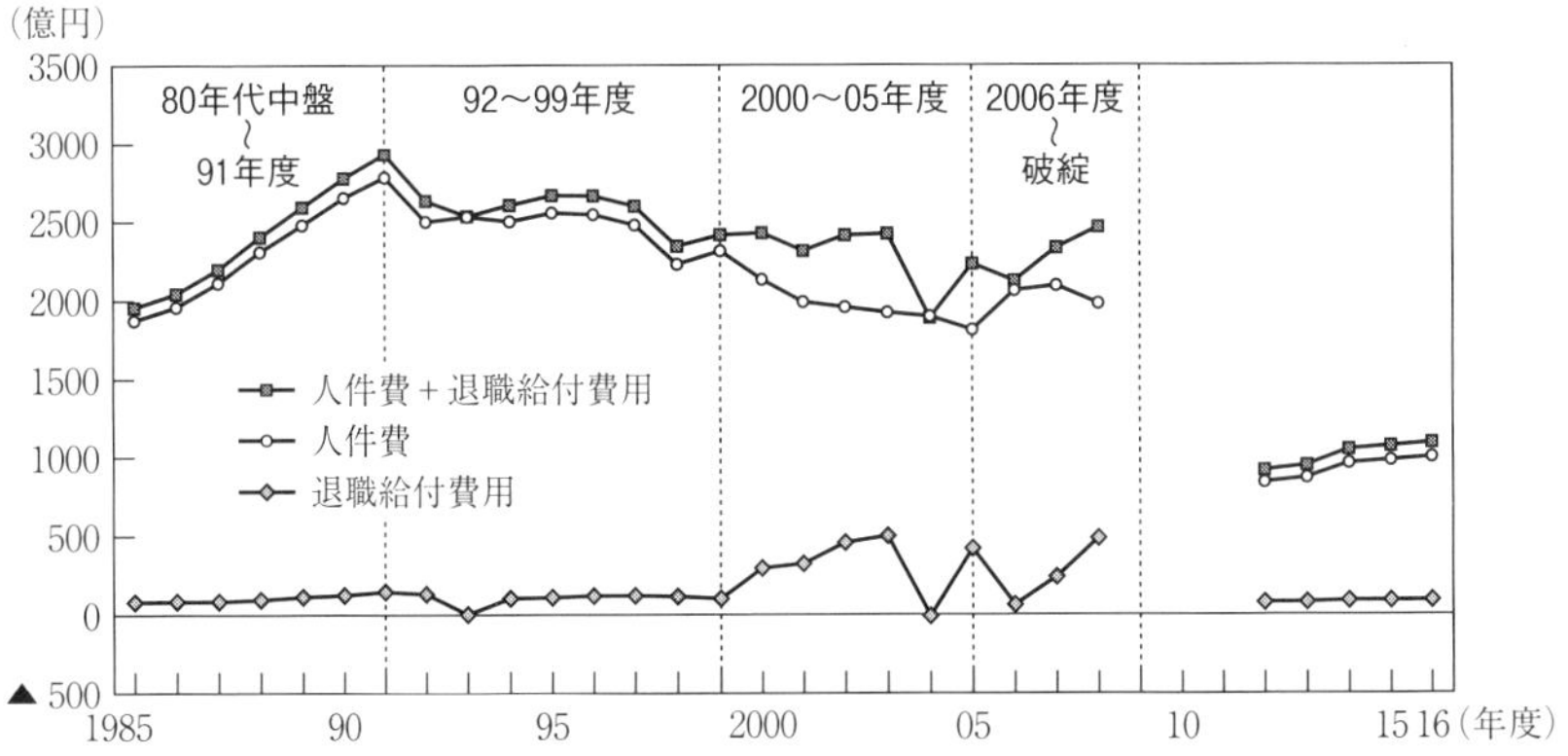

(注)　日本航空株式会社『有価証券報告書』1985年度～2002年度；株式会社日本航空インターナショナル『有価証券報告書』2003年度～2008年度；日本航空株式会社『有価証券報告書』2012年度～2016年度より作成。JAL 単体の数値である。なお、2013年度より有価証券報告書上の損益計算書（単体）に、人件費、退職給付費用の記載がなくなるため、2012年度の数値から１人当たり人件費（人件費／従業員数）、１人当たり退職給付費用（退職給付費用／従業員数）を算定し、従業員数に乗じて、2013年度以降の人件費と退職給付費用を試算している。2017年度から従業員数の集計方法が変更されたため、2017年度の数値を含めていない。これに合わせて、売上高労働対価倍率と旅客収入も2016年度までの数値にとどめている。

の数年間は下降し、再び上昇に転ずるが、一九九六年度以降は頭打ちとなっている。ただ、この時期、全体を通じて眺めれば、倍率は改善している。このため、労働対価の削減が進んだものと推測される。

第三の二〇〇〇年度～二〇〇五年度の期間については、旅客収入が大幅に落ち込んでいる。倍率も下がっていることから、旅客収入の減少がこれに大きく影響したものと考えられる。最後の二〇〇六年度以降の期間では、逆に旅客収入は伸びている。同時期、倍率も改善しているため、これは旅客収入の増加が大きく貢献したものと解される。以上の理解が正しいかを確認する意味で、労働対価の動きも押さえておきたい。

同じ時代区分を用いて、図表5－3を説明すれば、第一の一九八〇年代中盤～バブル崩壊までの期間、労働対価は上昇している。この時期、旅客収入も増加しているため、両者間の比率である倍率はほぼ横ばいとなったわけだ。第二のバブル崩壊～一九九〇年代末までの期間、労働対価は減少している。これに対し、旅客収入は一九九二年度～一九九〇年代中盤まで上昇し、それ以降は頭打ちとなっている。よって、この時期の倍率改善は、推測した通り、労働対価の引き下げによるものと言えよう。

第三の二〇〇〇年度〜二〇〇五年度について注目したいのは、労働対価のうち、人件費は減少しているものの、退職給付費用が大きく膨らんでいることである。退職給付費用が増大した主な理由は、バブル崩壊（株価低迷）による資産運用の悪化、二〇〇〇年四月より導入された退職給付会計基準への対応に求められる。この時期、旅客収入も縮小しているため、倍率の悪化は旅客収入の減少と退職給付費用の増大でおおよそ説明される。

なお、二〇〇四年度、二〇〇六年度、二〇〇七年度の退職給付費用は異常に小さな値となっている。これに関しては本章第五節および第六節で詳述することとし、この段階では、そうした異常値は無視しておくことにする。

二〇〇六年度以降の期間、同じく労働対価は上昇している。ただ、労働対価の上昇以上に、旅客収入が伸びているため、倍率は改善している。この段階に入ると、経営側のスタンスが大きく変わり、従業員のモラールも徐々に向上してくる。その変化は数値では表せないが、倍率の改善に貢献していたことはほぼ間違いない。

もっとも、先に触れた通り、二〇一二年九月の再上場以降の労働対価については、破綻前の倍率とは比較にならないほど良好な数値となっている。給与水準を下げたことに加え、従業員数を大幅に絞った結果がここに現れている。破綻後、ＪＡＬは事業規模を縮小したため、旅客収入は半減しているが、それでも倍率は大幅に改善している。この数字を基準にして破綻前ＪＡＬの歴史を鳥瞰すれば、過去のいずれの時期も、「ヒトの効率的活用」は十分でなかったと指摘される可能性がある。

以上の四つの時代区分を前提とし、以下、それぞれの期間において、ＪＡＬが具体的にどのような問題に直面し、それにどのような施策を講じてきたのかを追っていきたい。

図表5-4　職種別従業員数の推移

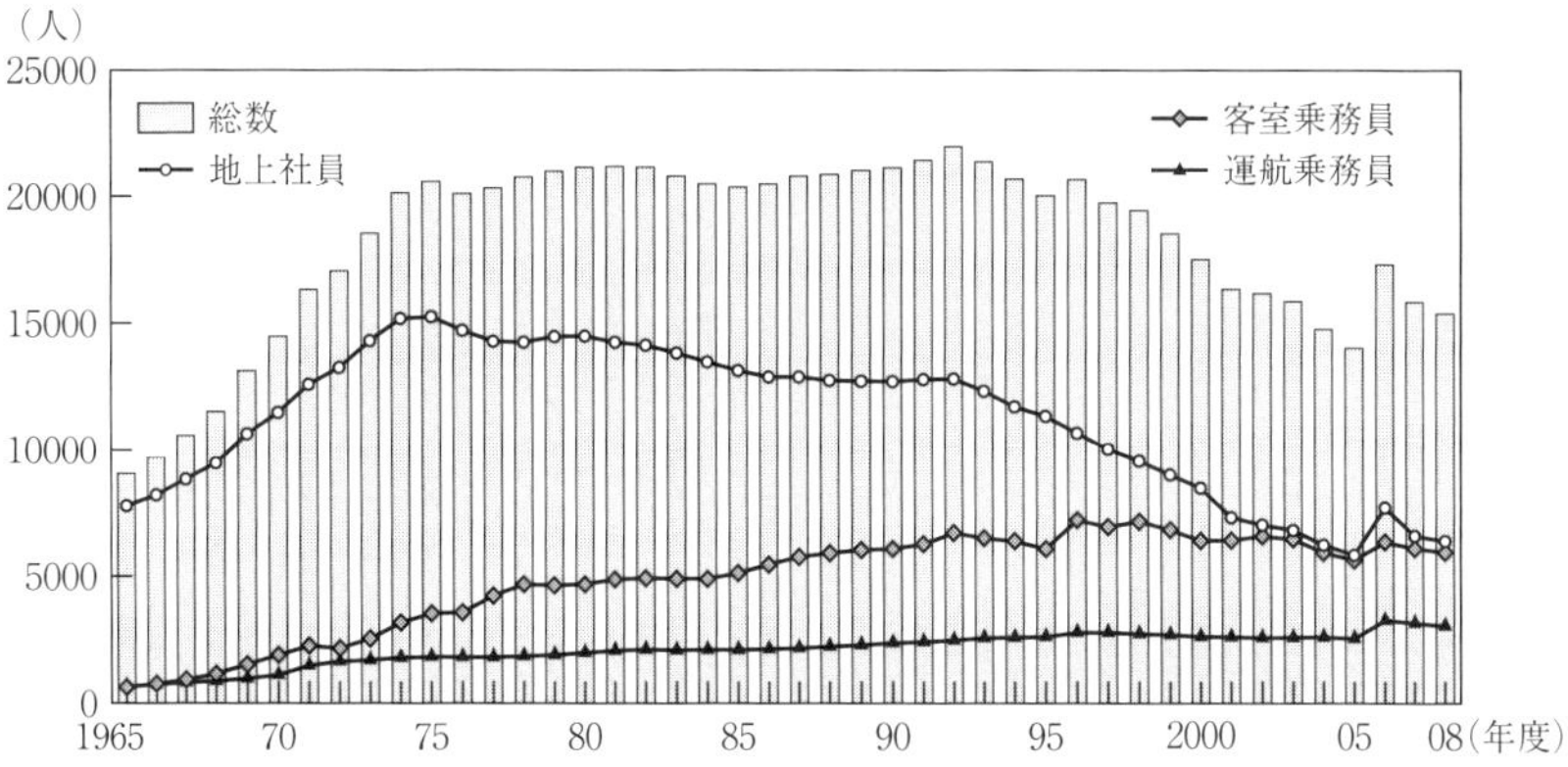

（注）　日本航空株式会社広報部デジタルアーカイブ・プロジェクト編纂『JAL グループ50年の航跡』2002年；日本航空株式会社『有価証券報告書』1994年度～2002年度；株式会社日本航空インターナショナル『有価証券報告書』2003年度～2008年度より作成。JAL 単体の数値である。

第二節　一九八〇年代中盤～一九九一年度

既述の通り、この時代区分（一九八五年度～一九九一年度）における特徴は、旅客収入が増加するとともに、労働対価が膨らんだこと、その結果、倍率には大きな変化が見られなかったことにある。旅客収入の増加は、バブル景気の中で、海外旅行者が増えたことで説明がつくが、労働対価の膨張に関しては、背景を整理しておく必要がある。

（一）運航乗務員の増加と多角化戦略

労働対価膨張の主たる要因は、旅客需要の拡大とともに従業員の数を増やしたことに求められる。これを職種別で見た場合（単体）、地上職員はほぼ横ばいであったが、客室乗務員と運航乗務員は右肩上がりで増加している（図表5-4）。人数だけの増加であれば、まだ倍率の改善はあったかもしれないが、この時期、給与水準も上昇している。中でも運航乗務員の月額給与は突出して大きくなっている（図表5-5）。

ちなみに、単体の倍率に影響を与える組織事象ではないが、この時期、JAL連結の従業員数も大きく増加している（図表4-10）。

図表5－5　職種別平均給与月額の推移

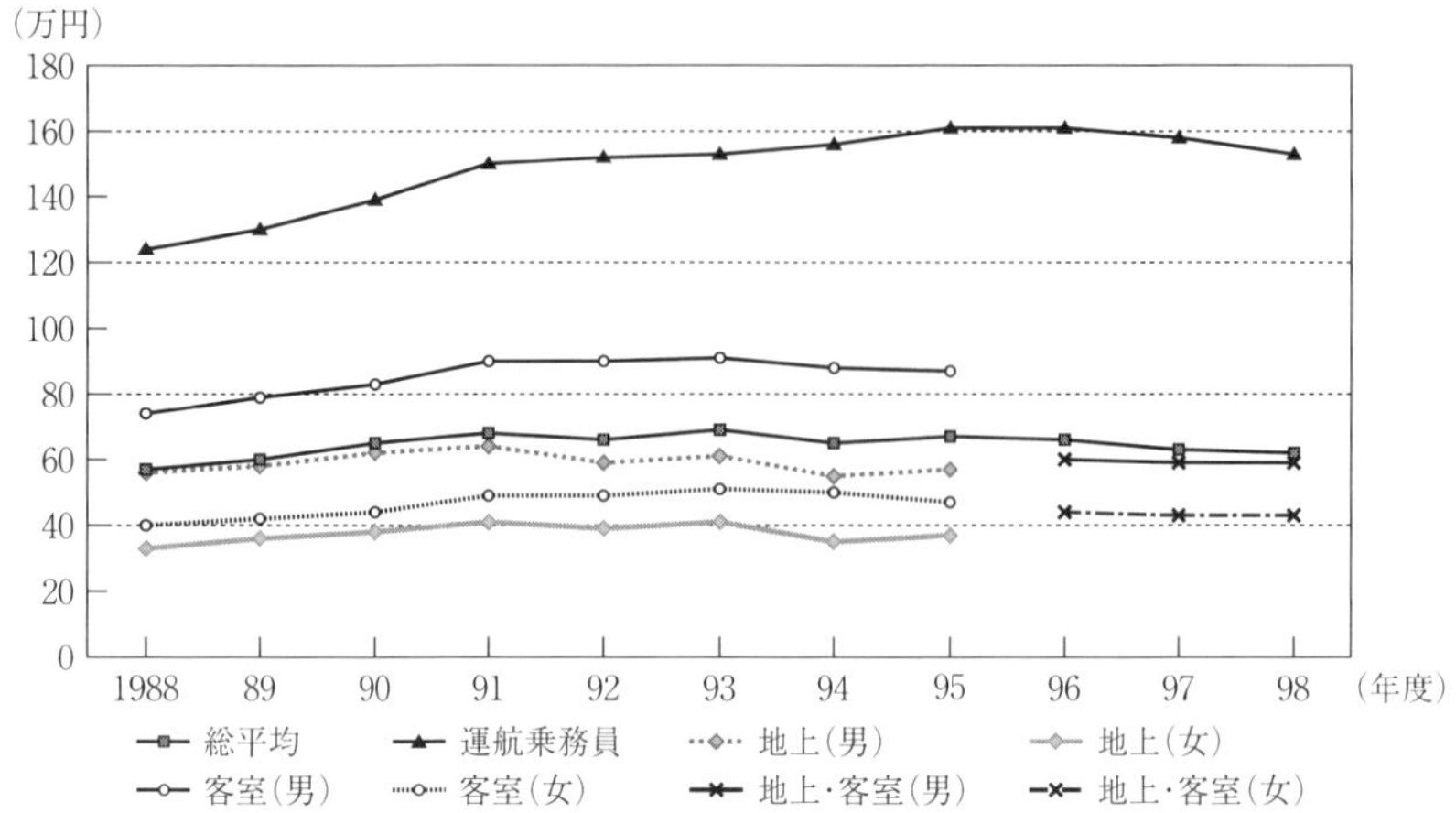

（注）　日本航空株式会社『有価証券報告書』1988年度～1998年度より作成。JAL単体の数値である。基準外賃金を含み、賞与は含まない。1988年度～1993年度については、外国人の給与は含まれていない。

一九八七年一一月の完全民営化以降、事業の多角化を推進したため、連結子会社数が増加するとともに、連結従業員数も増えていったのである。

バブル景気の中で、多くの日本企業が、事業性を十分に検討することなく、多角化を進め、また地価が値上がりすることを期待し、無謀な不動産投資に走っていった。一九八〇年代後半、御多分に洩れず、ＪＡＬもこの流れに乗ってしまった。井上によれば、一九八五年八月一二日の御巣鷹山墜落事故により、経営幹部が総入替えとなり、一九八七年一一月の民営化を迎えたことが、その後のＪＡＬの経営を狂わせたという[2]。それまで同社に培われていた「長期的・国際的な視野で物事を観る姿勢」がここで一旦途切れ、以降、短期的な発想での経営に走るようになったというのである。事実、この時期、ＪＡＬは、グループとしての明確な戦略もなく、様々な事業（例えば、一九九一年度には、出版、情報システム開発、レストラン、金融など）に手を出していった。不動産投資についても、厳格なデューデリジェンスを行なうことなく、多くの不動産を高値買いしていった。

以上を踏まえ、ＪＡＬ単体の労働対価が膨らんだ理由を整理すれば、それは、結局、客室乗務員と運航乗務員の数を増やしたこと、運航乗務員の月額給与を引き上げたことに求められる。

倍率で見た場合、この時期、ＪＡＬ単体としては著しい悪化はなかった。しかし、ＪＡＬグループとして多角化を推進し、グループ従業員を増したことで、後の時代区分において、これが重い負担となってＪＡＬ単体に跳ね返ってくることになる。

もっとも、労働対価の上昇や多角化がすべて悪いというわけではない。労働対価を引き上げることで、労使関係は改善されるかもしれないし、新規事業の運営責任を社員に委ねることで、従業員のモチベーションは上がるかもしれない。そうなれば、これらは合理的な措置であったと評されよう。では、こうした措置は、労使関係の改善とモチベーションの向上に繋がったのであろうか。この点を見ておきたい。

（二）労使対立とガバナンスの迷走

一九八〇年代後半は、ＪＡＬがその歴史の中で労使関係の改善に最も力を注いだ時期であったと言ってよかろう。ただ、その試みは結果的に労使関係を複雑化し悪化させることとなった。既述の御巣鷹山墜落事故を契機として、日本政府はＪＡＬのガバナンスを抜本的に立て直そうとした。当時の首相中曽根康弘氏は「大惨事を引き起こした日航の病巣は組合にある」と捉え、政府・自民党も労使関係の改善なくして安全運航は確保されないと解した。この立場にたち、政府は人選を進め、最終的に労使協調路線で手腕を発揮したとされる鐘紡会長の伊藤淳二氏にＪＡＬ立て直しの要請を行なった。

これを受け、伊藤氏は、一九八五年一二月、鐘紡会長と兼務する形でＪＡＬ副会長の職に就いた。着任するとすぐに労使関係の改善に動き出すが、氏はその方法として非主流派の左派系組合（日本航空労働組合、日本航空乗員組合、日本航空客室乗務員組合など）との関係改善に力を入れていった。(3) このため、結果として、伊藤氏は主流派組合（全日本航空労働組合、後のＪＡＬＦＩＯ）との関係悪化を招くこととなった。

翌一九八六年六月、氏が会長職に就いたことで、伊藤会長（財界）、山地進社長（官僚）、利光松男副社長（プロパー）

という三者体制が敷かれた。森は、これをバランスのとれた体制であるかのように見えたが、実態は伊藤氏に権力を集中させるものであったと指摘している(4)。もっとも、権力が集中することで、労使関係が改善するとすれば、これは好ましい体制であったと評価されるかもしれない。しかし、氏と非主流派が急接近したことで、組合間の対立は複雑化し、これがさらに役員間の対立まで引き起こすこととなった。厳しい表現ではあるが、伊藤氏が会長職に就いたことで、この時期、ＪＡＬのガバナンスはほとんど機能しなくなってしまった。最終的には、氏は日本政府からも見放され、一九八七年三月、会長職を辞すことになるが、これにより、反主流派組合と経営側との溝はさらに一段と深まっていった。

既述の通り、バブル景気の中、ＪＡＬは順調に旅客収入を伸ばしていった。一見好調に見えた一九八〇年代後半であるが、その裏で、長期為替予約の失敗、日航開発による無謀な不動産投資、人件費の高騰といった問題を抱え込んでいった。ガバナンスが機能し、また労使関係の改善が進んでいれば、より早い段階でこれらの問題に対処できたかもしれない。しかし、ガバナンスが迷走したことで、解決に向けてのアクションはほとんど何も起こらなかった。またこのため、労働側は行動を起こさない経営側を激しく批判し、労使の関係は悪化の一途を辿っていった。倍率を改善するための対策が打たれるのは、結局、バブル終焉後の一九九二年度以降となった。

第三節　一九九二年度〜一九九九年度

この時代区分（一九九二年度〜一九九九年度）における特徴は、ＪＡＬ単体の倍率が改善した点にある。一九九〇年代初頭の旅客収入はバブル崩壊の影響とイベント・リスクの顕現により減少するが、それ以降、改善に転じていった。ただ、一九九〇年代中盤以降は再び頭打ちとなっている。旅客収入のこうした動きに対し、労働対価は一貫して縮小を続けている。よって、倍率の改善は、労働対価の動きでほとんど説明される。では、労使対立が激しさを増す中で、ＪＡＬはどのようにして労働対価の圧縮に成功したのであろうか。九〇年代にＪＡＬがとった施策を確認しておこう。

図表５－６　1980～1990年代の国際線有償旅客数と国際線実収単価の推移

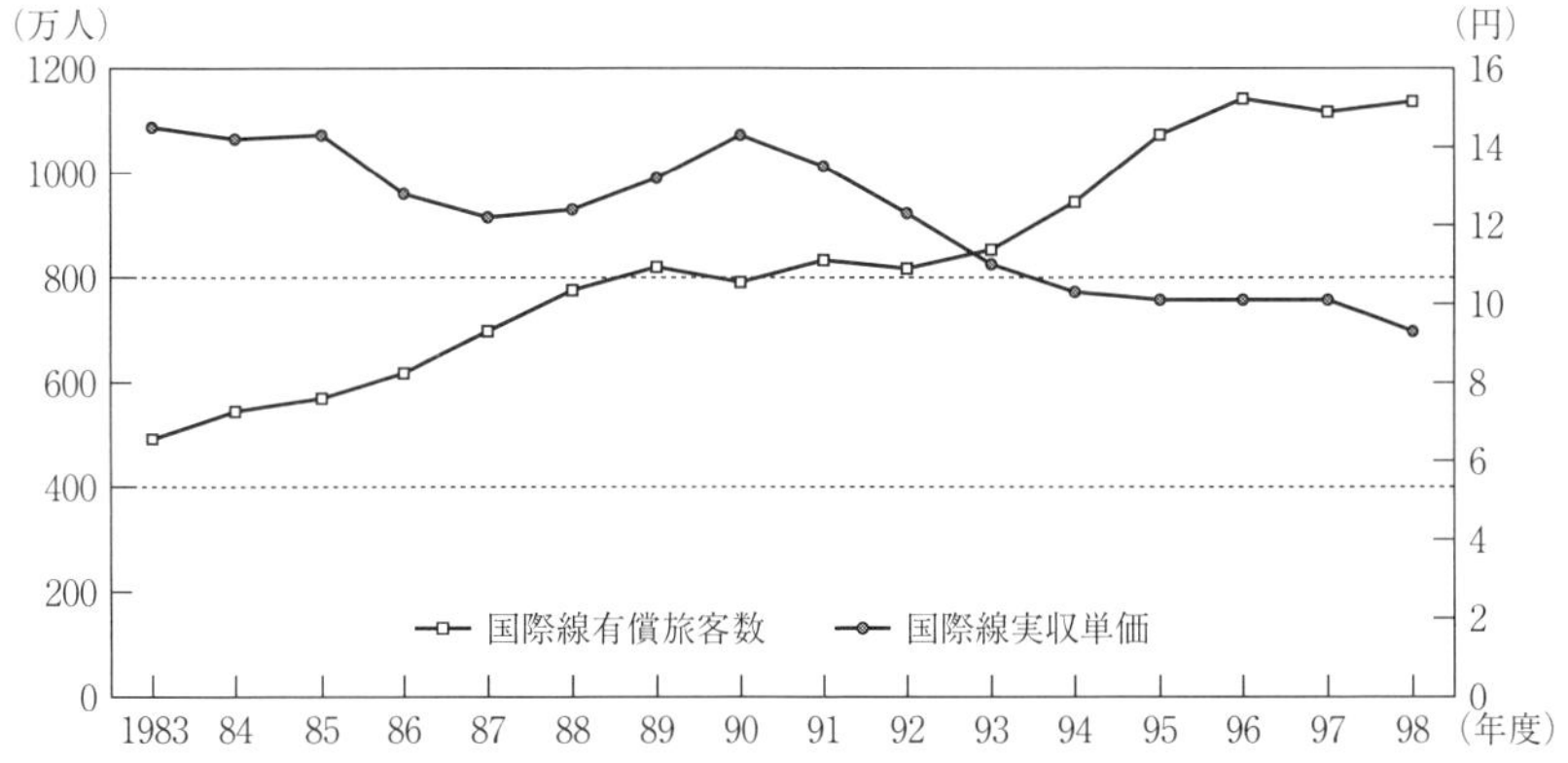

（注）　日本航空株式会社広報部デジタルアーカイブ・プロジェクト編纂『JALグループ50年の航跡』2002年；日本航空株式会社『有価証券報告書』1983年度～1998年度より作成。JAL単体の数値である。

（一）国際線有償旅客数の増加と実収単価の低下

最初に旅客収入の推移を見ておきたい。図表５－２によれば、一九九二年度、一九九三年度、旅客収入は減少している。主な要因として、湾岸戦争の勃発やバブル景気の終焉があげられるが[5]、さらにＪＡＬが航空券の売上増を目的として導入した「ボリューム・インセンティブ」が影響したとも考えられる。

ボリューム・インセンティブとは、販売枚数に応じて大手旅行代理店に報奨金を支払う制度で、ＪＡＬは、これにより、航空券の販売額を伸ばそうとした。しかし、ＪＡＬ側の期待に反し、大手代理店は販売額よりも販売枚数を増やすことに力を入れ、結局、手持ちの航空券を異常に安価な値段で叩き売りするようになってしまった[6]。

大手旅行代理店の販売行動がＪＡＬに与えた影響の大きさは、一九八三年度～一九九八年度（ＪＡＬ単体の数字）までの国際線有償旅客数と国際線実収単価の推移を見れば一目瞭然である。図表５－６を参照されたい。有償旅客数は一九八〇年代末から横ばいとなっているが、一九九三年度以降、増加に転じている。これに対し、実収単価は一九九〇年代に入り大きく下がっている。このため、一九九〇年代後半、旅客収入が頭打ちとなったのは、国際線利用者の増加を相殺してしまうほどの航空券単価の下落があったため、と説明されるのである。

ただ、実収単価を下げたことで、国際線利用者が増えたと解することも可能であるため[7]、ボリューム・インセンティブそのものに関する本プロジェクトの評価は控えることにしたい。

(二) 構造改革委員会による人件費の圧縮

一九九〇年代で注目すべきは、旅客収入よりも、むしろ労働対価の動きにある。既述の通り、この時期、労働対価を圧縮したことで、倍率は大幅に改善された。これは当時の社長、利光松男氏のリーダーシップによるものとされている。人件費の削減は、一九九二年二月に設置された「構造改革委員会」が推進母体となっている。同委員会は、国際コスト競争力の強化と収益性の回復を目指し、「人件費自体の効率化」(人員の削減)と「人件費単価の適正化」(報酬額の削減)の双方で具体的な結果を出していった[8]。

まず人員の削減については、図表5-4を参照されたい。これによれば、一九七四年度以降、ほぼ横這いで推移していたJAL単体の従業員数は一九九三年度より減少に転じている。この時期、JALが特別早期退職制度・管理職進路選択制度を導入し、特別退職金を活用しながら退職と転籍を促したためである。第一の特別早期退職制度は、三五歳〜四四歳かつ勤続一〇年以上の従業員を対象に、特別早期退職優遇措置加算金を出すことで退職を促そうとするものであった。これに対し、第二の管理職進路選択制度は、一定要件を満たす管理職が五六歳の時点で、それ以降の進路を決定するもので、具体的には関連会社への就職を前提としてJALを退職するか、あるいは特別管理職としてJALに残るか、いずれかを選択する制度であった。いずれの制度も、地上職および客室乗務員を対象に募集が行なわれている。一九九三年度より、地上職員の数と客室乗務員の数が同時に下降し始めているが、これは、特別早期退職制度・管理職進路選択制度を導入したことによる影響である[9]。

なお、客室乗務員の数は一九九五年度まで下降し、一九九六年度において、上昇に転じている。この上昇は、同年度より、有価証券報告書上の客室乗務員数に「契約制客室乗務員」を加えるよう集計の仕方が変更されたためである[10]。ただ、客室乗務員・契約制客室乗務員の総数で、その後の推移を見ると、一九九六年度〜二〇〇五年度まで客室乗務員数は減少傾向にある。

一九九〇年代に限定して強調したいのは、早期退職制度においては、地上職員の削減が中心となっていること、客室乗務員の削減がこれに続いていること、運航乗務員については逆に増えていることである。加えて、JAL単体では、削減は進んでいるが、JAL連結では従業員数と連結子会社数が増えていることである（図表4－10）。

地上職員の削減に限って考えれば、これは、新規採用の抑制[11]、地上業務の別会社への移管・委託、子会社や委託先企業への転籍などによって進められたものと解される[12]。乱暴な表現ではあるが、人員の削減と言っても、結局、大筋は、労使関係の比較的良好な主流派組合の構成員である地上職員を大量に整理し、これを子会社や関連会社などに移したということになる。

逆に非主流派組合の急先鋒であった運航乗務員については、経営側は、運航ストライキに対する懸念もあり、整理に動かなかったと言わなければならない[13]。また投入機材との関係で言えば、この時期、JALはB747－400を積極的に導入しており、これに呼応するペースで運航有資格者を増やさなければならないという事情があったことも指摘しておきたい[14]。一九九〇年代後半の機材別運航乗務員数の推移を見れば、その両者の関係は理解できよう（図表5－7）。

他方の報酬額の削減についてはどうか。これに関し、構造改革委員会は、臨時手当と給与体系の双方で見直しを図っている[15]。まず臨時手当については一九九一年度時点で七・一カ月であった臨時手当の支払月数を、一九九二年度には五・二カ月、一九九三年度には三・九カ月に引き下げている[16]。その後、若干、臨時手当は増加するが、一九九七年度以降に再び引き下げられ、一九九九年度まで三・七カ月〜三・六カ月の幅で推移している[17]。

給与体系については、一九九一年度までは上昇しているが、バブル崩壊後の一九九二年度以降は下降に転じている（図表5－3、図表5－5）。ただ、ここでも職種により、あるいは組合側のスタンスにより、給与体系の見直しに違いが生じている。図表5－5によれば、男性地上職員・女性地上職員の平均給与月額は一九九二年度より下降し、僅かな変

図表5－7　1990年代後半の機材別運航乗務員数

（単位：人）

年　月		1995年11月	1997年2月	1998年2月	1999年2月	2000年2月
747	機　長	399（17）	348（15）	314（13）	285（19）	259（20）
	副操縦士	290（5）	273（3）	263（4）	270（2）	244（3）
	航空機関士	296（52）	256（73）	244（107）	204（113）	70（113）
747-400	機　長	341	359	355	370	405
	副操縦士	271	269	282	283	335
767	機　長	160	143	144	146	150
	副操縦士	95	111	104	146	176
MD-11	機　長	79	97	109	109	108
	副操縦士	49	71	79	81	80
DC-10	機　長	141	132	131	121	101
	副操縦士	52	45	86	81	78
	航空機関士	96（6）	89（18）	87（29）	84（27）	40（22）
737	機　長	25	27	40	43	37
	副操縦士	0	19	32	32	31
777	機　長	—	48	48	60	71
	副操縦士	—	15	29	52	83
合　計		2,294（80）	2,302（109）	2,347（153）	2,367（161）	2,268（158）

（注）　日本航空株式会社広報部『回顧と展望』1995年度～1999年度より作成。（　）内は外国人乗務員数であり、外数である。

動はあるものの、一九九四年度まで減少している。これに少し遅れて、女性客室乗務員・男性客室乗務員の平均給与月額が、一九九四年度より下降し始める。その後は有価証券報告書上の表示区分が変更されたため、正確な数字は把握できないが、少なくとも運航乗務員の平均給与月額は一九九一年度以降も上昇を続けている。運航乗務員の平均給与月額が減少に転ずるのは、地上職員に遅れること五年、また客室乗務員に遅れること三年の一九九七年度となっている。

以上より、明確に言えることは、この時期の人件費圧縮施策が、人員の削減についても報酬額の削減についても、地上職員に最大の犠牲を強いるものであったということ、そして単体で削減された人件費の多くを子会社や関連会社に転嫁するものであったということである。これを一言で表現すれば、「不徹底な措置で凌いだ」ということになろう。

第四節　二〇〇〇年度〜二〇〇五年度

この時代区分（二〇〇〇年度〜二〇〇五年度）における特徴は、旅客収入が大幅に落ち込んだこと、人件費を圧縮しながらも、退職給付会計基準の導入で、退職給付費用が膨らんだこと、旅客収入の落ち込みと退職給付費用の増大で、倍率が低下し続けたこと（図表5－1）、この三つに求められる。この状況を打開するため、JALが講じた重要施策が、モノ、カネの場合と同様、「JASとの経営統合」であった。本節では、「ヒトの効率的活用」という視点から、経営統合の経緯とそれがJALにもたらした影響を明らかにしたい。

（一）経営統合と「ヒトの効率的活用」

まず、この期間の旅客収入の推移から確認しておこう。既述の通り、JALは一九九九年度より連結会計基準による開示に移行している。このため、国際旅客と国内旅客に関する情報も、この年度より連結での数値となっている。(18)

この点を踏まえ、図表5－2を参照されたい。この期間、まず旅客収入が急落していることに気づこう。これは、同時多発テロ、イラク戦争、SARSなどの外的要因によって国際線需要が大きく落ち込んだためである。中でも、二〇〇一年九月一一日の同時多発テロが世界に与えた衝撃は大きく、国際線需要はこれを境に一気に萎んでいった。この変化は、イベント・リスクの影響を受けやすい国際旅客事業において、有償旅客数（実収単価はほぼ横ばい）が急落していることからも確認できよう（図表5－8）。

第三章第五節において、JAL＝JAS統合（JJ統合）の計画が二〇〇一年一一月に公表されたことを説明したが、それ以前にも統合の話はあった。しかし、具体的な交渉まで進むことはなかった。そこに同時多発テロが勃発し、危機意識を共有する両社の背中を押すこととなったのである。

図表5-8　国際線有償旅客数と国際線実収単価の推移

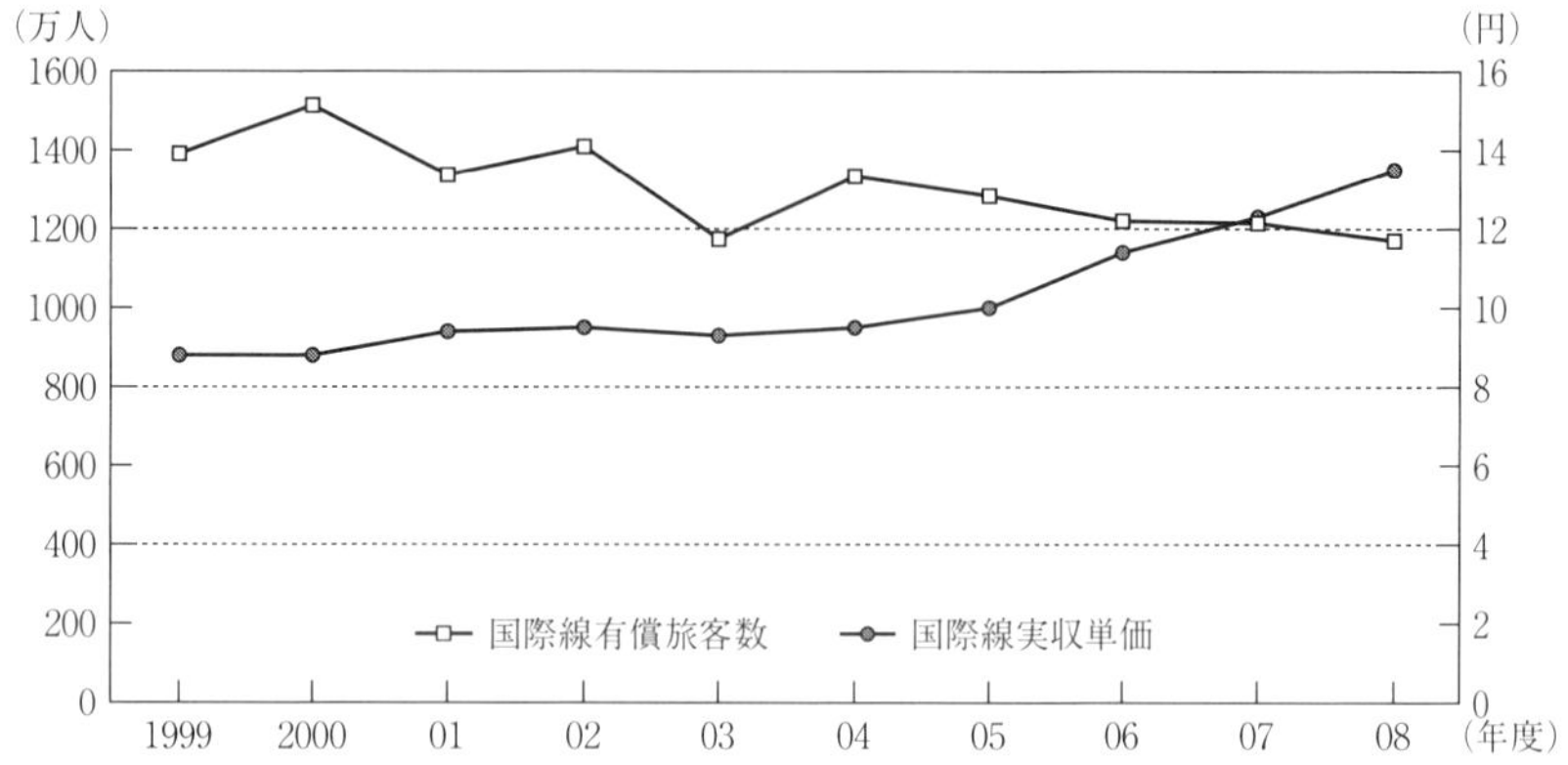

（注）　日本航空株式会社『有価証券報告書』1999年度～2002年度；株式会社日本航空インターナショナル『有価証券報告書』2003年度～2008年度より作成。JAL 連結の数値である。

確認の意味で繰り返すが、その後、二〇〇二年一〇月、日本航空システム（JALS）が設立され、その傘下に、JALとJASが並置された。そして、二〇〇四年四月、JALをJALI、JASをJALJに社名変更し、国際旅客事業と国内旅客事業をそれぞれの会社に集約していくこととなった。ちなみに、二〇〇四年度、JALIの旅客収入が大きく下落しているのは、一社運航体制への移行により、多くの国内路線がJALJに移管したためである[19]（図表5-2）。

さて、JASの国内旅客事業を取り込み、JJグループの旅客収入を増やすという狙い、また国際旅客事業のウエイトを下げ、イベント・リスクの影響を緩和するという狙いに限って言えば、この経営統合は合理的な戦略であったと言わなければならない。ただしかし、二社が統合されれば、両社の売上高が合算されるわけだから、当然、グループの旅客収入は、JALだけの時よりも大きくなり、国際旅客事業のウエイトも下がることになる。至極当然の結果である。それゆえ、本来、問うべきは、JJ統合により、「ヒトの効率的活用」が事実として進んだのかという点であろう。まず、分子側の旅客収入の変化を見ておきたい。

既に、JALの旅客収入が二〇〇四年度、二〇〇五年度と落ち込んだ理由として、ほとんどの国内旅客事業をJALIからJALJに移管したこと（一社運航体制への移行）をあげた。では、二社（連結）の

図表５－９　JAL＝JASとANAの国内旅客収入と国内線有償旅客数の比較

年度		2002	2003	2004	2005
JAL＝JAS	旅客収入（億円）	6294	6689	6763	6600
	有償旅客数（万人）	4652	4650	4484	4385
ANA	旅客収入（億円）	6469	6449	6588	6851
	有償旅客数（万人）	4713	4478	4449	4547

（注）日本航空株式会社『有価証券報告書』2002年度；株式会社日本航空インターナショナル『有価証券報告書』2003年度～2005年度；株式会社日本エアシステム『有価証券報告書』2002年度；株式会社日本航空ジャパン『有価証券報告書』2003年度～2005年度；全日本空輸株式会社『有価証券報告書』2002年度～2005年度より作成。JAL連結、JAS連結、ANA連結の数値である。

合算で見た場合、この間の国内旅客収入・国内有償旅客数は増えていったのであろうか。

図表５－９を参照されたい。これによれば、二〇〇二年度～二〇〇五年度、国内旅客収入は、六二九四億円、六六八九億円、六七六三億円、六六〇〇億円と推移し、有償旅客数は、四六五二万人、四六五〇万人、四四八四万人、四三八五万人と減少している。ここから言えることは、二〇〇四年度～二〇〇五年度にかけて、国内旅客事業が、収入においても旅客数においても減少していること、つまり、倍率を落とす方向に進んでいることである。なぜ、このようなことが起こったのか。その理由の一つとしてあげられるのが「ガバナンスの迷走」である。

一九八〇年代のガバナンスの迷走は、外部者招聘によって引き起こされた感が強いが、二〇〇〇年代初頭の迷走は、内部者による権力争いによって、あるいは内部者間の対立によって引き起こされたと言わなければならない。

この時期、社長を務めたのは兼子勲氏であった。同氏は、一九九八年六月着任の翌年（一九九九年度）、意思決定の迅速化を図るため、常勤取締役一七人を退任させている[20]。この布石を打った上で、二〇〇一年一一月一二日、臨時取締役会において「ＪＡＳとの経営統合」を正式決定している[21]。

一見、ガバナンスが強化され、業績も改善するかに見えたが、第四章第五節で見た通り、氏在任中の旅客収入・営業利益は決して振るわなかった。例えば、二〇〇一年度、同時多発テロの影響を受け、ＪＡＬ連結の営業損失は一一九億円となり、また二〇〇三年度も七一九億円の損失と大きく落ち込んでいった。これを補う意図から、兼

図表５－10　JALとJASの人件費の比較

（単位：億円）

年　度	2002	2003	2004	2005	2002〜2005 差額・変化率
JAL	1957	1923	1898	1813	▲145億円 −7.4%
JAS	499	507	533	517	18億円 3.6%
JAL＋JAS	2456	2430	2432	2330	▲127億円 −5.2%

（注）　日本航空株式会社『有価証券報告書』2002年度；株式会社日本航空インターナショナル『有価証券報告書』2003年度〜2005年度；株式会社日本エアシステム『有価証券報告書』2002年度；株式会社日本航空ジャパン『有価証券報告書』2003年度〜2005年度より作成。JAL単体、JAS単体の数値である。

子氏は、一九九九年度に決別したはずの機材関連報奨額を復活させ、二〇〇二年度に三五〇億円、二〇〇三年度に二二〇億円の報奨額を計上している。当時、財務部長を務めていた西松遙氏は、社長に対し「当社の財務は危機的だ」と警鐘を鳴らしたが(22)、二〇〇四年度も機材関連報奨額四八四億円を計上し、兼子氏が財務の立て直しに本格的に着手することはなかった。

（二）経営統合による人件費削減

では、分母側の労働対価はどう変化したのであろうか。既に、二〇〇〇年度〜二〇〇五年度にかけ、労働対価のうち、人件費が減少し、退職給付費用が膨らんだと指摘した。これはＪＡＬだけの動きであるため、二社の合算（ＪＡＬ単体＋ＪＡＳ単体）で見た場合の変化率を確認する必要がある。ちなみに、二〇〇二年一〇月にＪＪ統合があったため、変化率は、二〇〇二年度との対比で、二〇〇五年度の状況を見ることにする。図表５－10によれば、二社合算の人件費の変化率はマイナス五・二％となっている。一定の削減が行なわれたということであるが、内訳を見ると、ＪＡＬの変化率がマイナス七・四％であったのに対し、ＪＡＳは逆に三・六％の上昇となっている。

これを人員の削減と報酬額の削減とに分けて整理すると、まず人員の削減については、この間、ＪＡＬ単体では従業員数は減少している（図表５－４）。同じくＪＡＬ単体で、職種別の変化を見ると、地上職員が相当数削られ、これに続き、客室乗務員が削られている。運航乗務員については、ほんの僅か

図表5－11　JALとJASの従業員数の比較

（単位：人）

年度		2002	2003	2004	2005	2002～2005 減少数·変化率
総数	JAL	16184	15869	14772	14030	▲2154人 －13.3%
	JAS	4859	4362	4257	4098	▲761人 －15.7%
	JAL＋JAS	21043	20231	19029	18128	▲2915人 －13.9%
地上社員	JAL	7026	6817	6238	5840	▲1186人 －16.9%
	JAS	2305	1989	1878	1878	▲427人 －18.5%
	JAL＋JAS	9331	8806	8116	7718	▲1613人 －17.3%
客室乗務員	JAL	6578	6460	5930	5642	▲936人 －14.2%
	JAS	1661	1555	1581	1450	▲211人 －12.7%
	JAL＋JAS	8239	8015	7511	7092	▲1147人 －13.9%
運航乗務員	JAL	2580	2592	2604	2548	▲32人 －1.2%
	JAS	856	818	798	770	▲86人 －10.0%
	JAL＋JAS	3436	3410	3402	3318	▲118人 －3.4%

（注）日本航空株式会社『有価証券報告書』2002年度；株式会社日本航空インターナショナル『有価証券報告書』2003年度～2005年度；株式会社日本エアシステム『有価証券報告書』2002年度；株式会社日本航空ジャパン『有価証券報告書』2003年度～2005年度より作成。ただし、JASの2002年度における「地上社員」と「客室乗務員」は、日本航空株式会社広報部「第4章　組織・人事」『広報資料』（2012年度版）2012年12月、4-D頁の数値。JAL単体、JAS単体の数値である。

図表5－12　JAL＝JAS地上職員の年齢別分布

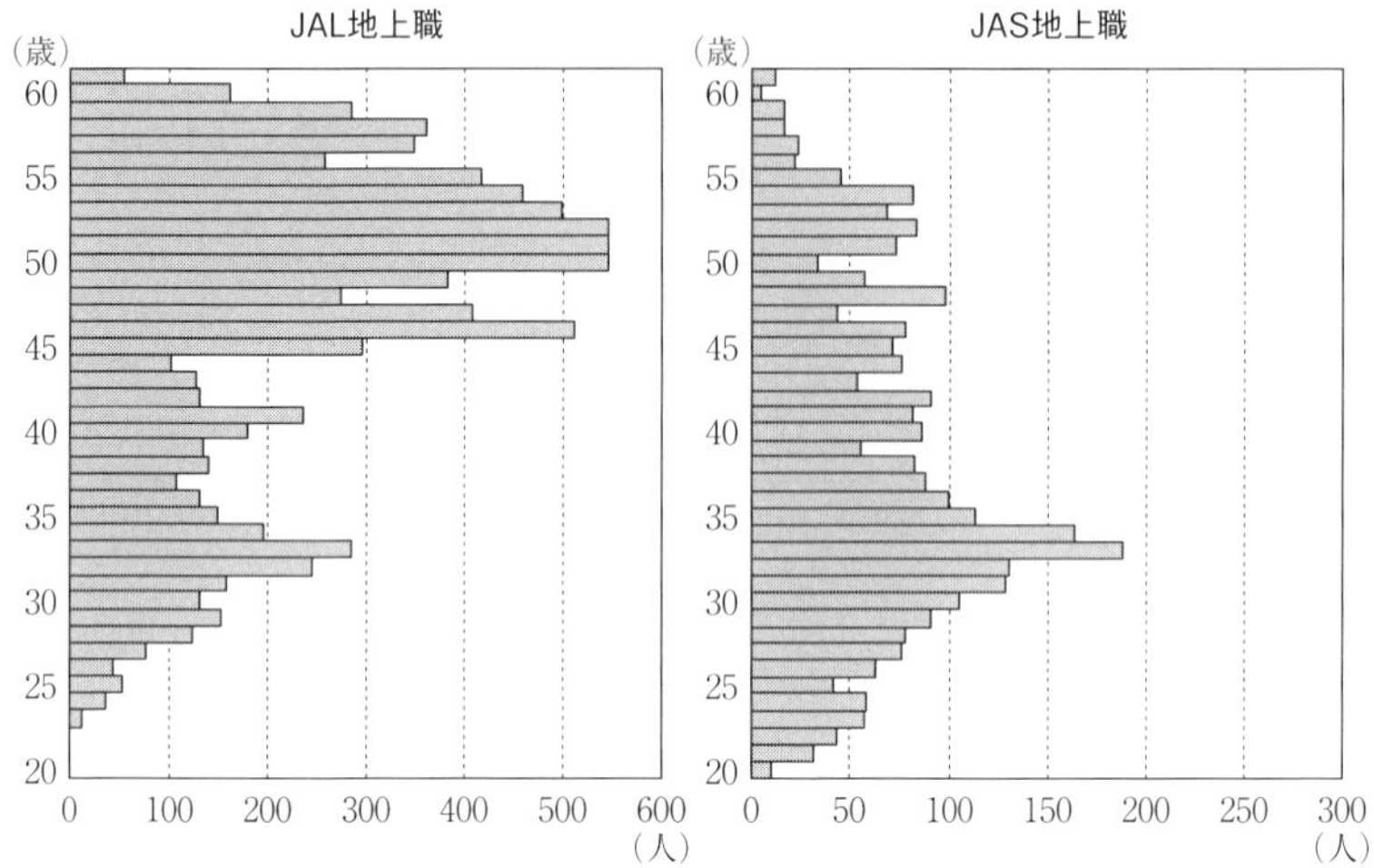

（注）　日本航空・日本エアシステム「JAL・JAS経営統合について」（説明資料）2002年1月29日、42頁より転載。2002年1月時点の数値。

の削減となっている。二〇〇二年度を基準にして、二〇〇五年度のJALとJASの合計を見ると、二社で二九一五人が削られ、マイナス一三・九％となっている。念のため、二社合算における職種別従業員数の変化率を確認すると、地上職員はマイナス一七・三％、客室乗務員はマイナス一三・九％、そして運航乗務員はマイナス三・四％となっており、JAL単体で確認した傾向とほぼ一致している（図表5－11）。

なお、この間、JAL地上職員が中心となって削られたのは、JJ統合の際、JAS側の年齢別分布では、三〇代前半にピークが来ていたのに対し、JAL側では、五〇代前半にピークがあったためと考えられる（図表5－12）。つまり、JAL側のこの歪んだ分布構造を改めることを念頭に置き、二〇〇五年度までに三〇〇〇人を削り、二四〇億円の削減効果を出すとしていたわけである[23]。

報酬額の削減については、図表5－13を確認されたい。これはJALとJASの二〇〇二年度～二〇〇五年度までの職種別給与の推移を示したものである。僅か四年間の数字であるが、これを見ると、JAL地上職員だけが給与水準を下げ、JAS地上職員、JALおよびJASの客室乗務員、それにJALおよびJASの運航乗務員は給与水準を上げているこ

図表5-13　JALとJASの職種別平均年間給与の比較

（単位：万円）

年　度		2002	2003	2004	2005	2003～2005 差額・変化率
全職種	JAL	955	957	982	973	15万円 1.6%
	JAS	811	935	983	966	31万円 3.3%
地上社員	JAL	829	825	821	797	▲28万円 －3.3%
	JAS	—	848	892	872	24万円 2.8%
客室乗務員	JAL	703	699	714	710	11万円 1.6%
	JAS	—	522	572	560	38万円 7.4%
運航乗務員	JAL	1942	1950	1978	1954	5万円 0.2%
	JAS	1905	1982	2027	2005	23万円 1.2%

（注）日本航空株式会社『有価証券報告書』2002年度；株式会社日本航空インターナショナル『有価証券報告書』2003年度～2005年度；株式会社日本エアシステム『有価証券報告書』2002年度；株式会社日本航空ジャパン『有価証券報告書』2003年度～2005年度より作成。JAL単体、JAS単体の数値である。JASの2002年度における「地上社員」と「客室乗務員」の給与を把握することができないため、「差額・変化率」は、2002年度ではなく2003年度比で計算している。

とが分かる。結局、この期間中（二〇〇二年度～二〇〇五年度）、人員と報酬額の二つで大きく削られたのは、ＪＡＬ地上職員だけだったということになる。厳しい表現を用いれば、ここでも、「不徹底な措置」しかとらなかったわけである。

いずれの会社であろうと、経営統合による人件費削減はなかなかうまくいかない。給与水準の高い方の会社を、低い方の会社の水準に合わせることが、困難だからである。ＪＡＬとＪＡＳについて言えば、地上職員と運航乗務員ではＪＡＳが高く、客室乗務員ではＪＡＬが高い状態となっていた(24)（図表5-13）。これらをすべて低い方の給与水準に合わせることができれば、人件費は一気に圧縮できたわけであるが、現実はそう簡単ではなかった。経営層は、そのことをよく心得ていたため、統合にあたっては、まず持株会社を設け、その傘下に二つの会社を並置する形を採用したのである(25)。

（三）　ＪＡＬ＝ＪＡＳ統合と相乗効果の創出

二〇〇二年一月二九日、経営統合にあたり、ＪＡＬは、ＪＡＬ＝ＪＡＳ相互の強みを最大限に引き出すため、重複業務を中心に約三〇〇〇人を削り、二四〇億円の人件費を圧縮すると発表した。[26]またこれと関連し、機材の効率化で一二〇億円の圧縮、[27]新機材購入とそれに伴う関連施設建設で、一〇〇〇億円の重複投資の圧縮が可能になると説明した。[28]当然、羽田発着の優良路線の取得といった思惑が背後にあったわけであるが、「重複業務の削減」「重複投資の回避」も大きな狙いとしていたのである。

既述の人員削減・報酬削減に関する検討を踏まえれば、二〇〇二年度～二〇〇五年度までの間に、ＪＡＬ単体とＪＡＳ単体の合算では、二九一五人が削られ、またこれによって一二七億円の人件費が圧縮されている。重複業務の削減に関して発表した前記の目標数値は三〇〇〇人と二四〇億円であった。したがって、二〇〇五年度の段階では、目標値に届いていないが、仮に二〇〇六年度を達成年度と考えれば、これらの目標は達成されたことになる。[29]

しかし、本プロジェクトは、少なくとも二〇〇五年度までの状況に限って言えば、この統合は失敗だったと見ている。その理由として三つがあげられる。第一は「経営統合が新たな相乗効果をほとんど生み出さなかったこと」、第二は「経営統合が労働組合の乱立をもたらしたこと」、そして第三は「退職給付債務問題への対応を遅らせたこと」である。それぞれについて解説したい。

まず第一に、通常、異なる航空会社間の合併で費用の削減効果が最も大きくなるのは、航空機材に係る重複分野である。しかし、第三章第五節で検討したように、統合発表時点における保有機材・機種は、ＪＡＬとＪＡＳの間で大きく異なっていた。このため、それが足かせとなり、適正機材数での機動的運航も、有資格者の柔軟な配置も、機材の退役も、さらには運航乗務員の整理も思うように進まなかった。[30]それゆえ、本プロジェクトは、足し算としての国内旅客収入増はあったかもしれないが、統合による相乗効果は二〇〇五年度までほとんど創出されなかったと見ている。

果たして、この理解は正しいか。今一度、二〇〇二年度～二〇〇五年度までの国内旅客収入・国内有償旅客数の推移を、ANAとの比較において精査してみよう（図表5-9）。JJ統合により、二〇〇三年度、JAL＝JASは国内旅客収入・国内有償旅客数ともにANAの数字を上回っていた。しかし、二〇〇四年度に入ると、その差は縮まり、二〇〇五年度には、ANAによる逆転を許している。[31] 統合後、僅かの期間で、JAL＝JASは、ANAに追い付かれ、追い抜かれたわけである。本来あった売上さえ落としてしまったこの事実を踏まえれば、二〇〇五年度まで相乗効果は全く生まれなかったと見るべきであろう。既に第四章第五節で行なった議論を考慮すれば、この理解は覆せないはずである。

（四）二社並置と労働組合の乱立

JJ統合を失敗と見なす第二の理由は、持株会社の傘下に、長い期間、二社を独立した会社として並置したことである。[32] 確かに、給与体系の見直し、システム統合、運航路線の整備などに時間をかける必要があったのかもしれない。しかし、両社を長く並置したことで一体感は醸成されず、職場によっては不信感や差別意識まで生まれたと言われている。[33] 既に触れた通り、JJグループは、二〇〇四年度、二〇〇五年度、運航・整備トラブルで迷走した。このトラブルも、JALとJASの長期にわたる並置が影響したものと思われる。同じ傘下にあっても二つの事業会社が分離された状況では、経営と現場の距離は開き、部門間の意思疎通は困難となる。[34] 運航・整備トラブルを受け、社内に設置された「安全アドバイザリーグループ」は、業種別セグメント内では役員も社員も真面目に仕事と向き合っていたが、各セグメントは互いに閉鎖的で、相互に交流や理解を深める努力も為されていなかった、と指摘している。[35]

各セグメントが閉鎖的であることは、JAL一社時代においても既に指摘されていたことであるが、[36] そこにJASが加わり、閉鎖性という課題の解消は一層困難になったというのである。[37] この意味で、JALは、JASとの実質的統合（JALIによるJALJの吸収合併）をできるだけ早く進める必要があったのである。

加えて、実質的統合の先送りは、JAL系労組とJAS系労組の融和もより困難なものとしていった。[38] 二〇〇四年四

図表 5 - 14　労働組合の変遷

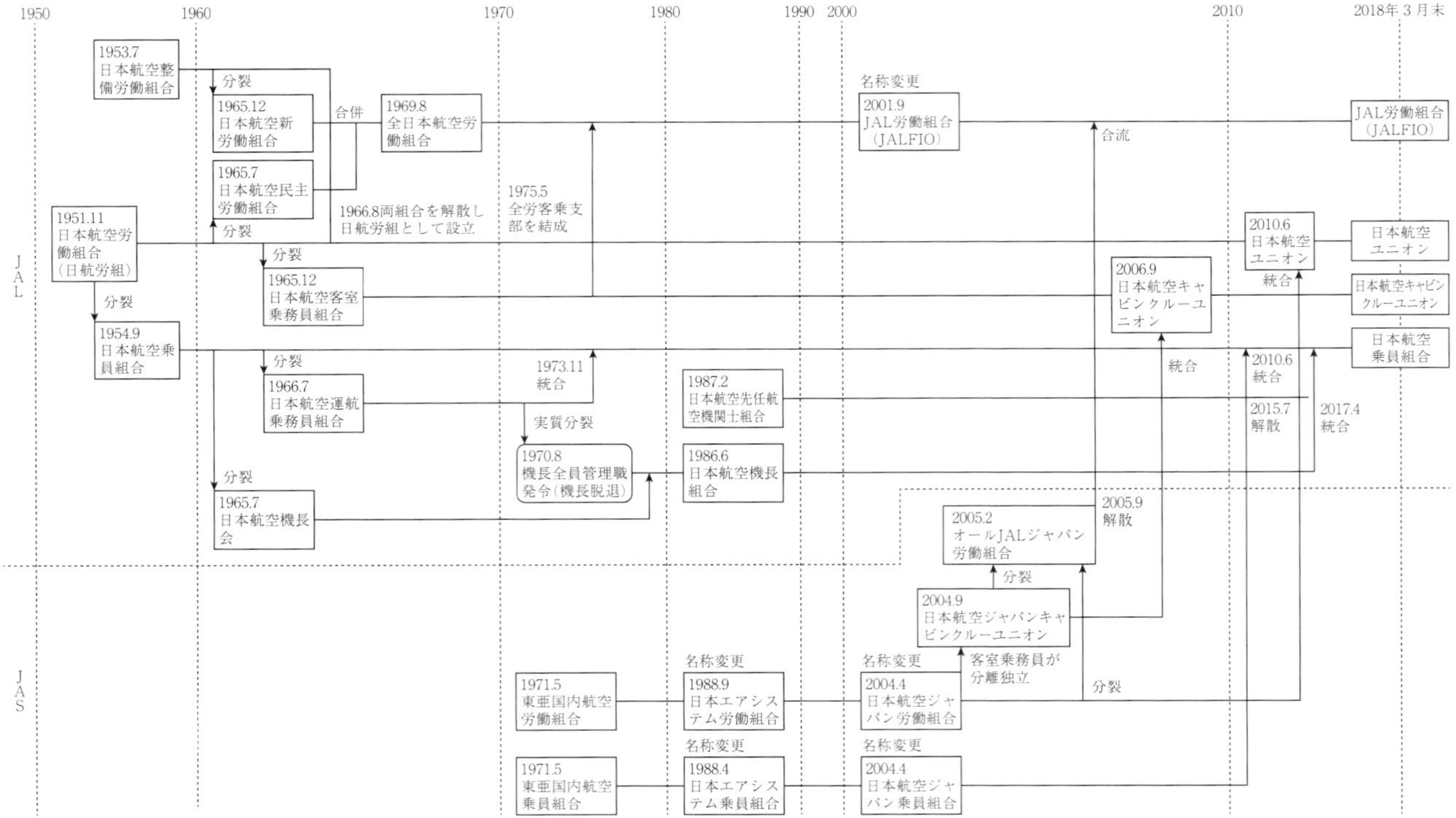

（注）杉浦一機『地に堕ちた日本航空』草思社、2007年、100～101頁；日本航空株式会社広報部「第５章　労務」『広報資料』（2012年度版）2012年12月、5-A-2頁；株式会社日本航空インターナショナル『有価証券報告書』2006年度～2008年度、日本航空株式会社『有価証券報告書』2012年度～2017年度より作成。JAL単体、JAS単体における労働組合の変遷である。労働組合名の上に表示されている数字は設立年月。

図表5－15　平均年間給与の変化率（2003年度～2005年度）

JAL 全職種	JAS 全職種
1.6%	3.3%
JAL 地上職員	JAS 地上職員
−3.3%	2.8%
JAL 客室乗務員	JAS 客室乗務員
1.6%	7.4%
JAL 運航乗務員	JAS 運航乗務員
0.2%	1.2%

（注）　図表5－13より作成。

月、日本エアシステム乗員組合（ＪＡＳ系）は日本航空ジャパン乗員組合に、日本エアシステム労働組合（ＪＡＳ系）は日本航空ジャパン労働組合にそれぞれ名称を変更している。これにより、ＪＪグループ内の組合数は、旧ＪＡＬ系の労組六つと合わせ、八つに増えている。その後、二〇〇四年九月には、日本航空ジャパン労働組合が分裂し日本航空ジャパンキャビンクルーユニオンが生まれ、また二〇〇五年二月には、日本航空ジャパン乗員組合が分裂しオールＪＡＬジャパン労働組合も結成されている。その結果、一時的ではあるが、組合数は一〇にまで膨らんでいる。なお、ＪＡＬにおける労働組合が、過去から現在まで、どのように組織・再編されてきたかは、図表5－14を参照されたい。

さて、組合が乱立する中では、すべての組合より、人事施策について合意を得ることは一層難しくなる。仮にいくつかの組合の合意をとらず、施策を強行すれば、今度は、労使間・組合間の関係悪化を招くことになる。ただ、それでも、当時のＪＡＬは、人件費圧縮の施策を打たないわけにはいかなかった。このため、全職種に人員削減を求めながらも、比較的理解のある地上職員に最も大きな犠牲を強いることとなった。また平均年間給与についても、ＪＡＬ地上職員以外の職種では、引き下げは容易に進まなかったが、ＪＡＬ地上職員の平均給与だけは、確実に引き下げられていった（図表5－15）。

言うまでもなく、こうした措置に対して不満を持つ組合や社員はいたはずである。特に給与については、ＪＡＳ側を優遇する見直しとなっていたため、ＪＡＬ系組合からは反発の声も上がっていたであろう。運航・整備トラブルの背景には、こうした複雑な事情があった。元を辿れば、根本問題は、やはり持株会社の傘下に長い間二社を並置したこと、この不徹底な措置で、ＪＡＬ＝ＪＡＳの融合を進めなかったことに帰着する。その意味で、本プロジェクトは二〇〇五年度までの経営統合を失敗と見るのである。

さらにＪＪ統合を失敗と見なす最後の理由は、退職給付債務問題への対応を遅らせてしまったことにある。二〇〇一年度〜二〇〇五年度の期間、ＪＡＬがあまりに多くの時間と資源を統合作業に投入したため、言わば「精神的余裕」を失い、この問題にほとんど対処できなかったのである。次節においてその詳細を整理したい。

第五節　企業年金問題への対処

二〇〇〇年代前半の特徴として、人件費を圧縮しながらも、退職給付会計基準の導入で、退職給付費用が膨らんだこと（図表5‐3）、旅客収入の落ち込みと退職給付費用の増大で、売上高労働対価倍率が低下したこと（図表5‐1）をあげた。これらの特徴を正しく理解する意味で、退職給付会計の大枠を整理するところから本節を始めよう。

（一）退職給付会計の概要

バブル景気の終焉とともに株価は低迷し、年金給付に必要とされる資産の確保に国民の懸念が広がっていった(39)。これを受け、二〇〇〇年に退職給付会計基準が導入され、日本企業は、同年四月以後に開始される事業年度より、同基準に従って退職給付費用を計上すること、退職給付債務およびその内訳などの主要事項について注記を付すことが義務づけられた。退職給付会計の大枠は、以下の通りである(40)。

問題となる「退職給付の積立状況」は、退職給付債務、年金資産、退職給付引当金、前払年金費用の四つをもって把握される。退職給付債務は、退職により見込まれる退職給付の総額のうち、認識時点までに発生した債務を指す。そこから、外部の積立資金である年金資産と、内部の積立資金である貸借対照表上の退職給付引当金（貸借対照表上の負債）とを差し引くことで、積立状況が把握される。つまり、年金資産と退職給付引当金の合計額が、退職給付債務に満たない場合、その差額分が退職給付債務の「積立不足」として認識される。これを計算式で表すと、次の通りとなる。

積立不足＝退職給付債務－年金資産－退職給付引当金＋前払年金費用

なお、「退職給付債務」に、後述する「会計基準変更時差異、数理計算上の差異、過去勤務債務[41]」を加減した額と「年金資産」の額を比較し、後者が前者を超過する場合、当該超過額は退職給付債務より控除せず、「前払年金費用」（貸借対照表上の資産）として処理することが求められる[42]。このため、右記計算式には、前払年金費用が最後に追記されている。以上の退職給付債務、年金資産、退職給付引当金、前払年金費用それぞれに、A、B、C、Dの記号を付せば、積立不足はA－B－C＋Dで表される。

さてここで、積立不足が会計基準変更時差異の未処理額、未認識数理計算上の差異、未認識過去勤務債務という三項目をもって説明されることを確認しておきたい。第一の会計基準変更時差異とは「二〇〇〇年に退職給付会計基準が導入された際、移行時に生じた差異」を指す。第二の数理計算上の差異とは、年金資産の収益見積額と実際の運用成績との差異、退職給付債務の数理計算に用いた見積数値と実績との差異などを指す。第三の過去勤務債務とは、退職給付水準の改訂等に起因して発生した退職給付債務の増加または減少部分を指す[43]。会計基準変更時差異、数理計算上の差異、そして過去勤務債務については、通常、一定の年数をかけ、かつ一定の手続きに従い、毎期徐々に費用化していく。費用処理が未だ実施されず、そのまま残っている債務部分を、それぞれ、会計基準変更時差異の未処理額、未認識数理計算上の差異、未認識過去勤務債務と呼ぶ。

積立不足＝会計基準変更時差異の未処理額±未認識数理計算上の差異±未認識過去勤務債務

毎期計上される退職給付費用とは、簡単に言えば、毎期発生する費用と、この積立不足を解消するために毎期処理される費用の合計額ということになる[44]。内訳は、勤務費用、利息費用、期待運用収益、会計基準変更時差異の費用処理額、数理計算上の差異の費用処理額、過去勤務債務の費用処理額、その他の七つとなる[45]。

勤務費用とは「一期間の労働の対価として発生したと認められる退職給付」を指す[46]。これは割引計算を用いて現在価値で計上される。これに対し、利息費用は「割引計算により算定された期首時点における退職給付債務について、期末までの時の経過により発生する計算上の利息」を指す[47]。期待運用収益とは「年金資産の運用により生じると合理的に期待される計算上の収益」を意味する[48]。つまり、期首の年金資産残高に期待運用収益率を乗じたものを指す。また会計基準変更時差異の費用処理額、数理計算上の差異の費用処理額、過去勤務債務の費用処理額の三つは、積立不足を解消するために繰延処理が許される費用となる[49]。なお、最後に付記されている「その他」とは、ＪＡＬ有価証券報告書によれば、「確定拠出年金への掛金支払額及び退職金前払制度における退職金前払額」などを指すとされている。以上を計算式で表せば、次の通りとなる。

退職給付費用＝勤務費用＋利息費用－期待運用収益見積額±会計基準変更時差異の費用処理額
±数理計算上の差異の費用処理額±過去勤務債務の費用処理額±その他

勤務費用、利息費用、期待運用収益見積額、会計基準変更時差異の費用処理額、数理計算上の差異の費用処理額、過去勤務債務の費用処理額、その他のそれぞれに、Ｈ、Ｉ、Ｊ、Ｋ、Ｌ、Ｍ、Ｎの記号を付せば、退職給付費用はＨ＋Ｉ－Ｊ±Ｋ±Ｌ±Ｍ±Ｎで表される。なお、退職給付費用（損益計算書）は、そのまま当該年度の退職給付引当金（貸借対照表）に算入される。

（二）積立不足と代行返上

以上の退職給付会計の大枠を踏まえ、二〇〇〇年度～二〇〇五年度（第五一期～第五六期）における数値の推移を確認していこう（図表5-16）。これにより、六年間で、JALがどのような措置を講じたのかが見えてくるからである。なお、図表5-16に示された数値は、破綻・再生の過渡期に当たる第六〇期・第六一期を除き、すべてJAL連結の数値となっている(50)。

図表5-16の上段は「退職給付債務に関する事項」（ストック）を表し、下段は「退職給付費用に関する事項」（フロー）を表している。まず上段に着目されたい。ここに示された積立不足は、既に説明した通り、A-B-C+Dで算出される。二〇〇〇年度～二〇〇五年度の積立不足を見ると、途中三五〇〇億円強にまで膨らむものの、二五五〇億円～二五七〇億円の規模感でおおよそ推移している。内訳を確認すると、二〇〇〇年度時点では、大部分が会計基準変更時差異の未処理額（一八五八億円）となっているが、その後、同未処理額は、毎期費用処理され、徐々に圧縮されている。例えば、二〇〇五年度には一一五四億円にまで減少している。

一方、未認識数理計算上の差異を見ると、二〇〇〇年度、六九三億円であったものが増加し、二〇〇四年度には二〇六〇億円にまで膨らんでいる。主に期待運用収益の実績が見積額に届かなかったためである。二〇〇五年度には、実績が見積額を上回り、未認識数理計算上の差異は一四二四億円に縮小するが、その後の推移（第五八期、第五九期の数字）を見る限り、実績が見積額を下回るという流れは基本的に変わっていない。つまり、積立不足は、資産運用の悪化で膨らみ続ける状況にあった。

それゆえ、この時期の「ヒトの効率的活用」に関する最大の課題は、膨大な退職給付債務（二〇〇〇年度の七〇八六億円が二〇〇五年度には八二六八億円に増加）を実質的に減らすことであり、そのためにまず厚生年金の代行部分を返上する

図表5-16　退職給付債務・費用の推移

（単位：百万円）

単体／連結	連　結	連　結	連　結	連　結	連　結	連　結	連　結	連　結	連　結	単　体	単　体	連　結	連　結	連　結
年　度	第51期 2000	第52期 2001	第53期 2002	第54期 2003	第55期 2004	第56期 2005	第57期 2006	第58期 2007	第59期 2008	第60期 注）	第61期 注）	第62期 注）	第63期 2011	第64期 2012
退職給付債務に関する事項														
A. 退職給付債務	708,586	755,037	770,822	862,351	823,628	826,847	858,768	842,935	800,829	742,582	365,850	406,522	401,518	404,537
B. 年金資産	350,922	358,782	334,047	383,644	406,326	493,319	524,264	479,201	408,383	387,153	219,719	237,412	233,288	233,109
C. 退職給付引当金	102,677	102,405	113,748	124,815	105,038	94,943	126,706	94,201	94,785	355,429	133,849	152,699	154,800	154,483
D. 前払年金費用	110	224	448	645	21,964	18,470	57,123	54,204	33,814	—	—	1,368	1,059	892
積立不足＝A-B-C＋D	255,096	294,074	323,475	354,537	334,228	257,054	264,920	323,736	331,476	0	12,281	17,779	14,488	17,838
内　訳														
会計基準変更時差異の未処理額	185,800	172,462	156,352	142,755	128,970	115,350	115,779	97,534	75,600	—	—	3,095	2,056	1,371
未認識数理計算上の差異	69,295	123,585	168,638	212,660	206,049	142,409	149,935	225,654	256,111	—	12,281	14,960	12,933	16,920
未認識過去勤務債務	—	▲1,973	▲1,515	▲878	▲791	▲705	▲794	547	▲235	—	—	▲276	▲501	▲453
退職給付費用に関する事項														
H. 勤務費用	27,096	26,668	27,853	26,911	26,054	23,938	26,480	25,213	22,387	12,798	12,299	3,176	9,969	9,974
I. 利息費用	22,526	23,901	25,412	25,515	21,944	21,426	22,567	22,670	20,511	13,895	13,293	2,922	8,371	8,312
J. 期待運用収益	23,176	18,186	17,082	15,818	18,708	19,733	24,253	26,036	20,796	12,155	12,870	1,223	3,554	3,526
K. 会計基準変更時差異の費用処理額	14,367	13,425	13,358	13,077	13,019	12,880	13,750	14,497	13,307	9,203	—	290	715	685
L. 数理計算上の差異の費用処理額	—	4,662	8,559	12,233	16,416	17,024	13,766	15,212	20,178	18,083	—	781	1,704	1,599
M. 過去勤務債務の費用処理額	—	▲5,185	▲140	▲89	▲51,325	▲4,648	▲38,216	▲20,548	786	—	—	2,039	▲80	▲24
N. その他	—	—	—	—	126	594	1,745	2,168	2,110	930	892	484	1,603	1,574
退職給付費用＝H＋I－J±K±L±M±N	40,814	45,286	57,960	61,830	7,526	51,482	15,840	33,177	58,486	42,755	13,614	8,469	18,729	18,595
割増退職金 （特別損失に特別退職金で計上）	671	1,204	1,121	1,472	1,249	3,265	7,567	20,016	259	1,300	89	391	47	—

（注）　日本航空株式会社『有価証券報告書』2000年度～2002年度；株式会社日本航空インターナショナル『有価証券報告書』2003年度～2008年度；日本航空株式会社『有価証券報告書』2012年度；日本航空株式会社『有価証券届出書』2012年８月３日より作成。第60期は2009年４月１日から2010年１月19日、第61期は2010年１月20日から2010年11月30日、第62期は2010年12月１日から2011年３月31日までの数値。

ことであった。

退職給付会計基準を導入する背景として「年金資産の確保に国民の懸念が広がったこと」をあげたが、既述の通り、それはバブル景気の終焉とともに年金資産の運用が悪化したためであった。[51] 当時、多くの日本企業は、会社独自の企業年金（厚生年金基金）を管理するにあたり、国の管理下にあった厚生年金（老齢厚生年金）のうち、報酬比例部分を国に代わって管理・運用していた。かつては運用利回りが高く、厚生年金基金の予定利率五・五％を超えていたため、代行部分の運用で会社側に問題が生ずることはなかった。[52] ところが、バブル崩壊で実質利回りが予定利率を下回るようになると、各社は代行部分に係る不足分の補塡を迫られることとなった。二〇〇五年度時点のＪＡＬについて言えば、代行部分を含めての不足分は二五七一億円となっており、その補塡が求められたわけである。積立不足については、既述の通り、数年にわたり徐々に費用処理することが認められていたが、それでも毎期計上すべき退職給付費用は桁違いの額（例えば、二〇〇三年度のＪＡＬでは六一八億円）となっていた。それゆえ、厚生年金の代行部分を返上することは、ＪＡＬにとって急を要する課題となっていたのである。

（三）ヒトの効率的活用における「構造的問題」

ここまで、「ヒトの効率的活用」に関しＪＡＬがとった主な施策を見てきた。まず「人件費の削減」という施策を細かく見てきたが、それは、結局、不徹底と言わざるを得ないものであった。人件費の削減は全体として進んだかもしれないが、運航乗務員に対する人件費の圧縮は不十分なままであった。この状況を打破するために着手した「ＪＡＳとの経営統合」であるが、これも「ヒトの効率的活用」を促進するものではなかった。むしろ、それがガバナンスを迷走させ、従業員のモラール・ダウンを引き起こすこととなった。

「ＪＡＬ破綻と再生」という視点から言えば、これら人件費の問題に加え、「退職給付債務問題」への対応が極めて重要であったことを強調しておかなければならない。二〇〇〇年に「退職給付会計基準」が導入されたことで、ＪＡＬの抱える「労働対価問題」が一気に変質してしまったからである。一九九〇年代末まで、ＪＡＬは「人員削減や報酬・賞与引き下げ」などの措置を言わば小出しに行なっていた。過去のそうした措置は、「退職給付会計基準の導入」で、すべて手緩い弥縫策に過ぎなかったと非難されるようになったのである。

第三章以降の説明に合わせれば、労働対価問題は、ここで経営の戦略的意思決定を拘束するほどの「重要課題」に変化してしまったのである。退職給付債務とは、簡単に言えば、「既に提供された労働」に対する支払猶予を指す。つまり、「費用の先送り」がどれだけあるかを示すものである。年金資産の運用がうまくいっていれば、債務に対する積立不足は膨らまないが、バブル崩壊以降、それは膨らみ続けていた。多くの日本企業が「いつか株価は戻る」との安易な期待を持っていたのかもしれないが、結局、株価は戻らず、「退職給付会計基準の導入」が強制されることとなった。この制度改正で、その時まで水面下に隠れていた「積立不足問題」が表面化し、経営を揺るがす「重要課題」となったのである。ここに来て、ＪＡＬ経営層もこれが避けて通ることのできない深刻な「構造的問題」であることを自覚したはずである。

もっとも、バブル崩壊後の日本企業は、大なり小なり、ＪＡＬと同じような問題を抱えていた。このため、国は、二〇〇二年四月、確定給付年金法を施行し、代行部分の返上を制度として促そうとした(53)。同法に基づく返上では、手順としてまず認可日以降の加入期間に係る代行給付の支給義務を免れる「将来返上」を実施し、その上で次に、将来返上実施前までの全期間の記録と最低責任準備金相当額を国に納付すること、つまり「過去返上」を実施することとなっていた。

未認識数理計算上の差異が膨らみ続ける状況にあって、ＪＡＬのとるべき合理的措置は、この確定給付年金法の趣旨に沿って、まず将来返上を実施することであった。しかし、二〇〇二年度〜二〇〇五年度までの間、この「構造的問題」が明確になった後においても、ＪＡＬが代行返上などのアクションを起こすことはなかった。それがいかに大きな誤算であったかを理解するため、返上に動いたＡＮＡと、これを見送ったＪＡＬとを簡単に比較しておこう。

二〇〇三年八月二九日、ANAは将来返上の認可を受け、代行部分に係る退職給付債務と年金資産が消滅したものとして会計処理を行なっている[54]。これにより、二〇〇二年度、三九八四億円あったANAの退職給付債務は、翌年には二五八二億円に縮小し、積立不足も一七九八億円から六九二億円に圧縮されている[55]。これに対し、JALは、同会計年度、退職給付債務を七七〇八億円から八六二四億円に、積立不足を三二三五億円から三五四五億円へと膨らませている。両社の命運はここで分かれたと言っても過言ではなかろう。

では、ANAを初めとする日本企業が年金問題に対応し始めた時、なぜJALは動かなかったのか。既述の通り、本プロジェクトは、その原因がJJ統合にあったと考えている。この時期、JALは多くの時間と資源を経営統合に割かざるを得ず、それがJALをして他の問題を考える精神的余裕を失わせていた。また経営統合は組合の乱立をもたらし、労使交渉を一層困難なものとしていた。そうした中で、年金問題について組合と交渉することは、経営側が最も忌み嫌う事項の一つとなっていた。その意味で、本プロジェクトは、二〇〇五年度までの経営統合を失敗と見るのである。

(四)　キャッシュバランスプラン類似制度の導入

ただし、二〇〇五年度までの期間、JALは退職給付債務の削減と退職給付費用の計上に関しある一つの措置を講じていた[56]。果たしてこれは年金問題の実質的な解決を図ろうとするものだったのであろうか。検討しておこう。

図表5-16の下段に着目されたい。ここに示された退職給付費用は、既に説明した通り、H+I-J+K+L+M+Nで算出される。これを踏まえ、二〇〇〇年度〜二〇〇五年度の退職給付費用を追っていくと、ほぼ四〇〇億円〜六〇〇億円の幅で推移している。ただし、二〇〇四年度だけは、七五億円と異常に小さな金額となっている。本章第一節において「二〇〇四年度の退職給付費用が異常に小さな値となっている」と指摘したが、それがこの問題である。

既に会計基準変更時差異の未処理額が、退職給付会計基準の導入により表面化した積立不足であると説明した。この未処理額については、一括処理ではなく、一定の期間をかけ費用化することが許容されていた。その費用化プロセスは、会計基準変更時差異の費用処理額（K）の欄に示されており、具体的な計上額は、一四四億円（二〇〇〇年度）、一三四億円（二〇〇一年度）、一三四億円（二〇〇二年度）、一三一億円（二〇〇三年度）、一三〇億円（二〇〇四年度）、一二九億円（二〇〇五年度）となっている。残りの費用（H、I、J、L、N）についても、特に異常な動きはない。ところが過去勤務債務の費用処理額（M）の二〇〇四年度だけは異常な数値となっている。マイナス五一三億円、つまり、五一三億円の戻入益（費用の減額）が計上され、二〇〇四年度の退職給付費用を七五億円にまで圧縮しているのである。この費用減額処理はいかなる理由で可能となったのか。

二〇〇四年九月一〇日、日本航空厚生年金基金は「キャッシュバランスプラン類似制度の導入」を決定している[57]。企業年金連合会によれば、キャッシュバランスプラン類似制度とは、年金支給開始時点までは予定利率を固定利率（日本航空厚生年金基金は四・五％）としながらも、支給開始後は、最低年金額を保証するとともに、国債利回りなどの指標に連動させて給付額を変更できる制度であったという。当時、指標連動の給付利率は、固定利率よりも低い水準にあったため、一定数の退職者がこの制度を選択すると仮定すれば、会計上、年金基金の支給開始後給付額は下がり、退職給付債務の総額もこれに連動し減少することになるとされた。この仮定に基づき、ＪＡＬは、二〇〇四年度、過去勤務債務の費用処理額として五一三億円の戻入益を計上し、二〇〇三年度の退職給付債務八六二四億円を八二三六億円に圧縮したのである[58]。

ただ、このキャッシュバランスプラン類似制度の導入・費用減額処理は、年金問題を実質的に解決する措置と言えるようなものではなかった。本プロジェクトは、二〇〇四年度のこの対応を「年金問題の解決には該当しない」、あえて言えば「利益の先取り、問題の先送り行為にあたる」と見ている。理由として二つをあげておきたい。

第一は、会計処理そのものに問題があったことである。通常、退職金規程などの改訂により過去勤務債務に増減が生じた場合、例えば、債務増加の場合、一定の年数をかけ費用処理するのが望ましいとされていた[59]。これは会計基準変更時差異や数理計算上の差異を一括処理ではなく、一定の期間をかけ費用計上するのと同じ理由である。この原則に従えば、過去勤務債務の減少も、一括処理ではなく、一定の期間をかけ徐々に処理（戻入益処理）するのが望ましいことになる(60)。特に、キャッシュバランスプラン類似制度のような「仮定」に基づいた過去勤務債務の減少については、より保守的に処理するのが好ましいと言えるはずである。

参考にＡＮＡの当時の会計処理を見ておこう。同社は、二〇〇三年度に厚生年金基金の代行返上を実施するとともに、退職一時金制度における給付水準の変更を行なっている。これにより、二〇〇二年度の未認識過去勤務債務マイナス二二億円は、マイナス三八九億円にまで圧縮されているが、ＡＮＡはこの債務の減少部分を二〇〇三年度に一括利益計上せず、一〇年以上の期間をかけ徐々に利益認識している(61)。これとは対照的に、ＪＡＬは、類似制度導入によって過去勤務債務の減少が生じたと仮定し、二〇〇四年度にそれを一括で費用削減処理（戻入益）しているのである。実態として給付水準の引き下げを行なったＡＮＡが利益の一括計上を避けたのに対し、類似制度のような「曖昧な仮定」に基づいた変更で、ＪＡＬが利益を一括認識したことは、特筆すべき相違と言わなければならない。

もっとも、二〇〇一年度の『有価証券報告書』以降、ＪＡＬは「過去勤務債務（の減少）は、主として発生時に費用（費用減額）処理している」と付記している(62)。このため、二〇〇四年度も「継続性の原則」に従い、債務の減少部分につき「費用の減額」を当該年度に一括処理したものと思われる。またこの処理は会計監査人の監査を受けており、その点に関する注記も付されている(63)。よって、当時の基準では許容されるものであったと言わなければならない。

ただ、これらの点を認めたとしても、二〇〇四年度の処理は、制度変更に伴う一時的な利益（戻入益）であったこと、しかも五一三億円という桁違いの金額であったことを考慮すれば、やはり、疑義の残る対応であったと指摘する必要がある。仮に一括処理するのであれば、この戻入益は、退職給付費用の中で処理するのではなく、明確に「特別利益」として計上すべきものだったと考えられるからである(64)。それゆえ、本プロジェクトは、二〇〇四年度にＪＡＬが行なった会計処理を財務の信頼性を損ねる措置であったと見ている。

第二は、二〇〇四年度、ＪＡＬがどうしても利益を確保しなければならない状況に置かれていたことである。二〇〇三年度、ＪＡＬ連結の営業利益は七一九億円の赤字（ＪＡＬＳ連結で六七六億円の赤字）、経常利益は七六〇億円の赤字（ＪＡＬＳ連結で七一九億円の赤字）、当期純利益は八七四億円の赤字（ＪＡＬＳ連結で八八六億円の赤字）という惨憺たる状態にあった。しかも機材関連報奨額二一〇億円を駆使した上での赤字決算であった(65)。ここから先は推測の域を出ないが、二〇〇三年度に続き、二〇〇四年度も赤字を計上するわけにはいかず、ＪＡＬとしては、何としてでも黒字に持っていこうとしたのではなかろうか。つまり、キャッシュバランスプラン類似制度の導入（二〇〇四年度の機材関連報奨額は四八四億円）は、年金問題の実質的な解決に繋がるものではなく、黒字を作るための一時的な手段として利用された可能性が高いのである。

以上より、本プロジェクトは、二〇〇五年度までの期間、ＪＡＬでは、退職給付債務問題に対しほとんど具体的な措置が講じられなかったと結論づけたい。

第六節　二〇〇六年度〜二〇一〇年一月の破綻まで

この時代区分（二〇〇六年度〜二〇一〇年一月）における特徴は、二〇〇八年度までに限って言えば、倍率が改善されたことに求められる。この間、労働対価は上昇しているが、これを上回るペースで旅客収入が伸びている。そうした改善の兆しは見られたものの、二〇一〇年一月、結局、ＪＡＬは破綻した。多くの論者は、この結果だけを取り上げ、「ヒトの効率的活用に関し問題があった」と指摘するが、本プロジェクトは、その理解を一旦横に置き、この間、ＪＡＬの中でいったいどのような取り組みが為されたのか、特に破綻に至る直前まで何が為されたのかを押さえておきたい。経営哲学の問題と意義を考える上で、そこに貴重な教訓があるからである。

その前段として、まずこの時代区分がどのようにして始まったのかを再確認しておこう。二〇〇六年二月のクーデター騒動などにより、社長の新町氏が代表権のない会長に退き、二〇〇六年六月、正式に西松遙氏が持株会社およびＪ

ＡＬＩのトップとなった。本プロジェクトは、ここから再生に向けての新たなチャレンジが始まったと捉えている。それは二〇〇五年度まで目を逸らしてきた「構造的問題」をＪＡＬが明確に意識し、解決のためのアクションを起こしていったからである。ただ、その取り組みは一朝一夕に進むものではなかった。ＪＡＬ経営層は、機関投資家や銀行団からの要求に応ずるとともに、社員の気持ちにも寄り添いながら一つひとつ施策を実施する必要があったからである。

（一）構造的問題を意識したアクションの始動

「ヒトの効率的活用」に関しＪＡＬがとった主な施策として、既に「人件費の削減」「ＪＡＳとの経営統合」「退職給付債務の圧縮」の三つをあげたが、これらは、二〇〇五年度までの取り組みを見る限り、いずれも不徹底かつ不十分なものとなっていた。

第一の「人件費の削減」については、一九九〇年代、ＪＡＬは、人員と報酬額の削減に動いたが、それは地上職員だけに犠牲を強いるものであった。しかも、単体で削減された人件費の多くは子会社や関連会社に転嫁されていた。これに対し、二〇〇〇年度～二〇〇五年度は、経営統合を通じて人員の削減を一気に進めようとした。一見、徹底するかに見えた施策であったが、ここでも、一九九〇年代と同様、削減の対象は地上職員に、特にＪＡＬ地上職員に偏ることとなった。報酬額についても、ＪＡＬ地上職員の給与水準だけ引き下げ、その他職種の給与水準は逆に引き上げていた。

第二の「ＪＡＳとの経営統合」は、二〇〇一年度にその構想が発表された。その狙いはＪＡＬとＪＡＳの重複業務を削減し、相乗効果を創出することにあった。しかし、既述の通り、持株会社ＪＡＬＳの傘下に二社を並置したことで、しかも長い間その状態を放置したことで、組織の一体感は醸成されず、目玉であったはずの国内旅客事業も、ＡＮＡの後塵を拝すこととなった。さらに悪いことに、統合を進める過程で、ＪＡＬ＝ＪＡＳのガバナンスはまともに機能しなくなっていった。

第三の「退職給付債務問題への対応」については、二〇〇五年度までの期間、ＪＡＬは何ら具体的な行動をとらなかった。本来であれば、退職給付債務問題は、二〇〇二年度前後より対処すべき重要課題であった。しかし、当時のJALには、この課題に取り組む精神的余裕はほとんどなく、問題の解決は先送りされてしまった。確かにキャッシュバランスプラン類似制度の導入など、一定の措置は講じていたが、既述の通り、これは、給付債務の実質的な削減を図るものではなかった。

以上の取り組みとは対照的に、二〇〇六年度以降、JALは「労働対価のさらなる圧縮」を強く意識し、その解決に動き出すことになる。以下、三つの課題毎に西松氏が発揮したリーダーシップとその成果を追っていきたい。

(二) 人件費の圧縮と運航乗務員の報酬額引き下げ

二〇〇〇年代に入り、燃油費は上昇の一途を辿った。図表5-17が示しているように、それは国際線実収単価の上昇を超えるペースで進んでいった。このため、JALには、費用削減の一環として、これまで以上に徹底した人件費の削減が求められた。図表5-3を参照されたい。人件費は、二〇〇六年度、JALIがJALJを吸収したことで総額は増えているが、二〇〇七年度に横ばいとなり、二〇〇八年度には減少に向かっている。「人員」と「報酬」の双方から、この時代区分における人件費の圧縮状況を確認しておこう。

まず人員の削減については、既述の通り、JALJを吸収したことで、従業員数は大きく膨らんでいる。ただ、吸収合併後には、JALも、割増特別退職金などを駆使し、早期退職・転籍を促しながら、削減を進めている。例えば、二〇〇二年度~二〇〇五年度までの割増退職金総額は七一億円にとどまっていたが、二〇〇六年度~二〇〇七年度では、二七六億円を支出している(図表5-16)。図表4-10の通り、この削減は、JAL単体でも連結でも進められている[66]。

なお、削減の対象となった職種については、二〇〇六年度以降も、地上職員が最も多く、形の上ではこれまでと同様のパターンをとっている[67]。しかしながら、この期間、注目すべき変化が起こっている。二〇〇五年度までの人事施策は、基本的に地上職員の削減が最大で、客室乗務員がこれに続き、最後に僅かばかりの運航乗務員を削るというものであっ

図表5-17　燃油費と国際線実収単価の推移

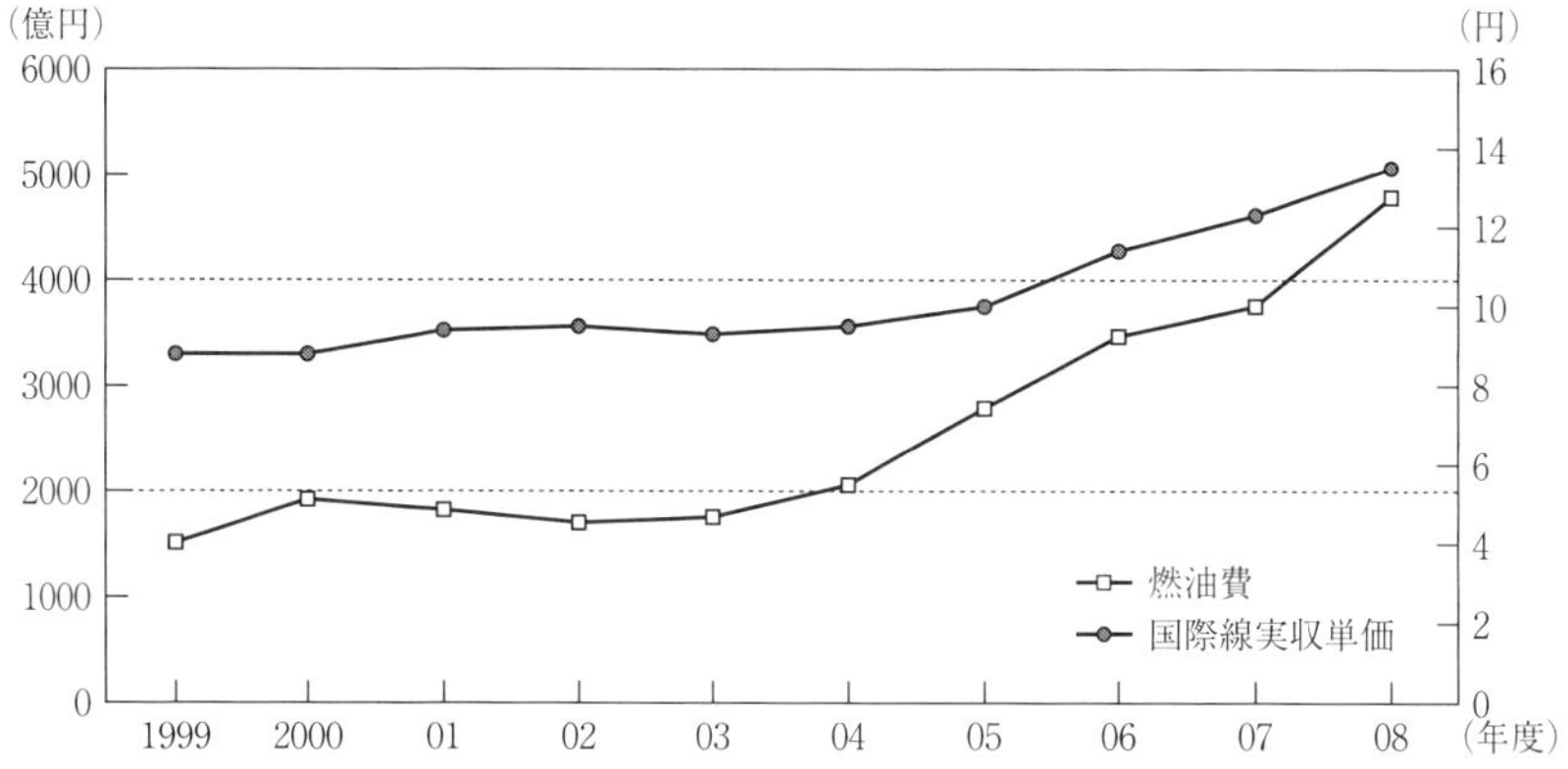

(注)　日本航空株式会社『有価証券報告書』1999年度～2002年度；株式会社日本航空インターナショナル『有価証券報告書』2003年度～2008年度より作成。国際線実収単価はJAL連結の数値である。燃油費は連結の数値が開示されていないため、JAL単体の数値である。

たが、二〇〇六年度以降は、図表5-4が示す通り、運航乗務員も、客室乗務員と同程度に大きく削られている。

これまでとの顕著な違いは、報酬額の削減にも表れている。一九九〇年代初頭における臨時手当支払月数の削減以降、JALは約四カ月分の支払月数を維持してきたが、二〇〇七年度以降、これがさらに引き下げられているのである。具体的には、二〇〇六年度に三・六カ月分であったものが、二〇〇七年度には二・〇カ月分、二〇〇八年度には二・一カ月分となっている[68]。また給与水準についても、二〇〇六年度以降、継続的な引き下げが実施されている[69]。図表5-18に示した平均年間給与の推移を見ると、全職種で引き下げが進んでいることが分かる。二〇〇五年度までの引き下げは、主に地上職員が中心となっていたが、二〇〇六年度以降は、すべての職種で引き下げが行なわれているのである[70]。これとの関連でさらに強調したいのは、運航乗務員の給与水準がその中で最も大きな下げを見せていることである。

なお、人件費の圧縮については、毎年、「再生中期プラン」を見直し、強化策を打ち出していることも付記しておきたい。例えば、「二〇〇八～二〇一〇年度再生中期プラン」(二〇〇八年二月二九日公表)の段階になると、JALは「一四社を割当先とする第三者割当てによる優先株式の発行」をもって、一五〇〇億円規模の資本増強

図表5-18　職種別平均年間給与の推移

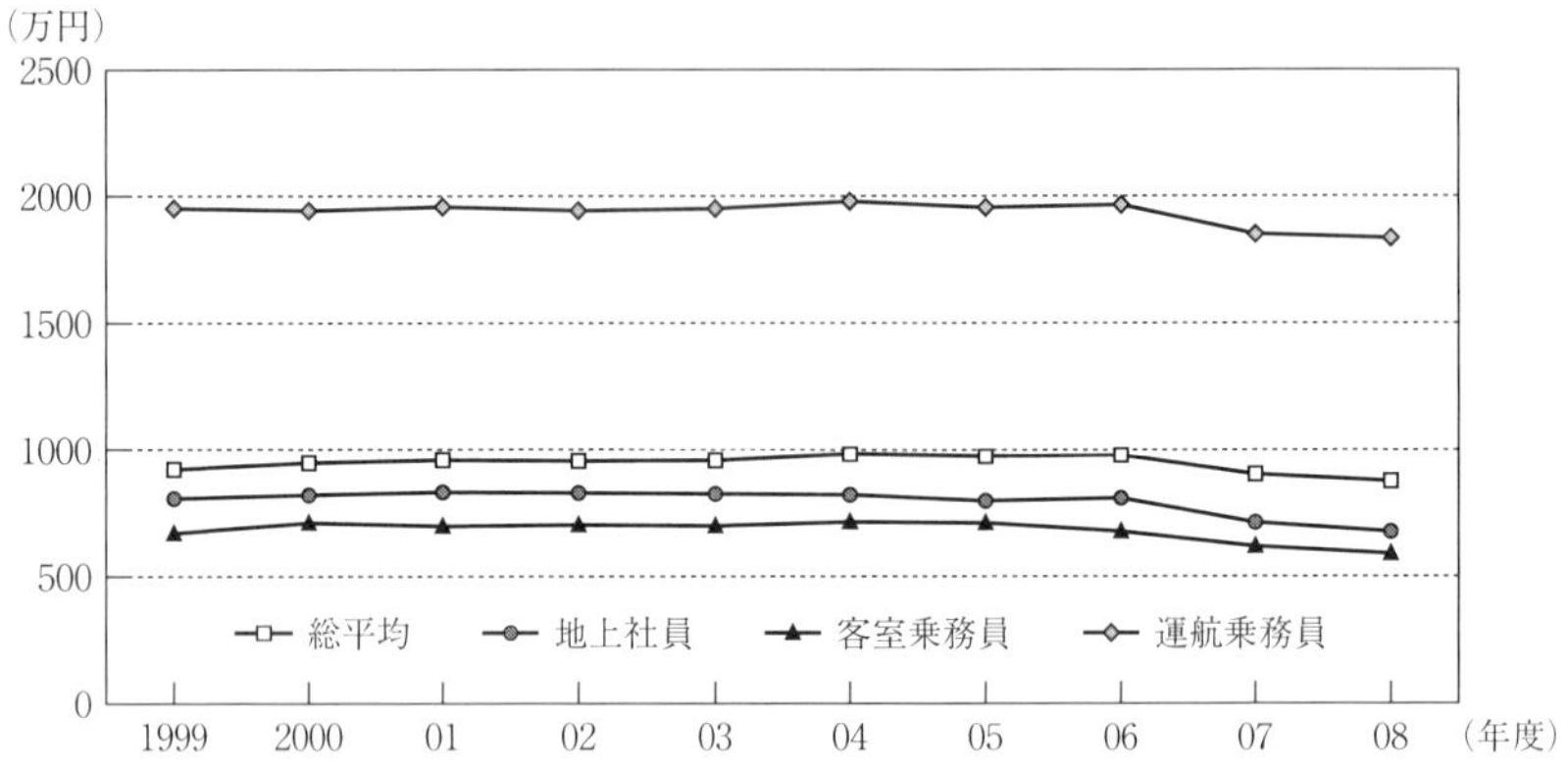

（注）　日本航空株式会社『有価証券報告書』1999年度～2002年度；株式会社日本航空インターナショナル『有価証券報告書』2003年度～2008年度より作成。JAL 単体の数値である。基準外賃金と賞与を含む。

を行なうことを発表している[71]。会社のこの方針に沿い、四月二八日、JALは、社員に対し増資に伴う配当原資を確保する必要性と、さらなる削減施策を実施する旨を説明し、組合と従業員の理解を求めている[72]。

既に一九九〇年代の人件費の削減が、そして二〇〇五年度までの人件費の削減がそれぞれ不徹底であったと指摘した。単体では人数を削りながら、連結では人数を増やしていたためであり、また地上職員だけに多くの負担を求め、運航乗務員についてはほとんど何も求めなかったためである。これに対し、二〇〇六年度からの取り組みは、既述の通り、連結子会社の数を減らし、客室乗務員・運航乗務員の人数を減らし、さらに運航乗務員の給与水準まで引き下げている。この意味で、二〇〇六年度以降の人事施策は、それ以前のものとは一線を画していたと言ってよかろう。

(三)　従業員モラールの向上

ただ、人件費を削減しようとすれば、通常、従業員のモラール(士気)は低下していく。このため、人件費の削減を進めるにあたり、西松氏は、従業員の気持ちに可能な限り寄り添おうと努力し、またその痛みを分かち合いたいとの思いで次の三つの行動をとっている。第一は、率先してトップが報酬額を削ること、第二は、トップが従業員とのコミュニケーションを積極的に進めること、第三は、トップがともに会社を支える仲間として従業員に対し感謝の思いを伝えることであった。それぞれについて説明しておこう。

第一に、氏は、社員だけに人件費削減の負担を強いるわけにはいかないと考え、自ら進んで報酬額は当然のこと、その他経費の削減にも努めている。JALが直面する難局を乗り切るには、率先垂範は絶対に欠かせないという決意で臨んだわけである。具体的には、JALSとJALIのCEO兼社長でありながら、年収を僅か九六〇万円に抑えたこと、社長専用車を廃止するとともに、電車・バスでの通勤に切り替えたことなどがあげられる(73)。当時、この程度ではJALの有利子負債は削減できないといった冷ややかな指摘もあったが、本プロジェクトはトップのこうした行動こそ評価されなければならないと考えている。

兼子＝新町体制後の立て直しは、既に火中の栗を拾うような仕事となっていた。西松氏のCEO就任は二〇〇六年三月一日に公表されたが、その当時、大半の幹部はCEOの地位に魅力などほとんど感じていなかった。むしろ、多くは、そのポストを敬遠していたと思われる。八方塞がりにあったJALの再生は、誰が見ても困難極まりないものとなっていたからである。その重責を氏が引き受けたこと、しかも役員報酬規程に則った報酬その他便益を返上し仕事に臨んだこと。その覚悟は、少なくとも心ある社員の気持ちを動かしたはずである。

第二に、氏は、従業員とのコミュニケーションを促すため、直接対話の機会を可能な限り増やし、率直な意見交換を繰り返している。直接対話については、CEO就任以前の二〇〇六年三月より活動を始め、以後、機会ある毎に各地でJJグループ・スタッフとの交流を深めている。二〇〇七年五月には、社員が抵抗なく訪ねて来られるよう、JALビル二四階役員フロアの個室を廃止し、これを開放的な大部屋に変更している。また二〇〇七年一〇月一一日には、できるだけ多くの社員に自身が感じたことを直接伝えたいという思いから、Nishimatsu Directというメールでのメッセージ発信を始めている(74)。例えば、一〇月二六日のNishimatsu Directでは、「さん付け運動歴二〇年」というタイトルで次のメッセージを発している。

「私がさん付けにこだわる理由は、単純に言うと情報の流れをよくしたいからです。私に対して呼びかける時は、これからも『西松さん』で結構。私に宛てたメールの書き出しも『西松さん』でお願いします」[75]。氏は、社長退任となる最後の最後までこうしたメッセージを発信し続けている。確かにすべての社員がこのDirectに目を通したわけではなかろうが、氏のこうした実践がトップと社員の距離を縮めたことは間違いない。

二〇一〇年一月一九日、JALを去る最後の日、西松氏は「JALの現場は立派に自主再建を果たしたと私は思っていますし、このことが今後の再生に向けた大きな力になると確信しています」とのメッセージをグループ社員全員に送っている[76]。これに対し、僅か三時間で七〇〇〇通を超える感謝のメールが届いたことは、氏がいかに多くの社員から慕われていたかを示す証左とも言えよう[77]。

第三に、氏は従業員に対し感謝の言葉を発し続けている。本プロジェクトは、Nishimatsu Directのメッセージを読み進むうちに、「従業員に対する感謝や労いの言葉が多過ぎるのでは」との強い印象を持った。

例えば、二〇〇七年度、JALは、銀行団が派遣する企業再生専門コンサルタントより、経費削減や解雇交渉について細かな指導を受けている。当然のことであるが、その過程で、氏は、外部コンサルタントより容赦ない批判を浴び、銀行団と組合の双方からも厳しい要求を突きつけられていた。孤独な戦いを強いられていたわけであるから、本来であれば、トップとして組合や社員に対し、もっと経営の実情を理解して欲しいといった気持ちもあったのではなかろうか。しかし、氏のメッセージには、社員に対する感謝や労いの言葉が続き、自身の苦悩や葛藤を感じさせる表現は一言もなかった。このため、本プロジェクトは、メールの内容に違和感を覚えたのである。

二〇〇八年一月一日のNishimatsu Directは、「力を尽くしてくれていることに心より感謝します」という挨拶より始まっている。そしてさらに「社員あげての不断の努力が、基本品質の向上という形で、そして中間決算の結果に見るような財務数値の改善という形で現れ始めていることを、心から嬉しく思っています。皆さんのこれまでの努力に、改めて感謝します」と述べている。その上で、簡単に二〇〇八年の三つの目標（安全・定時運航、燃油高対応、財務体質の改善）に触れ、最後に「グループ全員が強い意志をもって臨めば、必ずこれを乗り越えられると確信しております」「自信と誇りを持ち、知恵と努力で前進しましょう」と締めくくっている[78]。

こうしたメッセージは一つではない。幾度となく感謝のメッセージを発しているのである。JALが危機的状況にある中で、なぜ氏は社員に対し「苦しい事情を訴える言葉」「理解を求めるメッセージ」ではなく、「感謝の気持ちや労いの言葉」ばかりを発し続けたのか。この疑問に対し、氏は、旅客輸送事業においては、良好な品質・サービス・安全が強く求められ、これを確実なものとするためには、現場従業員のやる気（モラール）と誇りが絶対に欠かせないと答えている[79]。つまり、「ヒトの効率的活用」を推進する上で、それは基本中の基本であって、それ抜きに運航事業は成り立たないと回答している。本プロジェクトは、この点に関しても、二〇〇六年度以降の取り組みは高く評価されなければならないと考えている。それは二〇〇五年度までの対症療法的な人件費削減とは異なる「対話重視」のスタンスで臨むものだったからである。

（四）JALIによるJALJ吸収

第二の施策は「JASとの経営統合」であったが、持株会社JALSの傘下に二社を並置したことで、しかも長い間その状態を維持したことで、JJグループの一体感は醸成されず、旅客収入を押し上げるだけの相乗効果は生まれなかった。では、二〇〇六年度に始動した西松体制は相乗効果を創出できたのであろうか。これについては判断の分かれるところである。

二〇〇七年度、そして二〇〇八年度上半期、その兆しは見え始めていたが、これを実質的な統合による相乗効果と言えるかどうかは断定できない。これを確認するためには、さらに数年、経営状況を見る必要があったが、二〇〇八年九月のリーマン・ショックで、会社は大きく傾き、二〇一〇年度を迎える前に、JALは破綻となった。それゆえ、相乗効果の創出については、何も明確なことは言えない。ただ、この期間、JALが、JJ統合との関連でどのような施策

図表5-19　旅客収入と有償旅客数の推移

年　度		2005	2006	2007	2008
国際旅客	旅客収入（億円）	6490	6841	7144	7035
	収入比率（%）	91.3	65.0	51.3	51.3
	有償旅客数（万人）	1284	1220	1215	1170
国内旅客	旅客収入（億円）	622	3679	6774	6665
	収入比率（%）	8.7	35.0	48.7	48.7
	有償旅客数（万人）	471	2448	4190	4115
旅客収入合計（億円）		7113	10520	13919	13701

（注）株式会社日本航空インターナショナル『有価証券報告書』2005年度～2008年度より作成。
JAL 連結の数値である。

を打ち、またそれによりどのような成果をあげようとしていたのかだけは確認しておきたい。

手始めとして、国際旅客・国内旅客の有償旅客数と実収単価の推移を押さえておこう。まず二〇〇五年度を基準として国際旅客の有償旅客数を見ると、人数は一二八四万人から二〇〇八年度の一一七〇万人に減少している（図表5-19）。しかし、図表5-17に見られる通り、旅客数の減少を上回る実収単価の上昇があったため、国際旅客収入は、二〇〇五年度に六四九〇億円であったものが、二〇〇八年度には七〇三五億円に膨らんでいる。もっとも、燃油費の高騰が実収単価を押し上げたとの説明もあり得るため、国際旅客収入の推移だけで「ヒトの効率的活用」が進んだと結ぶことはできない[80]。

国内旅客における有償旅客数については、二〇〇六年一〇月一日の「ＪＡＬＩによるＪＡＬＪ吸収」で業務移管が始まったことを受け、二〇〇六年度、二〇〇七年度と数字を上げている。続く二〇〇八年度においても、リーマン・ショックの影響を受けてはいるものの、四〇〇〇万人以上の旅客数を維持している（図表5-19）。こうした旅客数の増加に加え、実収単価も上昇しているため、国内旅客事業は堅調に推移したと言ってよかろう。既述の通り、国内線における実収単価の上昇も燃油費の高騰によるものと指摘される可能性があるが[81]、それが旅客数の増加を伴っていたことを考慮すれば、国内旅客収入の増加は実質的統合の効果がある程度働き始めたためと見ることもできよう（図表5-20）。

最後に、旅客収入との関係で、売上高労働対価倍率の推移を確認しておきたい。

図表5-20　JALとJASの国内線実収単価の推移

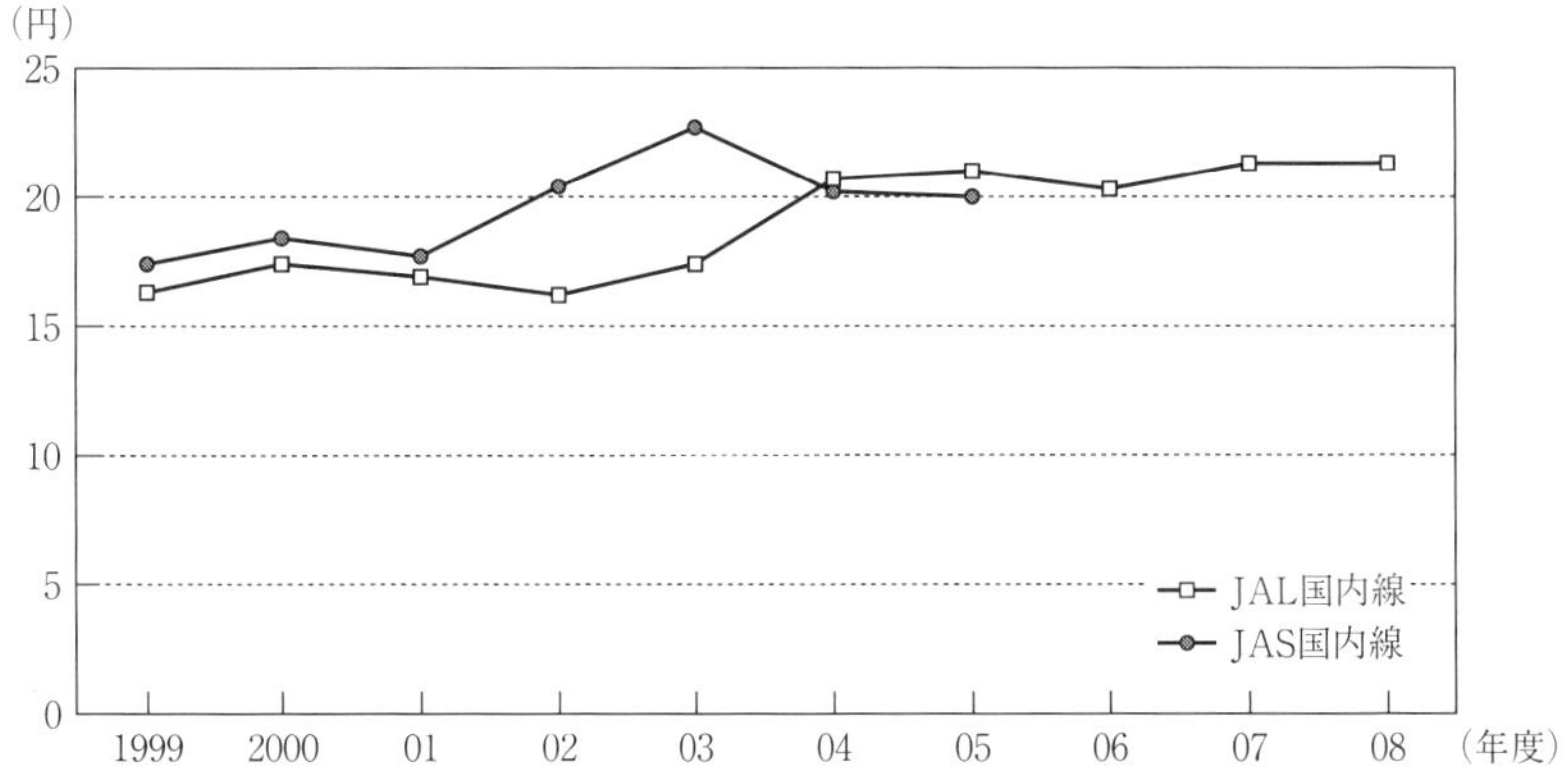

(注)　日本航空株式会社『有価証券報告書』1999年度〜2002年度；株式会社日本航空インターナショナル『有価証券報告書』2003年度〜2008年度；株式会社日本エアシステム『有価証券報告書』1999年度〜2002年度；株式会社日本航空ジャパン『有価証券報告書』2003年度〜2005年度より作成。JAL連結、JAS連結の数値である。

図表5-2によれば、二〇〇六年度は、JALJ吸収で旅客収入が倍増、翌年度も増加(82)、そして二〇〇八年度には、リーマン・ショックの影響を受けながらも、二〇〇七年度並みの数値を維持している。これに対し、人件費は、二〇〇六年度、JALJ吸収で一時的に増大するが、二〇〇七年度は横ばい、二〇〇八年度には減少となっている。それゆえ、人件費との関係だけで倍率の推移を見れば（退職給付費用を除けば）、二〇〇六年度〜二〇〇八年度、その数値は改善に向かっていたと言えるのである。

(五)　労働組合の融和と組織風土の改革

今一度、二〇〇二年一〇月、持株会社JALSの下にJALとJASを並置し、その結果、組織内対立をもたらしたことを思い起こしてもらいたい。言わば「ヒトの効率的活用」に逆行する組織を作ってしまったわけである。これが二〇〇六年一〇月のJALJ吸収により変わっていったことをあげておきたい。その代表的な変化は「労働組合間の融和」と「組織風土改革」の二つに見られる。

第一の組合間融和について説明する前に一点確認しておくべき事項がある。それは、いずれの労働組合（とりわけ非主流派組合）も、創設以来、その運動姿勢を変えることはほとんどなかったという点である。例えば、本プロジェクトは、再生後ＪＡＬでは、非主流派組合もその姿勢を変えたのではないかと考え、各組合が構成員に配布している「情報宣伝資料」（情宣）の内容を、破綻前と破綻後で比較検討してみた。しかし、各組合の論調にはほとんど変化は見られなかった。[83]いずれの労働組合も、「各利害集団の利益を守ること、各利害集団の権利を主張すること、その目的を達成するため、必要であれば、経営側と対峙すること」、これを組合の存在意義としていた。言い換えれば、そのスタンスを変更することは、組合自身の存在意義を否定するに等しいということであった。

それゆえ、本プロジェクトは、二〇〇六年一〇月のＪＡＬＪ吸収をもって（さらには、二〇一二月九月の再上場をもって）、組合の基本姿勢が変わったなどと主張するつもりはない。例えば、会社側の相次ぐ人件費削減策に対し、運航乗務員組合（日本航空乗員組合と日本航空ジャパン乗員組合）は、破綻一年半前の二〇〇八年六月、ストライキを断行し、羽田＝広島、羽田＝長崎など三四便を欠航させている。[84]この行為一つをとっても、強硬姿勢は基本的に変わらなかったと言わなければならない。彼らは、一貫して人件費削減に反対し、特に機材更新に伴う人員整理には強い抵抗を見せていた。[85]既に「モノの効率的活用」のところでも触れたが、経営側は、運航乗務員のこうした姿勢を恐れ、機材更新という課題解決を先送りしてきたのである。

図表５－21からも分かる通り、破綻直前の二〇〇九年一一月一日時点で、ＪＡＬＩはＢ７４７－４００の操縦に当たる運航乗務員五六四人を、また航空機関士の搭乗を義務づけていたＢ７４７クラシックについても運航乗務員六八人を抱えていた。Ｂ７４７－４００の機長などをより柔軟に中型・小型機材（Ｂ７６７、Ｂ７３７など）に割り振ることができていれば、機材問題はより早い段階で解決できたかもしれないが、長距離大型機材から中距離・中小型機材への異動は、運航乗務員には基本的に「降格」と見なされ、受け入れ難いものとなっていた。

もっとも、こうした機材と有資格者の硬直的な配置については、運航乗務員よりも、むしろ、過去の経営層を責めるべきであろう。長きにわたり、適切な機材更新計画、パイロット養成プログラム、機材間異動における手当問題などを、

図表５-21　破綻前の機材別運航乗務員数

（単位：人）

	機　長	副操縦士	航空機関士	合　計
747	34	13	21	68
747-400	350	214	—	564
777	437	275	—	712
767	314	305	—	619
737-800	91	19	—	110
A300-600	126	99	—	225
DC-９（MD-90）	116	105	—	221
DC-９（MD-81）	57	44	—	101
DC-10	2	1	11	14
MD-11	2	1	—	3
A300	1	2	17	20
合　計	1,530	1,078	49	2,657

（注）　日本航空株式会社広報部「第12章　運航」『広報資料』（2012年度版）2012年12月、12-A-2頁より転載。2009年11月１日現在の数値。

運航乗務員などと真摯かつ真剣に検討してこなかったからである。

二〇〇六年度以降の取り組みを評価・検討する際には、組合の以上のような頑なな態度があったこと、またこれと併せ、二〇〇五年一二月二六日に『高い安全水準をもった企業としての再生に向けた提言書』をＪＡＬが受領したこと、この二つを前提として考える必要がある。

既に、二〇〇四年度、二〇〇五年度、運航・整備トラブルが多発し、またこれを受け、二〇〇五年八月、持株会社ＪＡＬＳは外部専門家より成る「安全アドバイザリーグループ」を設置したと説明した。『再生に向けた提言書』は、このアドバイザリーグループがＪＡＬに向けて発出した文書である。その中で、同グループは、経営層、管理層、実働層すべてが意識改革に取り組む必要を、また他の誰かが動くのを待つのではなく、経営層、管理層、実働層それぞれが「主動的に」「主演者」として行動を起こす必要があると訴えている(86)。『提言書』の切り込みは鋭く、労使関係についても歯に衣着せぬ内容となっている。

日本航空は、従来からのいきさつでいくつもの会社が寄り集まってできており、労働組合にも様々なものがある。それぞれの組合が過去のいきさつを引きずったまま、それぞれの立場からの主張を行ってきた。日本航空という会社が存続し続けることを当然のように考え、それぞれの主張を繰り返すならば、会社自体が存続しなくなることを、日本の企業史は示している。日本航空が危機的状況に至っていることを考えれば、会社側も労組側も、従来からのいきさつに固執し続けることは無意味なことである。両者が社内における「和解と共生」との意識と姿勢を、文化的基盤として確立することを望むものである(87)。

この『提言書』を正式に受領する頃、JALでは組合間の融和が進み始めていた。例えば、同じ航空機の中で仕事をするJAL出身の客室乗務員とJAS出身の客室乗務員。職場を共有したことで、彼らの間から自然と「組合は一体化した方がよい」との声が上がってくるようになった。その結果、二〇〇六年九月、日本航空客室乗務員組合と日本航空ジャパンキャビンクルーユニオンは合流し、日本航空キャビンクルーユニオンとして新たなスタートを切っている(88)。

組合間の融和は人事政策との関連でも進んだ。既にJAS系の運航乗務員組合として、二〇〇四年四月に日本航空ジャパン乗員組合が設立されたと述べたが、同組合の構成員には、管理職の機長と一般職の機長が混在していた(89)。経営側は、JALJ吸収を機に、JALIで既に採用されていた機長管理職制度を日本航空ジャパン乗員組合の組合員にも導入するよう交渉し(90)、つまり、機長全員が管理職となる制度に揃えるよう要請し、二〇〇七年二月五日、日本航空ジャパン乗員組合より合意を取り付けている(91)。

二〇〇六年度以降の取り組みを通じて組織内で起こった最も大きな変化は、経営側（経営層、管理層）と従業員側（実働層）が、部門間・上下間の壁を打ち破るためのアクションを起こしていったことである。それは、JALの組織風土を変えるための改革であったと言うことができよう(92)。もっとも、その試みは、JALが二〇〇九年度中に破綻したため、具体的な成果を見ることはなかったが、経営層、管理層、そして有志の実働層が動き出したことは間違いのない大きな変化であった。

特に組織横断的なコミュニケーションを促すための活動が早い時期より展開されていた点に注目する必要がある。この活動は、経営側からの指示ではなく、現場から上がってきた声を元に推進されている。最初に様々な職場から有志が集まり、彼らがＪＡＬの進むべき方向を議論していったという(93)。その後、幾度も会合を繰り返し、この有志グループが一つの方向を示すと、経営層もこれに賛同・合流し、二〇〇六年九月には「まずやろう、ＪＡＬ」という標語を、会社として正式に打ち出した(94)。それ以降、このスローガンに従って、様々な職場でユニークな活動が、特に部門横断的な活動が展開されるようになっていった。

例えば、二〇〇六年九月中旬～一〇月中旬の約一カ月間、整備士や運航乗務員が、地上職員の仕事を理解するため、成田空港でカウンター接客業務を体験している(95)。また二〇〇九年九月九日～一一日までの三日間、「がんばるＪＡＬ大作戦」という街頭イベントを東京有楽町で実施している。このイベントでは、運航、客室、整備、空港、貨物、営業、本社など、様々な職場や職種の従業員が参加し、ＪＡＬ再建を目指すチラシやパンフレットを配布している。これには、西松氏をはじめとする役員も多数参加し、三日間で延べ二五〇人が活動を盛り上げている(96)。こうした取り組みは、それ以降も毎月二五日を「ニッコーの日」として、全国各地で展開された(97)。

以上、第二の施策であった「ＪＡＳとの経営統合」に関する事後対応を見てきたが、既述の通り、ＪＪ統合による相乗効果の創出については、成功したかどうか、断定的なことは言えない。ただ、相乗効果とは言えないかもしれないが、二〇〇六年度以降の取り組みは、確実に組織のあり方を変え、従業員の意識も変えていった。その変化を表しているのが運航・整備トラブルの顕著な減少である。例えば、二〇〇五年度、整備が原因となって、運航阻害、遅延、欠航となった問題事案は約二五〇〇件あったが、その後、人件費の削減などがあったにもかかわらず、従業員の協力を引き出し、二〇〇八年度には一五〇〇件以下にまで減らしている(98)。

(六)　代行返上と退職給付関連制度の改定

「ヒトの効率的活用」に関し、ＪＡＬがとった最後の重要施策は「退職給付債務の圧縮」であった。既述の通り、Ｊ

ＡＬは二〇〇五年度まで年金問題に対し何ら実質的な解決策を講じていなかった。このため、二〇〇五年度の積立不足二五七一億円は、年々増加し二〇〇八年度には三三一五億円にまで膨らんでいた。これはＪＡＬ純資産額の約一・七倍に匹敵したという。

退職給付債務問題をこのまま放置すれば、ＯＢ退職者に対する年金給付に重大な支障を来し、現役従業員についても、著しいモラール・ダウンを引き起こしかねない状況にあった。それゆえ、体制移行とともに、西松氏は退職給付債務問題を直視し様々な措置を講じていった。とりわけ、急がれたのは「代行返上」「退職給付関連制度の改定」「年金支給額の引き下げ」の三つであった。いずれも、労働組合・従業員の理解を得た上で実施する必要があり、反対に遭う可能性は非常に高かった。そうした状況にありながら、氏は、既述の通り、率先垂範を忘れず、従業員とのコミュニケーションを図り、彼らに対する感謝の言葉を発し、理解と協力を求めていった。その内容・経過・結果をここに整理し、二〇〇六年度以降の年金問題に対する取り組みを概観したい。

第一の措置に関しては、遅れに遅れたものの、二〇〇七年三月一五日、ＪＡＬは漸く将来返上にあたる将来分支給義務免除の認可を受けるところにまで来た[99]。これを受けた場合、「認可直前の代行部分に関わる退職給付債務と将来支給義務免除を反映した退職給付債務との差額を過去勤務債務」として処理し[100]、その上で、未認識過去勤務債務に増減が生ずれば、一定の期間をかけ、これを費用化（費用減額化）しなければならないことになっていた[101]。将来返上の認可を受けたＪＡＬは、その手続きに従い、同年度、未認識過去勤務債務の減少を認識するとともに、この減少部分を一括して費用減額処理し、三六六億円の戻入益を計上している（これは二〇〇六年度の過去勤務債務の費用処理額マイナス三八二億円の中に含まれている[102]）。その結果、二〇〇六年度の退職給付費用は一五八億円にまで圧縮されている（二〇〇五年度は五一五億円）。

将来返上手続きを終えた後、ＪＡＬは、二〇〇八年一〇月一日、過去分返上の認可も受けている[103]。過去分返上認可を受けた場合、「認可直前の代行部分に係る退職給付債務を国への返還相当額（最低責任準備金）まで修正し、その差額を損益」として計上しなければならないことになっていた。またこの処理にあたっては、同時に「未認識過去勤務債務、未認識数理計算上の差異および会計基準変更時差異の未処理額のうち、過去分返上認可の日における代行部分に対応する金額を、退職給付債務に占める代行部分の比率その他合理的な方法」を用いて算出し、損益計上しなければならないとされていた。[104]二〇〇八年度、ＪＡＬは、この手続きに従って処理を行なったものと思われるが、最終的にＪＡＬがこの最低責任準備金を納付したのは、破綻後の二〇一〇年三月一九日となっている。[105]

二〇〇五年度まで経営側が代行返上に踏み切らなかった理由として、既に「精神的余裕がなかったため」と述べたが、それと同時に経営側が労働組合との交渉を嫌っていた可能性があることも指摘しておきたい。代行返上では、当時、従業員の四分の三以上の同意が必要で、これをクリアするのは容易でないと解されていたからである。しかし、いざ蓋を開けてみれば、懸念されたほどの強い抵抗はなかった。[106]

抵抗が強かったのは、むしろ、第二の措置、第三の措置に対してであった。まず第二の措置「退職給付関連制度の改定」に関し、その内容を説明しておこう。二〇〇七年二月六日の「再生中期プラン」において、ＪＡＬは退職給付関連制度を改定する方針を発表している。柱は、二〇〇八年四月一日より、基本退職金および特別退職金をそれぞれ九・三％減額するというものであった。経過措置として、二〇〇八年度は一・八六％の減額、二〇〇九年度は三・七二％の減額、二〇一〇年度は五・五八％の減額、二〇一一年度は七・四四％の減額を実施するとしていたが、[107]ＪＡＬは、債務の減少を順次認識するのではなく、二〇〇七年度決算において一括認識し、戻入益二〇一億円を計上している（これは二〇〇七年度の過去勤務債務の費用処理額マイナス二〇五億円の中に含まれている）。[108]第二の措置による過去勤務債務の費用減額処理は、第一の措置（代行返上）による減額よりも額は小さいが、それでも相当の費用圧縮（二〇〇七年度は三三二億円）となっている。

既に本章第五節において、ＪＡＬが「キャッシュバランスプラン類似制度」を導入したのは「利益の先取り、問題の先送り」を行なうためだったのではないかと疑問を呈したが、第一・第二の措置も、厳密に言えば、同種の問題に繋がるものであった。仮に戻入益の一括計上を認めるとしても、二〇〇六年度および二〇〇七年度の処理は（戻入益を退職給付費用の中に取り込んでおり）、特別利益として独立計上すべきであった。この点は、二〇〇四年度に行なった処理と全く同じ問題を抱えていた。

ただし、これらの処理も、会計監査人の監査を経ており、当時の基準や理由でもって許容されていた。例えば、理由の一つとして「継続性の原則」があげられよう。すなわち、二〇〇四年度に行なった処理が一つの基準となり、二〇〇六年度および二〇〇七年度も、この先例に倣わざるを得なかったということである。こうした理由に対する本プロジェクトの評価は、ここでは控え、むしろ、二〇〇六年度、二〇〇七年度、ＪＡＬが、何が何でも営業費用を圧縮する必要に迫られていたという特殊事情を指摘しておきたい(109)。端的に言えば、当時のＪＡＬには、もはや利益の認識をゆっくり待つ余裕などなかったこと、しかもそれを営業利益計算の中で処理したいという気持ちがあったこと、これらの事情をあげておきたい。

この点は、西松氏も認めるところであろう。例えば、二〇〇六年度の代行返上に関わる会計処理に関し、氏は、二〇〇六年度、当期利益と経常利益の確保を最優先で考え、緊急的な措置として退職給付関連の施策を講じたと苦しい胸の内を明かしている(110)。

第二の措置に関して、本プロジェクトが特に注目したいのは、会計処理上の問題ではなく、むしろ、基本退職金と特別退職金に関し九・三％もの減額を、従業員側に何とか受け入れてもらったという事実である。退職金制度の改定は、従業員にとっては非常に重い不利益変更となるため、たとえ厳しい経営状況にあったとは言え、労使間の協議なしに会社側が一方的に変更できるものではなかった。

この削減計画は二〇〇六年度末（二〇〇七年二月六日）に公式発表され、最終的に二〇〇七年一二月二〇日、最大規模の組合員を擁するＪＡＬ労働組合（ＪＡＬＦＩＯ）との間で合意に達している(111)。この間、約一〇カ月、経営側は、非主流派組合も含め、労働側と幾度も意見交換を繰り返し、漸くここに至ったものと思われる。従業員のモラールを維持しながら、その合意に辿り着いたことを考えれば、本プロジェクトとしてこれを評価しないわけにはいかない。

（七）年金給付額の引き下げ

西松氏が講じた第三のそして最も困難な措置は「年金給付額の引き下げ」であった。さて、既述のような「代行返上」「退職金の削減」などの措置は講じられたものの、二〇〇七年度以降、運用利回りの悪化が続き、JALは未認識数理計算上の差異を膨らませることとなった。これを反映し、二〇〇六年度の積立不足二六四九億円は、二〇〇七年度には三二三七億円、二〇〇八年度には三三一五億円へと膨張していった（図表5－16）。

この急迫する事態に対処するため、JALは、政投銀を中心とする銀行団に追加融資を要請したが、その際、「年金給付額の引き下げ」を強く求められていた。これを受け、JALは臨時取締役会を招集し、二〇〇九年五月一二日の配達指定で、年金制度改定を求める「社長レター」をOB退職者らに送付する機関決定を行なっている[112]。JAL側のこうした対応を評価し、銀行団は融資に応ずるが、この段階では、要求額二〇〇〇億円の半額、一〇〇〇億円の融資しか実行しなかった[113]。残りの一〇〇〇億円については、退職給付債務減額の進捗を見た上で改めて判断するとしたのである。

二〇〇九年度上半期の段階では、この進捗状況の監視は自民党政権下で行なわれることとなっていたが、二〇〇九年九月の政権交代で、JALに対する政府の姿勢は予測もつかない方向へと進んでいった。そもそも、人件費や退職給付費用の圧縮は、西松氏が、社長就任以来、継続的に進めていた施策であったが、民主党政権は「自民党政権との違いを明確に打ち出したい、より強く民主党政治を国民にアピールしたい」との思惑から、自民党政権下で進められていた「再建のための枠組み」（有識者会議）を打ち壊し、その中で議論・策定されていた「再生プラン」も反故にしてしまった。そして、二〇〇九年九月二五日、新政権は、前原誠司国交大臣の肝いりで「JAL再生タスクフォース」を設置し、これを中心とした再建を目指すとの方針を掲げた。

ただ、既述の通り、タスクフォースの進め方や法的根拠に対し、関係者より厳しい批判の声が上がってきたため、前原氏とタスクフォースは、二カ月も経たないうちに、同プロジェクトから外されることとなった[114]。そして、タスクフォースと入れ替わる形で、二〇〇九年一〇月末、企業再生支援機構が支援に動くこととなった。

約二カ月というこの時間のロスは、西松氏にとって非常に大きな痛手となった。また時間の喪失のみならず、JAL社内の対立や分断を図るかのようなタスクフォースの独善的なやり方に、氏らは心を深く傷つけられていた。それは、従業員とのコミュニケーションを大切にし、感謝と労いの言葉を伝える氏のスタンスとは、真逆の手法とも言えるやり方だったからである。これは債権者である銀行団の目にも異様に映っていた。

さて、ここで仕切り直しが入ったわけだが、JALが全力で取り組むべき課題は、それまでと同様、「年金給付額の引き下げ」にあった。これができなければ公的支援は一切ないとの立場を、民主党政権が打ち出しており、また再生支援機構も同様の立場をとっていたため、氏は、兎にも角にも給付額の引き下げに、より積極的・集中的に取り組まなければならなかった。ただ、第三の措置は、いずれのトップも可能であれば避けたいと考える「難問中の難問」であった。

それが難問とされたのは、現役社員とOB退職者それぞれより、三分の二以上の同意を得る必要があったことに加え、OB退職者に対する減額が年金給付を選択した受給者だけに求められたからであった。つまり、退職一時金として既に年金を受領していたOBには、既払分の返金が求められなかったためである。同じOB退職者でありながら、引き下げに関しこうした違いが生まれたことで、年金給付を選択したOBの間で不満が膨らんでいったのである[115]。

企業再生支援機構の支援を受けることが正式決定された約一カ月後の一一月二三日、西松氏は、東京での説明会を皮切りに、OB退職者については三〇%、現役社員については五三%の年金カット案を説明し、理解と協力を求めて全国各地を回った[116]。現役社員については「会社が倒産すれば年金どころか月々の収入が途絶えかねない」とされたため、厳しい批判はあったものの、何とか賛同を得ることができたが、OB退職者は、労働債権である年金の減額は法的に保護されており、認められないとの立場をとり続けた[117]。氏は、説得にあたり、とにかく「JALの破綻を避けるため」「法的整理を避けるため」という点を強調し頭を下げ続けた[118]。その様子は次のように語られている。

「会社を救うためです。どうかご理解ください」

札幌、東京、名古屋、大阪、福岡。西松は現役、ＯＢの賛同を得るため全国を回り、頭を下げ続けた。

「ＪＡＬのＯＢというだけで肩身の狭い思いをしているのに、年金まで削るのか」

会場では容赦のない怒号や罵声が飛んだ。

西松は説明会場にテレビカメラを入れ、袋叩きにあう自分の姿をニュースに流させた。全国の受給者・待機者にＪＡＬの窮状をアピールするためだった。[119]

ここに記載の通り、西松氏はＯＢ退職者から激しい罵声を浴びている。冷静に考えれば、ＪＡＬがこうした状態に陥った責任の多くは、現役幹部のみならず、ＯＢ退職者にもあったはずである。ＪＡＬの窮状に対し理解を示そうとしないＯＢに対しては、氏もその点を訴えたかったのではなかろうか。しかし、ＪＡＬを代表する者として、「会社を救うために」とだけＯＢ退職者に訴え、後は隠忍自重するのみであった。

当然のことながら、年金受給者には、年金給付額の一方的な変更を阻止する権利がある。それゆえ、彼らの主張も道理に適っていた。それだけに、説明会の場において怒号が飛び交うのも仕方のないことであった。ただ、当時、ほとんどの国民は、民主党政権の演出やマスコミ報道などに影響され、「年金給付額の引き下げなしに、ＪＡＬに対し国費を投ずることは絶対に許されない」との考え方に染まっていた。[120]この世論とＯＢ退職者の板挟みの中で、西松氏は同意を引き出そうと奔走したわけである。

ただ、二〇一〇年一月に入っても、同意はなかなか必要数に届かず、努力は簡単には報われなかった。このため、一月四日より、西松社長名の「最後のお願い」という手紙をＯＢ全員に郵送し、一月六日には、ＪＡＬ労働組合（ＪＡＬＦＩＯ）がホームページを通じて、ＯＢ退職者に同意を呼びかける異例の「声明」まで発表している。締切日の一二日まで、「労使一体でＯＢの説得」を続けたわけだ。[121]

そして最後の最後、会社更生法適用申請の直前に、氏は、OB退職者より必要数を超える同意を得ることに成功した[122]。社長特命で設置された企業年金改革チームの幹部社員は「同意書が三分の二を超えた瞬間は、周りの人間と抱き合って喜びました。これで会社が存続できる」と、その時の思いを語っている[123]。確かに、これをもってJALが破綻を免れたわけではない。しかし、これをやり遂げたことは「破綻回避」に匹敵するほどの意味を持っていたのである[124]。

本章では「ヒトの効率的活用」に係る三つの施策を見てきた。それは「人件費の削減」「JASとの経営統合」「退職給付債務の圧縮」の三つであった。ただ、これらの施策は、結局、売上高労働対価倍率を抜本的に改善するものではなく、ほとんど「不徹底な措置」「対症療法的な措置」にとどまるものであった。特に二〇〇五年度までの取り組みは、不徹底であったがゆえに、多くの問題を後任経営者へとそのまま先送りする形となった。したがって、二〇〇六年度に就任した西松社長は、言わば、前任者たちがそれまで積み残してきた課題を一つひとつ丁寧に潰していくしかなかった。その取り組みは本節で見た通りである。

二〇〇六年度以降の経営で問題があったとすれば、それは、迅速に動きたくとも、行きつ戻りつを繰り返しながら、僅かずつしか歩を進めることができなかったことであろう。このため、具体的な成果を見る前に、JALはリーマン・ショックの洗礼を浴びることとなった。万策尽きた感がある中で、氏は最後の仕事として「年金給付額の引き下げ」という難題に挑み、これを見事に完遂した。氏が身を挺して取り組んだ「年金給付額の引き下げ」については、第六章において、改めてその意義を検討することにしたい。

なお、既に述べた通り、西松氏は、会社更生手続きの開始決定を受けた後、退任メッセージとして、「必ず再生を」というタイトルの公式文書をJALグループ社員全員に送っている。その最後の言葉をここに引用しておこう。

二〇〇六年の就任以来、私は「自主再建」を掲げてグループの運営を行ってきました。これまで皆さんに様々なお願いをし多大な負担を強いてきた、そして皆さんがそれに協力してきてくれたにもかかわらず、当初想い描いた「自主再建」の形を実現できなかったことは、遺憾の極みです。皆さん、本当に申し訳ありません。

しかしながら、皆さんの懸命の努力により、この数年間で安全運航、定時性、そしてサービス品質のレベルは大きく向上しました。ＪＡＬの現場は立派に「自主再建」を果たしたと私は思っています。また、このことが再生の実現に向けた大きな力になると、確信しています。

皆さん。新しい経営体制のもとでこころを一つにし、真のＪＡＬグループ再生、そしてその先の明るい未来を目指して、力を合わせて進んでください。皆さんの今の情熱がある限り、ＪＡＬグループは早期に、力強く、必ず立ち直ると、私は信じて疑いません。どうかこれからもＪＡＬグループ社員としての誇りを忘れないよう。そして、この先どのような困難があっても、決して下を向かずに笑顔で乗り越え、皆さん自身の力で、この愛すべき翼を必ず蘇らせてください。

今まで本当にお世話になりました。ありがとうございました。(125)

注

(1)　退職給付費用については、二〇〇〇年四月に退職給付会計基準が導入されるまで、「退職給与引当金繰入額」という勘定科目が使用されていた。本来であれば、退職給与引当金繰入額と退職給付費用の二つの勘定科目をそのまま用いるべきであろうが、混乱を避けるため、ここでは退職給与引当金繰入額も退職給付費用という表記で統一する。二〇〇〇年三月一六日、日本公認会計士協会は、退職給与引当金繰入額が退職給付費用を構成する費用項目の合計額と合致する旨の理解を示した上で、退職給付会計に係る税務上の取扱いについて、意見照会を行なっている。西川郁生「退職給付会計に係る税務上の取扱いについて（意見照会）」調一一第七号、二〇〇〇年三月一六日。

(2)　井上泰日子『最新航空事業論―エアライン・ビジネスの未来像』（第二版）日本評論社、二〇一六年、一〇二～一〇三頁。御巣鷹山の事故で、高木ら経営陣は引責辞任。これに代わり、運輸省ＯＢ・元総務事務次官の山地進氏がＪＡＬ社長に就任す

る。小野展克『JAL虚構の再生』講談社、二〇一四年、一九六頁。

（3）小野『JAL虚構の再生』一九八～一九九頁。

（4）森功『腐った翼―JAL六五年の浮沈』講談社、二〇一六年、七二～七三頁。

（5）日本航空株式会社『有価証券報告書』第四一期、一九九〇年度、一九頁：日本航空株式会社広報部「はじめに」『回顧と展望』一九九一年一二月。当時のJALの旅客収入は約七割が国際旅客事業によっていた。このため、JALは、イベント・リスクの影響を簡単に受ける事業形態となっていた。

（6）醍醐聰『労使交渉と会計情報―日本航空における労働条件の不利益変更をめぐる経営と会計』白桃書房、二〇〇五年、一四七～一五〇頁。

（7）一九九三年度、国際線旅客のビジネス需要が低迷を続けており、さらに、低価格志向も顕著になったという。日本航空株式会社『有価証券報告書』第四四期、一九九三年度、二二頁。

（8）「人件費自体の効率化」と「人件費単価の適正化」は、当時のJALが使用していた言葉である。日本航空株式会社広報部『回顧と展望』一九九二年一二月、四七頁。

（9）一九九三年度に導入された特別早期退職制度により、一九九八年度までに約一五〇〇人が退職している。日本航空株式会社広報部『回顧と展望』二〇〇〇年四月、七〇頁。

（10）JALグループでは、一九九四年九月より契約制客室乗務員の募集を開始している。「契約スチュワーデス 日航でも国際線乗務 年度内、アジアなどで」『日経産業新聞』一九九六年七月一一日、一八頁。その採用は、子会社を通じて実施されていた。「契約スチュワーデス労働派遣法に違反 日航客乗組、撤廃を要請」『日本経済新聞』（朝刊）、一九九四年一一月一〇日、三八頁。

（11）地上職採用数は、一九九二年度に四〇二人であったが、一九九三年度には約半分の二一四人となった。日本航空株式会社広報部『回顧と展望』一九九二年一二月、一八頁。

（12）人件費の効率化の施策として、出向者数の拡大、業務の委託化があげられている。日本航空株式会社広報部『回顧と展望』一九九二年一二月、一七～一八頁。出向者数は、一九九二年度に一五八四人であったが、一九九九年度には二三六五人にまで増加した（使用人兼務取締役等を含む）。日本航空株式会社『有価証券報告書』第四三期、一九九二年度、一二頁：日本航空株式会社『有価証券報告書』第五〇期、一九九九年度、一二頁。

(13) 経営側は、運航ストライキへの懸念から、運航乗務員に対する措置を講じてきた。例えば、一九七〇年、運航ストライキが起きても主要路線が運休とならないように、機長全員を管理職にする措置をとっている。乗員組合側からは反対の声が上がったが、これに対し、経営側は、ジェット化に伴いパイロットの乗務時間が大幅に減少したことを踏まえ、乗務時間が六五時間に達しない場合でも六五時間の乗務手当を保障する制度を導入している。また、機長管理職制度の誘因措置として、六五時間の乗務手当を八〇時間に引き上げている。その後、伊藤氏による組合融和政策により、機長たちは機長会に合流し、「日本航空機長組合」を設立することになるが、その細則にはストライキに関する規定は盛り込まれなかった。杉浦一機『地に堕ちた日本航空』草思社、二〇〇七年、九九頁、一〇二〜一〇三頁。その後、「日本航空機長組合」がストライキに関する規定を細則に盛り込むように動くが、経営側は、これに対して反対の姿勢を示している。非公開資料①九三〇九二四、〇一〇八一三、〇一〇八三一。

(14) ただし、B747‐400の導入にあたっては、運航乗務員の編成が問題となった。一九八七年九月二一日、「二名編成で安全に運航することは、技術上問題ない」という結論に達し、最高経営会議でB747‐400導入が決定された。日本航空株式会社広報部『回顧と展望』一九八八年一月、七四〜七五頁。しかし、乗員組合はパイロット二名＋航空機関士一名の三名編成を要求しており、一九八八年には、この問題を巡りストライキが二回発生している。日本航空株式会社広報部『回顧と展望』一九八八年一二月、二三頁。

(15) 日本航空株式会社広報部『回顧と展望』一九九二年一二月、四七〜四八頁。

(16) 各職種の平均給与月額×二カ月分（一九九一年度〜一九九二年度の臨時手当支払月数の削減分）×各職種の従業員数を計算した結果、臨時手当支払月数の削減は、約二五七億円の人件費削減効果があったと推測される。

(17) 日本航空株式会社広報部「第五章　労務」『広報資料』（二〇一二年度版）二〇一二年一二月、五‐B‐一頁。なお、本文中の支払月数には、特別手当・特別金等が含まれていない。

(18) JAL単体の旅客収入が連結の九割強を占めているため、連結の数値を用いたとしても、全体的な流れを理解する上では、ほとんど支障はない。

(19) 株式会社日本航空インターナショナル『有価証券報告書』第五五期、二〇〇四年度、一五頁。

(20) 大鹿靖明『堕ちた翼—ドキュメントJAL倒産』朝日新聞出版、二〇一〇年、一九二頁。

(21) 小野によれば、この経営統合そのものは、よく計算されたものと評価している。小野『JAL虚構の再生』二二一頁。

(22)町田徹『JAL再建の真実』講談社、二〇一二年、二八頁。
(23)日本航空・日本エアシステム「JAL・JAS経営統合について」(説明資料)二〇〇二年一月二九日、二六頁。
(24)森によれば、管理職手当があったため、機長に関してはJALの方が高額であったという。森功『腐った翼―JAL消滅への六〇年』幻冬舎、二〇一〇年、二一三頁。
(25)兼子氏は、従業員の待遇・労働条件などに関し、統一を急がない意向を示していた。「トップマネジメントが語る 新たな旅立ちへ―新生JALの経営統合プロセス」『NRI Management Review』第三巻、二〇〇三年、二一～二二頁。
(26)日本航空・日本エアシステム「JAL・JAS経営統合について」一三頁、二六頁。
(27)日本航空・日本エアシステム「JAL・JAS経営統合について」二六頁。
(28)日本航空・日本エアシステム「JAL・JAS経営統合について」二八頁。
(29)人件費と従業員数に関して、二〇〇二年度(JAL単体+JAS単体)とJALJ合併後の二〇〇六年度(JALI単体)の数値を比較してみると、従業員数は三七二二人、人件費は約三九五億円、それぞれ削減されていた。
(30)呉淑儀サリー「日本航空の経営破綻と日本の航空ビジネスの課題」『ホスピタリティ・マネジメント』第二巻第一号、二〇一一年、二九頁。
(31)JALJの二〇〇五年度の有価証券報告書によれば、一連の安全上のトラブルの影響により、個人旅客を中心に国内旅客需要が伸び悩んだと報告されている。株式会社日本航空ジャパン『有価証券報告書』第四三期、二〇〇五年度、八頁。
(32)二〇〇五年二月四日、国際旅客事業と国内旅客事業の別会社構想を断念し、JALIとJALJの合併を二〇〇六年度に実施することが発表された。杉浦『地に堕ちた日本航空』六八頁。なお、当初は、持株会社であるJALSとも合併する方針であった。「旧JAL・旧JAS・持ち株会社、日航三社が合併、統合総仕上げ」『日本経済新聞』(朝刊)、二〇〇五年二月四日、一頁。しかし、二〇〇六年一〇月以降も持株会社は存続することになった。
(33)特別取材班「【連載特集】JAL倒産から一年(六)―ANAは改革を等閑視できない」『Net IB News』二〇一一年二月一日。
(34)非公開資料①〇五一〇〇五。
(35)日本航空安全アドバイザリーグループ『高い安全水準をもった企業としての再生に向けた提言書―安全を確保する企業風土の創造』二〇〇五年一二月、二頁、九頁。

(36) JALは、この問題を一九六〇年代初頭より抱えていたという。日本航空株式会社調査室編『日本航空二〇年史―一九五一～一九七一』一九七四年、二四六頁。またこの問題は、完全民営化後も指摘されていた。日本航空株式会社広報部『おおぞら』一九八七年二月号、三三頁。
(37) 杉浦によれば、JALとJASの社員間で採算意識に隔たりがあったという。JALJ(JAS)に入ったJAL出身の管理職は採算意識が低く、JASの営業感覚を理解できなかったとされる。これがJAS出身の従業員のモラールを低下させたという。杉浦『地に堕ちた日本航空』六六頁。
(38) 杉浦『地に堕ちた日本航空』一〇三～一〇四頁。
(39) 企業会計審議会『退職給付に係る会計基準の設定に関する意見書』一九九八年六月一六日。
(40) 一九九八年六月に、退職給付会計基準は公表され、二〇〇〇年九月中間決算あるいは、二〇〇一年三月期決算より適用が義務づけられた。平松一夫編著『財務諸表論』東京経済情報出版、二〇〇六年、二三六頁。なお、本書では、二〇〇九年度までの退職給付会計基準の内容を中心に扱っている。
(41) 二〇一二年改正会計基準では、「過去勤務債務」という名称は、「過去勤務費用」に改められている。企業会計基準委員会『退職給付に関する会計基準』(企業会計基準第二六号)二〇一六年一二月一六日、一四頁。本章の対象が改正前の時期であるため、ここでは、「過去勤務債務」という名称を用いることにする。
(42) 井上雅彦『退職給付会計実務の手引き―期中及び決算の実務一巡・数理計算・退職給付制度』(第二版)税務経理協会、二〇一八年、四四頁。
(43) 井上『退職給付会計実務の手引き』七～九頁。
(44) 萩原正佳「退職給付」『財務会計論Ⅱ(応用論点編)』(第四版)佐藤信彦他編著、中央経済社、二〇一〇年、一八六頁。
(45) 萩原「退職給付」『財務会計論Ⅱ』一九五～一九八頁。
(46) 企業会計基準委員会『退職給付に関する会計基準』(企業会計基準第二六号)三頁。
(47) 企業会計基準委員会『退職給付に関する会計基準』(企業会計基準第二六号)三頁。
(48) 平松『財務諸表論』二四三頁:井上『退職給付会計実務の手引き』七頁。
(49) 数理計算上の差異の費用化、過去勤務債務の費用化については、井上『退職給付会計実務の手引き』四九～六〇頁を参照されたい。

(50) 日本航空株式会社『有価証券届出書』二〇一二年八月三日、一九五〜一九八頁。第五九期（連結）と第六〇期（単体）の数値を比べると、退職給付債務も退職給付費用も大部分はJAL単体のものと変わらない。それゆえ、連結の数値をもって単体のものと見なしても大きな支障はない。
(51) 厚生年金基金連合会編『運用自由化時代の年金基金の資産運用』東洋経済新報社、一九九九年、二二頁。
(52) 基金の掛金計算等に用いられる予定利率は、一九九七年の厚生年金基金令改正までは全基金一律五・五％で設定されていた。厚生年金基金連合会編『運用自由化時代の年金基金の資産運用』二二頁。
(53) UFJ総合研究所「厚生年金基金の代行返上と株式市場への影響」（調査レポート）二〇〇三年七月二二日、一一〜三頁。
(54) 二〇〇四年三月三一日までに、将来返上の認可を受けた場合、代行返上に係る経過措置として、過去返上の返還日に代え、将来返上の認可日において、代行部分に係る退職給付債務と年金資産を消滅したものとして会計処理することができるとされていた。日本公認会計士協会『退職給付会計に関する実務指針（中間報告）』（日本公認会計士協会会計制度委員会報告第一三号）二〇〇四年一〇月四日、一六頁。なお、二〇〇三年度末、測定されたANAの返還相当額（最低責任準備金）は四九九億円であった。全日本空輸株式会社『有価証券報告書』第五四期、二〇〇三年度、八六頁。過去返上の認可日は、二〇〇四年一〇月一日となっている。全日本空輸株式会社『有価証券報告書』第五五期、二〇〇四年度、八六頁。
(55) 二〇〇三年度、ANAは、代行返上だけでなく、退職一時金を全体の六割の水準に削減し、さらに確定拠出年金の導入も行なっている。「三年で経費三〇〇億円圧縮　全日空、単体で一二〇〇人削減」『日経産業新聞』二〇〇三年二月二五日、二五頁：「全日空、一七・五％を確保　前期、収益を押し上げ」『日経金融新聞』二〇〇四年四月二八日、四頁：全日本空輸株式会社『有価証券報告書』第五四期、二〇〇三年度、八六頁。
(56) 正確には、もう一つの措置として、JALが確定拠出年金と退職金前払いへの移行選択制を導入したこともあげておかなければならない。これは、退職金の一部について、既にある制度に加え、確定拠出年金と退職金前払方式への移行を選択可能とする制度であった。確定拠出年金については、二〇〇一年一〇月施行の確定拠出年金法に基づいて導入された新制度で、それまでの企業年金（確定給付年金）が受給者に対する支給額を保証するのに対し、個人または企業が拠出した資金を自己の責任において加入者が運用指図することになる。JALでは、二〇〇五年度にこれを導入している。同年度、JALの退職給付債務（A）は一六七億円減少し、また退職給付引当金（C）も一五二億円減少している。株式会社日本航空インターナショナル『有価証券報告書』第五六期、二〇〇五年度、七九頁。ただ、確定拠出年金を採用したとしても、JALが支払う退職給付費用の総額には基本的に変化は生じない。確定給付の場合、退職給付費用は引当金に算入され、年金資産の運用リスクは事業主が負うことになるが、確定拠出の場合には当該費用は引当計上されず、運用リスクも加入者自身が負うことになる。このため、確定拠出年金に関するＪＡＬの措置は、ここでは取り上げないことにする。

(57) これにより、「一〇年保証終身年金」または「一〇年保証キャッシュバランス類似終身年金」のどちらかを選択できるようになった。非公開資料①〇四〇三一二。

(58) これと併せ、二〇〇三年度の前払年金費用六億円も、二〇〇四年度には一二〇億円に増やしている。株式会社日本航空インターナショナル『有価証券報告書』第五五期、二〇〇四年度、七〇頁。

(59) 『退職給付に関する会計基準の適用指針』では、「退職金規程等の改訂による過去勤務費用については頻繁に発生するものでない限り、発生年度別に一定の年数にわたって定額法による費用処理を行うことが望ましい」と記載されている。企業会計基準委員会『退職給付に関する会計基準の適用指針』（企業会計基準適用指針第二五号）二〇一五年三月二六日、一五頁。

(60) ただし、負の暖簾などのように、発生時点で利益を一括認識する処理もあり、過去勤務債務の減少をもって、利益を一括認識することが常に問題であるということではない。

(61) 全日本空輸株式会社『有価証券報告書』第五四期、二〇〇三年度、八六～八七頁。

(62) 日本航空株式会社『有価証券報告書』第五二期、二〇〇一年度、五六頁、六九頁：日本航空株式会社『有価証券報告書』第五三期、二〇〇二年度、五七頁、六九頁：株式会社日本航空インターナショナル『有価証券報告書』第五四期、二〇〇三年度、六〇頁、七四頁：株式会社日本航空インターナショナル『有価証券報告書』第五五期、二〇〇四年度、五八頁、七二頁。なお、二〇〇一年度～二〇〇三年度における有価証券報告書の頁の記載は、二〇〇四年度以降の形式に揃えた。

(63) 『有価証券報告書』の「連結財務諸表作成のための基本となる重要な事項」の「4．会計処理基準に関する事項」に、次のように記されている。「提出会社を母体企業とする日本航空厚生年金基金は、平成一六年九月一〇日付で現行制度に加え、キャッシュバランス類似制度等を選択制にて導入することを決定している。この結果、営業利益、経常利益及び税金等調整前当期純利益が五一二九二百万円増加している」。株式会社日本航空インターナショナル『有価証券報告書』第五五期、二〇〇四年度、五九頁。

(64) 給付水準の重要な改定を行ない、過去勤務債務に変化が生ずる場合、発生時に一括処理することも認められていたが、この時には特別損益として計上する必要があった。井上『退職給付会計実務の手引き』五九～六〇頁：萩原「退職給付」『財務会

討論Ⅱ』二〇〇頁。

(65) 株式会社日本航空インターナショナル『有価証券報告書』第五四期、二〇〇三年度、四九～五〇頁：株式会社日本航空『有価証券報告書』第二期、二〇〇三年度、五六～五七頁。なお、頁の記載は、二〇〇四年度以降の形式に揃えた。

(66) こうした人員の削減は、連結子会社の整理を伴うものであったが、業務の外部委託はそのまま続けたと考えられる。熊谷によれば、二〇〇七年度、外部委託費一五七八億円が計上されていたという。熊谷「日本航空の経営破綻と清算貸借対照表」三八頁。さらに、この時期、出向者数も増加している。二〇〇六年度の出向者数は三七九四人であったが、二〇〇七年度には四一七九人となり、二〇〇六年～二〇〇七年度にかけて三八五人増加している（使用人兼務取締役等を含む）。株式会社日本航空インターナショナル『有価証券報告書』第五七期、二〇〇六年度、一八頁：株式会社日本航空インターナショナル『有価証券報告書』第五八期、二〇〇七年度、一七頁。

(67) とりわけ、二〇〇七年度、地上職部長級社員を対象とした特別早期退職を実施したため、相当数の地上職員が削られている。最終的に、何人が特別早期退職に応募したのかは把握できなかったが、二〇〇七年四月では、地上職の部長級社員四五〇人に対して特別早期退職を募集し、二五〇人の応募があったとされている。藤本秀文「日航、迫る新たな〝嵐〟」『日経産業新聞』二〇〇七年四月二四日、三二頁。また、二〇〇七年一一月の情報では、見込みより一八〇人多い六三〇人が応募したとされ、二〇〇七年度全体では、約一二〇〇人の特別早期退職が実施されたという。藤本秀文「不断のリストラ舵取り難しく」『日経産業新聞』二〇〇七年一一月七日、二四頁：「日航再建はなるか（中）提携戦略へ転換急ぐ」『日本経済新聞』（朝刊）、二〇〇八年三月四日、一一頁。

(68) 日本航空株式会社広報部「第五章　労務」『広報資料』（二〇一二年度版）二〇一二年一二月、五‐B‐一頁。なお、本文中の支払月数には、特別手当・特別金等は含まれていない。

(69) 二〇〇五年度までの兼子＝新町体制では、賃金削減施策は検討されながらも、その実施は延期されていた。二〇〇五年一一月七日の『JAL Group News』では、二〇〇六年一月～二〇〇八年三月末までの間、基本賃金を平均一〇％減額することを労働組合に申し入れたことが伝えられている。日本航空『JAL Group News』（第〇五〇九五号）二〇〇五年一一月七日。しかし、賃金削減施策に対しては、主流派のＪＡＬ労働組合も含めて、九つすべての労働組合が反対した。森『腐った翼―ＪＡＬ消滅への六〇年』一五八頁。その後、労働組合との交渉が続いたが、ＪＡＬ労働組合は、二〇〇六年三月三〇日、四月からの基本賃金一〇％減額を受け入れることを決定している。「賃金カット　最大労組が受託　日本航空、経営再建へ一歩」『日本経済新聞』（朝刊）、二〇〇六年三月三一日、三頁。新経営体制が敷かれ、二〇〇六年度に入ると早速、同年四月、この削減施策（二〇〇六年度〜二〇〇七年度、基本賃金の一〇％減額）が実行に移された。二〇〇八年度には、さらに基本賃金と手当を五％削減するという措置もとられた。手当には乗務手当、運航手当、管理職手当、能力手当などの各種手当が含まれている。「日航、新たな人件費抑制策　手当・基本給五％削減」『日本経済新聞』（朝刊）、二〇〇八年五月一四日、一一頁。なお、JAL労働組合は、二〇〇八年八月七日に基本賃金と諸手当五％削減に合意している。「日航　給与・手当五％削減　最大労組と合意　コスト圧縮年一〇〇億円」『日本経済新聞』（朝刊）、二〇〇八年八月八日、一一頁。

(70)　二〇〇六年度、JALとJASの給与格差を解消し、低い給与水準のJAL従業員に、高い給与水準のJAS従業員を合わせることとなった。なお、労働条件などの諸制度の統一は、二〇〇五年一〇月の時点で、従業員には既に周知されていた。非公開資料①〇五一〇〇五。給与体系の一本化が実際に行なわれたのは二〇〇六年一〇月一日からであった。塚越慎哉「日航、難題積み離陸」『日経産業新聞』二〇〇六年九月二七日、二四頁。

(71)　日本航空『JAL Group News』（第〇七一四九号）二〇〇八年二月二九日。

(72)　非公開資料①〇八〇四二八。なお、この具体的な措置が二〇〇八年度の基本賃金および手当の五％削減であった。非公開資料①〇八〇五一四。

(73)　日本航空『JAL Group News』（第〇六一二六号）二〇〇七年二月六日、添付資料、一頁：大西康之『稲盛和夫最後の闘い―JAL再生にかけた経営者人生』日本経済新聞出版社、二〇一三年、四三頁。

(74)　日本航空広報部「Route express」二〇一〇年一月二〇日、一〜三頁。

(75)　日本航空広報部「Route express」二〇一〇年一月二〇日、三頁。

(76)　日本航空広報部「Route express」二〇一〇年一月二〇日、一頁。

(77)　西松氏の三年七カ月の献身的な努力に対し、JAL広報部も、「西松さんありがとう」と題し、「Route express」の特別号を発行することで感謝の気持ちを伝えている。日本航空広報部「Route express」二〇一〇年一月二〇日。

(78)　非公開資料②〇八〇一〇一。

(79)　非公開資料③一六〇二〇二。

(80)　二〇〇五年一月、制度として「燃油特別付加運賃」（燃油サーチャージ）が導入されたことで実収単価も上昇している。桒田彰「燃油費抑制策等が損益に与える影響の分析―日本航空を対象として」『年報財務管理研究』第二四号、二〇一三年、八〇頁：株式会社日本航空インターナショナル『有価証券報告書』第五六期、二〇〇五年度、一五頁：株式会社日本航空インターナショナル『有価証券報告書』第五七期、二〇〇六年度、二〇頁：株式会社日本航空インターナショナル『有価証券報告書』第五八期、二〇〇七年度、一九頁：株式会社日本航空インターナショナル『有価証券報告書』第五九期、二〇〇八年度、一九頁。

(81) 国内線の価格にも燃油サーチャージが含まれていた。国内線の燃油サーチャージは、二〇〇五年一月〜二〇〇六年三月末まで国際線と同様に別途徴収されていたが、二〇〇六年四月以降は航空代金に含まれるようになった。それゆえ、国内線においても、二〇〇六年度上期以降、実収単価の上昇に燃油サーチャージが影響を与えている。桒田「燃油費抑制策等が損益に与える影響の分析」八〇頁、八二頁。

(82) 二〇〇六年度および二〇〇七年度と二期に跨って、国内旅客事業がJALJからJALIに移管されている。株式会社日本航空インターナショナル『有価証券報告書』第五七期、二〇〇六年度、二〇頁：株式会社日本航空インターナショナル『有価証券報告書』第五八期、二〇〇七年度、一九頁。

(83) 変化がないとの指摘は、特別取材班「【連載特集】JAL倒産から一年（1）—変わらぬ光景」『Net IB News』二〇一一年一月二四日などにも見られる。

(84) 「日航、ストで三四便欠航」『日本経済新聞』（朝刊）、二〇〇八年六月一九日、四二頁。日本航空乗員組合が六月一八日、日本航空ジャパン乗員組合が六月一八日〜一九日に、ストライキを起こしている。非公開資料①〇八〇六二〇。

(85) 二〇一二年に社長に就任した植木義晴氏は、機材の退役が難しかった大きな理由として運航乗務員の整理があったことを認めている。原英次郎『心は変えられる 稲盛和夫流・意識改革』ダイヤモンド社、二〇一三年、九一〜九三頁。なお、二〇〇六年〜二〇一〇年までの航空労組連絡会（日本航空乗員組合などの非主流派組合が加盟する労働組合の団体）の討議資料では、乗員不足への対応が一貫して主張されていた。航空労組連絡会『第二五回航空政策セミナー討議資料』二〇〇六年一月、四三〜四四頁：航空労組連絡会『第二六回航空政策セミナー討議資料』二〇〇七年一月、四五〜四七頁：航空労組連絡会『第二七回航空政策セミナー討議資料』二〇〇八年一月、六八〜七一頁：航空労組連絡会『第二八回航空政策セミナー討議資料』二〇〇九年一月、七七〜七九頁：航空労組連絡会『第二九回航空政策セミナー討議資料』二〇一〇年一月、七五頁。

(86) 日本航空安全アドバイザリーグループ『高い安全水準をもった企業としての再生に向けた提言書』五頁。

(87) 日本航空安全アドバイザリーグループ『高い安全水準をもった企業としての再生に向けた提言書』八頁。

(88) 杉浦『地に堕ちた日本航空』一〇四頁。二〇〇五年九月までには、オールＪＡＬジャパン労働組合がＪＡＬ労働組合に合流している。

(89)「機長管理職制度　日航、全面導入先送り　旧日本エア側労使協議決着見えず」『日本経済新聞』(朝刊)、二〇〇六年一一月三日、一一頁。

(90) 当初は、二〇〇六年一一月一〇日を期限に交渉を進めていたが、経営側と組合側との主張の隔たりを埋めることが困難とされ、協議の期限が二〇〇七年一月末に延期された。当初、組合側は、機長全員を管理職として組合から脱退させることは、職場の分断に繋がると主張していた。「機長管理職制度　日航、全面導入先送り　旧日本エア側労使協議決着見えず」『日本経済新聞』(朝刊)、二〇〇六年一一月三日、一一頁。

(91)「日航　機長全員を管理職に　組合と合意　リストラ協議へ」『日本経済新聞』(朝刊)、二〇〇七年二月六日、一三頁。

(92) 組織風土の大規模な改革は、過去にも行なわれている。しかし、ＪＡＬは、その取り組みに失敗している。一九八六年六月～一九八九年七月までの三年間、ＪＡＬでは、「ＣＩ(Corporate Identity)プロジェクト」と呼ぶ組織風土の改革が実施された。その中で、新たな企業理念が策定され、また、それを組織に浸透・共有するための取り組みも進められた。日本航空株式会社広報部『回顧と展望』一九八八年一二月、六七頁。新たな企業理念は、従業員や顧客などを対象としたイメージ調査に基づき、全社的な対話集会(合計七四回開催。延べ二二〇〇人の従業員が参加)を経て策定された。日本航空株式会社広報部『回顧と展望』一九八八年一月、七～八頁。そして、新たな企業理念や行動指針は、小冊子となり、従業員に配布された。日本航空株式会社広報部『おおぞら』一九八七年八月号、三六～三七頁。その後、職種横断的な一泊二日のセミナーが実施され、企業理念の共有や部門間のコミュニケーションが図られた。日本航空株式会社広報部『おおぞら』一九八七年八月号、二五～二六頁。同セミナーは、四二四回実施され、当時の全社員数にも及ぶ延べ二万人以上が参加することとなった。日本航空株式会社広報部『回顧と展望』一九八九年一二月、九七頁。このような一連の取り組みが実施されたが、ＣＩプロジェクトが終了すると、フォローアップが不十分であったため、また、タテ割り組織が弊害となったため、その活動が組織内に根づくことはなかったという。渡辺国温『日本航空の挑戦』日本能率協会マネジメントセンター、一九九五年、六一～六四頁。

(93) 職場からの有志は、コミュニケーションリーダーと呼ばれていた。これには、グループ会社の従業員も加わり、総勢で約八〇人が参加していた。西雄大「完全統合したＪＡＬ、信頼回復に向けスローガン策定」日経情報ストラテジー、二〇〇六年一〇月一七日。

(94) 非公開資料①〇六一〇二〇。「まずやろう、ＪＡＬ」には、「顧客や仲間のために力を惜しみなく出し、決して受け身になることなく力を合わせて『まずやろう』」という意味合いが込められている。西「完全統合したＪＡＬ、信頼回復に向けスローガン策定」。そして、「まずやろう、ＪＡＬ」は、その後の「あしたのＪＡＬ」プロジェクトに繋がっていった。非公開資料①〇八〇三〇四。「あしたのＪＡＬ」プロジェクトは、二〇〇七年一〇月から開始された取り組みである。「あなたが考える……あしたのＪＡＬ」をテーマにグループ社員の声を募り、一一五九六通の声が集められた。その声から、ＪＡＬに必要な行動をまとめ、「あしたのＪＡＬ」へのパスポートという意味を込めて、『ひらけ、ＪＡＬ』という小冊子が作成された。二〇〇八年度からは、『ひらけ、ＪＡＬ』から「お客さま想い」「安全第一主義」「社員のチカラ」という三つのキーワードを抽出し、企業風土改革に向けた取り組みが展開されていった。なお、二〇〇八年四月には、西松社長を委員長とする企業風土改革推進委員会が設置されている。同委員会は、グループ全体が目指すべき企業風土について議論し、その方向性まで示している。株式会社日本航空『CSR REPORT 2009』二〇〇九年六月二三日、二四〜二六頁：株式会社日本航空広報部『Route』第八号、二〇〇九年六月一日、五頁。

(95) 西「完全統合したＪＡＬ、信頼回復に向けスローガン策定」。

(96) 日本航空広報部「Route express」二〇〇九年九月一一日、一頁。

(97) 札幌、羽田、名古屋、大阪、福岡、沖縄などで実施された。日本航空広報部「Route express」二〇〇九年一二月二九日、二頁。

(98) 日本航空広報部「Route express」二〇〇九年一二月二四日、二頁。なお、運航阻害とは、航空機に何らかの異常が発生したために離陸滑走中止、離陸後引返し、経路変更、緊急着陸、着陸後異常停止などを行なうことを、また遅延とは、一五分を超える出発遅延を指す。守田正公「ジェットエンジンのモニタリング」『ターボ機械』第一一巻第一号、一九八三年、一三頁。

(99) 株式会社日本航空インターナショナル『有価証券報告書』第五七期、二〇〇六年度、八七頁、九〇頁。既述の通り、二〇〇二年四月、日本企業は、制度として、代行返上を認められている。当時は、代行返上の経過措置期間であったため、将来返上と過去返上を連続的に進めることができたが、ＪＡＬにあっては、既にその期間が終了していたため、通常の手続きに則り、将来返上と過去返上を分けて順次処理していった。

(100) 萩原「退職給付」『財務会計論Ⅱ』二〇六〜二〇七頁。

(101) 企業会計基準委員会『退職給付に関する会計基準の適用指針』（企業会計基準適用指針第二五号）一五頁。

(102) 株式会社日本航空インターナショナル『有価証券報告書』第五七期、二〇〇六年度、九〇頁。

(103) 株式会社日本航空インターナショナル『有価証券報告書』第五九期、二〇〇八年度、八八頁。同日より、日本航空厚生年金基金は、JAL企業年金基金として運営形態を変更している。

(104) 萩原「退職給付」『財務会計論Ⅱ』二〇七頁：企業会計基準委員会『退職給付に関する会計基準の適用指針』（企業会計基準適用指針第二五号）一六頁。

(105) 二〇〇八年度、JALは八八億円を「厚生年金基金代行返上損」（特別損失）として計上した（退職給付債務の増額）。その後、過去返上は、二〇一〇年三月一九日付で国に返還額（最低責任準備金）が納付されたことで完了した。なお、二〇〇七年度、返還相当額（最低責任準備金）は七〇四億円と測定されている。日本航空株式会社『有価証券届出書』二〇一二年八月三日、一六五頁、一九五～一九七頁。

(106) 「代行返上益　日航、二五〇億円確保　社員八割同意　今期利益下支え」『日本経済新聞』（朝刊）、二〇〇七年一月一〇日、九頁。最終的には九七％以上の同意を得ている。非公開資料①〇八〇五一九。

(107) 非公開資料①〇七〇七〇六。

(108) 株式会社日本航空インターナショナル『有価証券報告書』第五八期、二〇〇七年度、九二頁。

(109) 例えば、二〇〇七年度で退職給付関連制度の改定を実施したため（戻入益二〇一億円の計上）、二〇〇八年度では、その費用圧縮効果が抜け落ちてしまうことが懸念されていた。藤本秀文「中期計画、ひとまず順調　日航、リストラ継続不可避」『日経産業新聞』二〇〇七年八月一日、二一頁。

(110) 非公開資料①〇六一一〇九。二〇〇六年度は、営業利益三一二一百万円、経常利益二九百万円であった。株式会社日本航空インターナショナル『有価証券報告書』第五七期、二〇〇六年度、一一四頁。このため、将来返上を実施していなかった場合、二〇〇六年度は赤字に転落していた。二〇〇八年二月二九日、JALは「二〇〇八～二〇一〇年度JALグループ再生中期プラン」を発表しているが、その中で、一四社を割当先とする第三者割当優先株式の発行を決議している。このため、二〇〇七年度の利益計上は必ず達成する必要があると考えられていた。この点については、第四章の関連箇所を参照されたい。

(111) 「日航、退職金一割カット」『日本経済新聞』（朝刊）、二〇一七年一二月二一日、一五頁。

(112) 小野『JAL虚構の再生』二九頁。五月一二日付で、受給者に手紙を送り、退職給付債務を一六〇〇億円程度削減するための減額を依頼した。これにより、八八〇億円の特別利益の計上を期待したという。大鹿『堕ちた翼』三五頁、四一頁。OB退職者は「社長レター」を受領すると、二〇〇九年五月一四日には、JAL企業年金の改定について考える会を作り、年金給付額の引き下げに反対する署名運動などを展開した。不同意葉書は、最終的に一二三九通を集めたとされている。また、ホームページで集めた減額反対の署名数は受給者全体の四割を超えたとされている。JAL企業年金の改定について考える会「JAL企業年金減額改定に対するとりくみについて」二〇一〇年一一月、一頁、三～四頁。

(113) 銀行団による融資一〇〇〇億円のうち、政投銀は六七〇億円を「危機対応業務に係る損害担保付貸付」として実施している。会計検査院「株式会社日本政策投資銀行による株式会社日本航空に対する貸付け等の状況について」『平成二二年度 決算検査報告』二〇一一年一一月七日、九八九頁。

(114) タスクフォースの再建案は公表されず、約一〇〇名のメンバーは二〇〇九年九月二九日に解散となった。タスクフォースが提出した請求金額は約一〇億円となっており、その人件費はすべてJALが負担することになっていた。「一カ月働いて平均一〇〇〇万円」をとる異常さに、批判が集中したとも言われている。杉浦一機『JAL再建の行方―復活か、再び破綻か』草思社、二〇一〇年、三九頁。

(115) 山口修「会社が倒産したら払った企業年金はどうなるのか」PRESIDENT Online、二〇一三年一月一四日号。

(116) 小野『JAL虚構の再生』一七五頁。

(117) 「JAL年金問題の一部始終―OB団体陥落の舞台裏」東洋経済オンライン、二〇一〇年〇一月一九日。

(118) 西松氏は、二〇〇九年一二月二一日午後、大手町の支援機構を訪れ、支援機構より「プレパッケージ型の会社更生手続きによる法的整理」を採用したい旨の説明を受けている。また「呑めないのであれば、われわれは手を引かざるを得ない」とまで言われている。杉浦『JAL再建の行方』四七頁。さらに翌日にも、JALビルでの会議で、日航幹部は、支援機構より「プレパッケージ型の会社更生法」について説明を受け、これを「支援機構からの最後通告」として受け止めている。小野『JAL虚構の再生』一七四頁。この時点で、西松氏は、法的整理は避けられないと認識したはずである。

(119) 大西『稲盛和夫最後の闘い』一九六～一九七頁。

(120) JAL企業年金の改定について考える会によれば、「最終的にJAL再建を担った企業再生支援機構が二〇一〇年一月九日以降『年金減額手続きでOBの三分の二以上の同意取り付けに失敗した場合、年金基金を解散する方針』と大々的にマスコミ報道が行われたことは減額同意に大きな影響を与えました」「JALの減額手続きは政府、マスコミを通して『公的資金が年金に流れる』『減額に同意しないと法的整理になり解散に』『特別立法で強制的に年金減額を行う』など危機の原因が年金にあるかのようにバッシングが行われ減額の同意手続きに大きな影響を与えました」と説明している。JAL企業年金の改定について考える会「JAL企業年金減額改定に対するとりくみについて」四頁。

(121)「年金減額 日航労組もOB説得 ネットで同意呼びかけ」『日本経済新聞』(朝刊)、二〇一〇年一月七日、九頁。

(122) 年金減額の同意期限である二〇一〇年一月一二日、JALは、減額に必要となる三分の二を僅かに上回る退職者五九九一人の同意を得た。小野『JAL虚構の再生』一七七〜一七八頁。その後、二〇一〇年一月二一日には、退職者からは、八九三二人中六四七二人(七二・四%)、現役社員からは、一万五七四二人中一万四九二七人(九四・八%)の同意を得たという。「日航の年金減額 OB同意七割超」『日本経済新聞』(朝刊)、二〇一〇年一月二三日、一三頁。なお、現役社員が三分の一以上加入するJAL労働組合からは二〇一〇年一月一五日に同意を得ている。「日航の最大労組 年金減額に同意」『日本経済新聞』(朝刊)、二〇一〇年一月一六日、九頁。

(123) 大西『稲盛和夫最後の闘い』一九八頁。

(124) これによって、JALは、二〇一〇年二月一八日、厚生労働省に年金給付の改定申請を行い、同年三月一七日付で同省から認可を受けた。桒田彰「日本航空の〝V字回復〟に関する一考察」『年報財務管理研究』第二五号、二〇一四年、九〇頁。図表5-16の第六〇期(単体)と第六一期(単体)の「退職給付債務」を見てみると、年金給付の改定によって、その数値が大幅に減少したことが分かる(ただし、二〇一〇年三月一九日付で過去返上が行なわれているため、これも同時期の退職給付債務の減少に寄与している)。これに伴い、第六一期(単体)に、特別利益として、退職給付制度改定益一五四四億円(単体)が計上されている。巨額の積立不足(会計基準変更時差異と未認識数理計算上の差異)については、二〇一〇年一月一九日に会社更生手続きの開始決定を受けたため、第六〇期に特別損失として退職給付引当金繰入額三〇三一億円(単体)を計上することで解消している。日本航空株式会社『有価証券届出書』二〇一二年八月三日、一六五頁、一七四〜一七五頁、一九七頁。年金給付の改定によって、これまで問題となっていた高水準のJAL企業年金基金の予定利率も四・五%固定から、一〇年国債の水準と連動する形に変更された。二〇〇九年一一月二三日時点では、一〇年国債の水準に基づくと、改定時の利率は一・五%になると説明されている。非公開資料①〇九一一二三。ちなみに、退職給付の積立不足の問題はJAL特有の問題ということではなかった。三月期決算の上場企業で二〇〇八年三月末の年金資産上位四〇〇社を集計した結果、二〇〇九年三月期の退職給付の積立不足において、JALは、一〇番目に位置づけられていた。「企業年金 積み立て不足一三兆円」『日本経済新聞』(朝刊)、二〇〇九年七月一五日、一頁。

(125) 西松遥「JALグループ社員の皆さんへ『必ず再生を』」二〇一〇年一月一九日。

第六章　破綻の真因と経営哲学刷新の意義

本書の冒頭で述べた通り、第二の研究目的は「ＪＡＬ破綻と再生に関する因果関係」を整理し、「経営哲学（刷新）の意義」を明らかにすることである。最終章では、この目的を達成するため、次の四つの研究課題に答えていきたい。すなわち、第一課題は「ＪＡＬ破綻の真因を特定すること」、第二課題は「旧ＪＡＬ最後の社長西松遙氏による再生に向けての試みを再評価すること」、第三課題は「ＪＡＬ再生（狭義）の理由を明らかにすること」、そして第四課題は「ＪＡＬ破綻と再生における経営哲学（刷新）の意義を再検討すること」である。

既に第二章において、破綻前ＪＡＬにおける「経営哲学の特性」を「短期志向」「責任転嫁」「対話軽視」の三つに求めた。それは、二〇一〇年一月に破綻するまでの「組織体質」を特徴づけるものであったと言えるかもしれない。しかし、第三章、第四章、第五章の検討を踏まえれば、二〇〇六年三月〜四月にかけ、ガバナンスが新体制に移行する頃より、「経営層の基本姿勢」（狭義の経営哲学）にある変化が生じていたことも事実である。本プロジェクトは、この両者（組織体質と基本姿勢）の相違に着目しながら、既述の四つの研究課題に答えていきたい。

第一節　ＪＡＬ破綻の真因

まず第一課題である「ＪＡＬ破綻の真因」に関し、本プロジェクトの結論を示そう。破綻の理由については、直接的な原因や間接的な遠因など、無数の説明が可能である。これを避けるため、本書では「破綻の真因」を「複数の構造的問題が相互に結び付き、もはや『それぞれの問題を個別に扱うこと』も、また『結び付いていなかった過去の状態に遡ること』も不可能となった組織状態」に求めることとする。この状態に陥った時、組織の破綻は「ほぼ時間の問題」となるからである。この理解を前提として、以下、既述のモノ、カネ、ヒトに関する動きにつき、再度、相互の関係を押さえながら「真因」の特定を試みたい。

(一)「モノ」「カネ」「ヒト」の動態的な関係

一九八〇年代中盤から破綻までのモノ、カネ、ヒトにおける「効率的活用」の状況を個別に見てきたが、まず二〇〇五年度までの動きを鳥瞰すれば、モノ、カネ、ヒトそれぞれが三つのステージを経てきたことが確認される。各ステージを整理しておこう。

第一ステージは、時期的に言えば、民営化から二〇〇〇年前後までの段階である。この間、JALでは、主要な経営施策を講ずる過程で、また個別課題に対処する過程で、問題の本質的な解決が先送りされ、責任の所在も曖昧にされ、また人件費の圧縮も不徹底なものとなっていた。一九九八年度、近藤社長による立て直しもあったが、社長交代でその効果はすぐに消えてしまった。したがって、二〇〇〇年頃までのJALの動きを全体として捉えれば、それは「対症療法的な解決策」に終始していたと言わなければならない。

モノについては、長期先物予約の失敗、レバレッジド・リースによる機材調達、機材関連報奨額の計上、減価償却期間の変更などにより、課題の解決と費用の負担は先送りされ続けた。JAL単体としては「路線の拡充・精査」に関し一定の成果をあげてはいたが、JALグループとしては本質的な対応となっていなかった。カネについては、「調達コストの削減」と「営業キャッシュフローの改善」を目指しながらも、事業多角化の失敗により、財務活動、投資活動、営業活動の循環は狂っていった。ヒトについては、JAL単体を中心に労働対価の削減が図られたが、それは問題をグループ各社に移すだけのものとなっていた。その後、グループとしても人件費の削減に動くが、運航乗務員の整理にはほとんど手はつけられなかった。

第二ステージは、時期的に言えば、二〇〇〇年～二〇〇二年頃までの段階となる。この間、機材市場価格の急落、イベント・リスクの多発、退職給付会計基準の導入など、様々な環境変化が集中的に起こっている。この外的要因の変化により、それまで「対症療法的な措置」で済まされていた課題群が、一気に経営の戦略的意思決定を拘束するほどの「重要課題」へと変質していった。この段階に至り、ＪＡＬでは、経営層が不退転の決意を持って取り組まなければならない「構造的問題」が、かつてないほど明確に意識されることとなった。

付言すれば、二〇〇〇年を境に、モノについては、次期大型機材Ｂ７７７の登場、同時多発テロの勃発、燃油価格の高騰で、Ｂ７４７－４００の市場価格が値崩れしていった。ＪＡＬとしては、より機動的・効率的な運航体制を敷くため、またさらなる値崩れによる影響を回避するため、機材更新は待ったなしとなった。カネについては、イベント・リスクの勃発で、ＪＡＬは「ＪＡＳとの経営統合」を進めたが、それが逆に有利子負債の増加と営業キャッシュフローの悪化を招き、自己資本比率をさらに悪化させていった。まさに「市場より自立的に資金を調達できる会社」への転換がこれまで以上に強く求められるようになったのである。ヒトについては、一九九〇年代後半、年金資産の運用悪化が社会問題化し、多くの日本企業が代行返上に動いた。この流れに呼応し、ＪＡＬもここで代行返上へと行動を起こさなければならない状況となった。

つまり、第二ステージに入り、ＪＡＬが最優先で取るべきアクションは、明々白々となったのである。もちろん、それまでもＪＡＬ経営陣は何をやるべきかを理解していたであろうが、ここに至り、それは、もはや一切の言い訳を許さない明確な「構造的問題」として意識されることとなった。繰り返せば、それは、モノについては「旧機材の退役と機材の抜本的な更新」、カネについては「キャッシュフローの正常化と市場からの自立的な資金調達」、ヒトについては「年金給付額の引き下げと労働対価のさらなる圧縮」であった。これらの「構造的問題」に対し、経営資源を集中的に投入し、不退転の決意を持って取り組むことが、ＪＡＬ経営層に強く求められたのである。

図表6-1 2005年度までの3つのステージ

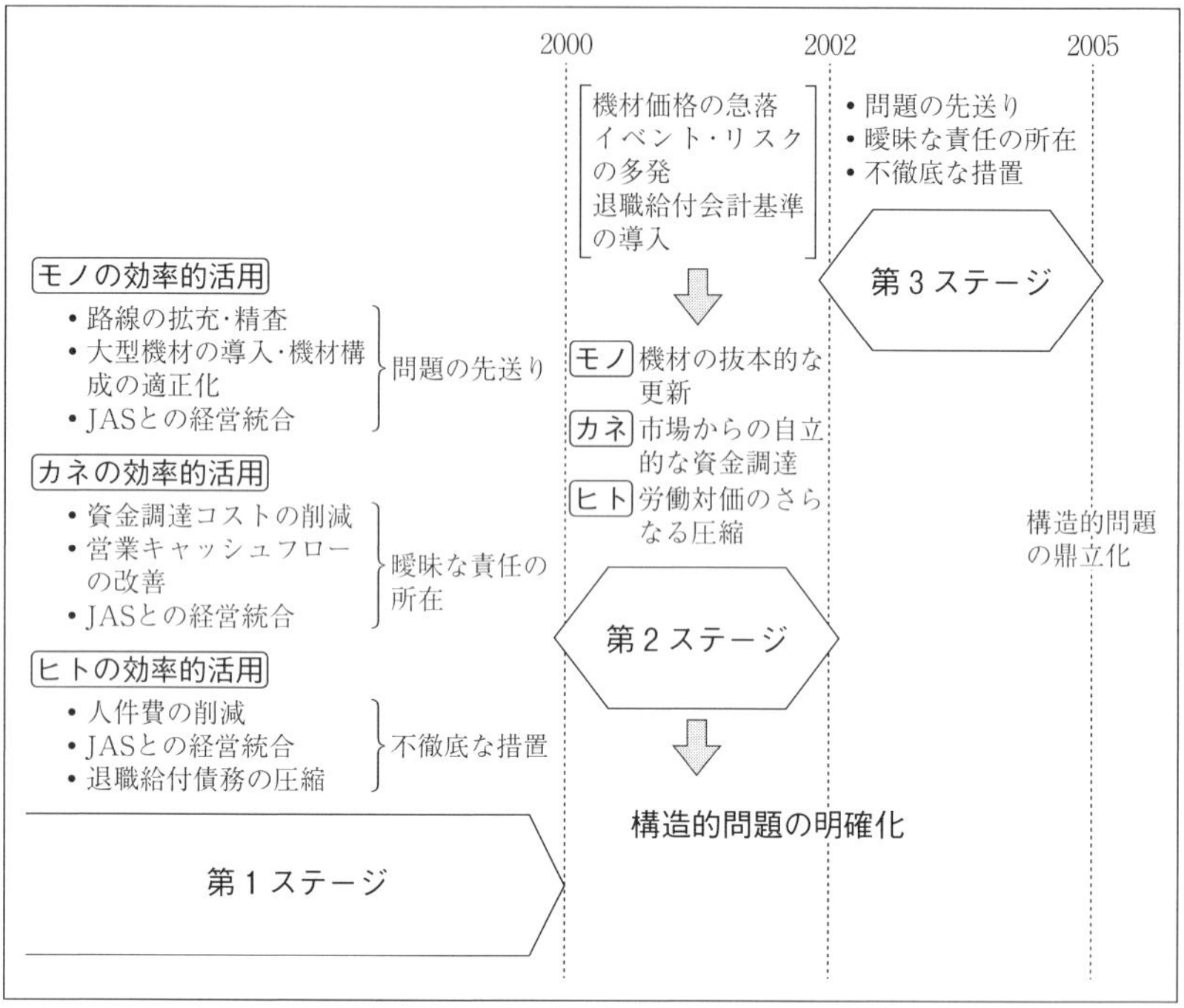

（注）第1ステージ（2000年頃まで）においては、主な施策を講ずる過程で、また個別の課題に対処する過程で、JALは、問題を先送りし、責任の所在を曖昧にし、不徹底な措置でその時その時を凌いできた。第2ステージ（2000年～2002年頃）では、機材価格の急落、イベントリスクの多発、退職給付会計基準の変更などを受け、それまでの「対症療法的な措置」で済ませていた課題群が一気に経営の戦略的意思決定を拘束するほどの「構造的問題」に変質した。第3ステージ（2002年～2005年頃）でも、構造的問題を意識した具体的な取り組みはほとんど進まず、問題間の相互関係が複雑化していった。このため、2005年～2006年頃には、3つの構造的問題は鼎立状態に陥った。

第三ステージは、三つの「構造的問題」が明確となった後の段階を指す。時期的には、二〇〇二年～二〇〇五年頃までとなる。本来であれば、この段階でアクションを起こす必要があったわけであるが、実際には、JAL＝JAS統合の期間中（二〇〇二年度～二〇〇五年度）、第三章、第四章、第五章で見てきたように、これまでと同様、「問題を先送りし、責任の所在を曖昧にし、不徹底な措置で凌ぐ」という対応を繰り返すこととなった。すなわち、機材の抜本的な更新は進まず[1]、資金調達は政府に頼るだけとなり[2]、労働対価のさらなる圧縮も弥縫策に終始した。こうした膠着状態は二〇〇五年度まで続いた。第三ステージに関して強調しなければならないのは、ここでＪＡＬが具体的なアクションを起こさなかった結果、既述の三つの「構造的問題」が相互の関係を益々深めていったことである。しかも、その関係は二〇〇五年頃にはもはや解きほぐし難いほど複雑に絡み合ってしまった（図表６－１）。

この状態でＪＡＬを引き継いだのが西松遙氏であった。[3] 氏は、社長に就任すると、高騰する燃油費を抑えるため、「旧機材の退役と新機材（Ｂ７７７－３００ＥＲ、Ｂ７６７、Ｂ７３７など）の導入」を急ごうとした。しかし、その思いとは裏腹に、退役と更新は徐々にしか進めることができなかった。機材の退役と更新を急げば、売却損・除却損が膨らみ、「資金調達」が一層難しくなる状況にあったからである。

この時点でＪＡＬが生き残るためには、そして機材更新を進めるためには、政府・政投銀を中心とする銀行団に頼るしか選択肢はなかった。ただ、政府・政投銀による金融支援を受けるには、「労働対価のさらなる圧縮」が大前提となっていた。既述の通り、労働対価の圧縮も短期間で決着できるものではなかった。人件費などで大鉈を振るえば、従業員のモラール・ダウンを引き起こし、営業キャッシュフローのさらなる悪化を招くリスクがあったからである。つまり、たとえ機材を更新しても、それが旅客収入の増加には結び付かない可能性があったわけだ。西松氏は、こうした難しい状況の中で、経営の舵取りを任された。

もっとも、政府に依存し、経営の自由度が狭まっても、政府の方針が一貫していれば、まだＪＡＬは救われたかもしれない。しかし、二〇〇九年秋より、政府の方針は揺れ動いた。民主党政権の誕生で、前政権が二〇〇九年八月に設置した「有識者会議」は解散に追い込まれ、当初のＪＡＬ再生計画は白紙撤回された。民主党政権のこの対応は、「国家の利益」をというより、むしろ「新政権時代の幕開け」をアピールする演出として使われた感がある。破綻前ＪＡＬにとって、また西松氏にとって、これは想定外の撹乱要因であった。

ＪＡＬにとってのさらなる悪夢は、前原誠司国交大臣が十分な検討もせず「ＪＡＬ再生タスクフォース」という権限の曖昧な組織を立ち上げ、ＪＡＬの実質的な再生プロセスを中断・遅延させたことである。二〇〇九年九月二五日、前原大臣は、有識者会議に代え、「ＪＡＬ再生タスクフォース」を設置し、ＪＡＬの「私的整理」を目指す考えを表明した。しかし、同タスクフォースはまともに機能せず、逆に銀行団やＪＡＬ側の不信と反発を買うこととなった。[4] 結果、発足から二カ月足らずで、タスクフォースは解散となり、前原氏も、ＪＡＬ再生という仕事から実質的に外されることとなった。[5]

二〇〇九年一〇月以降、整理と再生に向けての準備は、企業再生支援機構再生支援委員会の瀬戸英雄委員長に託された。[6] 支援機構は、この要請を受けるとともに、直ちに資産査定に着手するが、これにはさらに二カ月の期間を要した。[7] その後、再生への道筋として、ＪＡＬは瀬戸氏が推奨する「プレパッケージ型（事前調整型）会社更生法の適用」に理解を示すこととなる。ここにいう「プレパッケージ型会社更生法の適用」とは、事前に債権者と相談し、再建策について合意した上で、運航事業をそのまま継続させながら、「法的整理」に入るというものであった。このスキームの下では、商取引債権、リース債権、顧客のマイレージなどはすべて保護されることとなっていた。[8] このため、ＪＡＬ経営層も、最終的には、これがＪＡＬを再生させる唯一の現実的な方法であるとの理解を示したわけである。

こうして、監督官庁や政治に翻弄されながらも、ＪＡＬは残り数カ月のところで復活へのチャンスを手にすることとなった。もちろん、政権交代があろうが、民主党政権の方針が揺れ動こうと、政府・政投銀のＪＡＬに対する支援・追加融資の「前提条件」は一貫しており、それがぶれることはなかった。その条件こそ、国民の理解を得られるだけの「身を切る努力」「徹底した合理化」「より一層の労働対価の圧縮」であった。中でも、それを象徴する取り組みが、現役社員のみならず、ＯＢ退職者にも相応の負担を求める「年金給付額の引き下げ」であった。[9]「ヒトに関する合理化」をそこまで徹底しなければ、つまり「退職給付費用の圧縮」を実現させなければ、世論の納得は得られず、カネの融通（莫大な資金の調達）は叶わないとされたのである。

以上を踏まえ、本プロジェクトは「ＪＡＬ破綻の真因」を次の点に求める。

（二）ＪＡＬ破綻の真因

ＪＡＬ破綻の真因は、モノ、カネ、ヒトの分野において、「機材の抜本的な更新」「市場からの自立的な資金調達」「労働対価のさらなる圧縮」という三つの構造的問題が互いに他の問題の解決を阻む「鼎立状態」に陥ってしまったことにある。

「鼎立状態」とは、複数の構造的問題が堂々巡りの状態に陥ることをいう。すなわち、①「機材の抜本的な更新」には「市場からの自立的な資金調達」が前提となる、②「市場からの自立的な資金調達」には「労働対価のさらなる圧縮」（年金給付額の引き下げ）が前提となる、③「労働対価のさらなる圧縮」には「社員のモラール維持」が前提となる。

既述の通り、仮にモラールが顕著に低下すれば、「機材更新」をもってしても、売上は低迷する。運航トラブルや整備トラブルが多発し、客離れを引き起こしてしまうからである。このため、人件費の圧縮は慎重に行なう必要があった。ただしかし、慎重になり過ぎ、経費削減の努力を緩めれば、今度は、市場や銀行団などからの資金調達が困難となり、振り出しに戻って、「機材の更新」が滞ることになる。破綻前ＪＡＬは、このような「鼎立状態」に陥っていたのである。時期的には、早くて、運航・整備トラブルが多発した二〇〇四年初頭に、また遅くとも、ＪＡＬグループの四役員が経営トップに退陣要求を突きつけた二〇〇六年二月には、この「堂々巡りの状態」に陥っていた。

モノ、カネ、ヒトの分野における問題は、二〇〇〇年以前のより早い時期に、まだ「個別課題」に過ぎなかった段階で解決にあたっていれば、「構造的問題」にまで発展することはなかった。また「構造的問題」として取るべきアクションが明確になった段階（二〇〇〇年〜二〇〇二年）で、組織としてのアクションを起こしていれば、三つの「構造的問題」がここまで相互に絡み合うことはなかった。

図表6－2　鼎立状態に陥った構造的問題

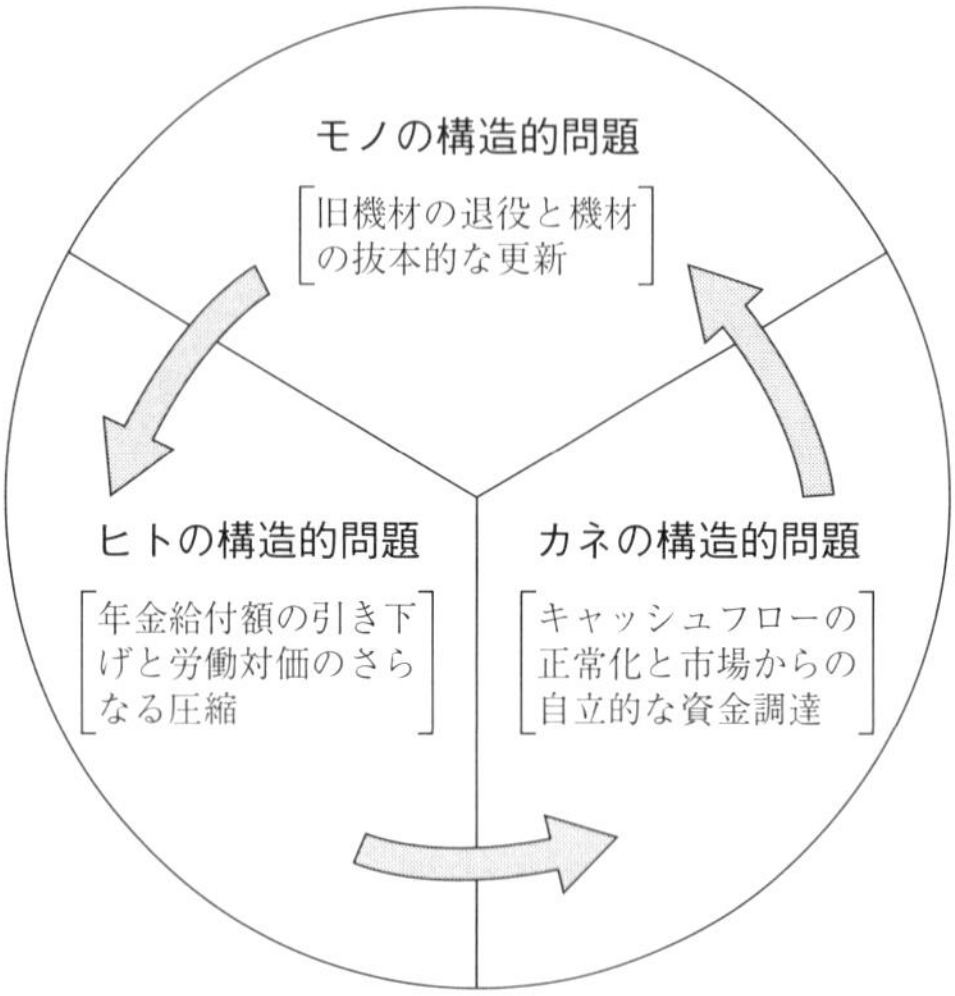

（注）「鼎立状態」とは、3つの構造的問題が堂々巡りの状態に陥ることを指す。この状態に陥ったため、2006年度以降、JALは一段と身動きがとれなくなっていった。いずれかの構造的問題を取り上げ、他の構造的問題との関係を考えずに、独立した形で各問題の解決を図ることが困難となっていったからである。

しかし、二〇〇五年度まで、具体的な施策はとられず、構造的問題は、最終的に既述のような「鼎立状態」に陥ってしまった。一度、この状態に陥ると、経営層は、さらに一段と身動きがとれなくなる。いずれかの構造的問題を取り上げ、他の構造的問題との関係を考えずに、つまり、独立した形で各問題の解決を図ることが著しく困難となるからである。その意味で、本プロジェクトは「鼎立状態に陥ったことこそ、ＪＡＬ破綻の真因」であると結論づける（図表6－2）。

第二節　西松遙氏による再生に向けての試み

以上の「ＪＡＬ破綻の真因」を前提として、第二課題である「西松氏による試み」を再評価したい。最初に、西松氏が社長に就任する経緯と就任中（二〇〇六年六月～二〇一〇年一月一九日）にとった行動を整理しておこう。

（一）事実関係の整理

就任前の二〇〇四年一月～二〇〇五年三月、ＪＡＬでは運航トラブルと整備トラブルが続いた。このため、二〇〇五年五月、兼子勲氏は会長職と取締役を辞任し[10]、同時に自身に近いとされる新町敏行氏をＪＡＬグループＣＥＯに据えた。しかし、このトップ人事にグループ会社取締役四人と管理職約四〇〇名が猛反発し、二〇〇六年三月、新町氏は社長を辞すこととなった[11]。

こうした経緯があったため、後任は、新町派にも改革派にも属さず、しかも財務的な危機に陥っていたＪＡＬを救うことのできる中立的な人物とされた。この条件に適う候補者として西松氏に白羽の矢が立ったのである。その意味で、氏は、ＪＡＬの幹部たちが派閥を超えて期待を寄せる最後の頼みの綱であった。

二〇〇六年六月、氏は正式に「代表取締役社長兼ＣＥＯ」の職に就いた[12]。そして、三つの「構造的問題」の切り崩しに着手した。ただしかし、鼎立状態に陥っていた「機材の抜本的な更新」「市場からの自立的な資金調達」「人件費のさらなる圧縮」という三つの問題を同時に解決することは困難を極めた。「モラールの維持」を図りながら、これらの構造的問題を解決することはほぼ不可能に近い状況にあったからである。その中で、氏は、起死回生を狙い、批判も覚悟の上で、様々な手を打っていった。

その第一弾として、社長就任後、間髪を入れず（株主総会から二日後）、新株発行に踏み切った。カネに関する「構造的問題」を意識し、アクションを起こしたわけである。機材の退役・更新を進めるための賭けとも言うべき一手であったが、突然の増資で、ＪＡＬ株は急落し、目標調達額には届かなかった。当然のことながら、この増資のやり方に対し、社外役員、株主、市場関係者は厳しい批判を浴びせている。

既述の通り、その後、氏は「再生への戦略」を練り直し、二〇〇七年二月六日、これを「二〇〇七～二〇一〇年度ＪＡＬグループ再生中期プラン」（二〇〇七中期プラン）として正式発表している[13]。破綻前ＪＡＬでは、二〇〇七年度以降も、毎年のように中期経営計画を改定・発表しているが、大枠はいずれもこの「二〇〇七中期プラン」に沿ったものとなっている[14]。確かに、細かな目標数値は毎年修正されているが、目指すところは基本的にこれと同じであった。

(二) 西松氏の再生に向けての考え方

既に第三章第六節でも触れたが、同中期プランは「コスト削減による収益力の強化」「機材更新によるダウンサイジングの推進と機材競争力の強化」「高収益路線へのシフトと総合商品競争力の強化」「航空運送事業への資源集中」という四本の柱から成っていた[15]。今一度、説明しておこう。

第一の柱では、①人件費の大幅削減、②人員数削減、③燃油費対策(機材更新による削減など)があげられている[16]。その中の①人件費の大幅削減については、(1)グループ人員数の削減、(2)特別早期退職措置の実施、(3)退職給付関連制度の改定による退職給付費用の圧縮、(4)臨時手当水準の大幅抑制を進めることで、人件費の圧縮を進めるとしていた。ただ、西松氏はこれら施策の大前提として「安全運航の堅持」という立場をとっていた。人件費の削減がモチベーションの低下を招きかねないこと、そしてそれが安全運航を脅かしかねないこと、これを強く意識した上での重点施策としていたのである。

第二の柱では、①機材更新計画、②ダウンサイジングによる座席利用率の改善、③ダウンサイジングによる収支改善効果があげられている[17]。これは、言わば「機材の効率的活用」により、需要に合致した座席を提供し、座席利用率を大幅に改善するというプランであった。例えば、このプランに従い、JALは、二〇〇六年度以降、B767-300ER(中型)七機購入契約、B777-200ER(大型)五機購入契約、B787(中型)三五機購入契約、B737-800(小型)二七機購入契約、B767-300ER(中型)一一機購入契約、B777-300ER(大型)一〇機購入契約などを結んでいる。

第三の柱においては、①高収益路線へのシフトと機材運用の最適化、②総合商品競争力の強化、③プレミアム戦略、④貨物事業の新たな展開などがあげられているが、ここでの目玉は、やはり、①「高収益路線へのシフトと機材運用の最適化」であった。

最後の柱では、航空運送事業に経営資源を集中させること、ノンコアアセットの売却を進め、資産効率の向上と有利子負債の圧縮（自己資本比率の改善）を進めること、などがあげられている。[18]

以上の「二〇〇七中期プラン」の中で、最重要施策は、間違いなく「機材の退役・更新」にあった。これを推進することで業績回復が見込まれるというシナリオを政府・銀行団などに示し、ＪＡＬは必要な資金の調達を図ろうとしたのである。

(三) 西松氏による最後の仕事

航空旅客輸送の需要に柔軟に対応するため、中型・小型機を中心とした機材を調達すること。高騰する燃油費を圧縮するため、燃費効率の悪い大型機材の退役を進めること。西松氏の再生に向けてのこの考え方はその後も一貫し、[19]ぶれることはなかった。しかし、資金の調達環境は厳しさを増すばかりであった。[20]

例えば、二〇〇八年二月、氏は、主力銀行など一四社を対象として一五三五億円の優先株割当増資を実施しているが、その際、株価が下落しても「発行額相当の株式価値の維持」という特例を優先株に付与していた。こうした特例を設けなければ、資金調達は不可能という処にまで来ていたわけだ。[21]これは、リーマン・ショック以前の段階で、ＪＡＬの資金調達が既に限界に来ていたことを意味する。

他方、西松氏は、社長就任以降、社員に対しては事あるごとに様々なツールを使い、「励まし」や「感謝」の言葉を送り続けていた。「ともにＪＡＬの再建に努めよう」という純粋な気持ちからの声かけであったと思われるが、同時にそれは「モラールの維持・向上が機材更新の成否を左右すること」をはっきりと意識した行動でもあった。

資金調達と機材更新、コスト削減とモラール維持。氏は、これらを少しずつではあるが、実行に移していった。その甲斐あり、二〇〇七年度には、業績改善の兆しも見えてくるが、二〇〇八年九月のリーマン・ショックで、氏の努力は完全に打ち砕かれてしまった。[22]特に同年七月、原油価格が高騰（最高値は一バーレル一四七・三ドル）する中で、ＪＡＬは防衛策として「燃油ヘッジ取引」を拡大したが、リーマン・ショックにより、原油価格は一気に三〇ドル台に急落した。

結果として、JALは、二〇〇八年度末、約二〇〇〇億円の含み損を抱えることとなった。

既述の通り、窮地に追い込まれた西松氏が最後の仕事として力を集中したのが「労働対価のさらなる圧縮」であった。労働対価の圧縮は、社長就任以降、継続的に進めていた施策ではあったが、民主党政権・政投銀は、国民が納得できるだけの「さらなる犠牲」を払わなければ、「追加支援はあり得ない」との立場をとっていた。このため、氏は、最も激しい抵抗が予想された「年金給付額の引き下げ」という難題に本格着手し、約七カ月間、現役社員およびOB退職者に対する説得活動を展開した。その経緯と結果については、第五章第六節で詳述した通りである。

(四) 西松氏の取り組みに対する再評価

以上を踏まえ、本プロジェクトは「西松遙氏の再生に向けての試み」を次のように評価する。

西松遙氏による再生に向けての試みは、構造的問題の解決を明確に意識したものであり、それまでの経営者とは全く異なるスタンスで臨むものであった。その意味で、氏の基本姿勢は評価されなければならない。確かに、二〇〇六年度~二〇〇九年後半までのほとんどの試みは失敗に終わっているが、最後に着手した「年金給付額の引き下げ」については、現役社員とOB退職者の理解・合意を引き出し、大きな成功を収めている。「年金給付額の引き下げ」がJAL再生(狭義)の大きなきっかけとなった事実を踏まえれば、西松氏こそ、JAL再生の鍵を握る重要な功労者であったと言うべきであろう。

この評価には、大きな損失を被った債権者と株主、そして破綻により会社を去ることとなった多くの役職員が反発するかもしれない。しかし、氏が最後の仕事を完遂したことで、その後、すべての歯車が好転していったことを強調しておきたい。確かに、氏は、前任者の兼子勲氏が社長・会長を務めた時期に、財務部長を務めており、責任の一端を負うべきかもしれないが、遅くとも二〇〇三年度には、兼子氏らに対し「当社の財務は危機的だ」と警鐘を鳴らしており[23]、通常、考えられる職責は果たしていたと言うべきであろう。こうした評価は、ＪＡＬ社内の各層の支持を得て西松氏が社長に就任したこと、政投銀やみずほコーポレート銀行などの銀行団が、氏の社長就任を推したことなどにもはっきりと表れている[24]。

さて、既に「鼎立状態」に陥った構造的問題を解決するのは極めて難しいと述べたが、逆を言えば、これは、そのうちの一つを解決できれば（「労働対価のさらなる圧縮」に成功すれば）、残りすべての問題がドミノ倒しのように次々と解決されることを意味していた。

事実、氏が「年金給付額の引き下げ」につき、現役社員とＯＢ退職者の合意を引き出したことで、会社更生法の適用が受理され、プレパッケージ型の法的整理が動き始め、企業再生支援機構による公的資金の注入（三五〇〇億円）[25]、政投銀などによる融資枠の設定（六〇〇〇億円）、金融機関などによる債権放棄（五二一五億円）が決まり、「機材の大幅更新」も一気に進んでいくこととなった[26]。まさに「年金給付額の引き下げ」により、すべての歯車が回り始め、ＪＡＬは見事に息を吹き返したのである。

ＪＡＬ従業員を含む多くの関係者、そして一般国民は、西松氏がＪＡＬを破綻させた張本人と見ているかもしれないが、それは完全な誤解と言わなければならない。構造的問題が鼎立状態に陥った時点で、ＪＡＬ再生の見込みはほとんどなくなっていた。それでも、氏は、沈みゆく「ＪＡＬ」という大型船の船長を引き受け、浸水を止めるための、そして浮上のためのあらゆる手を打っていった。結局、ほとんどすべて失敗に終わってしまったが、西松氏は、最後の最後まで船を見捨てることなく、罵声を浴びながらも、現役社員とＯＢ退職者に丁寧な説明を繰り返し、理解・同意を求め続けている。そしてこれを完遂した上で、二〇一〇年一月一九日、臨時取締役会（第一二八回）を招集し、「企業再生支援機構から公的再生支援を受けるにあたり、東京地裁に会社更生手続開始の申し立てを行うこと」につき、出席取締役全員の同意を引き出している[27]。

同日、JALは、東京地裁に会社更生法の適用を申請し破綻した。しかし、これにより、「莫大な資金の調達」「機材の抜本的な更新」が一気に進み始め、JALは復活していくことになる。もっとも、「市場からの自立的な資金調達」という構造的問題がここで解決されたとまでは言えないが、自立的調達に向かって一気に進み始めたことだけは間違いない。西松氏は、この最後の仕事を終え会社を去っていった。

会社更生法適用までの以上の経緯を踏まえ、本プロジェクトは「西松氏こそ、JAL再生の鍵を握る重要な功労者であった」と評したい。

第三節　JAL再生（狭義）の理由

まず「狭義の再生（再上場）の理由」について、本プロジェクトの結論を示しておこう。

「JAL再生（狭義）」の理由は、①「年金給付額の引き下げ、莫大な資金の調達、機材の抜本的な更新の三つの構造的問題が連続的に解決されたこと」、また②「それに伴って、モノ、カネ、ヒトの効率的活用が一気に進み、全体としての相乗効果が生まれたこと」に求められる。これは、効率的活用の状況を示す三つの指標が二〇一〇年を境に完全にリセットされ、過去に拘束されない新軌道を描き始めたことに現れている。

(一) 事実関係の整理

ここに「効率的活用の度合を示す三つの指標が二〇一〇年を境に完全にリセットされ、過去に束縛されない新軌道を描き始めた」と述べたが、それは、次の事実に基づくものである。

第一に、破綻前JALは、「モノの効率的活用」につき、特に「旧機材の退役と新機材の導入」を同時に進める必要があったが、旧機材の簿価時価格差が著しく開いていたため、簡単には実行に移せなかった。例えば、破綻時、時価二〇〇〇億円前後でしかなかった機材の簿価は約七五〇〇億円にまで膨らんでいた。このため、退役を急げば、その差額が売却損・除却損となる可能性があったわけだ。それが、二〇一〇年一月の会社更生法適用により、退役・更新は一気に進められた。法的整理を受け入れたことで、「機材の退役」に反対していた勢力も、路線数や便数を維持するよう圧力をかけていた勢力も一掃され、モノの効率的活用は大幅に改善されていったのである（図表3－1）。

第二に、破綻前ＪＡＬは、「カネの効率的活用」につき、「市場からの資金調達力」を失っていた。一九八五年度における有利子負債残高三八七八億円は、一九九〇年度に六五九九億円、一九九三年度に九九六一億円に膨らみ、調達金利も実質的に上昇していった。有利子負債残高は、その後、ＪＡＳとの経営統合により急増するものの、二〇〇七年度には九一五〇億円にまで圧縮されている（図表4－1）。ただ、第四章で確認した通り、この時期のＪＡＬは、借入金返済と社債償還に毎期一五〇〇億円以上の資金を用意する必要があった。このため、増資に踏み切るなど、自立的な資金調達の道も探っていたが、二〇〇八年九月のリーマン・ショックで、ＪＡＬは、政府に頼る以外、資金を調達する術を完全に失ってしまった。これが会社更生法の適用で一転する。二〇一〇年一一月末に裁判所が認可決定した「更生計画」によれば、一般更生債権の八七・五％にあたる有利子負債五二一五億円は返済免除となった(28)。言い換えれば、これにより、ＪＡＬはそれまで抱えていた膨大な負債を圧縮し、支払金利の負担を一気に削減したのである。

第三に、破綻前ＪＡＬは、「ヒトの効率的活用」につき、売上高労働対価倍率を徐々にしか改善することができなかった。希望退職を募ってはいたものの、基本を「自然減」としていたからである。ところが、会社更生法の適用で、状況は一変した。二〇一〇年一一月末の「更生計画」によれば、グループ全体で五万一八六〇人いた従業員（二〇〇九年度）は、二〇一〇年度末までに三万二六〇〇人に削減されることとなった(29)。人員整理や人件費の圧縮は、労働組合の厳しい反対を受けてきたわけであるが、更生法適用で、人員整理と人件費の圧縮は一気に進むこととなったのである（図表5－1）。

以上のように、モノ、カネ、ヒトの三つの指標がリセットされたことで、二〇一一年度、JALは、売上高は縮小したものの、営業利益を大幅に膨らませることとなった。言い換えれば、このリセットで、JALは完全に筋肉質の会社に変わったのである。この事実を踏まえ、本プロジェクトは、JAL再生（狭義）の理由を①「年金給付額の引き下げ、莫大な資金の調達、機材の抜本的な更新の三つの構造的問題が連続的に解決されたこと」、また②「それに伴って、モノ、カネ、ヒトの効率的活用が一気に進み、全体としての相乗効果が生まれたこと」に求めるのである。

（二）狭義の再生（再上場）に関する様々な説明

ただ、この結論には、②の「モノ、カネ、ヒトの効率的活用」を促した要因として、より具体的な理由を列挙する論者もいよう。例えば、彼らは「プレパッケージ型の法的整理」が、モノ（機材更新）、カネ（資金調達）、ヒト（人件費圧縮）の効率的活用を可能としたこと、再生支援委員会委員長の瀬戸英雄氏がリーダーシップを発揮したこと、「法人税の免税措置」「燃油費の下落」「円高」がカネ回りを改善したこと、「稲盛氏らによる指導」「リーダー教育」「JALフィロソフィの策定」がヒト（役職員）の効率的活用を後押ししたこと、「部門別採算制度の導入」が、モノ、カネ、ヒトのそれまでの活用法を大きく変えたこと、「会社に残った社員たちの高いモラール」がヒトの連携とコミュニケーションを促したこと、などをあげるかもしれない。

つまり、ある論者は、多数ある要因のうちのいくつかを取り上げ、それが「再生の理由」であると主張し、他の論者は別の要因に着目し、それを「再生の理由」であると唱える。こうした主張は、論者の数だけ出てくる可能性がある。この「諸論・諸説あり」という状況を解消するため、本プロジェクトは、あえて「JAL再生（狭義）の理由」を、個別要因レベルではなく、それら要因群を内包する①「構造的問題の連続的解決」と②「経営資源の効率的活用」の二つに求めたのである。

もっとも、この結論は「狭義の再生」（再上場）における「経営哲学の意義」を否定するものではない。京セラチームによる経営哲学刷新の試みが、二〇一〇年一月～二〇一二年九月の再生期においても、モノ、カネ、ヒトの活用にかなりの影響を及ぼしていたことは明らかである。しかし、その他の要因、例えば、「プレパッケージ型の法的整理」「法人税の免税措置」「燃油費の下落」などの影響を捨象し、京セラチームによる貢献だけを取り出し、「その貢献が極めて大きかった」と結論することは、方法論上、困難と言わざるを得ない。

確かに、稲盛氏らが再生に着手したことで、この期間中、「経営層の基本姿勢」は確実に変わっていったと言うことはできよう。しかし、二〇一二年九月までにそれがJAL全体の「組織体質」を変えたとまではなかなか主張できないのである。二〇一〇年一月～二〇一二年九月の期間は、やはり、新旧の「組織体質」が混在する移行期間にあったと見るのが合理的であろう。

(三)　西松体制と「経営層の基本姿勢」

また、稲盛氏らによる取り組みが「狭義の再生」(再上場)を十分に説明できない理由として、破綻前JALにあっても「経営哲学を刷新する類似の試み」が為されていたことをあげておきたい。その試みは兼子＝新町体制が崩壊した二〇〇六年三月頃に始まっている。

後述する通り、稲盛氏らによる改革には、経営哲学の特性を最終的に「より長期的な視点で経営を考えること」「責任をより積極的に引き受けること」「現場との対話を一層重視すること」へとシフトさせた点に特色がある。これら三つの「特性」という視点から見れば、少なくとも、西松氏も、これと類似した取り組みに着手していたのである。

もちろん、それが西松氏ただ一人の行動にとどまり、他の代表取締役の姿勢に何ら影響を与えていなかったとすれば、『経営層の基本姿勢』が変わり始めた」とまでは言えない。この点につき、本プロジェクトは、二〇〇六年三月頃より、JAL経営層が「破綻の危機が迫る中で、会社を何としてでも再生させなければ」という思いをそれまで以上に強くしていったと捉えている。その根拠として、氏を支えた「ガバナンス」と氏が発揮した「リーダーシップ」について触れておきたい。

まずガバナンスについては、二〇〇六年六月の株主総会・取締役会をもって、西松遙氏（二〇〇六年四月～六月までは代表取締役専務）とともに、岸田清氏がJAL代表取締役に、その後、二〇〇七年に縄野克彦氏が、二〇〇八年に竹中哲也氏がそれぞれ代表取締役に選定されている。徐々に代表者を交代・増員させながら、JALは代表取締役四人の体制を敷き再生を目指した(30)。

岸田氏はパイロット出身で安全管理を担当。運航トラブルや整備トラブルを受け、同氏は、「ヒトの側面」より、非懲戒制度などを発案し、「物が言えない組織風土」を変えようとした。二〇〇七年度に代表取締役に昇任した縄野氏は、官庁との関係を生かし、政府との調整など金融支援を含む対外的活動に注力した。二〇〇八年度に昇任した竹中氏は、西松氏と同様、路線や機材などのダウンサイジングを主張し、JAL再生を「モノの側面」より後押しした。三名の代表取締役は、いずれも社長に対し経営会議の場で思うところを率直に語っていたという。

岸田氏は、いわば「対話重視」の立場をとり、竹中氏は「中長期的な視点」より、「ダウンサイジング」を推進しようとした。この姿勢と決意を政府に伝えようと奔走した縄野氏を含め、三人の代表取締役は、西松氏とともにJAL再生に最後まで全力を尽くした経営者たちであった。そもそも、彼らは「社内クーデター」を経験した後に、つまり、それまでの経営者とは全く違う「強烈な危機意識」をもって代表取締役に着任しており、「背水の陣で臨む」という覚悟を持っていた。

この理解に立ち、本プロジェクトは、二〇〇六年度以降の西松氏による取り組みが、氏ただ一人の決断や行動に終わるものでなかったと言いたい。

（四）西松氏のリーダーシップ

さて、「兼子＝新町体制が崩壊した直後の二〇〇六年三月頃より、経営哲学を刷新する試みが始まった」と述べたが、西松氏は、いったいどのような取り組みにリーダーシップを発揮したのであろうか。

第一は「中長期的な視点」をもって機材の更新を進めたことにある。もっとも、十分な資金調達ができず、結果としてとらざるを得なかった行動は「場当たり的・短期的」であったと指摘されるかもしれないが、金策に追われる中でも、その意識は「機材の更新なしに再生なし」というものであった。確かに、氏は、二〇〇七年度以降、中期経営計画を頻繁に修正している。このため、氏の行動は「短期志向」であったと批判される可能性がある。しかし、それらの修正はいずれも「二〇〇七中期プラン」の枠組みの中で、具体的な数値を更新するものであって、つまり、目標値に対する進捗を示すものであって、「中期プラン」から逸脱するものではなかった。

仮に「西松氏の行動が短期的であった」との批判が当を得ているとしよう。一歩譲ってこれを認めたとしても、氏の姿勢は「責任」と「対話」という二つの特性に関し、それ以前の「経営層の基本姿勢」とは明確に異なっていた。

第五章第六節でも触れたように、氏は社長を引き受けるにあたり、報酬を大幅減額し、社長専用車などの待遇も辞退している(31)。それは、責任を積極的に引き受ける経営者の姿であったと言ってよいはずだ。さらに氏は社員と現場を大切にする経営者でもあった。可能な限り、多くの職場を訪れ、また同時にイントラネットなどを使い、「励まし」と「感謝」の言葉を最後の最後まで全社員に送り続けている。

西松氏によるこれらの取り組みは他の代表取締役に少なからず影響を及ぼし、また他の取締役らも自身の責任を自覚し、経営に臨む姿勢を変えていったはずである。その意味で、二〇〇六年度以降、「経営層の基本姿勢」は確実に転換し始めたと言ってよかろう。ただ、ここで重要な点は、西松氏らによる「経営哲学の刷新」（基本姿勢の顕著な改善）だけでは、ＪＡＬ再生は疎か、破綻さえ食い止めることができなかったということである。結局、会社更生法の適用を受けることなしに、ＪＡＬは再生し得なかったのである。このため、本プロジェクトは、上記①②の整理にとどめ、「狭義の再生」（再上場）における「経営哲学の意義」については、「明言を避けるべき」と考えるのである。

第四節　ＪＡＬ破綻と経営哲学の関係

「ＪＡＬ再生（狭義）の理由」に関する以上の結論は、関係者たちがその重要性について触れてきた「経営哲学の意義」を、すなわち、ＪＡＬの場合には「意識改革」と「部門別採算制度の導入」の重要性を、過小評価する可能性を持っている。つまり、方法論上、明言を避けたため、過小評価との批判に晒されるかもしれないのである。事実、本プロジェクトは、モノ、カネ、ヒトの効率的活用なくして、ＪＡＬ再生（再上場）はなかったと捉えている。また「経営哲学の刷新」だけで、ＪＡＬ再生を語ることも困難と考えている。そのように捉える最大の理由は、既述の通り、二〇〇九年度までのＪＡＬにおける基本姿勢の変化や意識改革をもってしても、結局、破綻は回避できなかったからである。では、経営哲学は、ＪＡＬの破綻と再生にとって、それほど「重要な要因」ではなかったのであろうか。これに答えるのが本書最後の課題である。手順として、まず第二章において提起した「一般的指摘における二つの方法論上の問題」に関し、本プロジェクトの理解を整理しておきたい。

（一）基本姿勢と組織体質の違い

第二章第四節において、「経営全般に関する一般的指摘」を列挙し、その上で、各指摘が①時間的な特定が為されていないこと、②「経営層の基本姿勢」に関する言及なのか、それとも「組織体質」に関する言及なのかを明確に区別していないこと、この二点が方法論上の問題であると説明した。そして、この二点を明確にしなければ、「破綻と再生に関する因果連関」も十分な説得力を持ち得ないと述べた。それゆえ、本プロジェクトは、次の二つの前提を置き、①②の問題を同時に解消することとしたい。なお、この二つの前提は、本書で扱っている「ＪＡＬ破綻と再生」に関してだけでなく、広く経験的に「相当の合理性」を持って妥当する前提であると考えている。

図表6－3　経営哲学の刷新と構造的問題の鼎立化

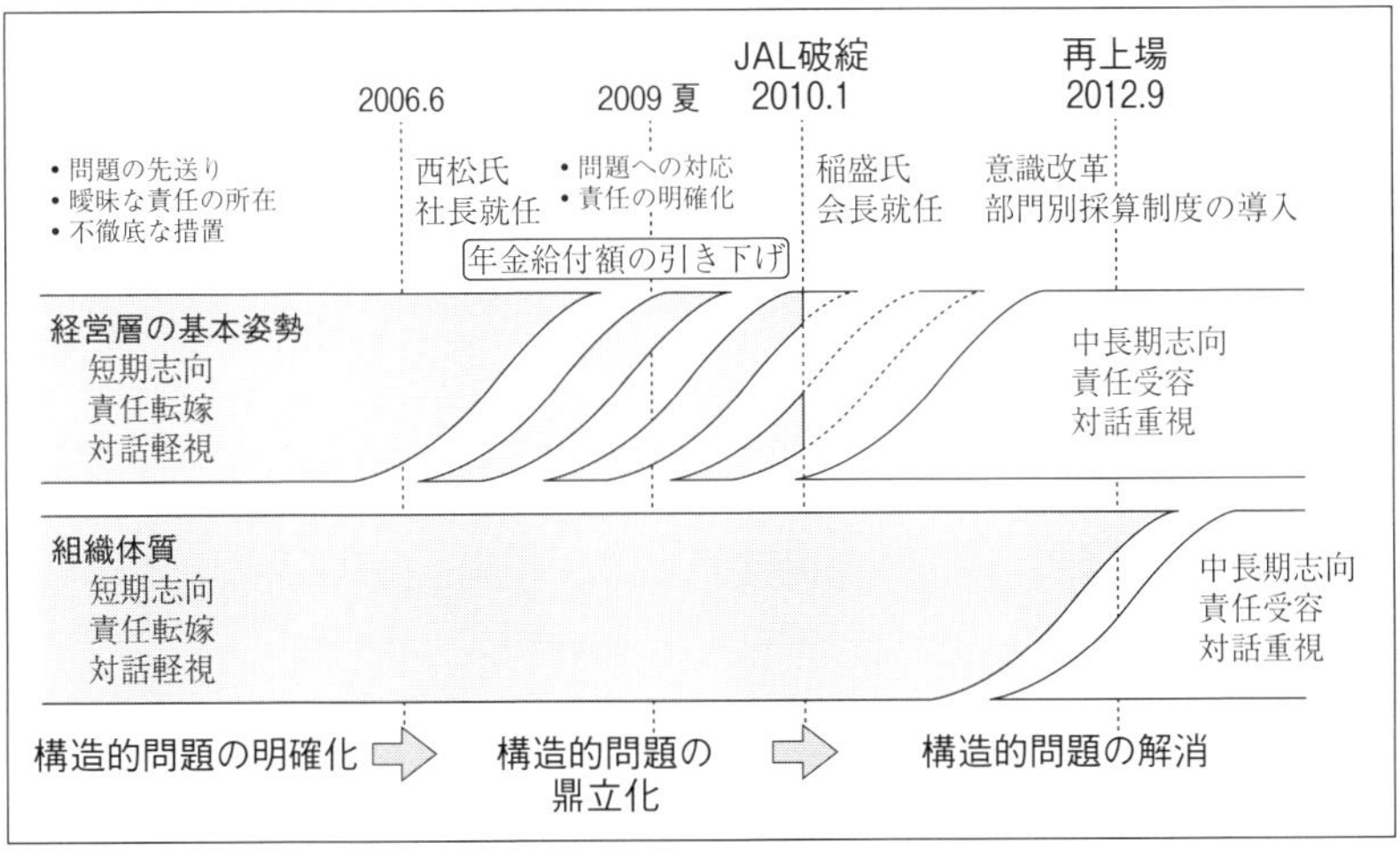

（注）JALの経営哲学に変化が見られなかったため、2000年～2002年頃、個別課題は一気に構造的問題に変質した。それ以降も、具体的な措置がとられなかったため、2005年～2006年頃には、構造的問題は鼎立状態に陥った。2006年４月頃より、経営層の基本姿勢は変化し、構造的問題の解決に乗り出すが、成果を見ることなく、2010年１月の破綻となる。

第一の前提は、「組織体質」が大きく変わるためには、一定の歳月が必要であること。ある日、突然、「組織体質」が急変することはあり得ないからである。第二の前提は、常識的に考え、「組織体質」の変化が起こる前には、必ず「経営層の基本姿勢」が変化すること。「経営層の基本姿勢」が変わらない限り、「組織体質」が内発的・自生的に変わることはないからである。

この二つの前提を踏まえれば、（1a）JALの「組織体質」が一九九〇年代初頭～二〇〇九年頃までほぼ同質的であったこと[32]、（1b）二〇一〇年一月の破綻から再上場までの期間、新旧の「組織体質」が混在していたこと、ただし、この間、古い「組織体質」は着実に影響力を弱めていったこと、（1c）二〇一二年九月の再上場以降、つまり「持続的成長の段階」に入ってからは、JALの「組織体質」はそれ以前のものとは明確に異なっていたこと、この三点を確認することができよう。よって、第一章第二節であげた七つの「経営全般に関する一般的指摘」が「組織体質」に関するものであると捉えれば、それは、二〇一〇年一月までの「組織体質」に関する言及であり、かつ再上場までの過程において影響力を小さくしていった「組織体質」に関する言及であったと整理されるのである。

さらに、第二の前提として、「組織体質」が変わる前に、まず「経営層の基本姿勢」が変わると説明したが、これに関しては、（2a）JALの「経営層の基本姿勢」が一九九〇年代初頭～二〇〇六年四月頃までほぼ同質的であったこと、（2b）二〇〇六年四月頃～破綻までの期間、「経営層の基本姿勢」が変わり始めていたこと、（2c）二〇一〇年一月から再上場までの期間、経営層が入れ替わるとともに、改めて「基本姿勢」が大きく変質していったこと、（2d）二〇一二年九月の再上場以降、つまり「持続的成長の段階」に入り、新たな「経営層の基本姿勢」が定まるとともに、新たな「組織体質」も定着していったこと、この四点を確認することができよう。よって、先の七つの「一般的指摘」が「経営層の基本姿勢」に関するものであると捉えれば、それは、二〇〇六年四月頃までの「基本姿勢」に関する説明であったと言わなければならない。以上の理解を図示したものが、図表6－3である。

したがって、「経営哲学」という言葉を使うとしても、「基本姿勢」と「組織体質」が変化する時には、時間的なずれが生ずること、また「破綻と再生における経営哲学の意義」を考える場合には、この時間的なずれが、重要な意味を持ってくることを強調しておきたい。

（二）経営層の基本姿勢と構造的問題の鼎立化

さて、既にJAL破綻の真因として「機材の抜本的な更新」「市場からの自立的な資金調達」「労働対価のさらなる圧縮」という三つの構造的問題が鼎立状態に陥ったことをあげた。この結論を議論の出発点として「経営哲学」の問題を考えるとすれば、哲学そのものは「破綻の遠因」ではあったかもしれないが、「破綻の真因」あるいは「破綻の直接的な理由」でなかったということになる。ただし、この主張は「経営哲学がJAL破綻に何の影響も及ぼさなかった」ということと同義ではない。

逆に、三つの特性を有した経営哲学は、「個別課題の解決」を先延ばしし、それらが「構造的問題」に変質することを放置し、最後には「構造的問題を鼎立化」させた最大の要因であったと言わなければならない[33]。確かに、個別課題が構造的問題に変質したのは、またそれらが鼎立状態に陥ったのは、外的・内的要因など様々なファクターによるもの、という説明もあり得よう。しかし、それら要因を念頭に置き判断を下したのは、最終的には「経営層」であり、彼らの「基本姿勢」であり、さらに付け加えれば、その背後で影響を及ぼしていた「組織体質」であったということになる。つまり、「短期志向」「責任転嫁」「対話軽視」という経営哲学の三つの「特性」が回り回って、ＪＡＬを「構造的問題の鼎立化」に陥れたとまとめることができるのである。

確認のため、「経営層の基本姿勢」に限定して、その根拠を示しておこう。第一に、二〇〇五年度までの経営層は「今を取り繕うこと」に奔走する傾向があった[34]。状況に応じて機材の減価償却期間を変更したり、機材関連報奨額を多用したり、さらには日本型レバレッジド・リースというスキームに頼ったりしたこと。これらは、当時は、合法ではあったかもしれないが、いずれも「今を取り繕う行為」であった。もし「長期的な視点」に立っていたならば、経営層は「今の数字だけをよく見せるという行為」に走ることはなかったはずである。また、経営層が「会社全体の長期的利益」を念頭に置いて行動していたとすれば、自己保身や私的利益の追求に走ることもなかったはずである。しかし、破綻前ＪＡＬには、自身のポストに執着する者、会社を私物化する者、役員人事を巡る社内抗争に時間を費やす者などが多数登場し経営を狂わせていった。

第二に、二〇〇五年度までの経営層は「失敗の責任」を進んで引き受けようとしなかった。あるいは「失敗の責任」を他の者や他の事象に転嫁する傾向にあった。これは「甘え」と表裏一体の関係にある態度でもあった。例えば、「外的要因」の悪化により、経営が傾けば、経営層は「色々と厳しいことは言われるかもしれないが、最後は国が助けてくれる」とどこかで期待していた[35]。このような甘えの気持ちを持ちながら、いざ「経営責任」が問われると、彼らは、簡単に掌を返し、「政治家・官僚などの過剰介入に問題がある」と自己弁護する傾向を持っていた。つまり、「失敗の責任」を自身以外の事象に転嫁し続けるメンタリティを有していた[36]。

第三に、二〇〇五年度までの経営層は「現場との距離を縮める努力」を怠っていた。民営化以前からの労使対立がその背景にあったのかもしれないが[37]、経営層は、従業員・組合との対話を避け、また組合側が経営に関する情報を入手することを嫌っていた。余計な情報を与えれば、経営側を批判する材料にこれが使われることをおそれていた。いかなる組織であろうと、パフォーマンスを高めるためには、労使関係は良好でなければならない。しかし、経営層は良好な関係を作るための努力を怠り、これを避けてきた[38]。たとえ組合の協力を得ることが困難であったとしても、経営層は、理解を得るための説明に一段の努力を払う必要があった[39]。これを軽んじてきたため、経営層は、運航現場で起こっている課題を、そして整備や地上業務の現場で起こっている異常事態を、臨場感を持って把握することができなかったのである。

以上より、経営層の「短期志向」「責任転嫁」「対話軽視」という基本姿勢が、モノ、カネ、ヒトにおける個別課題の解決を遅らせ、結果として「構造的問題の鼎立化」を招いてしまったと、本プロジェクトは解しているのである。

(三) 集合体としての経営層

さて、破綻前JALの「経営哲学」が、特に二〇〇五年度までの「経営層の基本姿勢」が「構造的問題の鼎立化を招いた」と述べたが、これは、過去、いずれの時期を見ても、JALには「短期志向」の経営者しかいなかった、「責任転嫁」する経営者しかいなかった、あるいは「対話軽視」の経営者しかいなかった、ということではない。個人に焦点を当てれば、能力的にも人格的にも尊敬すべき経営者は何人もいたはずである。また重要会議の場で個別課題を先送りせず、迅速に解決すべきと訴えた取締役や監査役もいたはずである。

しかし、JALの歴史を全体として眺めた時、また一人ひとりの経営者ではなく、集合体としての「経営層」(代表取締役を中心とする幹部)を見た時、多くの場合、そのメンタリティや行動パターンは「組織体質」による影響を強く受け、歪む傾向にあった。集合体としての「経営層の基本姿勢」が歪んでいたことを示す典型例として、第四章第三節で触れた「旧経営陣による近藤晃社長の退任要求と事後対応」をあげることができよう。

近藤氏が退いた後、一九九八年六月、社長を引き継いだのが兼子勲氏であった。兼子氏を中心とする経営層に対しては、特にＪＡＬ＝ＪＡＳ統合に関し評価が割れるところであるが、少なくとも、二〇〇一年度以降に限って言えば、兼子氏らは、①機材関連報奨額を復活させたこと、[40]②二〇〇一年度〜二〇〇四年度にかけ、計四回、総額二六四〇億円の緊急融資を受けながら、建て直しに失敗したこと、[41]③相談役らの忠告に耳を傾けなかったこと、④地位と権力に執着し続けたこと、⑤幹部・従業員のモラール低下を招き、社内クーデターを引き起こしたこと、などを根拠として厳しく責められなければならない。言い換えれば、「集合体としての経営層」は、二〇〇五年度まで、幹部のこうした暴走・対立を許し、結果としてモノ、カネ、ヒトの問題を深刻化させ、「構造的問題の鼎立化」を招いてしまったのである。

第五節　ＪＡＬ再生（広義）と経営哲学の関係

さて、前節において、過去の「経営哲学」（経営層の基本姿勢と組織体質）が「短期志向」「責任転嫁」「対話軽視」に偏っていたため、「構造的問題の鼎立化」を招いたと説明した。言い換えれば、それは、経営哲学の歪みが「破綻の遠因」であったということになる。しかし同時に、本プロジェクトは「経営哲学の刷新により、ＪＡＬ再生（狭義）が実現した」とまでは断言できないと結論づけた。

後述するように、稲盛氏らによる取り組みの核心部分は、経営哲学の刷新にあったことは間違いない。とすれば、「稲盛氏らの試み」は、ＪＡＬ再生においてどのような意味を持っていたのであろうか。本プロジェクトは、それが「広義のＪＡＬ再生」、特に再上場以降の「持続的成長」に大きな影響を及ぼした、と捉えている。結論から先に示しておこう。

「ＪＡＬ再生」（広義）における経営哲学の意義は極めて大きかった。特に、稲盛氏らによる刷新への取り組みは「ＪＡＬの持続的成長」に大きく貢献したと言わなければならない。

既に、ＪＡＬ破綻の真因として「モノ、カネ、ヒトにおける構造的問題が鼎立状態に陥ったこと」をあげたが、「対症療法的な解決」や「構造的問題への未着手」を許してきたのは他ならぬ、歪んだ「経営層の基本姿勢」であり、「組織体質」であった。もしこうした姿勢や体質が、その後も残り続けるとすれば、たとえ「狭義の再生（再上場）」を果たしたとしても、つまり、モノ、カネ、ヒトの指標がリセットされたとしても、将来のどこかでＪＡＬは再び同じ過ちを繰り返すことになる。

稲盛氏らによる刷新への取り組みが高く評価されるのは、「経営層の基本姿勢」に、そして「組織体質」に深い影響を及ぼし、「短期志向」「責任転嫁」「対話軽視」を抜本的に改めたところにある。

稲盛和夫氏ら京セラチームによる取り組みの核心部分は「経営哲学の刷新」にあり、またそれが「ＪＡＬ再生」（広義）に大きく寄与したと本プロジェクトは捉えている。(42) この理解が正しいかどうかを確認するには、少なくとも二〇一〇年一月〜二〇一三年三月（稲盛氏の会長辞任）までのＪＡＬにおける同チームの取り組みを全体として捉える必要があろうが、経営哲学の刷新に深く関わる活動は「意識改革」と「部門別採算制度の導入・定着」の二つに集約されるため、(43) この二つの取り組みとこれに関連する活動や組織事象に焦点を絞り、それらがどのように「経営層の基本姿勢」と「組織体質」に影響を及ぼしていったのかを、つまり、その特性を「中長期志向」「責任受容」「対話重視」へと変貌させていったのかを見ていきたい。

ちなみに、前者の「意識改革」は、二〇一〇年六月に始まる「リーダー教育」により、またその後の『ＪＡＬフィロソフィ』の策定・発行、研修対象者の拡大などを通じて、ＪＡＬグループ全体の運動へと広がっていった。(44) これに対し、後者の「部門別採算制度」は、二〇一〇年五月の組織改革プロジェクトの設置で導入の方向が決まり、業績報告会などの議論を積み重ねながら（修正も繰り返しながら）、細部を充実させていった[45]。

（二）中長期的・大局的に物事を考えること

意識改革とアライアンス決定を通じて

第一に、稲盛氏は、二〇一〇年六月開催のリーダー教育において、「人間として何が正しいかを考えること」などを経営層に語りかけ、問題を直視する姿勢を、幹部の意識に根づかせようとした[46]。「土俵の真ん中で相撲をとること」「土俵の真ん中で相撲をとる」とは、自らを常に余裕のある状態に置いておくということ、つまり、余裕のある状態に置くことで、冷静かつ大局的に、「中長期的な視点」をもって物事を見るということである[47]。土俵際に来て、慌てて事態に対処しようとしても、目先の事象に追われ、対症療法的な措置しかとれなくなるため、氏は、日頃より「土俵の真ん中で勝負する必要」を説いていた。

一九九〇年代末から破綻直前までのＪＡＬは、まさに「土俵際での経営」を続けてきたと言ってよいはずだ。その意味で、リーダー教育は、かつての「短期志向」を抜本的に改めるものであったと解される。

稲盛哲学は「ウソをつくな、正直であれ、欲張るな、人に迷惑をかけるな」などの徳目をあげ、事業経営においてもそれは同じだと強調する。実に初歩的な徳目であるが、氏は「徳目を知っていることと実践することは全く別」と強調する。例えば、多くの経営者は「嘘をついてはいけない」ことを理解しているが、今月計上すべき費用を翌月にずらしたり、今月売上をたて翌月に返品処理をしてしまう[48]。つまり、知っていることと実践することとの間には大きな開きがあるという。そのことを理解してもらうため、京セラチームは、ＪＡＬ幹部の反発を覚悟で、このリーダー研修を、二〇一〇年六月に強行実施したのである[49]。

同チームが恐れていた通り、この研修に対し、ＪＡＬ幹部らは「こんなことをしている場合ではない」「このクソ忙しいときに、なんでこんな話を聞かなければならないのか」「精神論に付き合う暇はない」などといった反発の声があがった。また講話後の飲み会でも、数名の幹部は後ろ向きの態度をとり続けたという[50]。「あまりにも強引だという批判」

は、JAL側だけでなく、管財人からも出てきたと言われる[51]。それでも、稲盛氏らは途切れることなくリーダー研修を最後までやり通した。その成果の一つとして、六月中旬、「私が間違っていました。稲盛さんの言うような経営をしていたら、JALはこうなっていなかったかもしれない」との発言が幹部の口から出てきた。この日を境として、経営陣の意識は着実に変わり始めたと報告されている[52]。なお、リーダー教育の内容は、研修終了後、社内報の『Route』(二〇一〇年八月号)を通じて全社員に公表されている[53]。

もっとも、こうしたリーダー教育に先立ち、稲盛氏が「中長期的な視点で物事を考えること」の重要性を、当時の社長大西賢氏を始めるとするJAL幹部らに身をもって示していたことを指摘しておきたい。それは、航空アライアンスとして、デルタ航空を中心とする陣営に入るか、それともアメリカン航空を中心とする陣営に留まるか、といった議論が巻き起こった時のことである[54]。

当時のJALでは、競争優位にあるデルタ航空を中心とする「スカイチーム」(当時一九社)に移籍すべきではないかとの声が大きく、国交省もデルタとの提携を支持していた。しかも、デルタ側は移籍に要する多額の費用を負担するという条件まで提示していた。これに対し、規模で劣るアメリカン航空は「ワンワールド」(当時一二社)に留まるメリットを十分に説明できないでいた[55]。このため、回答期限が迫る二〇一〇年二月、社内は、デルタ航空との提携をできるだけ早く決定すべき、という雰囲気になっていた。

ところが、稲盛氏は「再建に集中すること」「信義を守ること」を理由に「ワンワールド」に留まることを、間接的な表現を用いて推した[56]。特にアライアンスを変更すれば、利用者に不利益(特典の失効など)が及ぶことをあげ、「JALがこんなことになって、それでも乗ってくれているお客様じゃないか。そのお客様にメリットのないことをすべきではないだろう」と述べ、幹部たちを諭したと伝えられている[57]。

この結果、JALは最終的に支援機構が描いていたデルタとの提携を却下し、ワンワールドに留まる決定を下している。就任直後のこの時点で、稲盛氏が決定に大きな影響を与えたことで、氏は「単なるお飾りでなく圧倒的な力を保持するＣＥＯであることを示し、社内の求心力を高めよう」としたのではないかと見る者もいる(58)。しかし、本プロジェクトは、そうした解釈は当たらないと考えている。もし氏が何らかの意図を持って行動していたとすれば、それは「考え方の大切さ」を幹部たちに指し示すことだったと見るべきであろう。

部門別採算制度の導入を通じて

ただ、「信義」や「顧客重視」の大切さを学ぶだけで、またリーダー教育を受けるだけで、「経営層の基本姿勢」や「組織体質」が、直ちに変わるわけではなかった。例えば、「中長期的な視点」で物事を考えるならば、むしろ、「スカイチーム」に移籍すべきだったと主張する者も出てきたであろう。もちろん、リーダー教育に否定的な反応しか示さなかった幹部らが講話を聞くうちに態度を変えていったというが(59)、当時の幹部の本音がどこにあったかは誰も分からない。心からその考えに賛同した幹部もいれば、様子見を続けた幹部、不満を持ちながら表面的に追従した幹部もいたはずだ。

このため、京セラチームは「土俵の真ん中で相撲をとること」の意味を、幹部たちが、具体的な業務の中で実感できるよう、それを仕組みの中に落とし込む必要があった。それを可能としたのが「部門別採算制度」であった。

部門別採算制度とは、京セラにおいて培われた経営管理手法で、「アメーバ経営」とも呼ばれている。それは、企業を小さな組織単位に分け、独立採算制を通じて責任の所在を明確にするとともに、各単位の責任者を将来の経営者として育成するプログラムという(60)。通常、各組織単位は小規模な活動体となるため、リーダーのみならずメンバーも「自身が所属する単位」をあたかも自身の会社であるかのように感じ、行動するようになるとされる。その意味で、部門別採算制度は「全員参加の経営」を促す仕組みと見られているのである(61)。

部門別採算制度の下では、一般的に考えれば、各組織単位が自組織の利益を最優先に考えるため、リーダーは他単位からの購入価格を引き下げ、他単位への販売価格を引き上げようと行動する。つまり、リーダーの基本姿勢は「短期志向」になる可能性を持っている。しかし、京セラチームが導入を進めた部門別採算制度にあっては、特に経営幹部が経営責任を負う上層の組織単位にあっては、「人間として何が正しいか」という判断基準が下位の組織単位以上により強く求められる。この基準が定着しなければ、つまり、その基準に立って購入・販売価格などを決めることができなければ、部門別採算制度はうまく機能しないと考えられるからである。同基準の具体例として、「公平、公正、正義、誠実、忍耐、努力、利他」などがあげられるが、これらは、言葉を換えれば、物事を「中長期的・大局的に考えること」を経営幹部に求めるものであった。

これに関連し、劉は、部門別採算制度の導入にあたり、業績連動報酬まで併せて導入すると、「従業員の注意力を部門業績へ集中させ」、実践の成果を歪めてしまうと指摘している[62]。つまり、これにより、「部門業績の達成へのプレッシャーが大きく高まり、功に焦るあまり焦点が短期的部門業績に絞られ、新しい戦略や問題解決策の考案などの経営者能力の育成、そして部門業績の持続的改善といった実践成果が制限される」ようになると述べている[63]。逆を言えば、部門別採算制度の導入にあたっては、「人間として何が正しいか」という共通基準が定着すれば、より広い視野、より長いタイムスパンで、自身の部門のあり方を考えられるようになる、ということである[64]。この意味で、意識改革と部門別採算制度の導入はセットとして行なわれなければならず、またそのことを経験的に自覚していたがゆえに、京セラチームは両者の導入をほぼ同時に進めていったわけである。

さて、部門別採算制度の導入で、ＪＡＬの部門責任者や組織単位責任者は、実際に自身の問題をより早期に把握できるようになっていった。しかも、彼らは、把握した問題を早期に経営幹部と共有するようにもなっていった。これこそ部門別採算制度がＪＡＬにもたらした「最大の変化」であったと言えよう。各部門や組織単位が、早期に自身の問題を把握できれば、また幹部ともこれを共有できれば、場当たり的に対処する場合よりも、遥かに冷静かつ計画的に事態に対処できるからである。本プロジェクトが、ＪＡＬにおける経営哲学が「短期志向」から「中長期的志向」へとシフトしたと見る根拠はここにある。

(二) 責任を前向きに引き受けること

第二に、氏はリーダー教育において「人間として何が正しいかを考えること」の重要性を説いた。中でも、「自己が負うべき責任」を軽々に他に転嫁するようなことがあってはならない、ということを強調した。氏が再三この点に言及したのは、「責任が他にある」と思えば、「その解決を他に任せる」ということになり、また逆に「他の責任」ではなく、「己の責任」であると自覚すれば、人は、間を置かず、解決のためのアクションを起こすことになるからであった。それゆえ、氏は、日頃より「問題が起きたら、部下に任せず、自分が動け、自分で決めて、自分でしゃべれ。その姿を見て部下が育つ。それがリーダーだ」と説き[65]、JAL幹部に対する研修でも、この点を繰り返し強調し続けた。

意識改革と『JALフィロソフィ』策定を通じて

リーダー教育が終了すると、JALは、約半年間をかけ、役員・社員・スタッフ全員共有の『JALフィロソフィ』(二〇一一年一月に正式発表)を策定していった。その作業は、稲盛氏の指名により大田嘉仁氏が中心となって進められた[66]。大田氏は、リーダー教育を受けた幹部の中から「選りすぐりのメンバー」を集め、フィロソフィを策定しようとしたが、その出発点において否定的な指摘を受けたという。「フィロソフィ」の策定に、メンバーが反対した主な理由は、かつて、西松社長の時代に組織の一体感を醸成するために作成された冊子、『ひらけ、JAL』が全社員に配布されたにもかかわらず、うまく定着しなかったこと、またそれゆえ「同じ失敗を繰り返したくない」というものであった[67]。

そうした指摘はあったものの、大田氏はその有用性と必要性を語り、メンバーの理解と了解を得て、原案策定の作業を進めていった。途中、「自分たちはいいと思うけれども、社員は受け入れてくれないかもしれない」「我々には理解できるけれど、社員には無理ではないか」といった不安の声も上がってきたが、それでも「幅広い年齢層、職種の社員の声」を積極的に拾いながら作業を進め[68]、二〇一〇年一一月、無事、四〇項目から成る『JALフィロソフィ最終案』を完成させた[69]。二〇一〇年一二月、この最終案を整理したものが『JALフィロソフィ』として役員会に上程され、企業理念とともに承認された。フィロソフィについては、会議の席上、一項目ずつ読み上げられ、全員の了解を得たと報告されている。[70]

二〇一一年一月一九日、「JALグループ企業理念」と『JALフィロソフィ』が全社員に向けて正式発表された。後者の『JALフィロソフィ』には「一人ひとりがJAL」「最高のバトンタッチ」という二つの行動指針がある。[71]それは、どのような役職・部署・立場にあろうとも「一人ひとりがJAL」を代表しているとの自覚を持って行動すること、また一人ひとりが有機的に連携し、お客様視点でサービスを提供すること、これらの実践を促すスローガンとなっている。[72]言い換えれば、批判家や傍観者の立場ではなく、自らがJALの重要な構成員であり、それぞれの立場において経営責任を負うこと、当事者であることを自覚し、積極的に行動を起こそうと呼びかけるもので、[73]役職員の間で最も親しみと共感を持って受け入れられた考え方である。この事実を踏まえれば、過去の「責任転嫁」の基本姿勢や組織体質は、確実に変わっていったと言うことができよう。

こうした変化は、二〇一一年三月の東日本大震災時の対応にはっきりと現れている。地震発生の翌日（三月一二日）、大西社長は「総力を挙げて東北に資源を配置する。共に難局に立ち向かおう」と全社員にメールを送付している。[74]これを受け、多くの部署、多くの担当者が「東北のため」という使命感を持って「良かれと思うこと」を自ら考え、積極的に実践していったという。かつてであれば、上からの指示待ちという状況に陥ったであろうJALであるが、この時の対応は全く違っていた。その一つとして、震災後の二〇一一年四月一三日、JALが一番機として仙台に飛ばしたB737の話がある。

東北を元気づけたいという思いから、JAL社員たちは、同機材に「がんばろう　日本」というメッセージと「鶴丸ロゴ」を施そうとした。塗装変更には、通常、数日を要すると言われたが、彼らの「復興への強い願い」と、会社として「再生を許された恩返し」という気持ちが、現場と上長を動かし、迅速な対応を可能にしたというのである。[75]現場責任者が責任を引き受け、また報告を受けた担当役員も現場の決定を尊重し、塗装変更を後押ししたという。こうした経験を通じて、彼らは、言わば「最高のバトンタッチ」が生み出す感動を共有していったと言ってよかろう。

業績報告会と部門別採算制度の導入を通じて

しかし、既述の通り、「経営層の基本姿勢」や「組織体質」は、精神論だけで、また一つの取り組みだけで、変わるようなものではなかった。[76]このため、京セラチームは、ここでも、部門別採算制度の導入・普及に力を入れている。ただし、稲盛氏らは、一気に部門別採算制度の導入に進むのではなく、「責任を引き受けること」の大切さを実感してもらうための取り組みより事を始めている。それは毎月開催の業績報告会でのレポーティングの形式を変更することであった。[77]

業績報告会とは、約三〇人の役員が出席し、各担当の月次の予定数値、それに対する実績、翌月の見通しを説明する重要会議であった。かつてであれば、そこは、例えば、費用が増えた理由を「月ズレ」、業績悪化の原因を「台風」「不景気」「為替の変動」「原油の高騰」などの外的要因に求める場、つまり「言い訳的な説明」を行なう場となっていた。氏はこの報告会における幹部らの発言や態度を確認しながら、助言と指導を行なっていった。

具体的には「なぜ収入が減ったのか。なぜ費用が増えたのか。数字にはすべて理由がある」ことを強調し、「その事実を踏まえ、自分は経営者として何をするのか」を考えるよう、つまり、責任を負う主体としてどう動くかを考えるよう、幹部らを導いていった。その結果、彼らは、部下任せではなく、所管部の事情を真剣に理解するようになり、その責任者として何を為すべきかを考えるようになっていったという。[78]

業績報告会での議論が実質化するのを受け、「部門別採算制度」の青写真は描かれていった。既に説明したが、部門別採算制度とは、組織において各自が責任転嫁することを許さない仕組みであり、結果へのコミットメントを促すツールである。それは、管理会計の手法であると同時に、各自が責任者として何を為すべきかを考える際の羅針盤でもある。[79]その意味で、部門別採算制度の導入が、「責任の受容」という意識を、経営層や幹部の間に醸成していったことはほぼ間違いない。

その変化を示す一つの証左として、寺本は、二〇一一年五月発行の『Route』で紹介されている植木義晴路線統括本部長（現ＪＡＬ会長）の言葉を引用している。その言葉とは「路線統括本部では、路線ごとの利益最大化に向けて、現場の皆さんと力を合わせ、ＪＡＬグループ全体を引っ張って行くことが『使命』であると強く意識し、取り組んでいます」「その役割は、収入の最大化、費用の最小化による、路線利益の最大化を多方面から検証し、実現していくことです」というものであった。(80)

破綻前ＪＡＬでは「利益最大化」といった表現を、これほど明確かつストレートに用いることはなかった。「利益」と「安全」がトレードオフの関係にあると解されていたため、利益の強調は、言わば「卑しむべきこと」とされていたのである。(81)それが、リーダー教育から一年も経過しないうちに、大きく変化していった。稲盛氏に倣い、植木氏も「収入の最大化、費用の最小化」といった言葉を堂々と使うようになっていったのである。

この点に着目した寺本は、幹部のこうした理解が実践を通じて、その後、さらに深化していったと捉えている。例えば、二〇一一年一二月発行の『Route』における植木氏の発言に新たな変化が見られると指摘している。(82)同社内報において、植木氏は、稲盛会長の「公明正大に利益を追求する」という言葉を引き合いに出し、「昨年の段階では、この言葉は心にはしみこみませんでした。しかしいろいろなことを経験する中で、これのことか、と思うところがあった」と語り、自身の経験を全社員に披露している。その言葉を引用しておきたい。(83)

一つは、国内線の運賃についてです。他社との競合路線ではなかなか自分たちの思ったような運賃を設定できず、同相手とマッチングして低い運賃を設定せざるを得ない、結果として利益が出にくい。その一方で単独路線では、同じ距離であっても思ったような運賃が設定でき、利益も出ますと会長にお話したときも、また同じく一喝されました。「その路線のお客さまはＪＡＬに乗るしかないんだろう。それなのに値段を吊り上げるのは人の弱みに付け込み、暴利をむさぼるのと一緒だ。逆にいえば、適正か少し安い値段で売りなさい。そうすれば他社が入ってきたとしても、お客さまにはＪＡＬに乗っていただけるし、さらには違う路線でもＪＡＬを選んでくださるかもしれない」という教えをいただきました。

このような気づきを紹介し、植木氏は、最後に「やはり原理原則にしたがって、正しい価格を付けて、みんなで額に汗して働いて出た利益でやっていけば、単年度ではなく、長い年月で素晴らしい業績を残し続けていける」と述べている。「利益最大化」を強調していた二〇一一年五月時点と比べ、二〇一二年一二月時点の氏の言葉は、明らかに一歩も二歩も理解を深めた言葉となっている(84)。またこれは、「責任を前向きに引き受けること」に対する理解のみならず、「中長期的・大局的に物事を考えること」の重要性を実感していく過程でもあったと言うことができよう。寺本は、こうした事例を取り上げ、ＪＡＬ経営幹部の意識が変わっていった軌跡を鮮明に描き出している。

当事者意識に基づく実践を通じて

こうした変化を象徴するＪＡＬの対応をさらに二つあげておこう。第一は経営層レベルの意識の変化である。

Ｂ７８７のローンチカスタマーであった全日空（ＡＮＡ）は、二〇一一年一〇月二六日、世界で初めて、同機の商業運航を開始した。Ｂ７８７は燃費性能に優れ、中型機でありながら長距離飛行も可能な新機材であったため、多くの航空会社がその開発に期待を寄せていた。しかし、ボーイング社におけるストライキ、Ｂ７８７のエンジン・トラブル、配電盤の発災などで、当初予定の引き渡し時期（二〇〇八年五月）は遅れに遅れ、最終的にＡＮＡが同機を受領したのは二〇一一年九月となった。ＪＡＬがＢ７８７を最初に受領したのは、それからさらに半年遅れの二〇一二年四月であった。開発の難しさということから、この新機材は、就航後もトラブルを繰り返した。

二〇一三年一月七日、ＪＡＬが保有するＢ７８７で出火事故が発生、そして翌日、同じくＪＡＬ保有の同機で燃料タンクからの油漏れが発生(85)。これに続き、一月一六日には、ＡＮＡ保有のＢ７８７で「重大インシデント」が発生した。このため、ＪＡＬとＡＮＡは保有するＢ７８７すべての運航を停止した(86)。

一月一七日早朝、大西賢会長（二〇一二年二月に会長就任）、植木義晴社長（二〇一二年二月に社長就任）の他、部長級管理職約七〇名が出席する対策会議が開かれた。「以前のＪＡＬだったら、この種の問題は一義的な責任を負う路線事業本部に任され、他の部門の役員が毎朝駆けつけることはなかった」「他部門の協力が必要な場合には」、路線事業本部の責任者が「各部に足を運び、頭を下げて頼む」という対応をとっていた。しかし、この時のＪＡＬは、すべての部門の担当役員が「当事者意識」をもって事態に臨んだというのである。[87]「問題が起きたら、部下に任せず、自分が動け」と稲盛氏は語っていたわけであるが、再上場直前のＪＡＬでは、既にそれが定着し始めていたのである。

変化を象徴するもう一つの典型例は、客室サービスを提供するスタッフに見られるものであった。近藤・三矢によれば、二〇一二年春、客室本部、空港本部、予約センターなど、利用客と接点を持つ複数部門の担当者が集まり、『ＪＡＬフィロソフィ』を彼らの仕事に具体化させるための会合を持ったと説明されている。[88]

破綻前ＪＡＬでは、客室サービスは、基本的に用意されたマニュアルに従って画一的に提供されていた。そこから外れることは「リスク」と解されていたため、客室乗務員には、マニュアルが求める「知識と技量」を確実に習得し、また習得した通りに仕事をこなすことが求められていた。これに対し、この会合では、「知識と技量」中心の取り組みを抜本的に見直すことが議論されたという。その結果として、彼らは「知識と技量」に加え、「個々の顧客が何を求めているのかを感知する力」（感知力）、「感知したニーズに応じて顧客が感動する個性に基づくサービスを提供する力」（人間力）、そしてそれらを支える『ＪＡＬフィロソフィ』のすべてが揃って初めて顧客満足が得られる、との理解を共有するに至ったと紹介されている。[89]

この議論の後、客室乗務員間で行なう「グループミーティング」の進め方は大きく変わっていったという。かつてのミーティングでは、身だしなみに問題ないか、口角をあげた笑顔を作れるか、マニュアル通りに準備ができているかを中心に確認していた。それが、二〇一二年四月以降、「知識と技量」だけでなく、客室サービスのあり方を『ＪＡＬフィロソフィ』という視点より意見を出し合う場に変わっていったとされる。[90]

既述の通り、かつて西松社長の時代、『ひらけ、ＪＡＬ』という冊子が作成され、役員・社員に配布された。そこには「お客さまを安心させたい。お客さまを笑顔にしたい。お客さまを感動させたい。そして、お客さまを通して、私たち社員が結ばれていたい」との記載があった。[91]二〇〇六年二月、危機意識を共有する有志が集まり、二〇〇六年度は

「まずやろう、ＪＡＬ」を議論し、二〇〇七年度には「あなたが考える……あしたのＪＡＬ」をテーマに一万人以上の声を集め、二〇〇八年度には、その集大成として『ひらけ、ＪＡＬ』を発行した[92]。『ＪＡＬフィロソフィ』のスローガンである「一人ひとりがＪＡＬ」という言葉が生まれる背景には、そうした社員の強い思いがあったことを確認しておきたい。

ただしかし、『ひらけ、ＪＡＬ』の関心は「一体感の醸成」に向けられていた。運航・整備トラブルが続いた当時、「同じＪＡＬで働く仲間」という意識を醸成することが最大の課題となっていたからである。したがって、その冊子では「私たち（ＪＡＬ）にとって、一体感の無さがいちばんの壁だった」「私たちが愛せないＪＡＬを、お客さまに愛してもらえるはずがない」と記し[93]、労使の対立や組合間の対立を乗り越え、会社を変革する必要性を訴えていた。同冊子裏表紙の「ＪＡＬを変えられるのは、ＪＡＬで働く私たちしかいない」という言葉も、結局、一体感の醸成を呼びかけるものであった[94]。

ＪＡＬ社員の強い思いから生まれた冊子ではあったが、このように、その力点が「一体感」に置かれていたため、組織やグループが、これに基づいて具体的に「客室サービスの品質をどう改善するか」などを議論することはほとんどなかった。これに対し、新生ＪＡＬでは、「知識と技量」だけでなく、いかに「感知力と人間力」を養い、またいかにそれらの力を客室サービスに生かすか、これを議論するところにまで進んでいた[95]。しかも、感知力と人間力については、それがテクニカルな解釈に矮小化しないよう、迷った時には「人間として何が正しいか」に戻って考えること、それがメンバー間で共有されていた。確かに、人間の組織である限り、「全員がそこまでの意識を持った」とまでは言えないであろうが、近藤・三矢は、多くの客室乗務員が「ニーズ適合的で個性に基づくサービス」を提供することに心を尽くすようになっていたと報告している[96]。

その運動の広がりを示す出来事として、彼らは、ある客室乗務員の機内アナウンスを紹介している[97]。それは、二〇一一年の大晦日、ロンドン発・成田着便の機内で発せられたメッセージである。ここに引用しておきたい。

皆様にとって、今年はどのような年だったでしょうか。三月の東日本大震災で日本中が悲しみに暮れました。避難先にて年越しを迎えられる方々もまだ多いと聞き及びます。今まであたり前に過ごしていた日常の中の、小さいかもしれないけれどかけがえのないもの、そういったものが自分の手に触れられる所にあることに、改めて感謝の気持ちを感じられる、そのような年だったのではないでしょうか。

このように語りかけ、最後に、お客さま一人ひとりの気持ちに添える航空会社であり続けたいことを伝え、感謝の言葉で締めくくっている。かつてであれば、マニュアルにはないこうしたアナウンスをアドリブ的に行なうことは、客室乗務員には認められなかった。しかし、新生ＪＡＬでは、形式に終始するのではなく、フィロソフィを根幹に据え、判断・行動することが推奨されるようになったという。

この客室乗務員は、素直にフィロソフィに立ち返り、被災地の計り知れない悲しみ、復興への願い、大晦日に帰国される利用者の気持ち、家族とともに新年を迎えられることの有り難さ、そして自身がＣＡとして働く機会を再び頂いたことへの感謝、それらの思いをこのアナウンスメントに込めたのである。まさにこれは「一人ひとりがＪＡＬ」を代表していること、当事者であることを自覚した時に、自ずと出てくる言葉だったと言えよう。

これらを根拠として、本プロジェクトは、かつての経営層の基本姿勢が、そして組織体質が「責任転嫁」から「責任受容」に大きくシフトしていったと見ている。

（三）現場を重視しコミュニケーションをとること
意識改革と全社員の物心両面の幸せを通じて

大西によれば、ＪＡＬ経営陣は「『社員＝組合』と見る癖がついていた。経営に関わる数字を社員に教えれば、組合に情報が流れ、争議の材料にされる」。このため、「『寄らしむべし、知らしむべからず』が、ＪＡＬ経営陣の習い性になっていた」という。多くの論者がこれに似た指摘をしている。(98)

それゆえ、かつてのＪＡＬの経営哲学を「対話軽視」と特徴づけたわけだが、稲盛氏は、着任した二〇一〇年二月一日、幹部社員二〇〇名を前に「株主のためでも、管財人のためでもない。『全従業員の物心両面の幸福の追求』。経営の目標をこの一点に昇華して、ＪＡＬの再建に取り組みたいと思います。そのために、経営情報はすべて社員にオープンにします」と語り、対話重視の姿勢を明確に示している(99)。

この発言は、それまでの「経営層の基本姿勢」や「組織体質」よりすれば受け入れ難いものであった。例えば、その言葉を聞いて、執行役員の菊山英樹氏は、別の場ではあるが、稲盛氏に「会長、あれは禁句です」「情報開示なんてとんでもありません。そんなことをしたら組合が付け上がります」と伝えたとされる。これに対し、氏は「おまえは何をゆうておるんだ。社員を信じられなくて、何の経営か」と、菊山氏を逆に叱責したと言われている(100)。

このやりとりに象徴されるように、かつてのＪＡＬにあっては、現場を重視しコミュニケーションを図ることは、ほとんど無駄なことと見なされていた(101)。それだけに、氏は、リーダー研修やその他の機会において、従業員をパートナーとして迎え入れる必要性を訴え続けた。経営者が一人でいくら頑張っても、できることは知れていること、企業の目的を追求するためには、自身がどのような「考え方」で経営をしていくのかを語ること、これを共有すること、それが必要であると説き続けたわけである(102)。こうした社内でのやりとりやリーダー教育を経て、ＪＡＬ経営陣も最終的に氏の思いを共有するに至っている。それを象徴するのが「ＪＡＬグループ企業理念」の冒頭に掲げた「全社員の物心両面の幸福を追求」という表現であろう。

就任にあたって稲盛氏が説いた「経営情報をオープンに」「従業員をパートナーに」という考え方は、その後、従業員の行動パターンを確実に変えていった。典型として経費の削減をあげることができる。かつてであれば、各部門の問題を明確にせず、すべての部門に対し、とりあえず一律的に経費五％の削減を求めていた。このため、多くの職場が「無駄を探し出し、コストを下げようとするよりも、自分たちの予算や既得権益を守ることばかり考え」「これ以上の経費削減は無理だと回答していた」という[103]。これに対し、各部門や各職場の経営数字がオープンになると、自分たちがいかに多額の経費を使っていたかが、また自部門がいかに大きな赤字を出していたかが分かるようになり、皆が「目の色を変えて無駄を省こうとするようになった」というのである[104]。

その積み重ねが、更生計画で見込んでいた二〇一〇年度の連結営業利益六四一億円を大幅に超える営業利益として現れたのではなかろうか。引頭によれば、更生計画に示された営業利益六四一億円は「外部から見るかぎり、そのハードルはきわめて高いものだった」とされる[105]。これに対し、二〇一〇年度、JALは、単体で一四四七億円、連結で一八八四億円の営業利益を叩き出している。これを可能とした大きな要因が、社員に対し経営情報をオープンにしたこと、そして従業員をパートナーとして扱ったことにあると言っても決して的外れではなかろう。

ただ、既述の通り、リーダー教育や企業理念の策定だけで「対話軽視」の姿勢が変わるわけではなかった。ここでも、何らかの仕組みが必要とされた。それが既述の「業績報告会」であり、「部門別採算制度」であった。

業績報告会と部門別採算制度の導入を通じて

窪田・三矢・谷は、部門別採算制度を導入した企業においては、帳票記入の手間や会議時間の長さなどの負担を伴うものの[106]、経営の「見える化」が進むことで、総合的な満足度が高まると報告している[107]。かつてのJALは、余計な情報は従業員や組合員には見せてはならない、それを見せると、付け込まれるとのスタンスをとっていた。まさに経営の「見せない化」に力を入れていたわけである。当然、そこから「対話重視」の姿勢など生まれるはずはなかった。業績報告会や部門別採算制度が「対話重視」という経営哲学を生み出す理由は、まさにこの「見える化」にあったと言うことができよう。

当初、業績報告会は、二カ月前の採算数値を報告するだけの会合となっていたが、リーダー教育が終了する八月頃には、「前月の実績と今月の予定、翌月の見通しに加え、その他の課題」を議論する場に変わっていた[108]。それまでの報告会と異なり、担当役員は、自身が所管する業務について、詳細かつ正確に説明しなければならなくなっていた。このため、曖昧な理解で報告会に臨むことは許されず、幹部は否応なしに現場とのコミュニケーションを密にせざるを得なくなっていった(109)。

こうして数字の正確かつ迅速な報告が可能になってくると、またそれと併せ、現場も「路線別収支」「路線便別収支」などの数字を適時用意できるようになると、今度は、それらの数字が運航現場の意識を変えることとなった。何を実践すれば収支がよくなるのかを、彼らが主体的に考えるようになっていったというのである(110)。

例えば、「前日までに三〇〇人乗りの機材で五〇％の予約率しかなければ、一六〇人乗りの機材に変更」すること(111)、運航本部では、「気象条件から最も燃費の消費が少なくて済む飛行コースを選択」すること(112)、整備本部では、作業を効率的に行なうため、道具の配置を変え動線も半分にすること(113)。これらを現場が主体的に考え、実践するようになっていったという。ある意味で、数字の正確な把握と共有が、経営と現場のコミュニケーションを促し、彼らの間にあった「溝」を着実に埋めていったのである。

既にＢ７８７運航停止への対策会議（二〇一三年一月一七日開催）について触れたが、この緊急事態への対処に「大きく改善されたコミュニケーション」と、それに基づく実践を見て取ることができよう。当時、Ｂ７８７専属の運航乗務員は一五〇人いた。Ｂ７８７の運航停止が決定されたことで、他の機種を操縦できない運航乗務員は仕事を失い、逆に穴埋めの別機材を操縦できる運航乗務員は追加の仕事を依頼されることとなった。「以前のＪＡＬなら、７８７型機の穴埋めで余分に飛ばなくてはならないパイロットたちは『過剰労働だ』と自分たちの権利を主張したかもしれない」。しかし、二〇一三年のこの時点では「自ら穴埋めを買って出るパイロットが何人もいた」というのである。さらには、他の機材を操縦できない運航乗務員が営業活動や案内活動などへの協力を買って出たとも報告されている(114)。

こうした変化は、社内にあったそれまでの「顧客」に対する意識も変え、新たな「組織体質」の醸成に繋がっていった。例えば、かつては、客室乗務員や地上職などのフロント部門にとっての顧客は、マニュアルの範囲内で認識される「単なる利用者」に過ぎなかった。また運航本部・整備本部にとっての顧客は、航空機の利用者でなく、運航乗務員と

図表6-4　国際旅客事業における路線数の推移（2008年度以降）

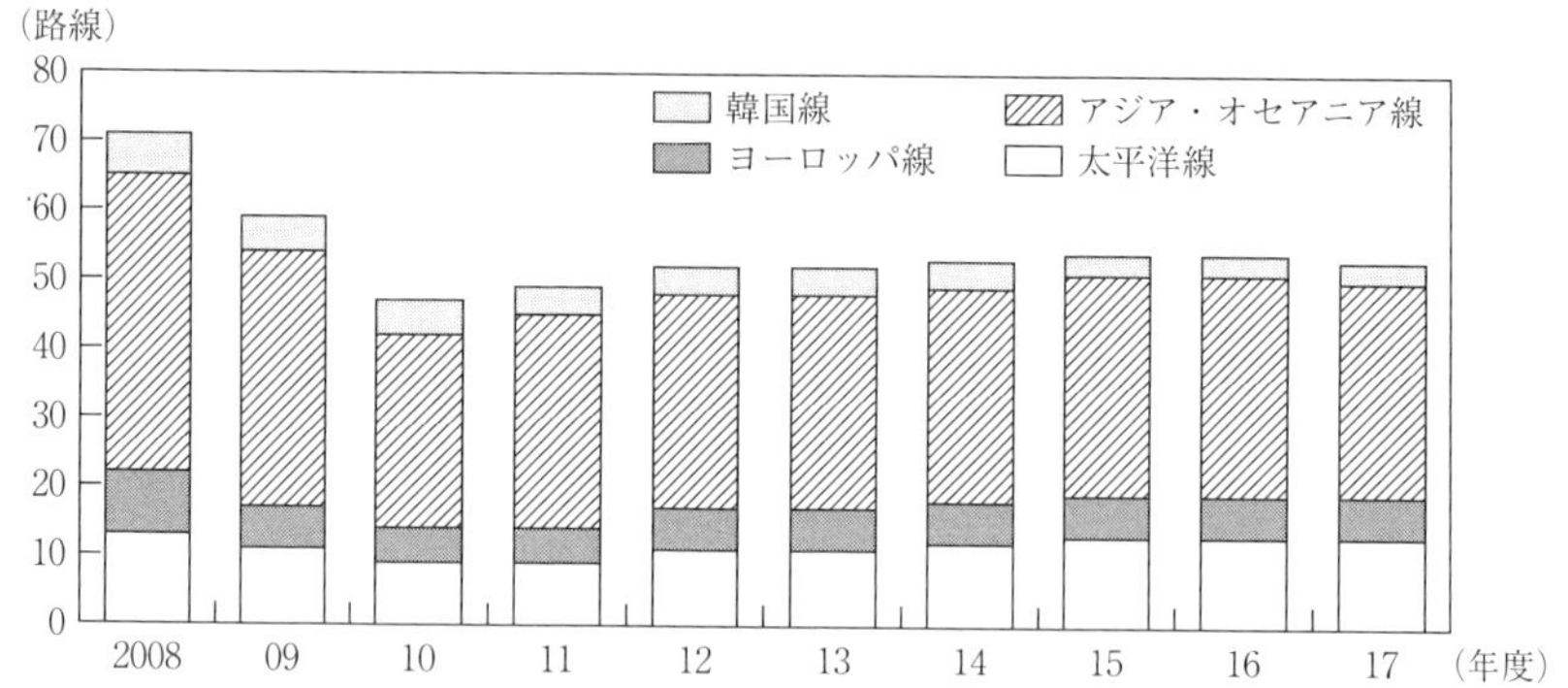

（注）日本航空株式会社『JAL 国際線時刻表』2008年度～2017年度より作成。2008年度～2010年度はJAL と JAL Ways の2社合計値、2011年度～2017年度はJAL 単体の数値である。路線数の集計にあたっては、出発地となる空港と終着地となる空港を結ぶ区間を一路線とし、国際線全路線を「太平洋線」「ヨーロッパ線」「アジア・オセアニア線」「韓国線」の4つに区分した上で、各年度末日におけるそれぞれの区分の路線数をカウントした。

図表6-5　国内旅客事業における路線数の推移（2008年度以降）

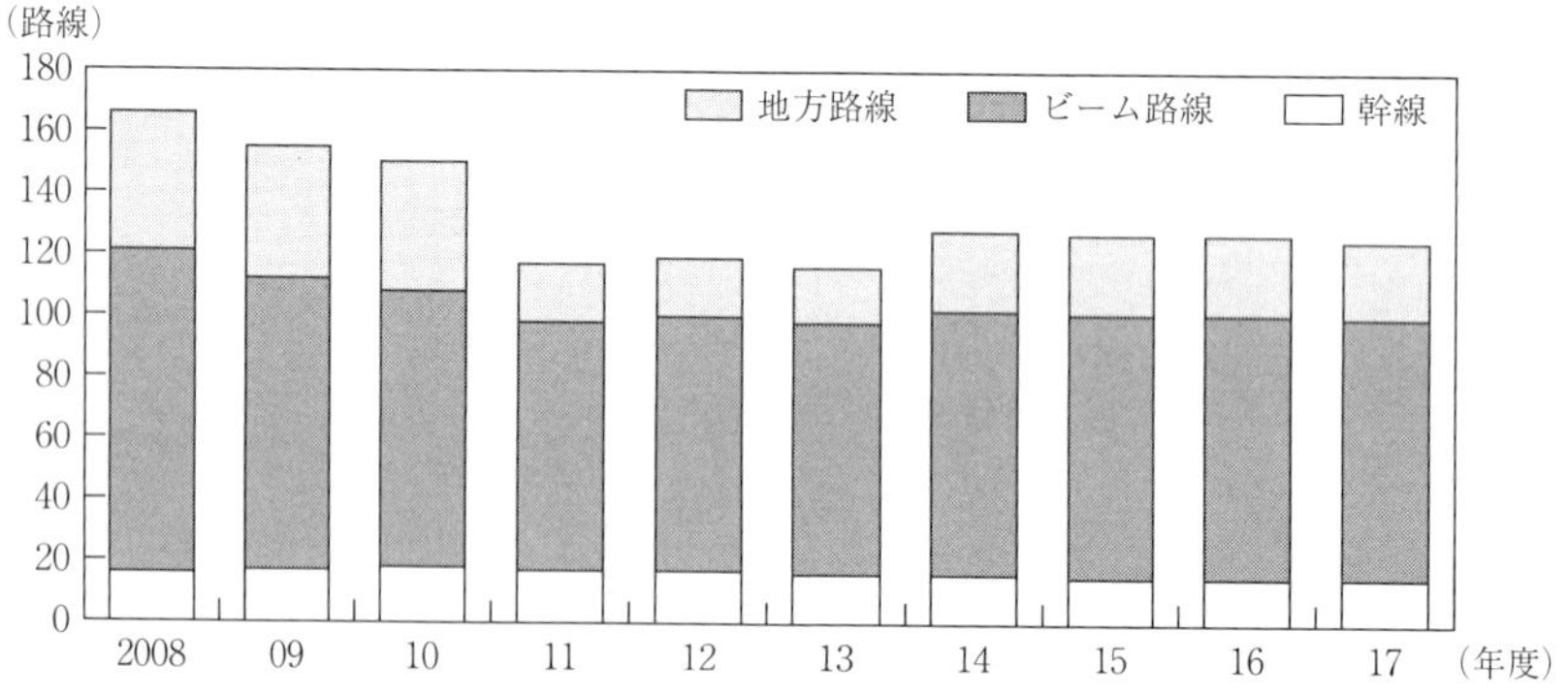

（注）日本航空株式会社「JAL グループ　マンスリー　レポート」『JAL Group News』2009年3月号～2018年3月号より作成。2008年度～2010年度はJALS連結、2011年度～2017年度はJAL 連結の数値である。なお、臨時便およびチャーター便の路線については、路線数より除いている。

なっていた。さらに言えば、客室本部（客室乗務員を除いた場合）にとっての顧客は、客室乗務員自身となっていた(115)。本来的な意味での「顧客」を軽視するこうした姿勢が、経営と現場のコミュニケーションが進むことで、大きく変わっていったのである。

きっかけの一つとして、稲盛氏による現場訪問をあげることができよう。氏の「現場の

図表6-6　自社所有機材とリース調達の推移（2008年度以降）

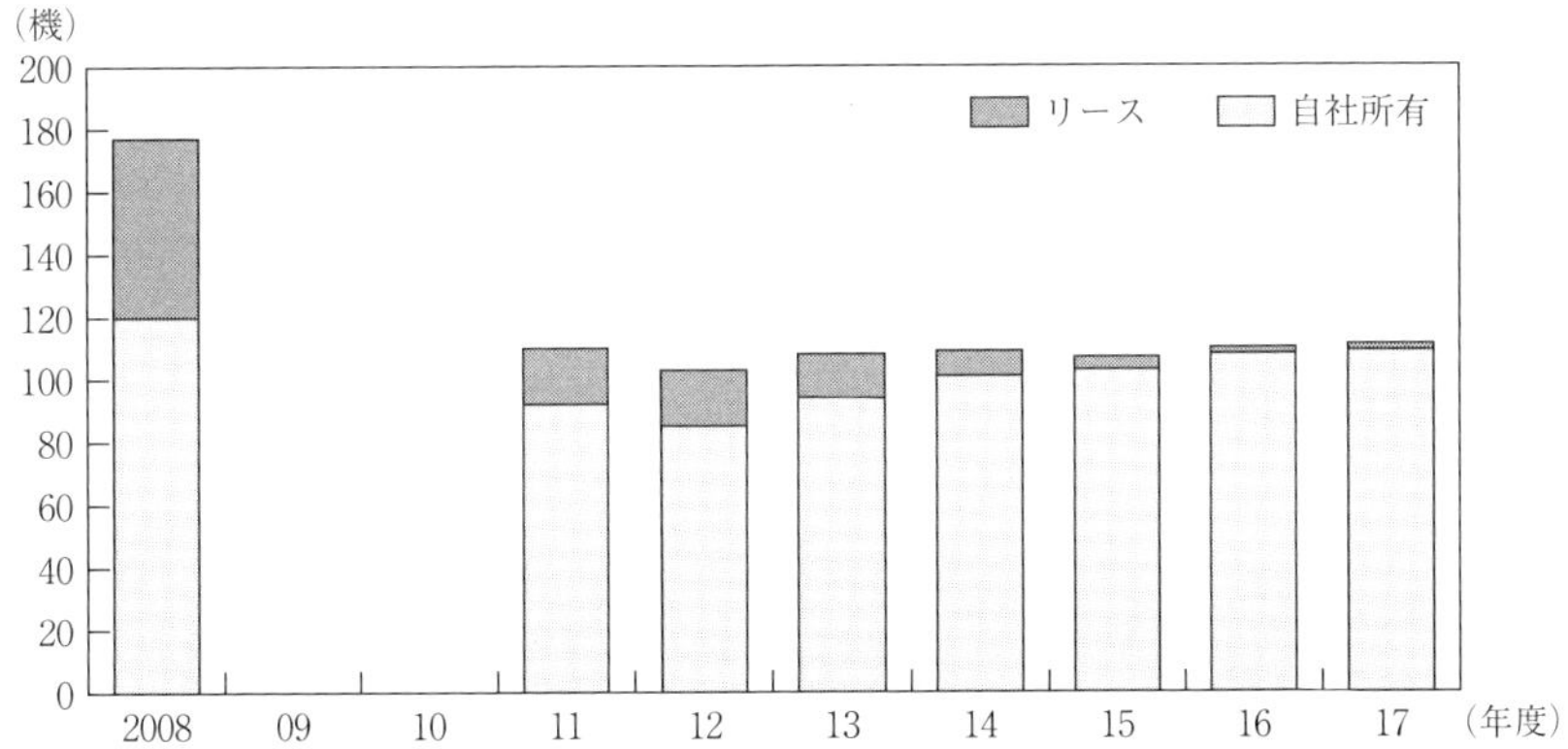

（注）株式会社日本航空インターナショナル『有価証券報告書』2008年度；日本航空株式会社『有価証券報告書』2012年度～2017年度より作成。JAL単体の数値である。

力なくして再建はあり得ない」という言葉は、運航現場の士気を確実に高めていった。当然、こうした言葉と行動は「現場社員のみならず、上司にあたる管理者層や経営幹部の心」にまで深く響いたはずである。結果、社長を始めとする幹部が、氏に倣い、現場に足を運ぶようになったとも報告されている。[116] その意味で、かつての「経営層の基本姿勢」「組織体質」は、リーダー教育と部門別採算制度の導入、さらには稲盛氏の具体的な実践により、大きく変わっていったとまとめることができよう。

以上より、本プロジェクトは、稲盛氏ら京セラチームによる試みが、過去の経営哲学に代わる「新たな哲学」の醸成に大きく寄与したと結論づける。もっとも、京セラチームによる試みだけがＪＡＬにおける「経営哲学の刷新」を可能にしたわけではないが、本章で概観した通り、それがＪＡＬを「中長期志向」「責任受容」「対話重視」の方向へと強力に導いたことは間違いない。

原理的に言えば、これらの新たな特性が、いずれも対症療法的な措置でよしとするかつての意思決定前提を改め、問題の抜本的な解決を促すこととなった。さらに表現すれば、これこそが「問題の先送り」や「構造的問題の鼎立化」を防ぐ新生ＪＡＬの経営哲学となったわけである。かかる意味で、本プロジェクトは、稲盛氏らによる経営哲学

図表 6‐7　再上場以降の JAL の業績推移

主な経営指標　＼　年度	2013	2014	2015	2016	2017
事業収入（億円）	1兆3093	1兆3447	1兆3367	1兆2890	1兆3833
営業利益（億円）	1668	1797	2092	1703	1746
経常利益（億円）	1576	1753	2092	1650	1632
当期純損益（億円）	1663	1490	1810	1709	1410
国際線旅客事業					
旅客収入（億円）	4375	4548	4487	4152	4629
有償座席利用率（%）	76.5	75.7	79.7	80.3	81.0
国内線旅客事業					
旅客収入（億円）	4874	4875	5012	4986	5182
有償座席利用率（%）	64.0	66.1	67.9	69.3	71.8

（注）日本航空株式会社『有価証券報告書』2013年度～2017年度；日本航空株式会社『JAL REPORT』2018年3月期より作成。連結の数値である。

刷新が「ＪＡＬ再生（広義）」にとって、特に「ＪＡＬの持続的成長」にとって何よりも重要な改革であったと主張したい。

参考のため、持続的成長の段階に入ったＪＡＬの国際線の路線数（図表6‐4）、国内線の路線数（図表6‐5）、それに自社所有機材とリース調達（図表6‐6）が、二〇〇八年度以降、それぞれどのように推移していったのかを図示しておきたい。いずれも規模は縮小させているものの、図表6‐7に見られる通り、ＪＡＬは超優良企業として持続的成長のステージに入っている。

ただ、経営層の基本姿勢や組織体質は、一度、改善されれば、そのまま良き状態を保つというものでもない。例えば、二〇一八年一〇月末、ロンドン・ヒースロー空港において、搭乗前のＪＡＬ運航乗務員の体内より異常に高いアルコールが検出され、翌月、同乗務員が当地裁判所にて実刑判決を受けることとなった。会社としてのＪＡＬは、こうした「安全を蔑ろにする行為」があったこと、そしてそれが社内のアルコール検査を簡単にすり抜けていたことを重く受け止める必要があろう(117)。それは利用者の「安全に対する信頼」を裏切る著しい怠慢であり、さらには「一人ひとりがＪＡＬ」という『京セラフィロソフィー』の精神に悖る行為だからである(118)。

「事が成るは逆境の時、事が破るるは順境の時」と言われるように、持続的成長期（二〇一二年度以降）に入り、これだけの好業績が続けば、運航乗務員のみならず、役員・幹部の意識も緩んでいく可能性がある。社内に慢心が生まれれば、「これは会社として正しいことを実践していることの証である」との自己賞賛さえ生まれかねない。こうした気持ちの緩みや慢心が出てきた時、ＪＡＬの持続的成長は再び危うくなる。これは、稲盛氏が、ＪＡＬ再生にあたり、幾度も強調してきたところである。

現在のところ、市場は総じてＪＡＬを高く評価しているが、株主の利益だけでなく、「全社員の物心両面の幸福」という基本にも立ち返り、持続的成長期に入った会社に相応しい管理や報酬の体系を考え直すべき時期に来ているのかもしれない。またそれと併せ、大きく変わるビジネス環境の中で、ＪＡＬ経営層は、自社グループの成長や利益だけでなく、人権、労働、環境、腐敗などのグローバル課題に対しても、「人間として何が正しいか」「経営者として何が正しいか」「会社として何が正しいか」を考え、実践することが求められているのではなかろうか。(119) 良き会社を創る上で、この取り組みに終わりがないことを強調し、本章を終えることにしたい。

注

（1）瀬戸によれば、支援機構が支援決定をする際の「事業再生計画」における合理化対策は、不採算路線を、二〇〇九年度対比で、国際線は九三路線を七九路線に、国内線は一三六路線を一一九路線に削減。機材に関しては、Ｂ７４７‐４００（三七機）とＭＤ‐90（一六機）を退役させ、小型機五〇機を導入する計画であった。これに対し、二〇一〇年一一月三〇日に裁判所が認可決定した「更生計画」では、大型機材の退役をさらに早め、路線では、二〇一二年度末までに、国際線六五路線、国内線一〇九路線にまで縮小する計画であった。瀬戸英雄「日本航空の再建―企業再生機構による再生支援と会社更生手続き」『田原睦夫先生古希・最高裁判事退官記念論文集　現代民事法の実務と理論』きんざい、二〇一三年、八九七頁。

（2）政府・政投銀からの融資に過剰に依存することで、ＪＡＬは、運航路線や便数に関し、一段と経営の裁量を狭めていった。

（3）町田によれば、西松氏が社長に就く直前の二〇〇六年三月期決算の段階で、既に二つの簿外負債が巨額になっていた。第一は退職給付関係の簿外債務で、第二は所有権移転外ファイナンス・リース（途中解約しても契約満了までリース料を支払わなければならない契約）、オペレーティング・リース（解約すればリース料の支払い義務がなくなる契約）に関するもので、年金とリースを合わせた簿外債務は（公認会計士などの意見を元に試算すると）、八八五八億円になり、債務超過額も七三七八億円であったという。町田徹『JAL再建の真実』講談社、二〇一二年、三三～三九頁。

（4）タスクフォースは、個人的な人間関係などを通じてスタッフを大量に集め、最終的には当初計画の三倍以上にまで人員を増やしていった。またタスクフォースは、主要メンバーを、JAL役員とすることなども、JAL側に要求した。これらは「利益相反」とも批判されかねない行動であった。町田『JAL再建の真実』一二七～一三二頁。

（5）町田『JAL再建の真実』一三八～一四四頁。

（6）再生タスクフォースのリーダーは高木新二郎氏であった。高木氏は「私的整理」に精通しており、「事業再生ADR」を念頭に、JAL再生計画を作成しようとしていた。これに対し、企業再生支援機構の瀬戸英雄氏は「法的整理」を専門とし、その視点より、再生プランを作成していった。大西康之『稲盛和夫最後の闘い―JAL再生にかけた経営者人生』日本経済新聞出版社、二〇一三年、六九頁、七八頁。

（7）このため、二〇〇九年一一月一〇日、政府は、JALに対し一〇〇〇億円のつなぎ融資を実施している。町田『JAL再建の真実』一四八～一四九頁

（8）大鹿靖明『堕ちた翼―ドキュメントJAL倒産』朝日新聞出版、二〇一〇年、一四頁。

（9）「JAL年金問題の一部始終―OB団体陥落の舞台裏」東洋経済 Online、二〇一〇年〇一月一九日。

（10）大鹿『堕ちた翼』二〇六頁。

（11）小野展克『JAL虚構の再生』講談社、二〇一四年、二三五～二三八頁：大鹿『堕ちた翼』一八～一九頁、二〇一一～二〇三頁。

（12）西松氏は、二〇〇六年四月～同年六月の定時株主総会までの期間、代表取締役専務として務め、同総会決議をもって、同日、代表取締役兼CEOに就いている。なお、二〇〇六年一〇月一日、JALJとJALIが合併している。また同総会では、持株会社とJALIの経営一体化を進めるため、取締役と監査役の一元化を図っている。株式会社日本航空インターナショナル『有価証券報告書』第五七期、二〇〇六年度、四四～四八頁、五一頁：株式会社日本航空『有価証券報告書』第五期、二〇〇六年度、四七～五二頁、五五頁。

（13）株式会社日本航空「二〇〇七～二〇一〇年度JALグループ再生中期プラン」（発表資料）二〇〇七年二月六日。

（14）日本航空『JAL Group News』第〇七一四九号、二〇〇八年二月二九日、一頁。

(15) 株式会社日本航空「二〇〇七～二〇一〇年度JALグループ再生中期プラン」四～六頁。
(16) 実際の取り組みについては、本書第五章第六節を参照されたい。
(17) 実際の取り組みについては、本書第三章第六節を参照されたい。
(18) 実際の取り組みについては、本書第四章第六節を参照されたい。
(19) 例えば、B747‐400について言えば、一九八九年度の五機（一機リース）は二〇〇五年には四二機（一機リース）となっているが、西松氏が社長に就任した二〇〇六年度には三九機（一機リース）となり、最終年度の二〇〇八年度には三七機（リース機材なし）となっている。B747クラシックについては、一九八九年度の五三機（七機リース）は二〇〇五年には一六機（四機リース）となっているが、西松氏が社長に就任した二〇〇六年度には一一機（三機リース）となり、最終年度の二〇〇八年度には六機（〇機リース）となっている。西松氏は、これらのジャンボ機を減らす一方で、B767、B777、B737を着実に増やしている。日本航空株式会社『有価証券報告書』第四〇期、一九八九年度、二五頁：株式会社日本航空インターナショナル『有価証券報告書』第五六期、二〇〇五年度、三一頁：株式会社日本航空インターナショナル『有価証券報告書』第五九期、二〇〇八年度、三四頁。
(20) 二〇〇七年五月上旬、政投銀などが七一〇億円の追加融資に合意、これをもって五月の社債償還に対応した。町田『JAL再建の真実』八四～八六頁。二〇〇九年六月、政投銀などがJALに協調融資（融資の八割に政府保証）。ただし、JAL希望額の半額で一〇〇〇億円の融資しか受けられなかった。町田『JAL再建の真実』一〇七頁：小野『JAL虚構の再生』四一～四二頁。
(21) JALは、二〇〇九年七月にA種株主（銀行など）に対し、単体決算において配当可能利益があることを理由に、総額六三億円の配当を実施しているが、「調査報告書」によれば、これは、配当がなければ、デフォルト扱いで債務者区分が引き下げられ、融資の継続や新規融資が不可能になるとの懸念より行なわれたものとされている。コンプライアンス調査委員会「調査報告書（要旨）」二〇一〇年八月二六日、一八～一九頁。
(22) 大西『稲盛和夫最後の闘い』四三頁。
(23) 町田『JAL再建の真実』二八頁。西松氏の社長人事については、氏がたまたまいずれの派閥にも属していなかったためと捉える立場もある。杉浦一機『JAL再建の行方―復活か、再び破綻か』草思社、二〇一〇年、五四～五五頁。
(24) 大鹿『堕ちた翼』一九頁。

(25) JALは、企業再生支援機構より三五〇〇億円（資本金一七五〇億円、資本準備金一七五〇億円）の出資を受け、企業再生支援機構の下に置かれた。総額三五〇〇億円の公的資金の注入については、国土交通省航空局「日本航空の再生について」二〇一二年一一月、五頁。

(26) 二〇一〇年七月末時点では、社債やデリバティブ（金融派生商品）なども含めた債権放棄要請額は全体で五二一六億円となっていた。この時、JALと管財人の企業再生支援機構が民間銀行団に対し要請した債権放棄額は三八三〇億円となっている。内訳は、政投銀が一四二一億円、みずほコーポレート銀行が五六六億円、三菱東京UFJ銀行が五一四億円、三井住友銀行が一七六億円などとなっている。「日航向け債権放棄、民間金融は三八三〇億円」日本経済新聞電子版ニュース、二〇一〇年七月二八日。総額五二一五億円の債権放棄については、国土交通省航空局「日本航空の再生について」二〇一二年一一月、三頁。

(27) 大鹿『堕ちた翼』一〇〜一一頁。

(28) 瀬戸「日本航空の再建」『現代民事法の実務と理論』八九七頁。

(29) 瀬戸「日本航空の再建」『現代民事法の実務と理論』八九七頁。

(30) 株式会社日本航空インターナショナル『有価証券報告書』第五七期、二〇〇六年度、四四〜四五頁：株式会社日本航空インターナショナル『有価証券報告書』第五八期、二〇〇七年度、四五頁：株式会社日本航空インターナショナル『有価証券報告書』第五九期、二〇〇八年度、四二頁。

(31) 持株会社とJALインターナショナルの社長兼CEOに就任しながらも、報酬は部長クラスの年収より低い九六〇万円とした。またコスト削減の一環として専用車も廃止し自ら進んで電車・バス通勤とした。これらはいずれもJALにおける「経営層の基本姿勢」の転換を象徴する行動であった。また西松氏は、経営責任をさらに明確にするため、二〇〇七年二月より、「役員報酬返上の拡大」を実施している。株式会社日本航空「JALグループコスト削減策詳細―二〇〇七〜二〇一〇年度JALグループ再生中期プラン」（付属資料）二〇〇七年二月六日、一頁：大西『稲盛和夫最後の闘い』四三頁。こうした動きがある中で、ハイヤー通勤していたパイロットたちも電車を使うようになったという。大西『稲盛和夫最後の闘い』一九三頁。

(32) もっとも、運航トラブルなどを受け、二〇〇五年八月、安全アドバイザリーグループが組織され、二〇〇五年一二月に『再生に向けての提言書』がまとめられたため、二〇〇六年頃より、「組織体質」も徐々に変わり始めていた。例えば、『提言書』を受け、二〇〇六年二月、有志がCLM（コミュニケーションリーダー・ミーティング）を組織している。CLMは運航、整備、客室、空港、営業の各社員が部門を超えて対話し企業風土を改革しようとする運動であった。この活動を通じて社員の声を集め、二〇〇八年には、その声に基づいて『ひらけ、ＪＡＬ』という冊子を作成・発行している。引頭麻美『ＪＡＬ再生――高収益企業への転換』日本経済新聞社、二〇一三年、八三～八六頁。ただ、この活動は有志を中心としたものであったため、グループ全体の「組織体質」を一気に変えるところにまでは行かなかった。

(33) コンプライアンス調査委員会による「調査報告書」は、ＪＡＬにおいては「取り組むべき課題は多くかつ明らかであった」。しかし、「これに正面から取り組むことを避け、先送りを続けてきた」「このような問題先送りの無責任体質は、経営トップから経営中枢部に至るまで会社の経営部門全体にわたって蔓延」していたと断じている。コンプライアンス調査委員会「調査報告書」二一頁。同調査委員会は、この「重要課題を先送りする無責任体質」と併せ、破綻前のＪＡＬでは「経営判断に対する責任感」が欠けていたとも指摘している。コンプライアンス調査委員会「調査報告書」二三頁。

(34) もちろん、これが一九八〇年代中盤以前のＪＡＬにも一貫して見られた姿勢であるなどと言うつもりはない。例えば、創業当時のＪＡＬにおいては、日本の経済復興と自立という高邁な理念を掲げ、中長期的な視点をもって経営層はその任にあたっていた。その姿勢がバブル景気を境として大きく変わったと見るべきであろう。

(35) ＪＡＬの企業風土が「親方日の丸」「官僚的」であったということは、ＪＡＬ自身が認めている。日本航空株式会社広報部『回顧と展望』一九八六年一二月、四八頁。

(36) 大田によれば、ＪＡＬでは、破綻直後、破綻の原因を、幹部はイベント・リスクなどの外部要因に求め、社員は「本社にいる経営陣の責任」に求め、さらに経営側は「現場の社員や組合」に求めていたという。大田嘉仁「日本航空の再生プロセスと経営哲学の浸透」『日本航空の再生プロセスと経営哲学の浸透』京セラ経営哲学寄附講座成果報告、京都大学経営管理大学院（二〇一四年三月一〇日開催）三九～四一頁。

(37) 堀は、ＪＡＬには企業としての一体感が欠けており、その原因は労務管理の失敗にあったと指摘している。そして失敗のもとが一九六五年に始まった会社側の組合分断工作にあり、経営側が主流派組合として「全日本航空労働組合」（全労）の前身である「民労」を設立したことにあると指摘している。堀雅通「株式会社日本航空の経営破綻と再建に関する一考察」『観光学研究』第一四号、二〇一五年、二七～二八頁。森も、「全日本航空労働組合」は、ＪＡＬ経営側が先鋭的な日本航空労働組合の分断を図るために設立したとしている。なお、一九八五年一二月に副会長職（後に会長職）に就任した伊藤淳二氏は、反主流派組合（日本航空労働組合など）を厚遇し、主流派（ＪＡＬ労働組合の前身である全日本航空労働組合）を冷遇した。その結果、全労や広報部、経営企画室などが、反伊藤でまとまったという。森功『腐った翼――ＪＡＬ六五年の浮沈』講談社、二〇一六年、七五～七八頁。

(38) 例えば、破綻前のＪＡＬでは、経営陣が「社員＝組合」と見る傾向にあったため、「経営に関わる数字など」は、争議の材料として使われるため、組合に対しては「本当のことを教えてはならない」という暗黙の了解が経営側にあったと指摘されている。大西康之「迫真スペシャル『会長、あれは禁句です』――日航・稲盛和夫」日本経済新聞電子版ニュース、二〇一三年二月一八日。

(39) 引頭は、組合側から見れば、破綻前のＪＡＬの経営は納得できるものではなかったと指摘している。例えば、経営管理数値の「どんぶり勘定」が常態化している状況では、組合の理解を得ることも困難であったと述べ、また中堅幹部の言葉を引用し、昔の幹部（部長）は個室や車を与えられ、一般社員などとは会話もしなかった、と紹介している。引頭『ＪＡＬ再生』一二七～一二八頁。

(40) 機材関連報奨額は一九九八年度に一九一億円、一九九九年度に三三億円と減らし、一旦は計上を控えていたが、二〇〇一年の同時多発テロを受け、兼子氏は二〇〇二年度よりこれを復活させた。その金額は、二〇〇二年度が四二一億円、二〇〇三年度が二九三億円、二〇〇四年度が四八四億円と桁違いの金額となっている。

(41) コンプライアンス調査委員会「調査報告書」七頁。

(42) 寺本は、京セラチームによる取り組みが、二〇一〇年一月～二〇一二年九月にかけ、経営層と従業員の意識を確実に変えていったことを検証するため、「トレードオフ」と「プロフェッショナル」という概念に着目した分析を行なっている。トレードオフという発想が止揚されることで、利益志向の経営が可能となり、またプロフェッショナルという意識が止揚されることで、愛社精神が生まれたと捉えている。その変化の過程を、社内報の分析を通じて明らかにしている。寺本佳苗「ＪＡＬ社員の意識はどのように変化したか――『利益』概念に着目して」『ＪＡＬ破綻から再上場までのプロセス――稲盛氏の動静とＪＡＬ社員の意識の変化』麗澤大学企業倫理研究センター Working Paper、第一九号、二〇一八年一一月、五五～七九頁。

(43) 多くのＪＡＬ関係者が明確にこの二つが重要であったと語っている。例えば、二〇一八年時点でＪＡＬ副社長を務める藤田氏は、会社の代表者として、この点をベトナム共産党幹部・国営企業幹部に対する講演会で説明している。藤田直志「日本航空におけるフィロソフィ浸透への取り組み」『日本の知見共有セミナー　稲盛哲学――組織構築における公務員の倫理』二〇一八年三月六日開催。

(44) 田中は、意識改革が二〇一〇年二月一日に発行された社内報特別版の就任挨拶文より始まったと捉え、それも含め、一連の意識改革の全体像を体系的に整理している。田中敬幸「ＪＡＬ社員と京セラグループは何を行ったのか―日本航空の再上場過程における意識改革」『ＪＡＬ破綻から再上場までのプロセス―稲盛氏の動静とＪＡＬ社員の意識の変化』麗澤大学企業倫理研究センター Working Paper、第一九号、二〇一八年一一月、二七～五三頁。

(45) 二〇一〇年一二月、部門別採算制度を実施するための新体制が敷かれ、翌年四月、情報システムの整備とともに、同制度は本格運用に入った。森田直行『全員で稼ぐ組織―ＪＡＬを再生させた「アメーバ経営」の教科書』日経ＢＰ社、二〇一四年、一〇二頁：大西『稲盛和夫最後の闘い』一五一頁。なお、部門別採算制度が本格的に導入されたのは二〇一一年四月となっている。これに先立ち、経理改革が進み、二〇一〇年五月には、連結での決算が翌月把握できるようになっている。また路線一便一便の収支については、二〇一〇年三月より週毎に、八月以降は翌日には把握できるようになっている。原英次郎『心は変えられる 稲盛和夫流・意識改革』ダイヤモンド社、二〇一三年、一六〇頁。

(46) 木谷・宮田によれば、稲盛氏が直接行なった講義は六回であった。内容としては「現場の状況を数字で把握できるようにならなければ本当の経営はできない」「経営の要諦は売上最大、経費最小なので、それをリーダーとして率先して実行していかなければならない」「リーダーは高邁な考え方を持たなければならない」「立てた目標はどのような環境の変化があってもそれを達成しようとする強い熱意、意志を持っていなければならない」というものであった。木谷重幸・宮田昇「稲盛日本航空会長は何を行ったのか」『ＪＡＬ破綻から再上場までのプロセス―稲盛氏の動静とＪＡＬ社員の意識の変化』麗澤大学企業倫理研究センター Working Paper、第一九号、二〇一八年一一月、一四頁。

(47) 原『心は変えられる』一一四～一一五頁。

(48) 大西『稲盛和夫最後の戦い』九〇～九一頁。

(49) 木谷・宮田によれば、ＪＡＬでは、二〇一〇年五月に「京セラ出身の大田嘉仁常務を中心とする意識改革推進準備室を設け、社員の意識改革を進めることになった」という。「その初仕事として、二〇一〇年六月、社長を含む経営幹部五二名」を対象とし、毎週二～三回の、一カ月以上にわたるリーダー教育（一七回）を実施することとなった。木谷・宮田「稲盛日本航空会長は何を行ったのか」一八頁。

(50) 大西『稲盛和夫最後の戦い』三七～三九頁。

(51) 大田嘉仁『ＪＡＬの奇跡―稲盛和夫の善き思いがもたらしたもの』致知出版社、二〇一八年、一一一～一一二頁。

(52) この発言をしたのは池田博氏という。西松社長とともに「過去の経営陣が残した負の遺産と戦ってきた」人物と評されている。大西『稲盛和夫最後の戦い』四一～四二頁。大田は、発言者を社内において社長候補と目されていたエース中のエースだったと説明している。大田『JALの奇跡』一一八頁。
(53) 田中「JAL社員と京セラグループは何を行ったのか」三九頁。
(54) この議論は、JALが「デルタ航空またはアメリカン航空との資本業務提携で、ピンチを乗り切る道を模索」する中で出てきた。大西『稲盛和夫最後の闘い』一一三頁。
(55) 大西『稲盛和夫最後の闘い』一一四～一一五頁。
(56) 大西『稲盛和夫最後の闘い』一一六～一一七頁：大田『JALの奇跡』二〇八～二〇九頁。木谷・宮田によれば、稲盛氏は「今までアライアンスを組んできたのに、もしJALとアメリカン航空がアライアンスを解消してしまえば、アメリカン航空は太平洋線での共同運航相手がいなくなって、まったく孤立無援の状態になってしまう」「そういうふうに今まで組んできた相手、つまり友達をなくして、太平洋航路において壊滅的な打撃を受けることになってもいいのかどうか」「もう一度、その善悪、人間として、人間の道として正しいか正しくないかという判断で考えてくれ」と幹部に伝えたという。木谷・宮田「稲盛日本航空会長は何を行ったのか」一一二頁。
(57) 大西康之「迫真スペシャル『最後の愛弟子』―日航・稲盛和夫」日本経済新聞電子版ニュース、二〇一三年二月二一日。その後、アメリカン航空（ワンワールド）は、中国最大手の中国南方航空（スカイチーム）に二億ドルを出資し、コードシェア便を飛ばすことになる。デルタ航空はこの時、既に中国東方航空に四億五〇〇〇万ドルを出資し、コードシェア便を飛ばしていた。稲井創一「航空米中首位が提携―アメリカン、中国南方に出資」『日本経済新聞』（夕刊）、二〇一七年三月二九日、三頁。
(58) 小野展克『巨象の漂流―JALという罠』講談社、二〇一〇年、二五三頁。
(59) 大西『稲盛和夫最後の闘い』四一頁。
(60) 青山敦『京セラ稲盛和夫 心の経営システム』日刊工業新聞社、二〇一二年、一二四～一二五頁。
(61) 青山『京セラ稲盛和夫 心の経営システム』一三七～一四一頁。
(62) 劉美玲「業績連動報酬がアメーバ経営に与える影響―中国企業のデータによる分析」『原価計算研究』第四二巻第二号、二〇一八年、一一頁。
(63) 劉「業績連動報酬がアメーバ経営に与える影響」一一〇頁。

(64) 窪田祐一・三矢裕・谷武幸「アメーバ経営は企業に成果をもたらすのか―導入企業九七社へのアンケートに基づく実態調査」『アメーバ経営の進化―理論と実践』アメーバ経営学術研究会編、中央経済社、二〇一七年、一三九頁。
(65) 大西『稲盛和夫最後の闘い』一六一頁：原『心は変えられる』六九～七〇頁。
(66) JALは、二〇一〇年八月に検討委員会を立ち上げ、九月にフィロソフィ執筆の作業を行なうワーキング・グループを設置した。木谷・宮田によれば、各部門のリーダーを中心に何度も討議が繰り返され、年末に「JALフィロソフィ」四〇項目の編集が完了したという。木谷・宮田「稲盛日本航空会長は何を行ったのか」一二三頁。
(67) 大田『JALの奇跡』一三九～一四〇頁。
(68) 田中「JAL社員と京セラグループは何を行ったのか」四二頁。
(69) 大田『JALの奇跡』一四一～一四二頁。このワーキング・グループ・メンバーには、後のJAL社長となる路線統括本部長の植木義晴氏も含まれていた。田中「JAL社員と京セラグループは何を行ったのか」四一頁。
(70) 大田『JALの奇跡』一五一頁。
(71) 大西『稲盛和夫最後の闘い』一七八頁。
(72) 原『心は変えられる』一〇四～一一一頁。
(73) 大田『JALの奇跡』一四七頁。
(74) 引頭『JAL再生』一八〇頁。
(75) 引頭『JAL再生』一八四～一八六頁。
(76) 大西『稲盛和夫最後の闘い』三八～三九頁。例えば、二〇一〇年七月末、稲盛氏が『JALフィロソフィ』作成の構想を発表した際、大西社長は、策定ワーキング・グループのメンバーとして、第一回リーダー教育を受けた幹部の中から一〇名を人選したが、その中には、前向きな幹部もいれば、冷めた見方をする者もいたという。これは、裏返せば、幹部の発想は、リーダー教育だけですぐに変わるようなものではなかったことを示唆している。引頭『JAL再生』七六～七七頁。
(77) 第一回目の報告会は、二〇一〇年五月二六日に開催された。木谷・宮田「稲盛日本航空会長は何を行ったのか」一四頁。
(78) 大西『稲盛和夫最後の戦い』一一七～一二一頁。
(79) さらに付け加えれば、部門別採算制度は「問題を先送りしない人材」を、また「責任を他に転嫁しないリーダー」を育成する教育プログラムでもあった。通常、教育効果は、現在の幹部だけでなく、次の幹部にも、またその先の幹部にも及んでいく。

つまり、その教育効果が、JALの持続的成長を一層確実にしたと解される。
(80) 寺本「JAL社員の意識はどのように変化したか」六六頁。
(81) 寺本「JAL社員の意識はどのように変化したか」五七〜六〇頁。
(82) 寺本「JAL社員の意識はどのように変化したか」六七〜六九頁。
(83) 日本航空広報部『Route』第三八号、二〇一一年一二月、三〜四頁。
(84) 寺本「JAL社員の意識はどのように変化したか」六九頁。
(85) 桑原幸作「JAL、ANAに暗雲？ B787は大丈夫か―出火事故に続きまたトラブル」東洋経済Online、二〇一三年一月九日。
(86) 大西『稲盛和夫最後の闘い』一五八〜一五九頁。
(87) 大西『稲盛和夫最後の闘い』一六一頁。
(88) 近藤大輔・三矢裕「サービス品質を高めるアメーバ経営―日本航空株式会社の客室サービスを変えたJALフィロソフィ」『アメーバ経営の進化―理論と実践』アメーバ経営学術研究会編、中央経済社、二〇一七年、二八頁。
(89) 近藤・三矢「サービス品質を高めるアメーバ経営」二九頁。
(90) 近藤・三矢「サービス品質を高めるアメーバ経営」二九〜三〇頁。
(91) 信頼回復プロジェクト・コミュニケーションリーダー『ひらけ、JAL』日本航空、一七頁。
(92) 引頭『JAL再生』八四〜八五頁。
(93) 信頼回復プロジェクト・コミュニケーションリーダー『ひらけ、JAL』八頁、一八頁。
(94) 信頼回復プロジェクト・コミュニケーションリーダー『ひらけ、JAL』五〇頁。
(95) 近藤・三矢「サービス品質を高めるアメーバ経営」『アメーバ経営の進化』三四〜三五頁。
(96) 近藤・三矢「サービス品質を高めるアメーバ経営」『アメーバ経営の進化』三四頁。
(97) 近藤・三矢「サービス品質を高めるアメーバ経営」『アメーバ経営の進化』三一〜三二頁。
(98) 大西『稲盛和夫最後の闘い』六一頁：引頭『JAL再生』七八〜八〇頁：コンプライアンス調査委員会「調査報告書」二三頁：小野『JAL虚構の再生』一九六〜二〇四頁：大鹿『堕ちた翼』二九八〜三〇三頁：吉原公一郎『日本航空―迷走から崩壊へ』人間の科学新社、二〇〇五年、二五〜三七頁。

(99) 大西『稲盛和夫最後の闘い』五一〜五三頁。
(100) 大西『稲盛和夫最後の闘い』五三〜五五頁：引頭『JAL再生』七八〜七九頁：大田『JALの奇跡』七八〜七九頁。
(101) 大田は、労使の関係だけでなく、幹部同士の関係も決して好ましいものではなかったと指摘し、「幹部は同僚や社員を信用しない、社員は上司を信用しないという風土」があったと述べている。大田『JALの奇跡』八二〜八三頁。
(102) 稲盛氏らは、正規雇用の社員のみならず、非正規雇用の派遣社員なども含めてパートナーとして捉え、「JALに集う全社員との一体感」を高めようと努めている。例えば、破綻前JALでは、社内教育の主な対象者は正規社員に限られていたが、『JALフィロソフィ』の研修では、JALの制服を着用するすべての社員が、つまり、正社員のみならず、契約社員、派遣社員、委託先社員などが参加している。大田『JALの奇跡』八二頁、一五六〜一五八頁。
(103) 大田『JALの奇跡』一八八〜一八九頁。
(104) 大田『JALの奇跡』一九一〜一九二頁。
(105) 引頭『JAL再生』二〇頁。それがかなり厳格に精査された更生計画であったことを示す証左として、二〇一〇年六月末に東京地裁に提出予定であった更生計画案が甘いという理由で、銀行団側より激しい批判を受け、さらに二カ月先延ばしされたことをあげておきたい。小野『巨象の漂流―JALという罠』二五八〜二五九頁。
(106) 窪田・三矢・谷「アメーバ経営は企業に成果をもたらすのか」二三四頁。
(107) 窪田・三矢・谷「アメーバ経営は企業に成果をもたらすのか」二六〇頁。
(108) 引頭『JAL再生』一二〇〜一二一頁。
(109) 森田『全員で稼ぐ組織』九八頁。社員の言葉によれば「一番変わったのは、上の人が現場の仕事に興味を持ってくれたこと。部長や本部長から話しかけられることが多くなったこと」という。引頭『JAL再生』一四四頁。
(110) 引頭『JAL再生』一二四頁。
(111) 森田『全員で稼ぐ組織』一〇七頁。
(112) 森田『全員で稼ぐ組織』一〇九頁。
(113) 森田『全員で稼ぐ組織』一一〇頁。
(114) 大西『稲盛和夫最後の闘い』一六二頁。こうした変化については、引頭『JAL再生』一四二〜一四三頁でも紹介されている。

(115) 引頭『ＪＡＬ再生』一五五頁。
(116) 引頭『ＪＡＬ再生』一三五〜一四〇頁。
(117)「乗務前日に酒　英で逮捕」『日本経済新聞』(朝刊)、二〇一八年一一月二日、三九頁。
(118) 副操縦士の不正行為、その他運航乗務員による同種の問題行為に関しては、日本航空株式会社「運航乗務員の乗務前日の飲酒による法令違反について」(国土交通省航空局長に対する報告書)二〇一八年一一月一六日を参照されたい。
(119) 髙巖「第三者意見」『JAL REPORT 2014』日本航空株式会社財務部・総務部ＣＳＲグループ、二〇一四年、五二頁。

結びにかえて

本書では、独自の「包括的・論理的な説明枠」を構築し、それに沿って、「ＪＡＬ破綻と再生に関する因果連関」を整理してきた。これをまとめれば、二〇〇六年六月に西松遙氏が社長就任する前の段階で、ＪＡＬは既に構造的問題が相互に絡み合う「鼎立状態」に陥っていた。一度、この状態に陥ると、そこから抜け出すことは著しく困難となる。時間的余裕があれば、氏もこの鼎立状態からＪＡＬを救い出すことができたかもしれないが、その結果を見る前にリーマン・ショックの洗礼を浴び、万事休すとなった。ただ、西松氏が最後にやり遂げた「年金給付額の引き下げ」は、ＪＡＬ再生（二〇一二年九月の再上場）を決定づける重要な一手となった。これにより、鼎立状態にあった構造的問題が、まるでドミノが倒れていくかのように連鎖的に解決され、モノ、カネ、ヒトの効率的活用が一気に進んでいったからである。

では、「稲盛和夫氏らによる再生への試み」はどのような意味を持ったのか。言うまでもなく、ＪＡＬ再上場（狭義の再生）における稲盛氏らの貢献には、甚大なものがあった。しかし、京セラチームによる貢献のうち、最大のものは、「再上場」という一時的な組織事象にではなく、むしろ、ＪＡＬを新たな発展段階である「持続的成長のステージ」へと導いたことにある。

既述の通り、かつてのＪＡＬ経営層の基本姿勢と組織体質は「短期志向」「責任転嫁」「対話軽視」という特性に染まるものであった。稲盛氏はこれを「中長期志向」「責任受容」「対話重視」へと転換させ、伏魔殿とも言われた組織を「健全で持続可能な企業」へと創り変えていった。[1] 約言すれば、既存の経営哲学を改め、広義の意味での「ＪＡＬ再生」

を果たしたのである。これが氏らによる最大の貢献であり、本書全体を通じて明らかにしようとした結論である。

第一節　経営者のあるべき姿

さて、序論の末尾において「経営者のあるべき姿」について考えをまとめると述べておいた。よって、本書最後の課題として、経営層に求められる「品格」（character）について、本プロジェクトの理解を記すことにしたい。それは精緻な分析の上に展開される経営者論ではないが、本プロジェクトは「JALの破綻と再生」というダイナミックなプロセスを詳細に追っていく中で、問題を先送りしてきた経営者、内部抗争に走った経営者、破綻の原因をつくった経営者、問題解決に献身的に取り組んだ経営者、有終の美を飾った経営者、再生に真正面から取り組んだ経営者、血を吐く思いで再生に身を投じた経営者、そうした様々な顔の経営者を見ることとなった。中でも稲盛氏による実践には実に多くのことを学んだ。

それゆえ、たとえ精緻な分析を経たものでないとしても、「経営者の品格」に関する本プロジェクトの理解をここにまとめることは、組織社会学的にも経営学的にも、また企業倫理学的にも、十分に意味ありと考えている。この解釈を前提として、以下、五つの「徳目」という視点より「望まれる品格」を描き出すことにしたい。

ギリシャ哲学においては、品格とは「徳」（アレテー）とも呼ばれ、アリストテレス（紀元前三八四年〜前三二二年）が最も重視した「倫理的卓越性」に繋がる概念である。[2]「卓越した品格」と言えば、通常、先天的に優れた者だけが到達できる境地であるかのように解されるが、アリストテレスは、それが生まれながらのものではなく、[3]各自が仕事などを通じて育んでいくものと捉えている。「よい琴弾きとなるのも、あしき琴弾きとなるのも、いずれも琴を弾ずることによって」決まる、「われわれはもろもろの正しい行為をなすことによって正しい人になる」。[4]彼がこのように述べるのはまさにそのためである。誰であろうと、どのような立場の者であろうと、麗しき徳目を意識して日々の仕事に勤しめば、ある。

「卓越性」は誰のところにも降りてくるというのである。これは現代の徳倫理学（virtue ethics）が提唱する考え方でもある。

第二節　五つの徳目と経営者の品格

倫理的卓越性は決して手の届かないものではない。これは「経営者の品格」についても同様に言えることである。では、経営者が意識すべき「麗しき徳目」とはどのようなものか。本プロジェクトは、それが「誠実」「献身」「熟慮」「挑戦」「共感」の五つに帰着すると捉えている。

（一）誠実さを貫くこと

その第一は「誠実」（Integrity）である。それは、経営者として実践すべき徳目の根幹に来るものである。通常、良識ある経営者は、会社として、またリーダーとして、様々なステークホルダー（利害関係者）の信頼に応えることを、自身の判断の基本に据える。「信頼に応えること」とは「信認義務を果たすこと」とも言い換えられる。その義務は「信頼される者」（受認者）と「信頼を寄せる者」（信認者）との間に生まれる「暗黙の合意」の上に生じてくる。その内容は、大きく分けて「信頼を寄せる者の利益」を第一に考え（忠実義務）、その立場に相応しい注意を払い（善管注意義務）、任にあたること、この二つとなる。(5)

法的な視点でこれを解釈すれば、信頼を寄せる者とは「株主のことを指す」と言われるかもしれないが、本プロジェクトは、信認関係を企業倫理学の視点より広く捉えている。よって、ここにいう「信頼を寄せる者」には、株主や投資家のみならず、利用者（消費者・顧客）、従業員、取引先、地域社会、債権者、未来世代など、様々なステークホルダーが含まれる。

しかるに、経営者に求められる「信認義務」とは、多様な関係者の「利益」を総合的に考慮し、経営のプロとして最も合理的な計画を策定し、これを着実に実行することと解される。もちろん、「信頼を寄せる者の利益」とは短期的・一時的なものではない。それは、むしろ、長期的・持続的な利益であらねばならない。短期的・一時的な便益だけを考えれば、ステークホルダー間の利害は対立し、多くの場合、それは「信頼を寄せる者」(信認者)にとっての真の利益とならないからである。

顧客との関係で言えば、稲盛氏は、JALを利用してくれる顧客の信頼に応えることを第一に考え、行動するよう呼びかけ、自身もこれを実践してきた。第六章で触れたように、二〇一〇年二月、今後の航空アライアンスのあり方につきJAL社内で議論が行なわれた時、国土交通省の後押しもあり、大勢は、それまでの「ワンワールド」(一二社)から抜け出し、競争優位にあった「スカイチーム」(一九社)に参加するという方向に傾いていた。しかし、氏は、これに与せず、「再建に集中すること」「顧客視点で考えること」「信義を守ること」という基本に立ち返り、ワンワールドにとどまるべきではないかと私見を述べている。最終的に、JAL幹部たちも、ワンワールドにとどまることに賛同することになるが、これを決定づけたのは「アライアンスの変更で利用者が不利益(特典の失効など)を被ること」、とりわけ「破綻寸前の状態にあっても、JALを最後まで利用して下さった顧客の信頼に応えること」という稲盛氏の言葉であった(6)。

従業員との関係でも、氏は幾度も「信頼」に応える必要性を強調してきた。既述の通り、破綻前JALでは「詳細な経営情報は社員に伝えないこと」が暗黙の了解となっていた。労働組合が経営側を非難・攻撃する材料として使う可能性が高いというのが理由であった。その意味で、破綻前JALには、労使間に「信認関係」など存在しなかったことになる。

信認と受認の関係がないところでは、相手側は、各自にとっての単なる「手段」でしかない。したがって、過去、JALでは、労働側は会社を「生活の糧」を得るための単なる「手段」として、また経営側も従業員を「利益」をあげるための単なる「手段」として扱うことになった。言わば、純粋な意味での「契約関係」にとどまっていた。このため、経営者も、従業員の利益を考えながら誠実に行動することなど、ほとんど意識する必要がなかったわけだ。同じ組織で働きながら、こうした冷たい契約関係が長く続いてきたこと、それはJAL労使双方にとって実に不幸な過去であった。

第六章で見た通り、稲盛氏は、着任するとともに、幹部社員を前に「株主のためでも、管財人のためでもない。『全従業員の物心両面の幸福の追求』。経営の目標をこの一点に昇華して、JALの再建に取り組みたいと思います。そのために、経営情報はすべて社員にオープンにします」と語り、労使の間に「信認関係」を樹立・定着させる意志を鮮明に打ち出した。労働側に信頼することを求めるのではなく、まず経営側が信頼する姿勢を示し、会社経営の基礎に信認関係を構築しようとしたのである。これが、後に部門別採算制度の導入・定着を可能とし、JALの各職場を活気づけることとなった。

もっとも、JALは数万人を抱える大組織である。このため、「これにより、その後、非主流派組合の姿勢が完全に変わった」「労使関係が盤石になった」などと言うつもりはない。ただ、多くの幹部は、たとえ少数の従業員に裏切られることはあっても、社員を信頼する姿勢を貫き通すこと、その姿勢にぶれがあってはならないことを、稲盛氏から学んだはずである。経営者の品格として、第一に「誠実」をあげるのはまさにそれゆえである。(7)

(二) 献身的であること

誠実に続く重要な徳目は「献身」(Devotion)である。「信頼される者」(受認者)は、多くの権限と裁量を手にする。基本的に信認者であるステークホルダーは「信頼した相手」(受認者)を細かくチェックしたりはしない。そもそもチェックしようにも、これを行なう手段も、評価する能力も限られている。このため、消費者であれば、商品を購入する度に、一々それが安全であるかを確認したりはしない。「この店で扱っているものなら間違いない」「このブランドであれば問題ない」と信頼し、その商品を手にする。株主であれば、取締役会や経営会議の決定に一々口を挟まない。「彼らに委ねておけば、基本的に間違いない」「このガバナンス体制であれば合理的に機能する」と信頼し、経営のプロである取締役に事業経営を託すことになる。これが「信認関係」の基本である。

しかし、信頼される者（受認者）の「自身を律する意志」が緩めば、受認者は権限や裁量を与えられたことに甘んじ、「信頼」を裏切ってしまうかもしれない。事実、経営幹部の中には、与えられた権限や予算を、自分が自由に使える権利であるかのように錯覚してしまう者がいる。そうした者に限って、部下を必要以上に叱責・罵倒し、仕事とは関係のない娯楽や飲食に会社資産を浪費してしまうものである。

二〇一八年一一月、世界の市場で高い業績をあげてきた自動車会社のトップが逮捕されるという衝撃的な事件が起こった。有価証券報告書に記載された報酬額とは別に、将来（退任後）、報酬を受ける旨の覚書を交わしていたこと(8)、会社の業務とは関係なく、会社資産を私的に流用していたこと、そのためのスキームを周到に練り上げていたこと、などが報道された(9)。過去、数年にわたり、こうした事実を有価証券報告書に記載していなかったとして、金融商品取引法違反に問われ、また自身の立場と権限を乱用し会社に損害を与えたとして、特別背任罪の可能性も追及されることとなった。同トップは、かつては多くの投資家やマスコミに賞賛される辣腕経営者であった。しかし、過去の成功に溺れ、報酬も人事も自身で決定する独裁的な体制を敷き、いつしか会社を自身の財布代わりに使うようになってしまった。報道によれば、莫大な報酬を受けながらも個人的な金融取引の損失を会社に肩代わりさせ、仕事とは関係のない家族旅行、高級住宅などの負担まで会社に回していたという(10)。これらが事実であるとすれば、刑事責任の有無にかかわらず、この経営者は、そして彼の独裁的な体制を許してきた取締役会は、ステークホルダーの信認を完全に裏切っていたことになる。

アリストテレスの言葉を借りれば、「よき経営者となるのも、あしき経営者となるのも、いずれも会社を経営することによって」決まる。投資家を欺きながら、より多くの報酬を会社から吸い上げること、会社の資金を私的な目的に使うこと、そうした行動の一つひとつが自らの品格を貶めるということに、彼は気づいていなかったのであろう。

会社の将来の利益を先取りし、今の利益を繕うことも、問題の本質は同じである。「権力への執着」や「自己保身」

のために、与えられた立場や権限を使い、利益を嵩上げすることなど、あってはならないことである。そもそも自己保身を考えながら策を弄するような経営者では、本来、発揮できたはずの「合理的な注意」さえ払えなくなる。かつてのＪＡＬに見られた経営幹部の「利益の先取り」「費用の先送り」「会社の私物化」「内部抗争」などは、この意味で信認義務に反する唾棄すべき行為であったと言わなければならない。

　経営者たる者、他より細かく監視されないからこそ、利益相反と思われる行為を慎むことが求められる。権限や予算を自由に使える身となればなるほど、それまで以上に公私を厳格に峻別し、いつどこで誰が見ていようと、恥じることのない行動をとらなければならない。信認関係にあるからこそ、通常、求められる以上に、自らを厳しく律することが要請されるのである。ただし、ここにいう「献身」とは、利益相反などのマイナスを回避することのみを求める徳目ではない。「献身」とは、むしろその上を目指すものであることを強調しておきたい。

　典型は、西松氏や稲盛氏の行動に見て取ることができよう。まず西松氏は、社長に就任するとともに、会社の窮状を最も深く憂うリーダーとして、自身の報酬や役員特権を返上していった。マスコミ、銀行団、ＯＢ退職者などより、どんなに厳しく批判・酷評されても、氏はこれを甘受し、最後の最後までそこで働く社員を見捨てず、やるべきことを粛々と推し進め、ＪＡＬ再生のあらゆる可能性を探っていった。そして、最後の一手（年金給付額の引き下げ合意）を打って、会社の命を繋ぎとめた。それがいかに大きな貢献であったかは、第六章で詳述した通りである。氏の苦闘の四年間を見ていた社員たちは、旧ＪＡＬ最後のトップの「献身」に心より感謝していた。既述の通り、ＪＡＬを去っていく氏に対し、僅か三時間で七〇〇名を超える社員より、労いとお礼のメールが殺到したことがそれを物語っている。僅かではあるが、そのいくつかを紹介しておきたい[11]。

「再建に向けて自ら先頭に立って私たちを引っ張っていただき本当にありがとうございました。その姿を見ているだけで勇気が湧いてきました」

「体力、気力の続く限りがんばられた姿は、忘れられません。本当にお疲れ様でした」

「いつも身近で親しみやすい西松さんは空港等の現場でも大人気でした。大変苦しい時代に社員の為を思って、様々な形でメッセージを発信して下さり、励みになりました」

「現場にお一人でお見えになり、気さくに話をされていかれた姿がとても印象に残っています。歴代社長の中で一番身近に感じることができました。私たちの力が足りず、西松さんを支えきれなかったことが残念でなりません」

「西松さんの就任により、入社以来初めて会社がこれで変わると期待しました」

「CEOをこんなに近くに感じたことはありませんでした。常に現場のことを考えてくださったこと、心から感謝しております」

「最後のメッセージを読み、涙ぐんでしまいました。今までJALの再建に努力してこられたのに、本当に残念です」

「西松さんの心を引き継ぎ、最後まで再建に努めます」


報酬という意味では、稲盛氏はJAL会長職を無報酬で引き受けている。[12] ただ、本プロジェクトは、無報酬ということよりも、氏の強烈なコミットメントに強い感動を覚える。着任前、年齢や健康上の理由から、氏が多くの時間をJALに割くのは難しいと思われていた。しかし、一度、これに着手すると、会議への出席は当然のこと、多くの現場にも頻繁に足を運び、振り返って見れば、稲盛氏こそ、JAL再建に最も深くコミットする経営者となっていた。

二〇一〇年七月一四日、氏は、羽田空港にある客室本部を訪問し、「ぜひ皆さんにJALを救っていただきたい」と懇願し、自身は「JALの社員のために命をかけてでも再建したい」と語っている。そうした氏の言葉は多くの社員の心に響いたはずである。[13]

ＪＡＬ会長に着任してから二年ほど経過した時のことである。一人の利用者より一通の便りが秘書部に届いている。内容は「エコノミー席だったのですが、目的地に着き、降りる際、隣に座っていた私よりかなり年配の初老の方がわざわざ上の棚の荷物入れから荷物を取ってくれました」「もしかしたら稲盛さんじゃないかと思い、お手紙を差し上げています。もしそうならぜひ御礼の気持ちをお伝えください」というものであった。側近の者が確認したところ、それは事実であった(14)。

稲盛氏は、実に自然に献身的行動をとることのできる実践の人であった。しかも、目立たぬところで、人の心を大切にし、小さなことでも自らすすんで実行するリーダーであった。それだけに、氏の一言一言は、言葉以上の重みと説得力を持っていた。「一人ひとりがＪＡＬ」というスローガンが、ＪＡＬグループ内に一気に広がり定着していったのも、氏のこうした実践があったためと本プロジェクトは考えている。

なお、誤解を避けるため、追記しておくが、献身とは「高額報酬を受け取ってはならない」「報酬を減らさなければならない」という徳目ではない。経営者に対する報酬は、献身の度合いと内容に応じて、つまり、そのコミットメントに応じて公正に支払われなければならない。これは、経営を託した側（信認者）に求められる責任であることを強調しておきたい。よって、「献身」という徳目をもって、本プロジェクトが経営者に求めるのは、報酬額の削減ではなく、受け取る報酬以上の仕事を遂行しようとする「意志と行動」である。

（三）熟慮すること

次に求められる徳目は「熟慮」（Deliberation）である。経営者は組織の長として、利用できる情報と知識を駆使し、事業の進むべき方向を決定しなければならない。従業員とその家族に、そして多くのステークホルダーに大きな影響が及ぶ決断であるだけに、結論を出す前の「熟慮」には、善良な経営者として最大限の注意を払わなければならない。現状維持だけに甘んずるのであれば、また他人の発言をそのまま鵜呑みにするのであれば、いずれも「熟慮の人」とは言えない。ただ、ここにいう「熟慮」とは、情報と知識だけを用いて構想を巡らすことではない。利用可能な情報と知識を駆使することに加え、もう一つ欠かせない重要な点がある。それは「大局を捉えること」「事態を冷静かつ中立的に分析すること」である。

例えば、バブル崩壊後、ＪＡＬは多角化戦略の抜本的な見直しを迫られていた。とりわけ、海外ホテル事業はどんなに努力しても赤字が続く状況に陥っていた。大局を捉え事態を冷静に分析していれば、ホテル事業からの撤退は、より早い段階で決定・断行できたはずである。また二〇〇二年のＪＡＬ＝ＪＡＳ統合（ＪＪ統合）も、羽田発着枠という魅力ばかりに目が奪われていなければ、つまり、大局を押さえていれば、ＪＡＬ＝ＪＡＳの機材・機種に一貫性がないことを直視し、それを是正するための措置を早期に講ずることができたはずである。

過去に見られた「責任転嫁」という特性は、「大局を捉えなかったこと」「事態を冷静かつ中立的に分析しなかったこと」の裏返しと言わなければならない。あることに失敗した時、その原因を精査・検討せず、自身の行動も顧みず、言い訳に終始するとすれば、それは決して「熟慮の経営」とはならない。また、顧客の利益を第一に考えず、監督官庁や運輸族議員の顔色を窺いながら経営していたとすれば、これもまた「無思慮の経営」であったと言わなければならない。

稲盛氏は、大局を捉えること、事態を冷静かつ中立的に分析することを「大義」という言葉で表している。

二〇〇九年末、政府および企業再生支援機構がＪＡＬ会長への就任を依頼した折、氏は、航空運送事業について素人であることを理由に固辞していたが、最終的にはこれを受け入れている。「動機は善なりや」「私心なかりしか」と内なる自己に尋ね、熟慮を重ねた末に、ＪＡＬ再生に臨む「大義」を自覚するに至ったからである[15]。

それは、①ＪＡＬの再建がうまくいかなければ、日本経済全体に悪影響が出ること、②会社に残って働く社員の雇用を守ること、③航空運送事業における競争がなくなれば、受益者である国民に不利益が及ぶこと、という三つの大義であった。それ以降、氏は、これら三つを基本に据え、迷った時には、そこから物事を熟慮・判断することを自身に誓っている。「自分勝手な心、自分中心的な発想」で事態に臨もうとすれば、それは認識を歪め、決断を狂わせ、ついには

ＪＡＬ再生という事業をも誤らせてしまう、と解していたからである[16]。

氏のこうした「自戒」を忘れない態度を一般化すれば、経営者には、利用可能な情報と知識を駆使することと併せ、大局を押さえ、事態を冷静かつ中立的に捉えること、その双方が求められる、ということになる。「熟慮」という徳目をもって本プロジェクトが重視する点はここに帰着する。

（四）挑戦すること

第四は「挑戦」（Endeavor）である。もちろん、ここにいう「挑戦」とは、熟慮・熟考を伴わない一か八かの賭けではない。自身の頭の中で幾度も試行実験し、それが合理的であるかを検討した上で、主体的にやり抜くことである。したがって、これは、数年前、大手重電メーカーが社内で頻繁に使っていた言葉、「チャレンジ」とは全く異なる。同社における「挑戦」（Challenge）とは、「どんな方法を使ってでも構わないから、何とか結果を出すこと、数字を作ること」を意味していた。一言で表現すれば、無理難題の押し付けに過ぎなかったわけだ。経営者に求められる「挑戦」（Endeavor）とは、その真逆にある。それは、自らが熟慮・構想した内容を、自らの責任をおいてやり抜くこと、そして、やり抜くという強い意志を持ち続けることである。

かつてのＪＡＬは、ＪＪ統合という戦略をたて、それを実行に移そうとした。国際線に特化していたＪＡＬにとっては「リスク分散」という意味で、実に合理的な戦略であった。しかし、二〇〇五年度までの取り組みを見る限り、ＪＪ統合は、本来の「挑戦」とはなっていなかった。一度、着手した統合を最後までやり抜くことなく、様々な課題の解決を先送りしてしまったからである。

持株会社の傘下にＪＡＬ＝ＪＡＳを併置したことで、機材・機種の統廃合、機材の退役・更新、重複業務の整理、人件費の削減など、まさに両社の間にまたがる課題を、当時のトップは、各社任せとしてしまったのである。組合側の抵抗があったというのが経営側の弁明であろうが、「挑戦」するからには、その抵抗まで予見・前提とした上でＪＪ統合を構想・決断する必要があった。しかし、二〇〇五年度までの取り組みは「とりあえず始めただけ」としか言いようのないものに終わってしまった。

ＪＪ統合との関連で「挑戦」という徳目を実践したのは、皮肉にもＡＮＡの大橋洋治氏（二〇〇一年四月～二〇〇五年三月まで代表取締役社長）であった。ＪＪ統合をＡＮＡにとっての最大の脅威として捉え、進むべき方向を熟慮・熟考し、人心をまとめるとともに、機材・機種の絞り込み、路線の統廃合、人件費の削減などを見事に断行していったからである。

では、稲盛氏についてはどうか。氏は、熟慮・熟考した上で、ＪＡＬ会長職を引き受けるとともに、強力なリーダーシップを発揮し、ＪＡＬグループを再生へと導いていった。これこそ「挑戦」という徳目の実践であり、起業家精神に基づく行動であったと言えよう。ＪＡＬ再生で見られたこの実行力は、三〇年前の電気通信事業への挑戦においても発揮されていた。当時を少し振り返っておこう。

日本の電気通信市場は、一九八〇年代中盤まで、電電公社（現在のＮＴＴ）による独占状態が続いていた。この状況を打破するため、電電公社を民営化すべし、との議論が巻き起こったが、公社に対抗しようとする民間企業など、一社も出てこなかった。「電電公社にはとても太刀打ちできない」というのが、当時の産業界の反応であった。その中で、稲盛氏は挑戦の名乗りをあげたのである。

これに先立ち、氏は、異業種の経験しかない自身が通信事業に挑む「大義」はいったいどこにあるのかを、半年間、考え続けたという。しかもその間、幾度も「動機は善なりや」「私心なかりしか」を自らに問うたという。こうした過程を経て最後に、氏は①日本の高い電話料金を安くすること、②高度情報社会の健全な発展に資すること、③これによって日本の競争力を高め、国民生活を豊かにすること、という大義に辿り着いている。一九八三年七月、氏は、京セラ役員会において、これらの「大義」について説明し、これに沿って事業を行なう限り、この挑戦は必ず報われると語り、役員全員の理解と承認を求めたという[17]。

こうして始まった電気通信事業への挑戦であるが、京セラが「第二電電」（ＤＤＩ）を通じての事業計画を発表すると、官主導の企業連合二社が、間髪を入れず、同事業への参入を表明することとなった。最初に、日本道路公団（現在のＮＥＸＣＯ）を中心とする企業グループが、次に国鉄（現在のＪＲ）を中心とする企業グループがそれぞれ手をあげ、しかも両社は光ファイバーケーブルを自社の高速道路網や新幹線網に敷設し、それを独占的に使用する旨を発表した。このため、既に資金力・技術力で劣位にあった第二電電は、さらに官主導の二社が登場したことで、光ファイバーの敷設・利用という選択肢まで失うこととなった[18]。「もはや第二電電に出る幕なし」ということで、世論は第二電電の退場を求める方向へと動いていった。しかし、氏は窮地にあっても「大義は我にあり」と固く信じ、事業を継続した。

一九八七年、日本テレコム、日本高速通信、第二電電の三社は、正式に長距離電話サービスを開始するが、光ファイバー網という圧倒的な強みを持っていたはずの官主導二社は、その後、業績を悪化させ、振り返って見れば、三社の中でもっとも順調に業績を伸ばしていったのは、稲盛氏率いる第二電電だけであった[19]。

既述の通り、経営者に求められる「挑戦」（Endeavor）とは、自らが熟慮・構想した内容を、責任をもってやり抜くことであり、その意志を強く持ち続けることである。氏の電気通信事業における挑戦は、これを象徴する取り組みであったと言いたい。ただ、氏は、挑戦の過程において、当初の事業戦略を一切修正しなかったわけではない。それでは単なる固執・執着となる。様々な壁にぶつかる度に、大義に立ち返り自らを省み、見直すべきところは見直し、具体的な戦略・戦術を柔軟に変更していった。それは「やり抜くという意志」があったからこそ、できた対応であった。経営者の徳目としての「挑戦」とは、まさにここに核心があると言ってもよかろう。

（五）共感すること

最後の徳目は「共感」（Care）である。当然、ステークホルダーの中でも、組織の中で働く従業員に対する「共感」が実践の柱となる。それは、まず従業員が多様であるという事実を受け入れることから始まる。すなわち、社員は、皆、年齢、出身地、国籍、趣味、肌の色、信仰、思想、身体的特徴など、あらゆる面で異なっている。共通する何かがそこにあるとすれば、それは「全員が異なっているという点のみ」である。この前提を踏まえれば、多様性を排除する行動がいかに愚かであるかはすぐに理解できよう。経営者としてやるべきは、この多様性を活かしながら組織を一つの方向へと導いていくことである。その際に欠かせないのが「共感」という徳目の実践である。

西松氏の取り組みにその典型を見てとることができよう。第五章で言及した通り、氏は、従業員との直接対話の機会を可能な限り増やし、率直な意見交換を繰り返している。二〇〇七年一〇月より始めた社員向けメッセージでも、自らを「西松社長ではなく、『西松さん』と呼んでもらいたい」との気持ちを社員に伝えている。それは、上から目線ではなく、社員と同じ視点で物事を考え、語り合いたいという氏の偽らざる思いであった。また氏は、従業員に対し幾度も「感謝や労いの言葉」を発し続けている。それは、事務局が用意したような美辞麗句ではなく、多様な職場の多様な能力・特徴を持った人々を思い浮かべながらのメッセージであった。

「共感」の実践は、稲盛氏においても、はっきりと窺うことができる。再建にあたり、稲盛氏は、社員には優しく接したが、役員には厳しくあたったと言われている。それは、氏が「社員はもう十分つらい目にあっている。どんな立派な更生計画を立てても、それを実行するのは社員なのだから」との思いを強く持っていたからだという[20]。もっとも、氏は、社員のみならず、役員に対しても、常に厚い愛情を持って接していたと伝えられている[21]。その意味で、氏にはＪＡＬで働く人々に対する強い「共感」の気持ちがあったと言わなければならない。

「共感」という徳目を実践する上で重要な点は、仲間や味方を作る目的で、これを行なうのではないということである。しばしば、ＪＡＬにおける取り組みに関し、伊藤淳二氏と稲盛和夫氏が比較されることがある。事実、稲盛氏の「株主のためでも、管財人のためでもない。『全従業員の物心両面の幸福の追求』。経営の目標をこの一点に昇華して、ＪＡＬの再建に取り組みたいと思います」という言葉を聞いた時のＪＡＬ側の最初の反応は、「伊藤氏による過去の失敗を繰り返すのでは」という危惧であった。

しかし、伊藤氏は失敗し、稲盛氏は成功した。両者を分けたのは、いったい何だったのか。伊藤氏は、それまで経営側と対立していた非主流派組合を重用し、逆に主流派組合との関係を悪化させてしまった。本人にはその意図はなかったかもしれないが、結果的に、伊藤氏は非主流派の鬱積した憤懣や恨みなどを社内の政治力に変え、自身の経営基盤を固めていった。稲盛氏が伊藤氏と大きく異なるのはまさにこの点にあると言ってよかろう。自身の経営基盤を固めるために社内の対立関係を利用することなど、稲盛氏にあっては思いもつかない愚策に過ぎなかった。対立を生むような、あるいは対立を助長するような形ばかりの「共感」では、会社も社員も救われない。氏はこのことをよく心得ていたと言ってよかろう。

第三節　悲運をどう受け止めるか

「共感」という徳目と関連し、本プロジェクトは「社員に対する共感」だけでなく、多くの社員より「共感してもらえる経営者でありたいとの気持ちを強く持つこと」の大切さを明記しておきたい。社員に対する「共感」が形だけとなれば、その経営者は社員からの「共感」を完全に失ってしまうからである。アリストテレス哲学によれば、「いかなる運命をも見事に耐え忍び、与えられたものをもととして(22)」、一歩一歩前へ進む者は、人々の共感と真の卓越性を手にすることになるという。どのような意味で、そう言えるのか。

ＪＡＬ再上場の直前、稲盛氏は、マスコミや知識人より厳しい批判を受けることとなった。それは氏にとって、思いもよらぬ「悲運との遭遇」であったと言い換えることができよう。氏はこれにどう対処したのか、それをどう受け止め、自らの糧としたのか。その事実関係を整理することで、「いかなる運命をも耐え忍ぶ」という言葉の意味を、またそれが実践者にいったい何をもたらすのかを確認しておきたい。

（一）ＪＡＬ再上場における批判的報道

二〇一二年八月、ある雑誌が「濡れ手に粟で未公開株五〇億円ゲット！　ＪＡＬを私物化する稲盛和夫会長の『強欲』」という記事を掲載した。内容は、二〇一一年三月一五日に、ＪＡＬが実施した第三者割当増資（一二七億円）のうち、五〇億円を京セラが引き受けた（一株あたり二〇〇〇円）、京セラはＪＡＬの業績が改善していることを知った上で株式を取得した、このため、ＪＡＬ再上場（二〇一二年九月一九日）で、京セラは莫大な利益を手にする、というものであった。この雑誌記事が出たことで、政治家や経済人、破綻前のＪＡＬ株主、多くの知識人が憤慨し、稲盛氏のやり方を激しく非難することとなった。

氏にとって、これほど悔しいことはなかったはずである。心に一点の曇りもないことを自身の一貫した信条とし、体調すぐれぬ中、血を吐く思いで、ＪＡＬ再生にあたった稲盛氏。にもかかわらず、マスコミと世間は、容赦なく氏に「強欲」というレッテルを貼り、誹謗・中傷を繰り返すことになったからである。通常なら、誰もがこれに激しい怒りを覚えるところである。しかし、氏は、こうした非難に対し説明すべきことを説明し、それ以外一切言い訳をせず、誰を恨むでも、雑誌社を名誉毀損で訴えるでもなく、隠忍自重に徹した。

結論から言えば、この記事は単なる暴論に過ぎなかった。ＪＡＬがあまりにも短い期間で再建されたため、また桁違いの利益を叩き出したため、猜疑心で物事を見ようとする雑誌記者の目には、氏の取り組みは「私物化する会長の強欲」としてしか映らなかったのである。裁判所に事前提出された更生計画によれば、二〇一〇年度（二〇一一年三月期）の営業利益は六四一億円の予想であった。蓋を開けてみれば、利益はこれを大幅に上回り、一八八四億円という桁違いの数字となっていた。同記者には、これがインサイダー情報にあたると思えたのである。

言うまでもなく、ＪＡＬが行なった上場前の第三者割当増資はインサイダー情報による不正な取引などではなかった。この増資はもともと数十社に依頼したもので、引受額も五〇〇億円になる予定であった。ところが、二〇一一年三月の東日本大震災で、依頼先のほとんどが手元資金に不安を感じ、引き受けを断ってきたのである。このような表現は適切でないかもしれないが、依頼先企業が出資を辞退する中で、立場上、辞退できない八社だけが増資に応じたというのが実態であった。特に京セラと主幹事会社の大和証券は、他の六社に対し負担を乞う側にあったため、六社よりも多くの額（五〇億円）を引き受けざるを得なかったのである。

増資に応じた他の六社とは、損害保険会社と旅行会社である。前者の損害保険会社は、航空会社を重要な顧客としているため、大手航空会社より要請があれば、事業政策上、断ることはまずもってできなかった。旅行会社も、ビジネス上の取引関係を考えれば、事情はまったく同じであった。引受額が八社合わせて何とか一二七億円になったのも、まさにこうした裏事情があったからである。

にもかかわらず、同雑誌は痛烈な批判記事を掲載した。一般人であれば、これには、抑え切れないほどの怒りを覚えたはずである。おそらく、会長の名誉を傷つけられたということで、京セラ役員・社員の激昂は収まらなかったはずだ。六〇年間、苦楽をともにしてきた朝子夫人も悔しさから涙したのではなかろうか。邪推かもしれないが、氏自身も爆発するほどの怒りを感じていたと思えてならない。ただしかし、氏はこれを耐え忍んでいる。

（二）大海原を進む帆船

かねてより、氏は「正しいと固く信じることができるならば、どんな非難があろうとも、どんな険しい道のりであっても、めざす頂に向かって、まっすぐに登っていこう」と、他人にも自身にも言い聞かせてきた。[23]「誠実さ」とは、自らの言葉と実践との間に一本筋を通し、それがぶれないことを指す。それゆえ、JAL再上場という大きな節目で「強欲」というレッテルを貼られても、氏は屈辱的な批判に耐え、目指すべき頂に向かい顔を上げ、歩を前へ進めていった。

言うまでもなく、稲盛氏の「妥協のない誠実さ」は、見ている者の心を動かし、また関係者の「共感」まで呼ぶことになった。中でも、当時の社内事情と氏の献身的行動を見ていた多くの役員・社員は、この記事が出たことで、氏に対する「敬愛」の念をさらに強めることとなった。

二〇一三年三月、稲盛会長は、過去三年間のＪＡＬでの仕事を総括し、六月の株主総会を待たずに取締役を退任する旨を発表した。それから、約一年が経過したところで、氏は盛和塾の塾生を前に「人生と幸福」についての話をしている[24]。本書を終えるにあたり、その講演の中で氏が語った「帆船の例え」を引用したい。それがここに述べてきた五つの徳目すべてを網羅し、かつそれ以上の意義を示唆しているからである。

人生を、大海原を旅する航海にたとえるならば、我々は思い通りの人生を送るためには、必死で自力で船を漕がなければなりませんが、それだけでは遠くにたどり着くことはあまり期待できません。船の前進を助けてくれる他力の風を受けるための準備をしなければなりません。

私は、帆を張って他力の風を待つときの、その帆を張るという行為が、自分の心を美しい心に磨いていく営みそのものではないかと思います。

考えてみればこの世の中に自力でやれることはそう多くありません。他力を受けなければできないことがほとんどです。けれども、他力を受けるためには自力で帆を揚げなくてはいけない。その帆を揚げる作業とは、自分自身の心をきれいにして、利己まみれの心ではなく、「他に善かれかし」という美しい心にすることです。つまり利他の心を持つということです。

「俺が俺が」という利己の心で揚げた帆は、穴だらけです。よしんば他力の風がいくら吹いても、帆は穴が空いていますから通り過ぎてしまい、船は決して力を得ることはできません。それに対して、利他の心で揚げた帆は穴が空いていないすばらしい帆です。必ず他力の風を受けられます[25]。

注

(1) 原英次郎『心は変えられる　稲盛和夫流・意識改革』ダイヤモンド社、二〇一三年、一二頁。

(2) 古代ギリシャにおける「徳」(アレテー)とは、もともとは、有用で望ましい術、卓越した技、ずば抜けた能力などを意味する言葉であった。Richard Taylor, *Virtue Ethics: An Introduction*, Prometheus Books, 2002, p. 28. テイラー・リチャード『卓越の倫理―よみがえる徳の理想』古牧徳生・次田憲和訳、晃洋書房、二〇一三年、五〇頁。
(3) アリストテレス『ニコマコス倫理学(上)』高田三郎訳、岩波書店、一九七一年、五五頁。
(4) アリストテレス『ニコマコス倫理学(上)』五六〜五七頁。その他にも、アリストテレスは「勇敢な行いをなすことによって、勇敢な人となる」とも述べているが、その要諦は「各自がなすこと(行動)が、各自の品格(性格の卓越性)を育む」ということである。
(5) 高巖『ビジネスエシックス[企業倫理]』日本経済新聞出版社、二〇一三年、三六八〜三六九頁。この二つの義務は会社法や民法に規定される義務であるが、信認関係より派生する「信認義務」は、それら法的義務を超える「より広い倫理的義務」を指す。
(6) 大西康之「迫真スペシャル『最後の愛弟子』―日航・稲盛和夫」日本経済新聞電子版ニュース、二〇一三年二月一一日。
(7) 「誠実さ」(インテグリティ)の本来的な意味は「言うこと」と「行なうこと」が一貫し、そこにぶれがないことを指す。高巖『誠実さを貫く経営』日本経済新聞社、二〇〇六年、五一頁。
(8) 「先送り報酬八〇億円不記載」『日本経済新聞』(朝刊)、二〇一八年一一月二六日、三九頁。
(9) 「ゴーン日産会長逮捕」『日本経済新聞』(朝刊)、二〇一八年一一月二〇日、一頁:「四〇億円分は株価連動報酬」『日本経済新聞』(朝刊)、二〇一八年一一月二一日、一頁。
(10) 「ゴーン氏私的流用か」『日本経済新聞』(朝刊)、二〇一八年一一月二〇日、三頁。また個人的に行なっていたデリバティブ取引の損失も会社に移し替えようとしたとされている。「私的取引の損失付け替えた疑い」『日本経済新聞』(朝刊)、二〇一八年一一月二八日、四三頁。
(11) 非公開資料④一〇〇一。社員が西松氏に送ったメールは、氏に対する思いから長文のものが多くなっている。そのため、メール文は百ページ近い資料となっている。
(12) 「無給にしてもらったことも、責任感のなさの表れと否定的にとられ、『パートタイムCEO』と揶揄された」という。大田嘉仁『JALの奇跡―稲盛和夫の善き思いがもたらしたもの』致知出版社、二〇一八年、一八頁。
(13) 引頭麻美『JAL再生―高収益企業への転換』日本経済新聞社、二〇一三年、一三四〜一三五頁。

(14) 大田『JALの奇跡』二二一〜二二二頁。
(15) 稲盛和夫『新版・敬天愛人 ゼロからの挑戦』PHP研究所、二〇一二年、一九六頁。
(16) 稲盛和夫『心を高める、経営を伸ばす―素晴らしい人生をおくるために』PHP研究所、二〇〇四年、二〇八〜二〇九頁。
(17) 稲盛和夫『新しい日本 新しい経営―世界と共生する視座をもとめて』PHP研究所、一九九八年、一三六〜一四一頁：渋沢和樹『稲盛和夫 独占に挑む』日本経済新聞出版社、二〇一二年、一三〜一五頁。
(18) 渋沢『稲盛和夫 独占に挑む』五一〜五五頁。
(19) 国鉄系電気通信会社の日本テレコムは二〇〇四年にソフトバンクグループに入り、二〇〇六年に社名を変更している。また道路公団系電気通信会社である日本高速通信は一九九七年にKDDと合併し、一九九八年にKDDに社名変更している。その後、二〇〇〇年に、DDIを存続会社として吸収合併されている。
(20) 大西康之「迫真スペシャル『幸せになってもいいんですか』―日航・稲盛和夫」日本経済新聞電子版ニュース、二〇一三年二月二三日。
(21) 大田『JALの奇跡』二二六〜二二七頁。
(22) アリストテレス『ニコマコス倫理学（上）』四五頁。
(23) 稲盛『心を高める、経営を伸ばす』六五頁。
(24) 盛和塾とは、稲盛氏の人生哲学・経営哲学を学び、実践しようとする経営者たちが組織した活動体である。『機関誌 盛和塾』という機関誌も発行している。
(25) 稲盛和夫「私の幸福論」『機関誌 盛和塾』盛和塾、通巻一二五号、二〇一四年二月号、二五頁。

日本の「いい会社」——地域に生きる会社力

坂本光司・法政大学大学院　坂本光司研究室　著

A5判二四八頁
本体二〇〇〇円

地域をささえる、魅力ある会社とは。「日本でいちばん大切にしたい会社」のすばらしい取り組み20！

ゼロからの経営戦略

沼上　幹　著

四六判二九六頁
本体二〇〇〇円

ヤマトホールディングス、富士重工業、TOTO、コマツなど多くの企業の成功事例を通して、これからの企業戦略を考えていく手がかりを探る。市場の成熟化、グルーバル競争の激化する中、明確な戦略がなければ勝てない時代において、「場当たり的経営者」と「力量ある経営者」の違いを分ける戦略的思考法についてわかりやすく語る。

実践的グローバル・マーケティング

大石芳裕　著

四六判二六八頁
本体二〇〇〇円

「ものづくり」にこだわる日本企業が、ライバルの多い世界の市場に参入するためには、「グルーバル・マーケティング」は欠かせない。製品を「誰に、何を、どのように」売っていくのかを戦略的に考えるためのノウハウを、ヤクルト、ハウス食品、コマツなど、世界市場においてもブランドを確立している企業のマーケティングにおける成功事例を通じて紹介していく。

決断力にみるリスクマネジメント

亀井克之　著

四六判三〇八頁
本体二〇〇〇円

「決断力」をキーワードに、具体的な事例（ケース）を通して、リスクマネジメントの意義やリスクの対処の仕方を学ぶ。企業に関わるすべての人にとって、リスクマネジメントが必要であることがわかる一冊。

稲盛アカデミー叢書①
日本航空の破綻と再生

2019年5月30日　初版第1刷発行　〈検印省略〉

定価はカバーに
表示しています

著　者　髙　　巖
　　　　藤原達也
　　　　藤野真也
　　　　大塚祐一
発行者　杉田啓三
印刷者　中村勝弘

発行所　株式会社　ミネルヴァ書房
607-8494　京都市山科区日ノ岡堤谷町1
電話代表　(075)581-5191
振替口座　01020-0-8076

中村印刷・新生製本

ISBN978-4-623-08655-9
Printed in Japan

《著者紹介》

髙　巖（たか・いわお）

1956年　生まれ。

現　在　麗澤大学大学院経済研究科 教授，鹿児島大学稲盛アカデミー 客員教授。
内閣府 消費者委員会 委員長。

最終学歴　1985年，早稲田大学商学研究科博士課程修了。
1995年，早稲田大学商学博士号取得。

略　歴　2000年10月～2008年7月，企業倫理世界会議（ISBEE）理事。

2003年1月～2004年6月，ISO/SR 世界高等諮問会議 委員（国際標準化機構）。

2004年4月～2012年3月，産業構造審議会 専門委員（経済産業省）。

2005年6月～2006年3月，公共交通事故防止対策検討委員会 アドバイザー（国土交通省）。

2006年6月～2016年3月，運輸審議会 専門委員（国土交通省）。

2007年11月～2009年9月，国民生活審議会 総合企画部会 専門委員（内閣府）。

2012年9月～2017年3月，産業構造審議会高圧ガス部会 専門委員（経済産業省）。

2015年6月～2016年3月，外国公務員贈賄防止に関する研究会 委員（経済産業省）。

2015年6月～2017年9月，東京オリンピック・パラリンピック組織委員会・持続可能性 DG 座長。


主な表彰　1996年6月，組織学会より高宮賞を受賞。

2008年9月，全米企業倫理コンプライアンス協会（SCCE）より「国際企業倫理コンプライアンス賞」（International Compliance and Ethics Award）を受賞。

2017年5月，消費者支援功労者「内閣総理大臣表彰」を受賞。


主　著　『H. A. サイモン研究：認知科学的意思決定論の構築』文眞堂，1995年。

『ビジネスエシックス［企業倫理］』日本経済新聞社，2013年。

『コンプライアンスの知識（第3版）』日経文庫，2017年。

藤原達也（ふじわら・たつや）

1985年　生まれ。

麗澤大学大学院経済研究科経営学専攻修士課程修了。修士（経営学）。

現　在　麗澤大学大学院経済研究科経済学・経営学専攻博士課程，麗澤大学企業倫理研究センター研究員。

主　著　「日本航空の経営破綻と組織的要因(1)—1960年代における「組織と人をめぐる問題」の発生」（共著），麗澤大学経済社会総合研究センター，Working Paper No.65，2015年。

「第12章　2013年以降における紛争鉱物問題の動向—企業の情報開示とコンゴ東部地区に関する文献調査を中心として」麗澤大学企業倫理研究センター監修，中野千秋・髙巖編『企業倫理と社会の持続可能性』麗澤大学出版会，2016年。

Supplier Management in Halal Food Supply Chain: A Preliminary Case Study. *Pertanika Journal of Social Sciences & Humanities, 25* (S), Universiti Putra Malaysia Press, 2017.

藤野真也（ふじの・しんや）

1982年　生まれ。

麗澤大学大学院経済研究科経済学・経営学専攻博士課程修了。博士（経営学）。

現　在　麗澤大学経済学部 助教，麗澤大学企業倫理研究センター研究員。

主　著　「グローバルリスクとしての外国公務員贈賄—日本企業の内部統制が機能しない理由を巡って」，麗澤大学大学院博士論文，2016年。

Foreign Public Officials Bribery and Global Compliance of Japanese Corporations. *Journal of Business and Economics,* 8(2), Academic Star Publishing, 2017.

The Japanese Anti-Bribery Landscape and Collective Actions.（共著）*The International Anti-Corruption Academy Alumnus Magazine,* (8), International Anti-Corruption Academy, 2016.

大塚祐一（おおつか・ゆういち）

1984年　生まれ。

麗澤大学大学院経済研究科経済学・経営学専攻博士課程修了。博士（経営学）。

現　在　就実大学経営学部 講師，麗澤大学企業倫理研究センター研究員。

主　著　「共同体主義の企業観—日本的経営論における企業共同体との比較を通じて」『麗澤学際ジャーナル』第25巻，2017年。

「日本航空の経営破綻と組織的要因(3)—完全民営化前後における意識改革」（共著），麗澤大学経済社会総合研究センター，Working Paper No.80，2017年。

「インテグリティとは何か」『日本経営倫理学会誌』第26号，2019年。

索　引

（＊は人名）

あ　行

か 行

さ　行

た　行

な　行

は　行

ま　行

や　行

ら　行

わ　行

欧　文